BARNIM & MÄRKISCHE SCHWEIZ

DAHME & SPREE

HALLO KINDER!

Über die Autoren

Ina Kalanpé lebt seit 1992 in Berlin. Als Reiseleiterin und Dank vieler Ausflüge mit ihren Kindern kennt sie Berlin und Umgebung haargenau. Abenteuerspielplätze und Kindermuseen sind ihr so vertraut wie anderen ihr Wohnzimmer.

Wolfgang Kling ist Autor mehrerer Berlin- und Brandenburg-Führer und in Geschichte und Kultur zuhause. In diesem Sinne hat er die vorliegende Auflage bereichert und aktualisiert.

Einen Reiseführer zu Berlin und seiner Umgebung in Brandenburg zu schreiben und das für Familien mit Kindern - davon war ich sofort begeistert. Schließlich sind Potsdam und Berlin meine Heimatstädte, und zu meinen lebhaftesten Kindheitserinnerungen gehören die unzähligen Wanderungen und Ausflüge mit meinen Eltern in die Umgebung.

Wanderkarten und Wegmarkierungen gab es damals noch nicht, und so hatten unsere Unternehmungen echten Abenteuercharakter. Später ging ich mit meiner Tochter Ravy auf Tour. Freunde schlossen sich uns an, zu Fuß, mit Boot und per Rad entdeckten wir die reizvollen Brandenburger Landschaften.

Daraus entstand dann 1998 die erste von mehreren Auflagen Berlin und Brandenburg mit Kindern. Viele Leser schrieben mir und dem Verlag, dass sie dies oder jenes in der unmittelbaren Umgebung Berlins vermissten und dass sie nicht so weit raus fahren wollten. Recht hatten sie, liegt doch wirklich viel Sehenswertes, die schönste Natur voller Störche, Wiesen und vor allem Seen und Flüsse in Reichweite der Berliner S-Bahnen! So schwang ich mich, inzwischen verstärkt durch meinen Sohn Eric, wieder aufs Tourenrad, stiefelte mit Rucksack und Notizblock durch den Barnim und die Märkische Schweiz, paddelte über Spreearme und schwamm durch Dahme-Seen, erkundete das Urstromtal im Fläming, besichtigte aufs Neue Potsdam und die Stadt Brandenburg, kostete Birnen im Havelland und erforschte technische Denkmäler rund um Oranienburg und Hennigsdorf.

Zweimal schon hat dieses Buch stellvertretend für die ganze pmv-Freizeitführerreihe »...mit Kindern« die höchste Auszeichnung der Reiseprofimesse ITB erhalten! Darauf sind der Verlag und ich sehr stolz, zeigt doch der ITB Award, dass das Konzept aufgeht. Kein Wunder also, dass die Auflage bald schon wieder vergriffen war!

Bei der Recherche und Aktualisierung dieser 3. Auflage von »Berlin und Umgebung mit Kindern« hat mich diesmal Wolfgang Kling vertreten. Er ist ein großer Berlin-Kenner und selbst Autor im Peter Meyer Verlag. Ich bin sicher, dass mein Buch durch seine Arbeit noch besser wurde und danke ihm dafür.

Zusammen wünschen wir Euch viel Spaß auf Euren Entdeckungen in und um Berlin!
Ina Kalanpé und Wolfgang Kling

Gebrauchsanweisung

▶ Euer Buch »Berlin & Umgebung« ist in **sieben geografische Griffmarken** gegliedert: *Berlin: Natur & Sport, Berlin: Wissen & Kultur, Barnim & Märkische Schweiz, Dahme & Spree, Teltow-Fläming, Potsdam & Havelland* und *Hennigsdorf & Oranienburg*. Sie sind immer nach dem gleichen Schema aufgebaut:

Tipps für Wasserratten sind Infos zu Seen und Flüssen, zu Frei- und Hallenbädern sowie zu Kanu-, Boots- und Schiffsfahrten.

Raus in die Natur nennt Radtouren, Wanderungen, Lehrpfade, Tierparks, Planwagen- und Kutschfahrten und Abenteuerspielplätze, immer möglichst naturnah. Unter der Überschrift *Wintersport* stehen spezielle Tipps für die kalte Jahreszeit.

Handwerk & Geschichte führt euch zu Orten der Technik und Arbeit: Museumsbahnen, Schiffshebewerke, Schlösser und Museen. Ihr werdet überrascht sein, wie viel es auch bei schlechtem Wetter zu entdecken gibt!

Theater, Musik & Aktionen stellt Kindertheater und -kino, Feste, Ferienprogramme und andere Kreativangebote vor. Der *Festkalender* listet wichtige Großveranstaltungen und schöne Weihnachtsmärkte der Region auf.

Die Griffmarke **Info & Verkehr** versorgt euch mit allgemeinen Informationsstellen und -quellen sowie zusätzlich für jeden Ort mit einer Anfahrtsbeschreibung. Hier findet ihr auch Infos zu Tarifen und Ver-

Gestatten?

Ich bin Sam, die Wasserratte. Meine Clique und ich begleiten euch mit noch ein paar Freunden auf euren Entdeckertouren durch Berlin und Umgebung. Darf ich vorstellen:

Karlinchen, unsere Frischluftfanatikerin,

Herr Mau, Experte für Handwerk und Geschichte,

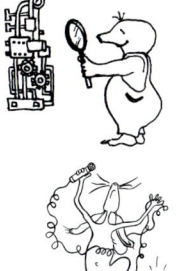

und Mockes, der liebt Musik und Action.

kehrslinien mit der Regional-, S- und U-Bahn. Unter **Ferienadressen** findet ihr familienfreundliche Unterkünfte sowie Camping- und Grillplätze – so könnt ihr Klassenfahrten und Familienferien bequem planen und organisieren.

Da der Mensch ohne **Essen und Trinken** fast nichts ist, findet ihr nicht nur in den Randspalten immer wieder Tipps zum Einkehren, sondern am Schluss des Buches auch Grillhütten und Picknickplätze.

Im Kapitel *Einkaufen beim Erzeuger* erfahrt ihr, wo ihr leckere und gesunde Lebensmittel frisch vom Hof erstehen könnt.

Der **Kartenatlas** schließlich gibt einen Überblick über das im Buch behandelte Gebiet und die regionale Einteilung. Der **Verkehrslinienplan** sorgt dafür, dass ihr mit öffentlichen Verkehrsmitteln ans Ziel kommt. Es ist also an alles gedacht - nur losziehen müsst ihr selbst!

In eigener Sache

▶ **Eine Bitte haben wir:** Wenn ihr etwas Neues entdeckt habt, euch etwas besonders gut oder gar nicht gefallen hat, so schreibt uns das! Da es viel Mühe macht, all diese Aktivitäten vor Ort zu testen und aufzuschreiben, sind eure Tipps immer willkommen. Und auch trotz aller Sorgfalt können sich die Angaben noch während des Niederschreibens ändern. Wir – der Verlag und ich – freuen uns, wenn ihr uns auf Fehler aufmerksam macht. So können wir euren Freizeit- und Urlaubsführer bei der nächsten Auflage noch besser machen.

Schreibt an:
Peter Meyer Verlag
Schopenhauerstraße 11
60316 Frankfurt a.M.
redaktion@PeterMeyer
Verlag.de,
www.PeterMeyer
Verlag.de

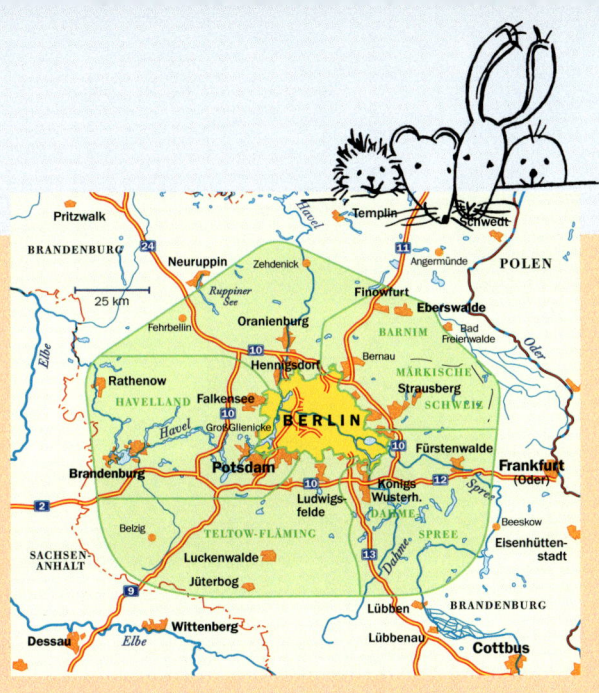

Berlin ist eine Großstadt? Ach wo, Berlin ist ein Dschungel! Wasserspaß, Radeltouren und Wanderungen sind ja längst noch nicht alles, was die Hauptstadt für aktive Familien in petto hat! Es gibt so viel Abenteuerliches zu entdecken, dass ihr in den nächsten Ferien bestimmt zu Hause bleiben wollt.

Auf den folgenden Seiten geht ihr im Zoo auf die Pirsch und schnuppert im Botanischen Garten an Kaffeesträuchern und Bananenstauden.

 Vorwahl für alle Berliner Telefonnummern: 030

Hallen- und Freibäder

Berliner Bäder-Betriebe, Sachsendamm 2 – 4, 10829 Berlin-Schöneberg. ✆ 030/787325, 01803/102020 (0,09 € pro Min), Fax 78732999. www.berlinerbaeder-betriebe.de. bbb-a.thiesing@t-online.de. **Preise:** 2012 gelten für die Hallen-, die Sommer- und Freibäder der Berliner Bäder-Betriebe (BBB) folgende Eintrittspreise: 4 €, 10er-Karte 36 €; Normaltarif Kinder 2,50 €, 10er-Karte 22,50 €. Frei- und Sommerbäder: ↗ Strandbäder.

▶ Ob Hallen- oder Freibad, die Ausstattung der Berliner Bäder ist immer ähnlich. Neben dem obligatorischen Schwimmerbecken gibt es ein Nichtschwimmerbecken und in Freibädern auch ein Planschbecken für die ganz Kleinen. In einigen Hallenbädern findet man Whirlpools. Während man sich im **Hallenbad** in der Regel nur für wenige Stunden zum Schwimmen und Spielen aufhält, bieten **Freibäder** die Möglichkeit, dort einen ganzen Tag zu verbringen. Im und am Wasser gibt es diverse Spielangebote, meist zumindest Spielplatz und Wasserrutsche. In allen Freibädern versorgen euch Imbissbuden und kleine Cafés mit Süßem und Kalten.

BERLIN MITTE

Kinderbad Monbijou, Oranienburger Straße 78, 10178 Berlin. ✆ und Fax 2828652. S1, 2, 25, 26 bis Oranienburger Straße, S5, 7, 75, 9 bis Hackescher Markt, Tram 1, 6, 13 bis Monbijouplatz. **Zeiten:**

Gut gebrüllt, Bär? Ach, nöö, das überlässt Meister Petzt lieber den Löwen im Berliner Zoo

Juni – Ende Aug, Mo – So 10 – 19 Uhr, Juni und 2. Hälfte Aug erst ab 11 Uhr.

Einzigartig: Mitten in der Stadt und die Museumsinsel ist zum Greifen nah. Im Wasser planschen, toben oder rutschen dürfen hier nur Kinder. Die Erwachsenen müssen draußen bleiben und zugucken, schließlich ist das Becken nur 80 cm tief.

Hallen- und Stadtbad Mitte, Gartenstraße 5, 10115 Berlin, ✆ 30880910. Bus 240, 245 bis Gartenstraße. Für Radfahrer sind die nächsten Bahnhöfe Oranienburger Straße und Nordbahnhof, S1, 2, 25. **Zeiten:** Mo 6.30 – 14, Di 6.30 – 15.30, Mi 6.30 – 8.30 und 20.15 – 22.30, Do 6.30 – 22.30, Sa 8 – 22.30, So 8 – 22.30 Uhr.

Schwimmhalle Fischerinsel, Fischerinsel 11, 10179 Berlin, ✆ 2013985. U2 bis Spittelmarkt, Bus 142, 148 bis Fischerinsel. **Zeiten:** Mo, Di 6 – 14, Mi 10 – 22 Uhr, Do und Fr 6 – 22 Uhr, So 9 – 18 Uhr. Außerhalb dieser Zeit eingeschränkter Badebetrieb.

Stadtbad Tiergarten, Seydlitzstraße 7, 10557 Berlin. ✆ 39780113. S5, 7, 9, 75 bis Lehrter Bhf/Hbf, Bus 123, 245 bis Seydlitzstraße. **Zeiten:** Mo – Fr 6.30 – 22.30 Uhr, Sa 9 – 12 und So 9 – 17 Uhr. Zusätzlich Schwangeren- und Seniorenschwimmen.

Kombibad Seestraße, Seestraße 80, 13347 Berlin. ✆ 45508213 (Halle), 45508224 (Sommerbad). U8, 9 bis Osloer Straße und etwa 5 Min zu Fuß oder Bus M13, 327, Tram M50 bis Louise-Schroeder-Platz. **Zeiten:** Halle Mo 12 – 16 Uhr, Di und Mi 6.30 – 22.30 Uhr, Do 6.30 – 20, Fr 6.30 – 8 Uhr, Sa 9 – 15 und So 8 – 16 Uhr. Außerhalb dieser Zeit eingeschränkter Badebetrieb.

50-m-Schwimmer-, Nichtschwimmerbecken mit Rutsche, Kindergeburtstage. Behindertenbereich.

Sommerbad Humboldthain, Wiesenstraße 1, 13357 Berlin. ✆ & Fax 4644986. S1, 2, 8, 25, 26 bis Humboldthain.

Wer genug hat vom Schwimmen, kann im Humboldthain, einem großen Park in Wedding, spazie-

 In vielen Frei- und Hallenbädern gibt es außer Schwimmkursen auch andere Angebote, z.B. Eltern- und Kindgymnastik oder Spiel- und Spaßbaden mit Betreuung.

SUPER-FERIEN-PASS

▶ Für Kinder und Jugendliche, die die Ferien zumindest teilweise in der Stadt verbringen, lohnt sich die Anschaffung des Super-Ferien-Passes des Berliner Senats. Der Pass kostet 9 € und gilt ab den Sommer- bis zu den Osterferien des folgenden Jahres. Junge Menschen bis einschließlich 18 Jahre können während der Ferien kostenlos die Strand-, Frei- und Hallenbäder der Berliner Bäder-Betriebe besuchen und erhalten zudem freien oder ermäßigten Eintritt bei Theatern, Kinos, Sehenswürdigkeiten und Sportveranstaltungen.

Zu kaufen gibt es den Super-Ferien-Pass jeweils zwei Wochen vor den Sommerferien in allen beteiligten Berliner Bädern, beim JugendKulturService (Obentrautstraße 55, 10963 Berlin-Kreuzberg. ✆ 030/235562-0. www.jugendkulturservice.de), bei den Bürgerämtern, in allen Kaiser's Supermärkten sowie bei Karstadt-Sport. ◀

Achtung! In den Hallenbädern Stadtbad Lankwitz, Spreewaldbad und Stadtbad Schöneberg liegen die Eintrittspreise wegen der komfortableren Ausstattung höher.

 Ein ganzes Jahr gilt der **Berliner Familienpass**. Mit ihm können Berliner Familien kräftig sparen, z.B. beim Besuch des Zoos und des Tierparks, bei Schwimmbädern, Eisbahnen und Schiffstouren, beim Besuch von Sehenswürdigkeiten, bei Konzerten, Kinos, Theatern, Museen, Workshops und bei Tagesausflügen. Der Pass kostet 6 €, Infos über den JugendKultur-Service.

ren gehen oder sich sportlich betätigen. Es gibt unter anderem Tische für Skat, Schach und Mühle, Tischtennisplatten, Spielplätze, einen Bolz- und Ballspielplatz sowie einen Wasserlauf mit Findlingen. Für Regenschutz ist gesorgt.

FRIEDRICHSHAIN & KREUZBERG

Schwimmhalle Holzmarktstraße, Holzmarktstraße 51, 10243 Berlin, ✆ 2492174. S5, 7, 9, 75, U8 bis Jannowitzbrücke. **Zeiten:** Mo 6 – 8 und 18 – 22 Uhr, Di, Do 6 – 8 Uhr, Mi 6 – 22, Fr 10 – 14 und 20 – 22 Uhr, So 9 – 17 Uhr.
Zusätzlich Schwangeren- und Seniorenschwimmen.

Hunger & Durst

Café V, Lausitzer Platz 12, Berlin-Kreuzberg. ✆ 030/6124505. Täglich ab 10 Uhr geöffnet. Kinderportionen. Vegetarische und vegane Gerichte. Der Spielplatz gegenüber liegt genau im Blickfeld.

Sommerbad Kreuzberg, Prinzenstraße 113 – 119, 10969 Berlin. T, Fax 6161080. U1, 15, Bus 140, 248 bis Prinzenstraße.

Bad am Spreewaldplatz, Wiener Straße 59H, 10999 Berlin. ✆ 69535210. U1 bis Görlitzer Bhf, Bus M29 bis Spreewaldplatz. **Zeiten:** Di – Fr 6.30 – 22.30 Uhr, Sa 12 – 17.30, So 10 – 18 Uhr, 10 – 16 Uhr Spaßbaden. **Preise:** 1 Std Erw 4, ermäßigt 3 €, 3 Std 6 bzw. 5 €, Tageskarte 9 bzw. 7 €. Familienkarte, gültig für 2 Std für 3 Pers, mind. Erw und Kind, 10 €. Schwimmer- und Nichtschwimmerbecken, Wellen- und Sprungbecken, Sprudelbecken, Massagedüsen, Rutsche. Sauna.

Baerwaldbad, Baerwaldstraße 64 – 67, 10961 Berlin, ✆ 69564549, www.baerwaldbad.de, U1 Prinzen-, Bus 140 Wilms-, Bus M41 Geibelstraße. **Zeiten:** Mi 15.30 – 17.30, Fr 16 – 18, So 8 – 13 Uhr. Schwimmkurse für Kinder, Frauen- und Männerschwimmen, Bahnenschwimmen, Aquafitness. Sehr schöne Jugendstilhalle.

LICHTENBERG

Schwimmhalle Sewanstraße, Sewanstraße 229, 10319 Berlin, ✆ 5124035. Nähe U5 Tierpark oder direkt Bus 296, 396 bis Sewanstraße. **Zeiten:** Di 6 – 22, Do 6 – 9 und 18 – 22 Uhr, Fr 6 – 8 und 17.30 – 22 Uhr, So 8 – 15 Uhr Spaßbaden.

Schwimmhalle Anton-Saefkow-Platz, Anton-Saefkow-Platz 1, 10369 Berlin. ✆ 9729169. S8, 41, 42, 85 bis Storkower Straße oder Tram M8 bis Anton-Saefkow-Platz. Sa 12 – 22 Uhr, auch Spaßbaden. So 8 – 22 Uhr. Mo – Fr eingeschränkter Badebetrieb.

PANKOW

Schwimmhalle Ernst-Thälmann-Park, Lilli-Henoch-Straße 20, 10405 Berlin, ✆ 4202491-46. S8, 41, 42, 85, Tram M4 bis Greifswalder Straße. **Zeiten:** Mo, Di, Do, Fr 6 – 22, Mi 6 – 8 und 12 – 22 Uhr, Sa 6.30 – 14, So 14.30 – 22 Uhr.

SSE Europa-Sportpark, Paul-Heyse-Straße 26, 10407 Berlin. ☎ 42186120. S41, 42, 8, 85, Tram M5, M6, M8 bis Landsberger Allee. **Zeiten:** Mo, Di, Do 6.30 – 22.30, Mi 8 – 22.30, Fr 9 – 22.30, Sa 12 – 19, So 10 – 18 Uhr.

Schwimmhalle Zingster Straße, Zingster Straße 16, 13051 Berlin. ☎ 70718260. Tram M4, 5 bis Ahrenshoper Straße oder Tram M4, 5, 17, Bus X54, 154, 256, 893 bis Prerower Platz. Für Radfahrer (der Bezirk hat sehr viele und gute Radwege) nächster S-Bhf Hohenschönhausen, S75. **Zeiten:** Mo 9 – 12 (Babies, Senioren), 18 – 22, Di, Do 6 – 8, Mi 6 – 8 und 17 – 22, Fr 6 – 8, 8 – 13.30 (Babies, Senioren), 15 – 22, Sa 10 – 12, 12 – 16 Uhr Spaßbaden, 16 – 17 Uhr.

Schwimmhalle Buch, Wolfgang-Heinz-Straße 41, 13125 Berlin. ☎ 9494026. S2 bis Buch, Bus 150, 158 bis Karower Chaussee. **Zeiten:** Mo 12 – 13 (Schwangere, Frauen), 13 – 15 (Behinderte, Senioren), 19 – 21 Uhr Aquafitness, Di 6.30 – 8 (Kurse), Mi 6.30 – 8 (Kurse), 14.30 – 18 Uhr (Kurse), Do 6.30 – 8 Uhr (Kurse), 14.30 – 18 Uhr (Kurse), Fr 10 – 13 Uhr (Kurse), 10.30 – 13 (Babies), 13 – 15 Uhr (Behinderte, Senioren), 15 – 22.30 Uhr, So 10 – 17 Uhr Spaßbaden.

Sommerbad Pankow, Wolfshagener Straße 91 – 93, 13187 Berlin. ☎ und Fax 47497220. U2, S2, 26 bis Pankow, Tram 50 bis Stiftsweg.

SCHÖNEBERG & TEMPELHOF

Stadtbad Schöneberg, Hauptstraße 39, 10827 Berlin. ☎ 7809930. S1, 41, 42, 45 – 47 bis Schöneberg, U4 bis Rathaus Schöneberg. Spaßbad mit Außenschwimmbecken, Rutsche, Whirlpools, Kleinkinderbereich und anderem mehr. Nach umfangreichen Sanierungsarbeiten voraussichtlich ab I. Quartal 2012 wieder geöffnet.

Sport- und Lehrschwimmhalle Schöneberg, Sachsendamm 11, 10829 Berlin. ☎ 78098315. S1, 41, 42,

 Ein Huhn, das fraß, man glaubt es kaum, die Blätter von 'nem Gummibaum. Dann ging es in den Hühnerstall und legte einen Gummiball.

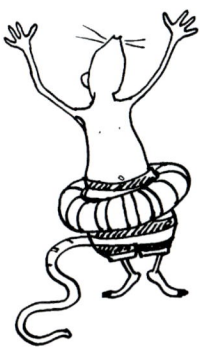

45 – 47 bis Schöneberg, Bus M46, 187, 204 bis Sportzentrum Schöneberg. **Zeiten:** Mo – Do 6 – 8, Sa 7 – 12 Uhr.

Stadtbad Tempelhof, Götzstraße 14 – 18, 12099 Berlin. ✆ 7568730. U6, Bus M46, 184, 246, 284 bis Alt-Tempelhof. **Zeiten:** Mo 13.30 – 16, Mi 6.30 – 12 und Fr 6.30 – 15 Uhr. Zusätzlich Senioren-, Frauenschwimmen, Kurse.

Kombibad Mariendorf – Halle, Ankogelweg 95, 12107 Berlin. ✆ 74067831 (Halle), 74067834, 74067835 (Sommerbad). Bus X76. **Zeiten:** Di und Do 6.30 – 22.30 Uhr, Fr 10 – 16 Uhr, Sa und So 8 – 15 Uhr, davon jeweils 10 – 15 Uhr Spaßbaden.

Sommerbad Mariendorf, Rixdorfer Straße 130, 12109 Berlin. ✆ 70132766. U6 Alt-Mariendorf, Bus 177, 383 bis Imbrosweg. Nur sehr wenige Abstellmöglichkeiten für Fahrräder.

NEUKÖLLN

Sommerbad Neukölln, Columbiadamm 160, 10965 Berlin. ✆ und Fax 6278830. U8 bis Boddinstraße oder 104 bis Sommerbad Neukölln.

Stadtbad Neukölln – Große Halle und Kleine Halle, Ganghoferstraße 3, 12043 Berlin. ✆ 68249812. U7 bis Rathaus Neukölln oder Karl-Marx-Straße, Bus 104 bis Platz der Stadt Hof. **Große Halle:** Mo 12 – 16, Di 6.30 – 8, 14.30 – 16 und 16 – 22.30 Uhr, Mi 11 – 16 und 16 – 18.30 Uhr, Do 6.30 – 8 und 14 – 22.30 Uhr, Fr 6.30 – 8, 13 – 17 und 17 – 18.30 Uhr, Sa 9 – 22.30 Uhr, So 9 – 12, 12 – 16 (Spaßbaden) und 16 – 22.30 Uhr. **Kleine Halle:** Mo 12 – 22.30, Di 8 – 22.30 Uhr, Mi 8 – 16, 18.30 – 22.30 Uhr, Do 8 – 14, 14 – 16, 16 – 18 und 18 – 22.30 Uhr, Fr 8 – 16, 18.30 – 22.30 Uhr, Sa 9 – 22.30 Uhr, 9 – 11 und 20 – 22.30 Uhr Fkk. So 9 – 22.30 Uhr.

Kombibad Gropiusstadt, Lipschitzallee 27 – 33, 12351 Berlin. ✆ 60971912 (Halle), 60971922 (Sommerbad). Bus X11, M11, 172 bis Lipschitzallee/Fritz-Erler-Allee, U7 bis Lipschitzallee. Wegen Sanierungsarbeiten voraussichtlich bis Mitte 2013 geschlossen.

STEGLITZ

**Sommerbad und Saunalandschaft Spu-
cki,** Hindenburgdamm 9 – 10, 12203
Berlin. ✆ & Fax 84370960. S26 bis
Lichterfelde-Ost.
Nichtschwimmerbecken, Kinderspiel-
platz. Das ganze Jahr geöffnet ist die
Saunalandschaft mit verschiedenen
Saunen und einem beheizten Außen-
becken mit Unterwasser-Massagelie-
gen.

Sommerbad am Insulaner, Munsterdamm
80, 12169 Berlin. ✆ & Fax 79410-
413. S2, 25 bis Priesterweg, Bus M76, 170, 187,
387. Viele Fahrradständer außerhalb des Geländes.
In dem 50-m-Becken mit Sprungtürmen können
Schwimmer nur morgens vor 9 Uhr oder abends
kurz vor Schließung ungestört ihre Bahnen ziehen.
Tagsüber herrscht großer Trubel in und am Wasser
rund um die Startblöcke. Ausgelassen geht es
auch im Nichtschwimmerbecken zu. Hier dürfen
Spielgeräte, wie Bälle, mit ins Wasser genommen
werden. Eine Rutsche und zwei Wasser speiende
Pilze sorgen für Spaß und Abwechslung. Für die
ganz Kleinen gibt es ein Babybecken mit Pilz und
Minirutschen. Die Liegewiesen sind sehr weitläu-
fig. Schatten spenden die vielen Nadelbäume auf
der Wiese hinter dem Babybecken. Hier laden zudem Tischtennisplatten zum Spielen ein.

Stadtbad Lankwitz, Leonorenstraße 39, 12247 Berlin.
✆ 77130412. Bus M82, 181, 187, 283 bis Stadtbad Lankwitz. **Zeiten:** Mo 14 – 21.30, Di, Mi, Do
6.30 – 21.30 Uhr, Fr 6.30 – 21 Uhr, Sa, So 9 – 22
Uhr. Fahrradständer vor dem Eingang.
Im Stadtbad Lankwitz kommen Schwimmer und
Nichtschwimmer gleichermaßen auf ihre Kosten.

© pmv, Foto: Dirk Winter

Spritzen macht Spaß – be-
sonders, wenn es andere
abbekommen ...

Die einen können im 25-m-Becken trainieren, die anderen im Nichtschwimmerbecken nach Herzenslust toben oder im Kleinkinderbereich planschen. Nach dem vielen Schwimmen und Toben ist ein Bad in einem der beiden Whirlpools sehr angenehm. Im Eingangsbereich gibt es ein kleines Bistro.

TREPTOW & KÖPENICK

Schwimmhalle Baumschulenweg, Neue Krugallee 209, 12437 Berlin. ✆ 5329719. S8, 9, 45, 46, 47, 85 bis Baumschulenweg, Bus 167, 265, 270 bis Baumschulenstraße/Neue Krugallee. Viele Fahrradständer vor dem Eingang. **Zeiten:** Mo, Fr 6 – 8.15, Di 6 – 8, 16 – 20, 20 – 22 Uhr, Do 6 – 12, 12 – 15, 15 – 20, Sa 8 – 12.30, So 8 – 10, 10 – 15.30 Uhr. Spaßbaden.

Sommerbad Wuhlheide, Treskowallee 211, 12459 Berlin. ✆ und Fax 5311070. S3 bis Karlshorst, Tram 26, 27, 28 bis Volkspark Wuhlheide. Familienfreundlich. Parkeisenbahn.

Kleine Schwimmhalle Wuhlheide, An der Wuhlheide 161, 12459 Berlin. ✆ 53892930. S3 bis Wuhlheide, Tram M27, M63, M67 bis Freizeit- und Erholungszentrum.

Schwimmhalle Allendeviertel, Pablo-Neruda-Straße 5, 12559 Berlin. ✆ 6543004. Tram 27, 67 bis Pablo-Neruda-Straße. **Zeiten:** Mo 6.30 – 16, Di und Do 6.30 – 8 Uhr, Mi 6.30 – 8, 12 – 22.30 Uhr, Fr 6.30 – 22.30, So 9 – 17 Uhr.

MARZAHN & HELLERSDORF

Schwimmhalle Kaulsdorf, Clara-Zetkin-Weg 13, 12619 Berlin. ✆ 5633670. U5, Bus 191, 197 bis Kaulsdorf-Nord. **Zeiten:** Mo, Di 6 – 7.30 Uhr, Mi 15 – 22, Do 6 – 11.30, 15 – 21.30 Uhr, Fr 6 – 7.30, 16.30 – 21.30, Sa 10 – 11.30 (Senioren), 11.30 – 17 Uhr, So 9 – 17 Uhr Spaßbaden. Zusätzlich Behinderten- und Seniorenschwimmen.

Links 'nen Baum, rechts 'nen Baum, in der Mitte 'nen Zwischenraum.

Links 'ne Pappel, rechts 'ne Pappel, in der Mitte Pferdeappel.

Links … Wer weiß noch mehr Sprüche? Denkt euch was aus!

Schwimmhalle Helmut Behrendt, Helene-Weigel-Platz
8, 12681 Berlin. ✆ 5411460. S7, 75, Tram M8,
M18, Bus 194 bis Springpfuhl. **Zeiten:** Sa 10.30 –
17, 12 – 16.30 Spaßbaden, So 9 – 16.30 Spaßbaden, 16.30 – 17.30 Uhr. Mo – Fr eingeschränkter Badebetrieb.

Kinderbad Platsch, Max-Herrmann-Straße 7, 12687
Berlin. ✆ und Fax 9309971. S7 bis Mehrower Allee,
dann Bus X69, 197 bis Lea-Grundig-Straße.
Kinderbecken mit Wasserfall und Grotte.

REINICKENDORF

Paracelsus-Bad, Roedernallee 200 – 204, 13407 Berlin. ✆ 49877613. U8, Bus 120, 122, 320, 322 bis
Paracelsus-Bad. **Zeiten:** Di 11 – 22.30, Mi, Fr
6.30 – 22.30 Uhr, Do 6.30 – 8 und 12 – 22.30, Sa
9 – 22 Uhr, So 10 – 17 Uhr, Sa, So 14 – 17 Uhr
Spaßbaden.

Stadtbad Märkisches Viertel, Wilhelmsruher Damm
142d, 13439 Berlin. ✆ 4168080. Bus X21, X33,
M21, 122, 124, 221, 325. **Zeiten:** Mo – Mi 6.30 –
21, Do 10 – 15, Sa, So 8 – 15 Uhr.

SPANDAU

Stadtbad Spandau Nord, Radelandstraße 1, 13589
Berlin. ✆ 3751035. Bus 145, 671 bis Klinkeplatz.
Integriertes Nichtschwimmerbecken.

Sommerbad West-Staaken, Am Industriegelände 11,
13591 Berlin. ✆ 3631946.

Kombibad Spandau Süd, Gatower Straße 19, 13595
Berlin. ✆ 3621021 (Halle und Sommerbad). Bus
134, 135, 638, 639 bis Am Omnibushof. Wegen um-
fangreicher Sanierungsarbeiten voraussichtlich bis
Anfang 2013 geschlossen.

Diverse Spielgeräte wie Bälle und Luftmatratzen
sind im Schwimmerbecken nicht erlaubt. Mein Vorschlag deshalb: Übt eine Rolle vorwärts oder rückwärts im Wasser oder testet, wer am weitesten
und am längsten tauchen kann!

In unmittelbarer
Nähe des Bades
befindet sich der herr-
liche Südpark.

In großen und überfüllten Frei- und Strandbädern können sich Kinder bis 5 Jahre sehr leicht verlaufen. Deshalb sollten Erwachsene und ältere Geschwister den Kleinen Orientierungshilfen anbieten und diese viele Male abfragen. Orientierungshilfen können sein: eine besonders farbige Decke, der Sonnenschirm, die Nummer des Strandkorbs, in unmittelbarer Nähe zur Uhr, zu einem einzeln stehenden Baum oder Busch, zum Spielplatz und so weiter.

CHARLOTTENBURG & WILMERSDORF

Stadtbad Charlottenburg – Alte Halle, Krumme Straße 10, 10585 Berlin. ✆ 34383860. U2 bis Deutsche Oper oder Bismarckstraße, U7 Bismarckstraße oder Richard-Wagner-Platz, Bus 145 bis Warburgzeile. **Zeiten:** Mo 6.30 – 22.30 Uhr, Mi 12 – 22.30, Do 9 – 16, 16 – 22 Uhr, Fr 9 – 14, 16 – 22.30, Sa, So 15 – 22 Uhr. Zusätzlich Frauen-, Senioren- und Nacktbaden.

Stadtbad Charlottenburg – Neue Halle, Krumme Straße 9, 10585 Berlin. ✆ 34383865. **Zeiten:** Di – Fr 6.30 – 8, Di 13 – 22 Uhr, Do auch 13 13 – 20 Uhr, Sa, So 6.30 – 14 Uhr.

Stadtbad Wilmersdorf, Mecklenburgische Straße 80, 10713 Berlin. ✆ 82007411. S41, 42, 45, 46, 47, U3, Bus 249 bis Heidelberger Platz. **Zeiten:** Mo 18 – 22.30, Di 6.30 – 22.30, Mi 6.30 – 11 und 12 – 22.30, Do 6.30 – 22.30, Fr 6.30 – 22, Sa 7 – 18, So 10 – 17 Uhr.

Sommerbad Wilmersdorf, Forckenbeckstraße 14, 14199 Berlin. ✆ 89774-16, -11, -12. S41, 42, 45, 46, 47, U3 bis Heidelberger Platz.

Sommerbad Olympiastadion, Olympischer Platz 1, 14053 Berlin. ✆ 666311-42. U2, S75, S5 bis Olympiastadion.

Freibad Halensee, Königsallee 5a, 14193 Berlin. ✆ 8911703. S41, 42, 45, 46, 47 bis Halensee oder Bus M19, M29, 104 bis Rathenauplatz oder bis Herbertstraße (M19).

Beliebt ist dieses Bad vor allem bei den Wilmersdorfern selbst, bietet es doch eine Möglichkeit, ohne lange Anfahrtswege nach der Arbeit noch einige Stunden Sonne zu tanken. Entsprechend überfüllt ist es am späten Nachmittag. Für einen Tagesaufenthalt mit Kindern eignet sich dieses Bad weniger, da es außer Tischtennisplatten keine Spielmöglichkeiten an Land gibt. Im nur allmählich tiefer werdenden Wasser können dafür aber auch die ganz Kleinen ohne Bedenken planschen. Der

Nichtschwimmerbereich ist klar abgegrenzt und in den Schwimmerbereich gelangt man nur über Badeleitern.

Strandbäder

Berliner Bäder-Betriebe, Sachsendamm 2 – 4, 10829 Berlin-Schöneberg. ✆ 030/787325, 01803/102020 (0,09 € pro Min), Fax 78732999. www.berlinerbaeder-betriebe.de. bbb-a.thiesing@t-online.de. **Preise:** An den Badestellen ist das Baden kostenlos, in den Strandbädern müsst ihr jedoch Eintritt bezahlen: Tageskarte 4 €, 10er-Karte 36 €; Kinder ab 2 Jahre Tageskarte 2,50 €, 10er-Karte 22,50 €; Familien 7 €. Die Preise, die auch für die oben genannten Freibäder gelten, können variieren, da einige Bäder verpachtet sind.

▶ Berlin mit seinen zahlreichen Seen und Flüssen hat 34 Badestellen und Strandbäder. Damit ein Badetag für Kinder und Eltern zum angenehmen Erlebnis wird, sollten an einer Badestelle folgende Voraussetzungen gegeben sein:

Bojen, die den Badebereich kennzeichnen und die Badenden vor dem Bootsverkehr schützen, überwachter Badebetrieb, öffentliche Toiletten, schattige Plätze und Spielmöglichkeiten.

Seebad Wendenschloss

Möllhauserufer 30, 12557 Berlin-Köpenick. ✆ 030/6517171, Fax 78732999. www.strandbad-wendenschloss.de. kontakt@strandbad-wendenschloss.de. **Bahn/Bus:** Tram 62 bis Wendenschloss, dann 1,5 km über Wendenschloss-, Möllhausen-Ufer- und Am-Langen-See-Straße. **Rad:** Fahrradständer vorhanden. **Zeiten:** Frühling bis Herbst täglich 9 Uhr bis zum letzten Gast. **Preise:** 3 €; Kinder bis 13 Jahre 1 €; Schüler ab 14 Jahre 2 €.

▶ Das Strandbad Wendenschloss liegt am *Langen See,* der eine Ausbuchtung der Dahme ist. Zwar ist es im Vergleich zu anderen Berliner Bädern eher

Die Berliner Badegewässer werden 15. Mai – 15. Sep regelmäßig überprüft. Zuständig sind die Gesundheitsämter der einzelnen Bezirke (Badegewässertelefon 030/9026000). www.berlin.de/badegewaesser oder auch www.wasser-berlin.de informieren vom Schwimmflügel bis zur Wasserqualität.

BERLIN: NATUR & SPORT

klein, erfreut sich jedoch großer Beliebtheit. Ein Grund dafür dürfte das vielfältige Angebot an Sport- und Spielmöglichkeiten sein. Der schöne, kleine Spielplatz, der weitgehend im Schatten der Bäume liegt, hat unter anderem ein Kletterschiff zu bieten. Außerdem stehen Tischtennisplatten, Freiluftschach, Kegelanlage, Beachvolleyballplatz und Basketballkörbe zur Verfügung. Federballspiele und Solarboote können ausgeliehen werden.

Strandbad Müggelsee

Fürstenwalder Damm 838, 12589 Berlin-Friedrichshagen. ℰ 030/6487777, Fax 78732999. www.müggelseefreunde.de. information@visitberlin.de. **Bahn/Bus:** S3 Friedrichshagen, Tram 61 bis Strandbad Müggelsee. **Rad:** S3 bis Friedrichshagen, auf Fürstenwalder Damm Richtung Osten zum Strandbad am Nordufer; nach Süden über Bölschestraße und links Müggelseedamm zum Freibad am Nordwestufer; oder Richtung Westen, links Salvador-Allende-Straße über die Brücke bis Müggelheimer Damm, dort links zum Südufer und zu den Müggelsee-Terrassen. Fahrradständer vorhanden.
Zeiten: Mitte Mai – Mitte Sep 9 – 19 Uhr. **Preise:** Eintritt frei.
▶ Am Großen Müggelsee, dem größten See Berlins, liegt dieses 1912 angelegte Strandbad. Genau genommen sind es zwei Bäder: das Fkk- und das Textilbad. Beide bieten Kindern und sportlich Aktiven einen Spielplatz, Tischtennisplatten, Volleyball- und Basketballplatz sowie Verleih von Wasserspielzeug.

Wohl einzigartig ist das Geschichtskabinett im Strandbad Müggelsee. *Alte Fotos und Postkarten dokumentieren sehr anschaulich die Anfangsjahre des Bades. Es soll bis 2014 grundlegend modernisiert werden.*

Strandbad Orankesee in Hohenschönhausen

Bernd Barnewski, Gertrudstraße 7, 13053 Berlin-Lichtenberg. ℰ 030/9864032, Fax 78732999. www.strandbad-orankesee.de. m.barnewski@web.de. **Bahn/Bus:** Tram 13, 18 bis Stadion Buschallee/Surmondstraße. Über Augustastraße Richtung Süden, rechts in Gertrudstraße einbiegen. **Zeiten:** Mai – Sep

9 – 19 Uhr. **Preise:** 4 €; Kinder ab 2 Jahre, Schüler, Studenten, Erwerbslose sowie Zivil- und Wehrdienstleistende 2,50 €; ab 17 Uhr halber Preis.

▶ Obwohl der Orankesee nicht über natürliche Zu- und Abflüsse verfügt, ist sein Wasser klar und sauber. Regelmäßig wird schmutziges Wasser abgeleitet und sauberes Grundwasser zugeführt. Badebetrieb gibt es hier bereits seit 1929. An Land sorgen ein Spielplatz und im Wasser je eine Rutsche im Nichtschwimmer- und im Schwimmerbereich für Spaß. Schöner Sandstrand. Angenehme Kühle und Schatten spenden die hohen Bäume entlang dem Wanderweg rund um den See.

Strandbad am Weißen See

Seeweg, 13088 Berlin-Pankow. ✆ 030/9253241, Fax 78732999. www.binbaden.com. info@binbaden.com.
Bahn/Bus: Bus 255, 259 oder Tram 2 – 4, 13 bis Berliner Allee/Indira-Gandhi-Straße. **Rad:** Wenige Fahrradständer vor dem Eingang. **Zeiten:** April – Sep 10 Uhr bis zum letzten Gast. **Preise:** 4 €, ab 19 Uhr Eintritt frei; Kinder 2,50 €.

▶ Dieses Strandbad ist als Ausflugsziel für die ganze Familie empfehlenswert. Für die ganz Kleinen gibt es eine Kinderbadeanstalt mit Liegewiese und Spielplatz. Gebadet wird in der »Plansche«. Dieses Becken besteht bereits seit 1912 und steht heute unter Denkmalschutz. Die größeren Badegäste können Tischtennis, Volleyball oder Freiluftschach spielen. Außerhalb des Strandbades befindet sich ein Ruder- und Tretbootverleih.

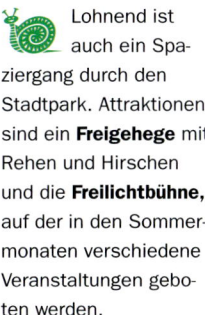 Lohnend ist auch ein Spaziergang durch den Stadtpark. Attraktionen sind ein **Freigehege** mit Rehen und Hirschen und die **Freilichtbühne,** auf der in den Sommermonaten verschiedene Veranstaltungen geboten werden.

Strandbad Plötzensee

Nordufer 24, 13351 Berlin-Wedding. ✆ 030/45020-533, Fax 78732999. www.berlinerbaederbetriebe.de.
Bahn/Bus: S41, 42, 45 – 47 bis Beusselstraße, Tram 23, 24 bis Dohnagestell, kleine Straße Nordufer führt direkt zum Haupteingang oder Bus 106 bis Sylter Straße. **Rad:** U6 bis Seestraße. Fahrradständer vor dem

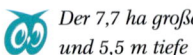

Der 7,7 ha große und 5,5 m tiefe **Plötzensee** *ist nach dem Karpfenfisch Plötze benannt, der früher dort in großen Schwärmen lebte. Bis 1443 fischten die Nonnen vom St. Marien Kloster die leckere Fastenspeise, dann übernahm der Preußische Fiskus die Fischereirechte. 1817 kaufte die Stadt Berlin den See und nach und nach entstanden die Schwimmbadanlagen. In den 20er Jahren erhielt es einen Sandstrand und bestehende Eingangsgebäude mit Gaststätte, das heute unter Denkmalschutz steht.*

Haupteingang. **Zeiten:** Mitte Mai – Sep 9 – 20 Uhr. **Preise:** 4 €, Erm 2,50 €.

▶ Das zweitälteste Strandbad Berlins nördlich vom Westhafen bietet Kindern und bewegungsfreudigen Eltern ein weites Betätigungsfeld: Wasserrutsche, Tischtennisplatten, Volleyballnetz, Fußballtore und einen Spielplatz mit Rutsche sowie einem Super-Klettergerüst aus Gummiseilen, das nur für mutige Kletterprofis empfehlenswert ist.

Für das leibliche Wohl der Badegäste sorgt das Restaurant im Strandbad sowie die am Seiteneingang, außerhalb des Geländes befindliche *Gaststätte Waldhütte*.

Flughafensee beim Flughafen Tegel

Berlin-Reinickendorf. www.berlinerbaederbetriebe.de. **Bahn/Bus:** U6 bis Otisstraße. Auf an der Ostseite beginnendem Uferweg zur Badestelle laufen oder radeln. **Rad:** Viele Fahrradständer. **Zeiten:** Frei zugänglich. **Preise:** Eintritt frei.

▶ Der See ist beim Bau des Flughafens entstanden. Im Laufe der Jahre hat er sich zu einem beliebten Naherholungsgebiet entwickelt. Ein Teil ist als Badebereich abgegrenzt, Baden ist kostenlos. Der andere Teil gehört zu einem Vogelschutzgebiet. Dort solltet ihr nicht schwimmen und auch nicht am Ufer umherstreifen.

Strandbad Lübars am Ziegeleisee

Am Freibad 9, 13469 Berlin-Hermsdorf. ✆ 030/4026-050. www.strandbad-luebars.de. info@strandbad-luebars.de. **Bahn/Bus:** Bus 222 bis Am Vierrutenberg, dann etwa 5 Min zu Fuß oder U6 bis Alt-Tegel; S1, 85 bis Waidmannslust und dann per Rad. **Rad:** Fahrradständer auf dem Strandbadgelände. **Zeiten:** Mitte Mai – Sep 9 – 20 Uhr. **Preise:** 4 €; Kinder 2,50 €; Familienkarte (3 Pers, mindestens 1 Erw oder 1 Kind) 7 €.

▶ Zum Strandbad Lübars im Bezirk Reinickendorf gehört die Hälfte des Ziegeleisees. Das Wasser ist angenehm klar. Der gut gekennzeichnete Nichtschwimmerbereich bietet als Attraktionen Wasserrutsche, Sprunganlage und eine kleine Insel, auf der einsam ein Baum steht. Die Insel kann man über eine Badeleiter erklimmen.

An Land sorgt ein Spielplatz mit Wippen und Klettergerüst für Abwechslung.

Strandbad Tegel

Schwarzer Weg, 13505 Berlin-Tegel. ✆ 030/4341078, Fax 78732999. www.berlinerbaederbetriebe.de. info@strandbad-tegel.de. **Bahn/Bus:** U6 bis Alt-Tegel, dann Bus 222 bis Spechtstraße und noch 1,2 km Fußweg über Waldkauzstraße. **Zeiten:** Mai – Aug 9 – 18 Uhr. **Preise:** 4 €; Kinder 2,50 €.

▶ Im Wasser ist der Aktionsradius für Schwimmer und Nichtschwimmer klar gekennzeichnet. Drei Wasserrutschen, eine davon im Nichtschwimmerbereich, sowie Sprungbretter sorgen für Spaß beim Baden. An Land laden 5 Tischtennisplatten, ein Volleyballnetz und eine Torwand zur sportlichen Betätigung ein. Für Kinder gibt es einen Spielplatz mit Schaukeln, Wippen, Rutsche und Klettergeräten. Es gibt zwei weitere Zugänge zum See: Gegenüber von Reiswerder und gegenüber der Insel in Scharfenberg.

Strandbad Jungfernheide im Volkspark Jungfernheide

Jungfernheideweg 60, 13629 Berlin-Charlottenburg. ✆ 030/70712412, Fax 78732999. www.strandbad-jungfernheide.de. info@badeninberlin.de. **Bahn/Bus:** U7 bis Siemensdamm, Bus 123, 223. **Zeiten:** Mai – Sep 9 – 20 Uhr. **Preise:** 4 €; Kinder 2,50 €; Familienkarte (min 1 Erw oder 1 Kind) 8 €.

▶ Strandbad mit Sandstrand, Strandkörben, Liegewiese, zwei Rutschen, Stegen und Tischtennisplatte. Restaurant mit Terrasse. Seit 2010 Hochseilklettergarten Global Rope 10 Gehminuten vom Strandbad entfernt.

 Eric findet es nicht schlimm, dass es keinen richtigen Spielplatz mit Schaukeln und Wippen gibt. Dafür türmen sich riesige Sandberge, von denen man sich herunterrollen lassen kann.

Wir empfehlen euch die besten Spiele mit der Luftmatratze im Wasser:
1. einen Stehversuch auf der Matratze und dann einen halbwegs eleganten Sprung ins Wasser,
2. eine Rolle vorwärts oder rückwärts über das Mittelteil,
3. den Angriff eines Meeresungeheuers abwehren,
4. die Eroberung eines feindlichen Schiffes,
5. Eric spielt Schiff, indem er die Matratze mit all seinen Spielsachen belädt und sie dann von A nach B schiebt.

Strandbad Wannsee

Wannseebadeweg 25, 14129 Berlin-Wannsee. ☎ 030/70713833, Fax 78732999. www.strandbad-wannsee.de. berliner_baeder-betriebe@t-online.de. **Bahn/Bus:** RE Richtung Magdeburg bis Wannsee Bhf, Bus 114 bis Haus der Wannsee-Konferenz und Fußweg 1,2 km; S1 Nikolassee, Bus 218 bis Kronprinzessinnenweg/Wannseebadeweg und weiter 1 km zu Fuß. Im Sommer Busshuttle von Nikolassee aus. **Rad:** Viele Fahrradständer vor dem Eingang. **Zeiten:** Mitte April Mo – So 10 – 18 Uhr (Sonnenbaden), Mai – Mitte Juli Mo – Fr 10 – 19, Sa, So 8 – 20 Uhr, Mitte Juli – 28. Aug Mo – Fr 9 – 20, Sa, So 8 – 21 Uhr, Sep – 25. Sep täglich 10 – 19 Uhr. **Preise:** 4 €, 10er-Karte 36 €, 25er-Karte 88 €, ab 17.30 Uhr 1,50 €; Kinder 2 – 15 Jahre, Schüler, Studenten, Azubis 2,50 €, 10er-Karte 22,50 €, 25er-Karte 55 €; Familienkarte 7 € für 3 Pers, davon min 1 Erw und 1 Kind. Jedes weitere Kind 1,50 €. Liegestühle 4 €/Tag, Strandkorb 8 €, Sonnenschirm 3 €. **Infos:** Behindertengerechte Ausstattung. Mehrere Imbisskioske.

▶ Das Strandbad Wannsee am Ostufer des großen Wannsees, das es bereits seit 1907 gibt, erfreut sich großer Beliebtheit. Das ist nicht verwunderlich, bietet es doch ein breites Spektrum an Aktivitäten. Kinder können im feinen Ostseesand buddeln, auf dem Spielplatz toben oder sich nach Herzenslust im Wasser tummeln. Der Nichtschwimmerbereich ist sehr groß, im Schwimmerbereich sorgt eine Doppelrutsche für Abwechslung. Im Park stehen zwei große Schachspiele und Tische für Dame und Schach, außerdem Beachvolleyball, Fußball, Beachbasketball, Tischtennis.

Platz gefunden? Dann schnell besetzen, bevor es ein anderer tut

© pmv, Foto: Wolfgang Kling

Einziger Nachteil: Der Große Wannsee ist sehr stark mit Nährstoffen angereichert und deshalb verwandelt die **Algenblüte** beinahe jeden Sommer, vor allem von Mitte Juli bis Mitte August, das Wasser in eine undurchsichtige grüne Brühe. Ein Bad schadet zwar nicht der Gesundheit, trotzdem ist es angenehm, dass am Strand ausreichend **Frischwasserduschen** zur Verfügung stehen. 2011 ist die Wasserqualität wie in den Vorjahren ausgezeichnet.

Der Schlachtensee

Berlin-Zehlendorf. **Bahn/Bus:** S1 bis Schlachtensee.

▶ Der Schlachtensee ist je nach Tages- und Jahreszeit entweder Anziehungspunkt für Jogger und Ausflügler, die den See umrunden, oder aber Treffpunkt der Jugend und der jung Gebliebenen. Ihnen gehört der Schlachtensee in der warmen Jahreszeit bis Sonnenuntergang, manchmal bis weit nach Mitternacht. Der See besticht durch sein klares Wasser. Aber nicht überall darf gebadet werden. Am Südwestufer ist ein Areal eingezäunt, um die hier brütenden Haubentaucher zu schützen. Infotafeln geben einen Einblick in das Leben dieser Vogelart. Beachtet bitte auch die Badeverbotsschilder an der verschilften Nordspitze des Sees!

Nur ein paar Schritte sind es vom S-Bahnhof zu den beiden größten Badestellen am Ostufer. Wer sich sportlich betätigen will, dem sei der Ruderbootverleih empfohlen. Kinder bevorzugen das Spiel auf der sogenannten Pirateninsel, die eigentlich gar keine Insel ist, sondern nur Bäume am Westufer, an denen Tarzanstricke befestigt sind.

Teufelssee

Berlin-Charlottenburg. **Bahn/Bus:** S7, 9 bis Grunewald.
Infos: Wasserrettungsstation Teufelssee Mai – Sep Sa, So, Fei 9 – 19 Uhr, ✆ 3043355.

▶ Badestelle am Südufer. Der nördliche Teil des 2,4 ha großen Teufelssees gehört zum *Naturschutz-*

Durch Algenwachstum kann die Sichttiefe in den Gewässern eingeschränkt werden. Dies ist zwar nicht gesundheitsgefährdend, doch Rettungsmaßnahmen können dadurch behindert werden.

Bei den am Strand stehenden Duschen versickert das Wasser im Sand, deshalb solltet ihr auf Seife und Duschbad verzichten.

Hunger & Durst

Fischerhütte am Schlachtensee, Fischerhüttenstraße 136, Berlin. ✆ 030/80498310. www.fischerhuette-berlin.de. Im Sommer täglich ab 9 Uhr. Mit Biergarten und Terrasse.

Der Teufelssee ist eiszeitlichen Ursprungs. Nordöstlich von ihm liegt der aus Trümmerschutt des Zweiten Weltkrieges aufgeschüttete Teufelsberg.

gebiet Teufelsfenn. Es wird vom Ökowerk betreut, das auch das Badefloß in der Mitte des Sees installiert hat. Durch diese gelungene Einrichtung wird den Badenden ein Ziel geboten und nur wenige Schwimmer suchen noch das gesperrte Ufer im Naturschutzgebiet auf.

Auf dem Gelände des ↗ **Naturschutzzentrums Ökowerk Berlin** könnt ihr spannende Erfahrungen machen oder das Infozentrum Wasserleben besuchen.

FREIZEIT-KAPITÄNE

Unter eigener Flagge

Nordlicht Tour & Kanu GmbH

Stargarder Straße 58, 10437 Berlin-Prenzlauer Berg. ✆ 030/69401306, Fax 69401308. www.nordlicht-kanu.de. info@nordlicht-kanu.de. **Zeiten:** Büro April – Sep Mo – Fr 10 – 18 Uhr, Okt – März Mo – Do 12 – 18, Fr 12 – 16 Uhr.

▸ Verleih von Kajaks und Kanadiern mit Zubehör, Fahrrädern und Campingausrüstung. Organisation von Klassen-, Gruppen- und Eltern-Kind-Reisen.

Bootsverleih Märkisches Fährhaus

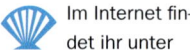

Im Internet findet ihr unter www.wassersport-in-berlin.de das Wassersportwetter der FU Berlin für die Berliner Gewässer.

Eva Romanowska, Müggelbergallee 1, 12557 Berlin-Köpenick. ✆ 030/6865870, Fax 6555779. Handy 0174/6865870. www.bootsverleih-berlin-koepenick.de. web@bootsverleih-berlin-koepenick.de.

▸ Paddelboote: 12 € für 2 Std und 16 € für den halben Tag.

Kanu-Connection GmbH

Soltauer Straße 26/30, 13509 Berlin-Reinickendorf. ✆ 030/6122686, Fax 6127137. www.kanu-connection.de. info@kanu-connection.de. **Zeiten:** April – Okt Mo – Fr 10 – 19, Sa 9 – 13 Uhr, im Winter Mo und Di geschlossen. **Preise:** Angebote für Gruppen.

▸ Verleih von Kajaks (22 €/Tag) und Kanadiern (30 €/Tag) ab Berlin, Brandenburg oder Mecklenburg.

Des Weiteren von Bootszubehör und Zelten; Abhol-
und Bringservice.

Schiffsfahrten

Berliner Fähren

▶ Wenn ihr erst einmal testen möchtet, ob ihr see-
tauglich seid, dann empfehle ich euch eine Überfahrt
mit der Fähre, denn das ist spannend, dauert aber
nicht so lang. Sechs Fährverbindungen gibt es in Berlin, von denen drei nur von Karfreitag bis Oktober befahren werden. Von Oktober bis April haben die anderen Fähren leicht verkürzte Fahrpläne. Es gelten
die normalen Fahrkarten des VBB.

F10: S-Bhf *Wannsee – Alt-Kladow*. Täglich von beiden
Seiten einmal stündlich, Mo – Sa 6 – 19 Uhr, So
10 – 19 Uhr, im Winter nur bis 18 Uhr. Barrierefreier Zugang.

F11: *Oberschöneweide, Wilhelmstrand – Baum-
schulenstraße*. Täglich von beiden Seiten im 10-
oder 20-Minutentakt, Mo – Fr 6 – 20 Uhr, Sa, So
8 – 20 Uhr. Dez – April Sa, So bis 19 Uhr halbstündlich. Barrierefreier Zugang.

F12: *Wendenschloss, Müggelbergallee – Grünau, Was-
sersportallee*. Mo – Fr von beiden Seiten im 10-
oder 20-Minutentakt, am Wochenende halbstündlich. Mo – Fr ab
5.30, Sa, So ab
7.30 bis jeweils
21 bzw. 20 Uhr
(Dez – April). Bar-
rierefreier Zugang.

F21: *Krampenburg –
Große Krampe –
Schmöckwitz, Zum
Seeblick*. Saison-
fähre zwischen
Karfreitag und dem

© BerlinBrandenburg Senat

**Das Tolle an Dampferfahr-
ten: Ihr sitzt faul in der
Sonne und lasst die Land-
schaft vorbeiziehen**

3. Okt, einmal stündlich, Di – Fr 9.50 – 17.40, Sa,
So bis 18.40 Uhr. Barrierefreier Zugang.

F23: *Rahnsdorf, Müggelwerderweg – Müggelhort –
Neuhelgoland – Kruggasse.* Saisonfähre, einmal
stündlich, Di – So ab 10 bzw. 10.25 bis 18 Uhr
Mo – Fr und 19 Uhr Sa, So. Barrierefreier Zugang.

F24: *Müggelheim, Spreewiesen – Rahnsdorf, Kruggasse.* Saisonfähre, einmal stündlich, Di – So 11 –
19 Uhr. Barrierefreier Zugang.

Stadtrundfahrt per Schiff

Reederei D. Hadynski, 10178 Berlin-Mitte. ✆ 030/
43671135, Fax 43671432. Handy 0177/3010460.
www.reederei-haydinski.com. reederei-hadynski@hot-
mail.de. Anlegestelle und Büro an der Spree, Friedrich-
brücke, Nähe Burgstraße. **Bahn/Bus:** S-Bhf Hackescher
Markt. **Zeiten:** April – Dez 11, 11.30, 12.30, 13, 14,
14.30, 15.30, 16 und 17 Uhr. **Preise:** 7 €; Kinder 6 –
13 Jahre 3 €; Schüler und Studenten 5 €, Gruppen ab
15 Pers ermäßigt.

▶ Einstündige Linienfahrt durch den historischen
Stadtkern Berlins.

Reederei Bruno Winkler

Reederei Bruno Winkler, Mierendorffstraße 16, 10589
Berlin-Charlottenburg. ✆ 030/3499595, Fax 3490-
011. www.reedereiwinkler.de. info@reedereiwinkler.de.
Bahn/Bus: U6, S1, S2, S5, S9 Friedrichstraße. **Zeiten:**
April – Okt. **Preise:** Einstündige Fahrten 9,50 €, drei-
stündige Spreefahrt 17 €, drei Stunden Spree- und
Landwehrkanal 18 €; Sonderpreis für Schülergruppen
und Kinder 6 – 14 Jahre 5 €; Schüler/Studenten 5 €,
Familienticket (2 Erw, 4 Kinder) 20 €, Gruppen ab 15
Pers 10 % Ermäßigung und Schülergruppen 20 % Ermä-
ßigung.

▶ Fahrten auf *Spree* und *Landwehrkanal* sowie Seen-
rundfahrten, z.B. einstündige Rundfahrt durch das
historische und moderne Berlin ab Bhf Friedrichstraße, Reichstagsufer 18.

7-Seen-Rundfahrt

Stern und Kreis Schiffahrt GmbH, Puschkinallee 15, 12435 Berlin-Treptow. ✆ & Fax 030/5363600. www.sternundkreis.de. info@sternundkreis.de. **Bahn/Bus:** S1, S7 bis Wannsee. **Preise:** Rundfahrt 10 €; max 3 Kinder unter 6 Jahre haben freie Fahrt, Kinder unter 14 Jahre 50 %; Schüler, Studenten, Senioren, Schwerbehinderte und deren Begleiter sowie Gruppen ab 20 Pers 15 %, freie Fahrt für einen Minderjährigen in Begleitung eines vollzahlenden Erwachsenen.

▶ Besonders empfehlenswert ist die 2-stündige 7-Seen-Rundfahrt. Los geht es von Anfang April bis Ende Oktober ab Wannsee über den Kleinen Wannsee, Stölpchensee, Pohlesee, Griebnitzsee, Glienicker Lake, Jungfernsee und zurück über die Havel nach Wannsee.

Geschichte vom Wasser aus

Reederei Triebler, Johannastraße 24, 13581 Berlin-Spandau. ✆ 030/3315414, Fax 3315414. Handy 0172/3847687. www.reederei-triebler.de. info@reederei-triebler.de. **Bahn/Bus:** S1, S7 bis Wannsee, S9, S75 bis Spandau. **Preise:** 3 1/2-stündige Fahrt ab Spandau 11 €, ab Wannsee 14 € pro Person; Gruppen ab 20 Pers erhalten 10 % Ermäßigung.

▶ Interessant für Gruppen und für Familien mit größeren Kindern ist die historische Stadtrundfahrt, die von April bis Oktober ab Wannsee oder Spandau angeboten wird. Bei den großen Rundfahrten werden 7, 8 oder gar 12 Seen durchkreuzt.

Berlin per Fahrrad erkunden

BEWEGEN & TOBEN

▶ Berlin per Drahtesel kennen zu lernen, ist nicht nur für Gäste, sondern auch für Berliner interessant. Denn niemand kann von sich behaupten, die Stadt wie seine Westentasche zu kennen. Dazu ist sie mit über 889 qkm einfach zu groß und zudem verändert sie sich ständig.

Ein gut sitzender Fahrradhelm ist ein unbedingtes Muss.

ADFC-Fahrrad-Stadtplan Berlin Zentrum, Maßstab 1:15.000, 6,90 €, beim ADFC und im Buchhandel.

In den letzten Jahren wurde das innerstädtische Radwegnetz weiter ausgebaut. Trotzdem ist die Situation noch nicht zufriedenstellend: Wer innerhalb Berlins 10 – 20 km mit dem Rad zurücklegen will, muss teilweise auf sehr verkehrsreichen Straßen fahren oder auf die Bürgersteige ausweichen. Zwar dürfen Kinder bis 10 Jahre auf dem Gehweg radeln, aber oft müssen sie sich zwischen Fußgängern hindurchschlängeln oder geraten an hohen Bordsteinkanten ins Stocken. Da artet die Radtour schnell in Stress aus.

Während der Recherchen zu diesem Buch haben wir die Stadt per Rad kreuz und quer ausgekundschaftet. Die folgenden zwei Touren sind auch mit kleineren oder im Straßenverkehr noch nicht so erfahrenen Kindern durchführbar.

Radtour von Steglitz nach Wannsee

Länge: 10,8 km. **Bahn/Bus:** S1, U9 bis Rathaus Steglitz.

▶ **Rathaus Steglitz** – Schlossstraße, Schlossparktheater (0,0 km) – Unter den Eichen, Botanischer Garten (0,5 km) – Berliner Straße, Überquerung Sundgauer Straße (S1, 3,7 km) – Potsdamer Chaussee, Überquerung Lindenthaler Allee (6,7 km) – erster Tunnel (8,8 km) – zweiter Tunnel (9,5 km) – **Wannsee,** S-Bahnbrücke (10,8 km)

Besonderheiten: Durchgehender Radweg beiderseits einer viel befahrenen Hauptstraße mit wechselnden Namen, vielen Radfahrerampeln und zwei Tunnel für Radfahrer und Fußgänger zur Unterquerung der Autobahn. Es geht immer geradeaus. Gute Übungsmöglichkeit für Rad fahrende Kinder, Sicherheit im Großstadtverkehr zu erlangen. Diverse Abstecher zu ruhigen Plätzen und touristischen Attraktionen.

Mögliche Ziele zur Weiterfahrt:

Fährt man in Wannsee an der S-Bahnbrücke bei Km 10,8 nach rechts, gelangt man zum ↗ Strandbad Wannsee; in Sichtweite liegt die ↗ Dampferanlegestelle.

Fährt man in Wannsee an der S-Bahnbrücke bei Km 10,8 geradeaus weiter auf der Königstraße und über die Wannseebrücke, kann man

a) zur *Pfaueninsel* rechts abbiegen in die Pfaueninselchaussee oder

b) in Richtung *Stölpchensee, Griebnitzsee, Steinstücken, Babelsberg* hinter dem Rathaus Wannsee links in die Chausseestraße einbiegen (12,7 km) oder

c) über die *Glienicker Brücke* (16,6 km) ins Zentrum von *Potsdam* (21,6 km) weiterfahren; durchgängiger Radweg.

© Annette Sievers

Als Ruine geplant: Die Schlossruine auf der Pfaueninsel war immer bloß Dekoration

Radtour auf dem ehemaligen Grenzstreifen nach Teltow

Länge: 13,4 km. **Bahn/Bus:** S25 bis Bhf Lankwitz, zurück S25 von Teltow, Ruhlsdorfer Platz.

▶ Vom **S-Bahnhof Lankwitz** geradeaus bis Lankwitz Kirche – Paul-Schneider-Straße – am **Gemeindepark** (mit Tiergehege, Spielplatz, Sportgeräten und Liegewiesen) rechts in die **Malteserstraße** – geradeaus bis zum Ende der Malteserstraße – nach der Kreuzung Hildburghauser Straße/Nahmitzer Damm geradeaus weiter auf der **Marienfelder Allee** bis zur Stadtgrenze Berlins – **Beginn des Grenzstreifens** (5,7 km) – rechts in den Grenzstreifen fahren, die zwei kleinen Straßen überqueren und am Ostpreußendamm/Lichterfelder Allee (11 km) links in die **Lichterfelder Allee** einbiegen – ↗ **Teltow,** Ruhlsdorfer Platz (13,4 km).

Besonderheiten: Gefahren wird durchgängig auf Radwegen entlang öffentlicher Straßen. Etwa 5 km der Gesamtstrecke verlaufen auf dem ehemaligen Grenzstreifen. Hier stand von 1961 bis 1989 die Mauer. Nach der Öffnung der Grenze und dem Abbau der Anlagen konnten sich zum Glück Umweltschützer mit dem Vorschlag durchsetzen, den Grenzstreifen nicht für den Autoverkehr freizugeben. So herrscht auf der Betonpiste, die sich durch Wiesen schlängelt, beson-

ders am Wochenende reger Fußgänger- und Radler-
verkehr. Durch die jahrzehntelange Isolation des Ge-
bietes wachsen links und rechts des Weges seltene
Pflanzenarten. Im Herbst kann man Zugvögel wie
Störche, Wildgänse und sogar Kraniche beobachten,
die auf ihrem Flug in den Süden hier rasten. Leider
wurde in den letzten Jahren der Lebensraum von
Pflanzen und Tieren durch das Eingreifen des Menschen immer kleiner. Immer mehr Flächen werden be-
baut oder landwirtschaftlich genutzt und entlang der
öffentlichen Straßen türmt sich der Müll.

Mögliche Ab- und Umwege:

Mahlow (S2): ab Stadtgrenze Berlin (5,7 km) links
in den Grenzstreifen einbiegen.

Richtung Stahnsdorf, Potsdam: Teltow, Ruhlsdorfer
Platz (13,4 km) – auf der Potsdamer Straße durch
Teltow (durchgehender Radweg, teilweise Radspur
auf der Straße) – Stahnsdorf (durchgehender Radweg) – Potsdam (Radweg inzwischen auch durchgehend).

Teltowkanal: Ostpreußendamm/Lichterfelder Allee
(11 km) überqueren und auf dem Grenzstreifen
weiterfahren bis Teltower Damm/Zehlendorfer
Straße – rechts über die Brücke und am linken
Ufer (anfangs sehr schmaler Weg) zurück nach
Steglitz, vorbei am Klinikum Steglitz und dem
Stadtpark.

 Im Herbst lohnt
sich die Mit-
nahme eines Ferngla-
ses. Dann könnt ihr die
Zugvögel gut beobach-
ten.

Reiten auf Pony und Esel

Kinder- und Jugendreit- und Fahrverein Zehlendorf e.V.

Robert-von-Ostertag-Straße 1, 14163 Berlin-Zehlendorf.
✆ 030/8026116, Fax 80482252. www.kinderreitschu-
le-berlin.de. info@kinderreitschule-berlin.de. **Bahn/
Bus:** S1 Zehlendorf, U7 Fehrbelliner Platz, Bus 115
Spanische Allee/Potsdamer Chaussee. **Zeiten:** Büro-
zeiten: Mo – Fr 15 – 17.30 Uhr.

► Für Kinder ab 3 Jahre. Es stehen 121 Pferde, Ponys und Esel zur Verfügung. Schnupperkurse. Die Mitgliedskinder versorgen die Tiere selbst.

Spielen und spazieren in Parks & Gärten

Volkspark Friedrichshain

Landsberger Allee, 10249 Berlin-Friedrichshain. www.berlin-friedrichshain.com. info@Berlin-Friedrichshain.com. **Bahn/Bus:** Bus 200, 240 Am Friedrichshain; S8, 41, 42 Landsberger Allee, dann M5, 6, 8 Landsberger Allee; U5 Strausberger Platz.

► Im ältesten, 52 ha großen Stadtpark Berlins fällt als Erstes der Märchenbrunnen auf. In das 54 m lange Becken sprudeln neun Fontänen aus Wasser speienden Fröschen. Zehn Figuren aus den Märchen der Gebrüder Grimm können an heißen Sommertagen nicht nur erraten und bestaunt, sondern auch angefasst und erklettert werden. Dann wird der Märchenbrunnen nämlich zu einem beliebten Planschbecken für kleine und größere Kinder.

Außerdem kann Tischtennis, Basketball und Tennis gespielt werden (Sportgeräteverleih vor Ort). Skateboard-Fans können auf der Halfpipe üben. Es gibt mehrere Spielplätze, darunter einen Indianerspielplatz.

☀ Märchenbrunnenfest Anfang September.

☀ In der warmen Jahreszeit findet im Volkspark Friedrichshain Open-Air-Kino statt.

⛄ Gleich zwei Rodelbahnen – eine vom 48 m hohen *Kleinen Bunkerberg* und eine vom 78 m hohen *Großen Bunkerberg* – gibt es im Volkspark.

Viktoriapark in Kreuzberg

Dudenstraße/Katzbachstraße, 10965 Berlin-Kreuzberg 61. **Bahn/Bus:** U6 bis Platz der Luftbrücke.

► Die höchste Erhebung im Viktoriapark ist der Kreuzberg. Das Besondere an ihm ist der künstliche Wasserfall. Aus 66 m Höhe stürzen die Wassermassen zur Kreuzbergstraße hinunter. Im Sommer darf hier geplanscht werden. Auch am Spielplatz und dem kleinen Tiergehege haben Kinder ihre Freude.

Schmusen: In der Hasenheide leben nicht nur Hasen, sondern auch verschmuste Schafe

© pmv, Foto: Wolfgang Kling

Hunger & Durst

Hasenschänke, Berlin-Neukölln. Im Sommer sowie an sonnigen Frühjahrs- und Herbsttagen 10 Uhr – Sonnenuntergang. Traditionsimbiss mit großer Sommerterrasse: Würstchen, Kaffee, leckerer Kuchen, kalte Getränke.

Friedrich Ludwig Jahn (1778 – 1852), eigentlich Theologe und Philologe, wurde berühmt als Begründer der Turnkunst, mit deren Hilfe er in Zeiten der Unterdrückung die physische und moralische Kraft des Volkes stärken wollte. »Leibesübungen« wurden vorher schon an einigen Schulen durchgeführt, so richtig in Schwung kam der Schulsport aber erst ab 1850.

Volkspark Hasenheide

Hasenheide, 10965 Berlin-Neukölln. ✆ 030/68093-530 (Info Center Rathaus Neukölln), www.volkspark-hasenheide.de. bamtrathaus@ba-nkn.verwalt-berlin.de. **Lage:** zwischen Hasenheide und Columbiadamm. **Bahn/Bus:** Bus 104 Sommerbad Neukölln, 104, 167 Fontanestraße/Flughafenstraße, U7 Südstern, Hermannplatz, U8 Hermannplatz. **Infos:** Mai – Aug täglich Freiluftkino, www.freiluftkino-hasenheide.de.
▶ Auf der Hasenheide hat im Jahre 1811 Turnvater **Jahn** den ersten Sportplatz eingerichtet. Ein Denkmal erinnert an ihn. Auch heute wird Sport und Spiel im Park ganz groß geschrieben. Es gibt zwei Spielplätze, Tischtennisplatten, Schachtische und auf den ausgedehnten Wiesen wird Fußball, Handball, Federball und Frisbee gespielt. In einem Tiergehege leben Hasen, Rehe, Schafe sowie Vögel. Ponyreitplatz. Ein großer Kindertierpark ist in Planung. In der warmen Jahreszeit findet Freilichtkino statt.

Stadtpark Steglitz

Albrechtstraße, 12167 Berlin-Steglitz. **Bahn/Bus:** Bus X83, M82, 181, 282, 380 bis Steglitzer Damm oder Bus M82, 380 bis Stindestraße.
▶ Ein schöner Park mit Teich, Liege- und Spielwiesen. Für Kinder gibt es eine Minigolfanlage und zwei Spielplätze, von denen einer ein richtiges Spielparadies

ist – so groß ist das Angebot an Geräten: vier Tischtennisplatten, zwei große Wippen und mehrere Wipptiere, Schaukeln verschiedenster Art, zwei Rutschen, Trampoline, Kletterhäuser mit Seilbrücken und noch vieles mehr.

Wer eine Pause braucht, kann auf den Sitzgruppen verschnaufen oder ein kleines Picknick machen. Auch an einen Unterstand bei Regen wurde gedacht.

Britzer Garten in Neukölln: Buga-Park

Grün Berlin GmbH, Sangerhauser Weg 1, 12349 Berlin-Neukölln. ✆ 030/70090680, 7041421 (Kasse Mohriner Allee, für kostenlosen Rollstuhlverleih und -schiebedienst), Fax 700906-70. www.britzer-garten.de. info@britzer-garten.de. Mehrere Eingänge: Sangerhauser Weg, Tauernallee, Buckower Damm, Mohriner Allee. **Bahn/Bus:** Sangerhauser Weg: U6 Alt-Mariendorf oder Bus 179, Tauernallee: U6 Alt-Mariendorf oder Bus 179, Mohriner Allee: U6 Alt-Mariendorf oder Bus 181. **Zeiten:** täglich ab 9 Uhr, Nov – Feb bis 16 Uhr, März und Okt bis 18 Uhr, April – Sep bis 20 Uhr. **Preise:** 2 €, während der Tulpenschau 3 €; Kinder 6 – 14 Jahre 1 €, Tulpenschau 1,50 €; Schwerbehinderte 1 €. Jahreskarte gültig für den Britzer Garten, die Gärten der Welt im Erholungspark Marzahn und den Natur-Park Schöneberger Südgelände Erw 20 €, Kinder und Schwerbehinderte 10 €. **Infos:** Eisenbahnfahrt: 1 Station Erw 1, Kinder bis 12 Jahre 0,50 €; 3 Stationen Erw 2,50, Kinder 1 €; Rundfahrt (5 Stationen, etwa 50 Min) Erw 3,50, Kinder 2 €. Je Erw ist ein Kind unter 4 Jahre frei.

▶ Angelegt wurde der 90 ha große Park zur Bundesgartenschau 1985. Anschließend wurde er zwar in Britzer Garten umbenannt, aber für viele Berliner blieb er bis heute der Buga-Park.

Durch Wiesen und Wälder, vorbei an Seen, Bächen und Teichen, rattert von April bis Oktober eine Kleinbahn. Für Kinder gibt es ein richtiges Spiel- und Erlebnisparadies mit Spielplätzen (zum größten Teil im Schatten und auch mit Schaukeln für die ganz

@ Neben der Anlage im Stadtpark Steglitz findet ihr unter www.1-bmsc.de/plaetze-bvbb.htm 34 Minigolfplätze in Berlin.

Hunger & Durst

Café am See, Mohriner Allee 145, Berlin. ✆ 030/7036087. www.tafelrunde-berlin.de. Täglich ab 10 Uhr geöffnet. Auf der Terrasse kann man neben Eis und Kuchen auch noch einen schönen Ausblick auf den See genießen.

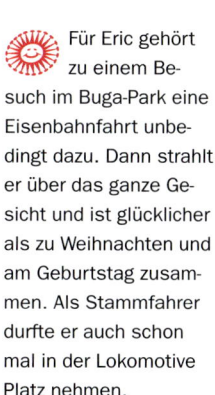 Für Eric gehört zu einem Besuch im Buga-Park eine Eisenbahnfahrt unbedingt dazu. Dann strahlt er über das ganze Gesicht und ist glücklicher als zu Weihnachten und am Geburtstag zusammen. Als Stammfahrer durfte er auch schon mal in der Lokomotive Platz nehmen.

Kleinen), Minigolf, Karussell (Kinder bis 14 Jahre 1 €), Wasserspielplatz und viele bunte Veranstaltungen wie Kinderfeste. Auf den ausgedehnten Wiesen stehen verteilt überdachte Tische und Bänke sowie Stühle und Liegen. Neben dem Picknickkorb solltet ihr auch einen Ball dabei haben. Denn Platz zum Spielen gibt es genug. Für natur- und umweltorientierte Be-

© pmv, Foto: Ina Kalanpé

Traumberuf: Fragt einfach den netten Lokführer, ob ihr auch mal in die Lok dürft

sucher sind Tiergehege, Bienenhaus und Umweltpfade interessant.

Für das leibliche Wohl der Besucher sorgt unter anderem die **Milchbar,** wo es Kindergerichte wie Milchreis und Nudeln gibt.

DIE ORGANISIERTE ANARCHIE

Betreute (Abenteuer)spielplätze

▶ Anzahl, Ausstattung und Zustand der über 1800 Spielplätze in Berlin, für die mehr als eine halbe Million Kinder und Jugendliche bis 18 Jahre, ist von Bezirk zu Bezirk extrem unterschiedlich. In manchen Vierteln findet man fast an jeder Ecke einen Spielplatz, an anderen Orten müssen sich 10.000 Kinder einen Spielplatz teilen. Einige Spielplätze sind mit leeren Bierdosen, Drogenspritzen und Hundekot übersät, sodass es für Kinder äußerst gesundheitsgefährdend ist. In fast allen Vierteln ist es sicherer, Kinder nach Einbruch der Dunkelheit nicht allein auf den Spielplatz zu lassen. Eine sichere Alternative sind pädagogisch betreute **Abenteuer-** und **Bauspiel-**

plätze. Leider gibt es viel zu wenige. Wegen leerer Kassen wurden bei manchen die Öffnungszeiten verkürzt, andere sind von der Schließung bedroht. Das ist sehr bedauerlich, gehen sie doch weit über das normale Spielplatz-Image (Buddelkasten, Wippe, Klettergerüst) hinaus und bieten Kindern viele interessante Aktivitäten vom Hüttenbau, über Arbeit im Ökogarten, Kleintierhaltung, Grillen am Lagerfeuer, Brot backen, Werkeln in Fahrrad-, Holz- und Metallwerkstätten, Barfußpfad bis Kindercafé und Zeitungsarbeit. Zudem wird oft auch Kinder-, Jugend- und Elternberatung angeboten.

FRIEDRICHSHAIN

Abenteuer- und Bauspielplatz Forcki, Forckenbeckplatz/Eldenaer Straße, 10247 Berlin-Friedrichshain. ✆ 030/453056690, www.forcki.de. buero@awo-friedrichshain-kreuzberg.de. **Bahn/Bus:** U5 bis Frankfurter Tor, S4, 8 bis Storkower Straße. **Zeiten:** Platz Mo – Mi 13 – 18 Uhr, Do – Fr 14 – 19 Uhr, Haus Kokon Mo – Mi 14 – 18 Uhr, Do – Fr 14 – 19 Uhr, für Gruppen nach Anmeldung Di, Mi 10 – 13 Uhr.
Auf dem **Forcki** trefft ihr bei gutem wie schlechtem Wetter Freunde, könnt grillen, werkeln, im Baumhaus abhängen, töpfern, backen … Die AWO bietet regelmäßig Hausaufgabenhilfe, Mittagstisch, Di – Fr ab 14 Uhr Familiencafé. Mo ist elternfreie Zeit und Kids 6 – 14 Jahre sind unter sich!

HOHENSCHÖNHAUSEN

Spielmobil Hohenschönhausen, 10360 Berlin-Hohenschönhausen. ✆ 030/98206039, 9324102.
Mobiler Einsatz auf Spielplätzen in Hohenschönhausen.

KÖPENICK

Natur- und Abenteuerspielplatz Köpenick, Alte Kaulsdorfer Straße 18, 12555 Berlin-Köpenick. ✆ 030/ 34769582, 65260840, Fax 65260841. www.netz-

Maximilian (Max) Franz August von Forckenbeck (1821 – 1892) war Politiker, ab 1878 Oberbürgermeister von Berlin und einer der Führer des preußischen Liberalismus.

 *Hänschen Klein*
ging allein
in'n Berliner Turnverein,
turnt am Reck,
fiel in Dreck,
bums, da war die Nase
weg!
Kam der Doktor Ham-
pelmann,
klebt die Nas mit Spucke
an.
Alles gut, alles gut,
Hänschen kriegt 'n
Zuckerhut!

werk.in.koepenick.de. netzwerk.in.koepenick@
web.de. **Zeiten:** April – Okt Mo – Sa 14 – 19, Nov –
März bis 18 Uhr, Schulferien Mo – Sa ab 12 Uhr.
7000 qm großes Areal mit Holzdorf, Ziegen, Schafen, Kaninchen und Meerschweinchen.

Spielmobil Köpenick, Netzwerk in Köpenick e.V., Fried-
richshagener Straße 8s, 12555 Berlin-Köpenick.
✆ 030/617238-26, -27, -28, Fax 65260841. www.ju-
gendarbeit-tk.de. spielhaus@gmx.de. **Bahn/Bus:** S3
Köpenick, Bus M69, 164, 269, Tram 60, 61, 62, 67,
68. **Zeiten:** März – Okt.
Kreative und spielerisch-sportliche Angebote auf
Grünflächen, Natur- und Abenteuerspielplätzen
und Stadtfesten. In den kühlen Monaten Lese- und
Spielmobil für Kinder und Jugendliche.

KREUZBERG

**Pädagogisch betreuter Abenteuerspielplatz Hasen-
bau,** Hasenheide 44, 10967 Berlin-Kreuzberg.
✆ 030/902983218, Fax 902983218. **Bahn/Bus:**
U7 bis Südstern oder Bus 248 bis Fichtestraße.
Zeiten: Mo – Fr 11 – 19 Uhr.

LICHTENBERG

Mobile Spiele, Zum Hechtgraben 1, 13051 Berlin-Lichtenberg. ✆ 030/92094163, Fax 92094165.
www.kietzfuerkids.de. office@kietzfuerkids.de.
Mobile Spielplatz- und Projektangebote.

Abenteuerspielplatz am Berl, Am Berl 13, 13051 Berlin-Lichtenberg. ✆ 030/4002746, Fax 96277150.

Abenteuerspielplatz Fort Robinson, Wartiner Straße
79, 13057 Berlin-Lichtenberg. ✆ 030/9208192,
Fax 92094165. www.kietzfuerkids.de. office@kietz-
fuerkids.de. **Zeiten:** Di – Fr 13 – 19 Uhr, Sa 10 – 17
Uhr, Ferien ab 10 Uhr.

Abenteuerspielplatz Holzwurmhaus, Falckenberger
Chaussee 141, 13057 Berlin-Lichtenberg.
✆ 030/96201977, Fax 92091727. holzwurm-
haus@sozdia.de. **Zeiten:** Di – Sa 13 – 20 Uhr.

MARZAHN

Abenteuerspielplatz Marzahn Nord, Schorfheidestraße/Hohenwalder Straße, 12689 Berlin-Marzahn. ✆ 030/93498192, www.spielplatzinitiative.de. spielinim@arcor.de. **Zeiten:** Di – Sa 13 – 18 Uhr, Ferien 12 – 18 Uhr, Schulklassen und Gruppen nach Anmeldung 8 – 18 Uhr.

Abenteuerspielplatz Marzahn West, Ahrensfelder Chaussee 26, Ecke Dessauer Straße, 12689 Berlin-Marzahn-Hellersdorf. ✆ 030/93491882, Fax 93771214. www.spielplatzinitiative.de. spielinim@arcor.de. **Bahn/Bus:** Bus 197 bis Dessauer Straße.

MITTE

Abenteuerspielplatz Stadt der Kinder, Rosenthaler Straße 59, 10119 Berlin-Mitte. ✆ 030/28387837, Fax 24632384. www.stiftung-spi.de. asp@stiftung-spi.de. **Bahn/Bus:** U2, Tram M2, M8 bis Rosa-Luxemburg-Platz. **Zeiten:** Mo – Fr 14 – 18.30 Uhr, im Winter 13.30 – 18 Uhr, im Januar geschlossen.

Sandkuchenbacken im Ottopark, Pädagogisch betreuter Spielplatz Ottopark, Alt-Moabit 34, Ecke Ottostraße, 10555 Berlin-Mitte. ✆ 030/39054656, Fax 39835731. pbs-ottopark@t-online.de. **Bahn/Bus:** U9, M27, TXL bis Turmstraße, Bus 245, N40, TXL bis Kleiner Tiergarten, Bus 101, 123, 187, 245 bis Turmstraße/Lübecker Straße.

2010 wurde der öffentliche Spielplatz im Ottopark umgestaltet, seitdem locken Sonnenliegen und Sandbacktische sowie für die ganz Kleinen eine vielfältige Spiellandschaft, wo zuvor nur ein tristes und liebloses Angebot vorherrschte.

Pädagogisch betreuter Spielplatz Humboldthain, Gustav-Meyer-Allee 3, 13347 Berlin-Mitte. ✆ 030/4644762, Fax 4644762. asp1@gmx.de. **Bahn/Bus:** S1, S2, S25 bis Humboldthain.

Abenteuerspielplatz Telux, Tegeler Straße 28A, 13353 Berlin-Mitte. ✆ 030/4629829, Fax 46605124. www.kinderecho.de. wedinger.kinderfarm@berlin.de.

 Katz und Maus

Spiel: Ihr solltet mindestens zu sechst sein. Je mehr mitspielen, desto besser, doch desto größer sollte auch das Feld sein, das ihr euch irgendwie markiert. Bestimmt nun je nach Anzahl 1 – 5 Katzen, die Übrigen sind die Mäuse, die von den Katzen gejagt werden. Keiner darf das Spielfeld dabei verlassen! Werden die Mäuse durch abschlagen gefangen, müssen sie mit gespreizten Beinen stehen bleiben. Krabbelt eine freie Maus durch die Beine einer gefangenen Maus, so ist diese wieder frei und die Katze hat erneut zu tun. Die Katzen haben gewonnen, wenn alle Mäuse gefangen sind.

Bahn/Bus: U6, 9 bis Leopoldplatz, dann Bus 221, 248 bis Luxemburger Straße. **Zeiten:** Mo – Fr 13 – 18 Uhr, vormittags für angemeldete Gruppen, Ferien Mo – Fr 11 – 18 Uhr.

Hüttenbau, Lagerfeuer, Wasserspiele, Spielplatzgarten, Fahrrad- und Holzwerkstatt, Töpfern.

NEUKÖLLN

Feuerrotes Spielmobil, Landesjugendwerk der AWO Berlin e.V., 12043 Berlin-Neukölln. ℰ 030/253892-70, Fax -09.

Mobile Einsätze auf Spielplätzen.

Spielplatz Wilde Rübe, Brigitte Kuschke, Wildenbruchstraße 25, 12045 Berlin-Neukölln. ℰ 030/568278-45, Fax -44. www.wilde-ruebe.de. team@wilde-rue-be.de. **Bahn/Bus:** U7 bis Rathaus Neukölln, Bus 104, 171 bis Harzer Straße/Wildenbruchstraße. **Zeiten:** Mo, So, Fei geschlossen, Di Projekt-Tag, Mi – Fr 12 – 18.30, Sa 13 – 18 Uhr.

Bei der Wilden Rübe ist auch die Natur willkommen: Im Garten haben die Kinder ein Insektenhotel gebaut. Lasst es euch erklären!

Ein richtig toller Platz mit Burg, in der ihr herumklettern könnt, einer Feuerstelle, im Sommer einem Wasserbecken zum Abtauchen und natürlich mit Torwand, Seilrutsche, Kletterspinne, Kriechtunnel, Schaukel etc. Der pädagogisch betreute Spielplatz für Kinder 6 – 14 Jahre bietet zudem Projekte und auf einer kleinen Bühne Veranstaltungen.

Abenteuerspielplatz Wildhüterweg, Kinder- und Jugendklub, Wildhüterweg 1, 12353 Berlin-Neukölln. ℰ 030/6041078, Fax 66622606. www.wildhueterweg.de. wildhueterweg@neukoelln-jugend.de. **Bahn/Bus:** U7 bis Lipschitzallee. **Zeiten:** Spielplatz Mo – Mi, Fr 12 – 18.15, Do 13 – 18.15 Uhr, Bauwagen Slam Jam Mi – Fr 17 – 21, Sa 16 – 20 Uhr.

Das riesige, zugewachsene Gelände am Rande der Gropiusstadt bietet Niedrigseilgarten, Klettergerüste, Seil- und Boulebahn. Der Hit aber ist der Bauhüttenplatz, wo ihr April – Nov mit Hammer und Säge euren Traum vom eigenen Häuschen verwirklichen könnt. In der kalten Jahreszeit spielt sich vieles im Haus ab: Hier stehen euch Spiele, Bücher und sechs PC zur Verfügung, sowie eine Werkstatt, in der ihr von Holz- und Töpferarbeiten bis zum Seifengießen so ziemlich alles machen könnt. In der Küche wird hin und wieder Leckeres gekocht und gebacken.

Abenteuerspielplatz Wutzkyallee, Wutzkyallee 88 – 98, 12353 Berlin-Neukölln. ✆ 030/6616-044, Fax -212. www.wutzkyallee.de. team@wutzkyallee.de. **Bahn/ Bus:** U7 bis Wutzkyallee. **Zeiten:** Di 15 – 19 und Mi – Sa 13 – 19 Uhr.

Familienfreundlicher Abenteuerspielplatz mit Schafhaltung für Kinder von 6 – 13 Jahre. Hier dreht sich viel ums Thema Wolle: Wolle waschen, kämmen, färben, spinnen, stricken, filzen …

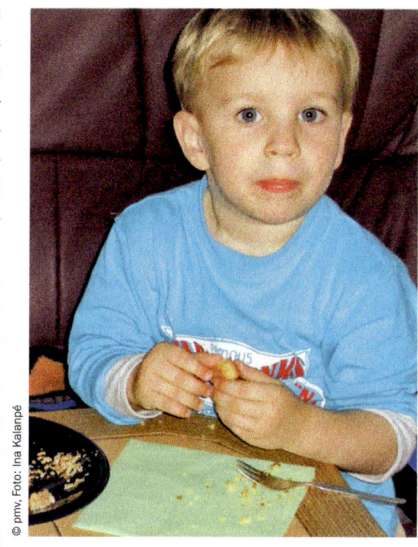

© pmv, Foto: Ina Kalanpé

Hauptsache, es schmeckt: Selbst gemachter Kuchen sowieso auch in der Krümelfassung

PANKOW

Abenteuerlicher Bauspielplatz Kolle 37, Kollwitzstraße 37, 10405 Berlin-Pankow. ✆ 030/4428122, Fax 44051192. www.kolle37.de. vorstand@netzwerkspielkultur.de. **Bahn/Bus:** U2 bis Senefelder Platz.

Der Spielwagen von Pankow, Elke Abendschein, Dunckerstraße 11, 10437 B-Prenzlauer Berg. ✆ 030/ 44036432, Handy 0176/57266061. www.der-spielwagen.de. spielwagen@netzwerkspielkultur.de. **Zeiten:** Di – Sa 14 – 19 Uhr an wechselnden Orten. Der Spielwagen ist ein mobiles Freizeitprojekt für Kinder zwischen 6 und 13 Jahre und kommt vollgepackt mit vielen Spielmaterialien auf öffentliche Plätze im Bezirk Pankow. Ihr könnt spielen, toben, Spaß haben und an kreativen Angeboten teilnehmen.

AktivSpielPlatz FRANZ B., Blankenfelder Straße 106 – 108, 13127 Berlin-Pankow. ✆ 030/47552593, Handy 0178/2598416. spielraum@snafu.de. **Zeiten:** Sommer Mo – Fr 12 – 18 Uhr, Sa und Ferien 11 – 18 Uhr, Winter Di – Fr 12 – 18 Uhr, Sa und Ferien 11 – 18 Uhr.

REINICKENDORF

Spielmobil Bollerwagen und Bollerwagenhaus Lübars, Alte Fasanerie 4 – 5, 13495 Berlin-Reinickendorf. ✆ 030/4164708, Fax 40713108. www.spielmobil-bollerwagen.de. info@spielmobil-bollerwagen.de. **Bahn/Bus:** S1 Wittenau, Bus 124 bis Endstation. Wechselnde Standorte in Reinickendorf von Mai bis Oktober.

SPANDAU

Pädagogisch betreuter Abenteuerspielplatz Pionierstraße, Pionierstraße 195, 13589 Berlin-Spandau. ✆ 030/3731964, Fax 37402730.

STEGLITZ

Abenteuerspielplatz am Insulaner, Bergstraße 51, 12169 Berlin-Steglitz. ✆ 030/79786617, Fax 79786619. www.asp-insulaner.de. info@asp-insulaner.de. **Zeiten:** Mo – Fr 14.30 – 19.30 Uhr.

TREPTOW

Abenteuer- und Bauspielplatz Kuhfuß, Karl-Kunger-Straße 29, 12435 Berlin-Treptow. ✆ 030/53699-069, Fax 53218165. www.kinderring-berlin.de. info@kinderring-berlin.de.

Abenteuerspielplatz Waslala Altglienicke, FiPP e.V. – Fortbildungsinstitut für die pädagogische Praxis, Annette Hübner Venusstraße/Birnenweg, 12524 Berlin-Treptow. ✆ 030/67909356, Fax 67909356. www.aspwaslala.de. zentrale@fippev.de. **Zeiten:** Mo – Fr 14 – 18 und Sa 12 – 17 Uhr, in den Schulferien 12 – 18 Uhr.

Die bekannte Berliner Schnauze hat viele lustige Abzähler kreiert:
Ene mene Mopel,
wer frisst Popel,
süß und salzig
für 'ne Mark achtzig,
für 'ne Mark zehn,
du musst gehn.
Denkt euch doch selbst
mal welche aus!

Ene, mene mink, mank
pink, pank
ene mene
acke backe
eia peia weg

Abenteuer pur: Hier könnt ihr unter pädagogischer Aufsicht z.B. offenes Feuer machen, klettern, reiten und mit richtigem Werkzeug Buden bauen – und wie die aussehen, bestimmt allein ihr! Im großen Tierbereich lernt ihr Haustiere zu pflegen und zu füttern. Auf den Ponys könnt ihr sogar reiten lernen!

WEDDING

Spielmobil Wedding, 13353 Berlin-Wedding. ✆ 030/44356873.
Mobile Einsätze auf Spielplätzen von Mai bis Oktober.

Abenteuerspielplatz Panke, Wilhelm-Kuhr-Straße/Gottschalkstraße, 13359 Berlin-Wedding. ✆ 030/4944-319, Fax 48478092. www.asp-panke.de. asp-panke@web.de. **Bahn/Bus:** S1, 25, 85 bis Wollankstraße.

WILMERSDORF

Abenteuerspielplatz Spirale, Westfälische Straße 16a, 10709 Berlin-Wilmersdorf. ✆ 030/8616068, spirale-abenteuerspielplatz@nbhs.de. **Zeiten:** Mo – Fr 13 – 18.30 Uhr, Okt – März 13 – 17.30 Uhr.

Spielplatz Holsteinische Straße, Holsteinische Straße 52, 10717 Berlin-Wilmersdorf. ✆ 030/8737888. **Zeiten:** Mo – Fr 13 – 18 Uhr.
Kleiner Kletterspielplatz mit Seilbrücken und Holztürmen, Rutschen, Wipptieren, Babyschaukel und einem kleinen Bolzplatz.

Abenteuerspielplatz Sodener Straße, Deutsche Schreberjugend Landesverband Berlin e.V., Sodener Straße 29 – 41, 14197 Berlin-Wilmersdorf. ✆ 030/8241034, Fax 37301408. www.schreberjugend-berlin.de. info@schreberjugend-berlin.de. **Bahn/Bus:** U1 bis Breitenbachplatz oder Rüdesheimer Platz, Bus 186, 249 bis Sodener Straße. **Zeiten:** Sommer Mo – Sa 12 – 19 Uhr, Winter 11 – 18 Uhr, Mi und So geschlossen.

»Waslala« stammt aus einem Buch von Giaconda Belli, dtv. Darin beschließen eine Handvoll Leute, dass sie in einer Welt voll von Hass und Kriegen nicht mehr leben wollen. Sie suchen sich zusammen einen Ort, an dem sie ein neues Zusammenleben praktizieren können: Waslala.

Die Attraktion auf dem wilden Gelände ist der Streichelzoo mit seinen Kaninchen, Meerschweinchen, Hühnern, Enten und der Katze, die alle von euch versorgt werden wollen.

WITTENAU
Abenteuerspielplatz Märkisches Viertel, Senftenberger Ring 23, 13435 Berlin-Wittenau. ✆ 030/7576-4797, www.akib.de. info@akib.de. **Zeiten:** Mo – Fr 14 – 19, Sa 13 – 19 Uhr (Ferien 11 – 19 Uhr).

Abenteuerparks & Klettergärten

Tempelhofer Freiheit
GrünBerlin, Columbiadamm 10, Turm 7, 12101 Berlin-Tempelhof. ✆ 030/700906-0, www.gruen-berlin.de. info@gruen-berlin.de. Eingänge am Columbiadamm, am Tempelhofer Damm und an der Oderstraße in Neukölln. **Bahn/Bus:** U6 Platz der Luftbrücke, Paradestraße und Tempelhof, U7 Hermannplatz oder Südstern, U8 Hermannplatz, Boddinstraße, Leinestraße und Hermannstraße, S41, 42, 46, 47. **Zeiten:** Jan 7.30 – 17, Feb 7 – 18, März 6 – 19, April 6 – 20.30, Mai 6 – 21.30, Juni und Juli 6 – 22.30, Aug 6 – 21.30, Sep 6 – 20.30, Okt 7 – 19, Nov 7 – 18 und Dez 7.30 – 17 Uhr. **Preise:** Freier Eintritt. **Infos:** Rad- und Segway-Verleih.

▶ Seit Mai 2010 sind die Riesenvögel, für deren Start und Landung man einst die weiten Betonpisten baute, verschwunden. Der älteste Verkehrsflughafen der Welt war bereits im Jahre 1923 eröffnet worden. Nun ist er für den Flugverkehr endgültig geschlossen. Seitdem haben sich die Menschen mit 386 ha Europas größte innerstädtische Freifläche erobert. In den nächsten Jahren soll hier zwischen Tempelhof, Kreuzberg und Neukölln ein moderner Park entstehen – mit einem 60 m hohen Kletterfelsen, mit Wassergräben, Veranstaltungsarena, einem Wäldchen, Aussichtsplattformen und großen Grünflächen. Aber

@ Unter www.tempelhoferfreiheit.de erfahrt ihr alle Daten zu offiziellen Veranstaltungen auf dem Tempelhofer Feld und im Flughafengebäude. Unter www.hauptstadtlacht.de, www.luftgarten-berlin.de gibt's Infos zu weiteren Parkaktivitäten.

schon heute finden täglich um die 50.000 Menschen dieses unglaublich weite Feld ganz attraktiv. Schaut mal über die Pisten und die Wiesen hinweg in die Ferne, dann erscheinen euch die vielen Leute so klein wie Liliputaner. In der Luft kreisen fantastische Drachen und ferngesteuerte Miniaturflugzeuge, auf den Rollbahnen sind Radler, Jogger, Skater und Windsurfer unterwegs. Auf den Wiesen grillen Familien mit ihren Kindern, andere picknicken im Schatten einiger Bäume, spielen Fußball, Tennis, Boule und Cricket oder dösen in Liegestühlen. Habt ihr schon Lust bekommen?

Eis, Kuchen, Gegrilltes und kalte Getränke gibt's täglich ab 12 Uhr im »Luftgarten« nahe Eingang Columbiadamm. Dort schaut ihr von der großen Sommerterrasse über das gesamte Feld der Tempelhofer Freiheit – so heißt das riesige Gelände jetzt.

Tempelhofer Freiheit: Im Sommer zum Rollern und Radeln, im Herbst zum Drachensteigenlassen und im Winter zum Iglubauen geeignet

Freizeitpark & Familienfarm Lübars

Alter Bernauer Heerweg/Quickborner Straße, 13469 Berlin-Reinickendorf. **Bahn/Bus:** Tram M1 bis Rosen-

thal Nord. **Zeiten:** ganzjährig geöffnet. Jugendfarm Di –
Fr 9 —19 Uhr, Sa, So und Fei 10 – 17 Uhr.

Auf Rad-, Wander- und Reitwegen den großen, natürlich wirkenden Park durchstreifend, könnt ihr herr-
liche Grillplätze entdecken und Kinderspielplätze
ausfindig machen. Skateboard-Fans und Inlineskater
wird die Skaterbahn in Begeisterung versetzen.
Das Fahren ist zu eurer eigenen Sicherheit nur mit
Helm, Knie- und Ellenbogenschützern erlaubt. Außerdem gibt es einen Flughang zum Drachen- und Mo-
dellbaufliegen. Bei entsprechender Witterung lädt eine Rodelbahn zum Ski- und Schlittenfahren ein.
Empfehlenswert ist auch ein Besuch der ↗ **Familienfarm Lübars,** die im Freizeitpark ihr Domizil hat.

Climb up – Kletterwald Berlin Brandenburg

Landhausstraße 16, 15344 Strausberg. Handy 0177/
7375255. www.climbup.de. info@climbup.de. **Bahn/
Bus:** S5 bis Strausberg, dann ca. 800 m Fußweg. **Auto:**
B1/B5. **Zeiten:** April – Sep Mo – Fr 10 – 19 Uhr, Okt
10 – 18 Uhr, Sa, So, Fei: April 10 – 19, Mai – August 9 –
20, Sep 9 – 19 und Okt 10 – 18 Uhr. März und Nov
nach telefonischer Vereinbarung. **Preise:** Mo – Fr 15 €,
Sa, So, Fei 17 €; Kinder bis 12 Jahre Mo – Fr 11 €, Sa,
So, Fei 12 €; Schüler, Azubis und Studenten Mo – Fr
12 €, Sa, So, Fei 14 €. **Infos:** Kletterdauer 2,5 Stunden.
Weitere Standorte in Hennigsdorf und Klaistow.

▶ Adrenalin ohne Risiko, Aktiverholung auf
35.000 qm Wald- und Erlebnisgelände. Klettern von
Baum zu Baum, ob als Kind ab 7 Jahre oder als Er-
wachsener – schwingend, hängend, balancierend, rol-
lend oder fliegend. Die 12 Parcours besitzen unterschiedliche Höhen und Schwierigkeitsgrade. Da
könnt ihr den Wald von einer ganz neuen Perspektive,
von den Wipfeln der Bäume, kennen lernen. Besonders beliebt sind die Seilrutschen, manche sind bis
zu 100 m lang.

Achtung! Kinder bis 14
Jahre benötigen die
Kletterbegleitung eines
Erwachsenen, Jugend-
liche von 15 – 17 Jahre
ein unterschriebenes El-
ternformular. Wichtig:
Sportliche Kleidung, ge-
schlossene Schuhe.
Halsketten und anderen
Schmuck besser zu
Hause lassen!

Grillhütten und Picknickplätze

Berlin Mitte: im Monbijoupark an der Oranienburger Straße.

Friedrichshain-Kreuzberg: Im Volkspark (Kleiner Bunkerberg), Bücherplatz, im Görlitzer Park an der Wiener Straße und auf der Wendenwiese, Alt Stralau.

Pankow: Falkplatz und Mauerpark.

Charlottenburg-Wilmersdorf: Rudolf-Mosse-Platz und Preußenpark am Fehrbelliner Platz.

Steglitz-Zehlendorf: Parkanlage Düppel-Nord und in Zehlendorf-Süd Ludwigsfelder/Neuruppiner Straße.

Treptow-Köpenick: Im Treptower Park, Bulgarische Straße, und im Schlesischen Busch, Am Flutgraben.

Lichtenberg: Fennpfuhlpark, Rudolf-Seiffert-Grünzug, Stadtpark und Ahornallee/An der Landmarke.

Auf Eis und Schnee
Eislaufbahn am Alexanderplatz

Zeiten: Nov – Mitte Jan täglich 10 – 20 Uhr. **Preise:** Eintritt frei, Schlittschuhverleih 90 Min 3 €.

▶ Eislaufbahn unter freiem Himmel am Alexanderplatz, gesponsert von Galeria Kaufhof.

Winterwelt am Potsdamer Platz

10115 Berlin-Mitte. ✆ 030/688315-261, Fax -499. www.winterwelt-berlin.de. **Bahn/Bus:** U2, S1, S2 Potsdamer Platz. **Zeiten:** Ende Okt – Anfang Jan täglich 10 – 22 Uhr. **Preise:** Verleih von Snowtubes pro Fahrt 1,50 €, Schlittschuhe für 1,5 Std 2,50 €.

▶ Vergnügliche Mischung aus Sport, Spaß und Gaumenfreuden. Über 2,7 Mio Menschen besuchten im letzten Winter das beliebteste Winterspektakel in der Hauptstadt. Highlight ist die Rodelbahn (12 m hoch und 70 m lang) direkt am Bahnhof Potsdamer Platz – die größte mobile Rodelbahn Europas. Rodeln ist nur mit eigenen oder geliehenen Snowtubes erlaubt. Gleich neben der Rodelbahn locken alpenländische Leckerbissen (10 – 24 Uhr).

WINTER-SPORT

Eisbahn am Marlene-Dietrich-Platz

Marlene-Dietrich-Platz, 10785 Berlin-Tiergarten. ✆ 030/25939299, Fax 25939193. www.winterwelt-berlin.de. info@bergmannevent.de. **Zeiten:** Ende Okt bis Anfang Jan täglich 10 – 22 Uhr, Volkstrauer- und Totensonntag geschlossen. **Infos:** Schlittschuhverleih 2,50 € für 1,5 Std. Schulklassen können die Bahn für Sportunterricht nutzen, ✆ 0177/8285387.

▸ Acht Wochen lang gibt's Rutschspaß gratis, Sa, So sogar kostenlosen Eislauf-Unterricht für Kinder 4 – 7 Jahre. Außerdem Kinder-Skikarussell sowie jede Menge Kulinarisches und Kulturelles aus dem Salzburger Land.

Finalteilnehmer des Eissternchen-Talentwettbewerbs erhalten einen 4-wöchigen Eislaufkurs geschenkt, die Sieger bekommen Schlittschuhe!

Rodelbahn am Nordhang des Insulaners

10829 Berlin-Schöneberg. **Bahn/Bus:** S2, 25 bis Priesterweg, Bus M76, 170, 187, 387.

▸ Auch dieser 79 m hohe Berg entstand aus Trümmerschutt des Zweiten Weltkrieges. An seinen Hängen ist ein richtiger Wald gewachsen, aus dem die Kuppeldächer der ↗ Sternwarte hervorschauen. Am Nordhang, daher leider auch bei Sonnenschein eher eine kalte Angelegenheit, rutschen alle, die sich trauen, auf Bobs, Schlitten, Reifen, Plastiktüten die bucklige Piste runter. Immer eine Gaudi!

@ Unter www.ytti.de findet ihr weitere Rodelhänge aufgelistet.

Eisstadion im Sportpark Neukölln

Oderstraße 182, 12051 Berlin-Neukölln. ✆ 030/6280-4403, 62844007 (Schlittschuhverleih). www.sport-in-neukoelln.de/Eisstadion. **Bahn/Bus:** S41, 42, 45 – 47 bis Hermannstraße. **Zeiten:** Okt – März Mo – Fr 9 – 13, 15 – 18, 19 – 21.30, Sa 9 – 12, 15 – 18, 19 – 21.30, So, Fei 9 – 13, 14 – 17 Uhr. **Preise:** 3,30 €, Sammelkarte 16,50 €, Saisonkarte 80 €; Kinder und ermäßigt 1,60 €, Sammelkarte 8 €, Saisonkarte bis 15 Jahre 25 €, Schüler, Studenten, Azubis 45 €; Happy Day (Mo, Mi), Happy Hour (jeweils eine Stunde vor Schließung) halbe Preise. Rabatt für Gruppen, Kitas und Schulen. **Infos:** Schlittschuhverleih ab 2,50 € pro Std, Bistro.

▶ Die Eislauflernschulen NSF 1907 e.V., ✆ 030/ 6019008, und ↗ Die ungewöhnliche Eislaufschule unterrichten hier, die Sportjugend Neukölln und der OSC trainieren Iceball und Eishockey.

@ Iceball im Winter, Klettern im Sommer: www.sportjugend-neukoelln.de

Alte Eisbahn Lankwitz

Leonorenstraße 37, 12247 Berlin-Steglitz-Zehlendorf. ✆ 030/77328905, 48496541, Fax 77328905. www.eisbahn-lankwitz.de. info@eisbahn-lankwitz.de. Hinter dem Stadtbad Lankwitz. **Bahn/Bus:** Bus M 82, 181, 187, 283 bis Stadtbad Lankwitz. **Zeiten:** Mo – Fr 10 – 13 Uhr, Mi auch 13.20 – 15.30, Do, Fr auch 13.20 – 18, Sa 12 – 21.30 Uhr, So 12 – 18 Uhr. In den Ferien täglich 10 – 22 Uhr, Sa ab 17.30 Uhr Eisdisco. **Preise:** 4,50 €, 10er-Karte 40 €, Saisonkarte 115 €; Kinder bis 12 Jahre 3,50 €, 10-Karte 30 €, Saisonkarte 85 €; Jugendliche bis 17 Jahre sowie Studenten und Rentner 4 €, 10er-Karte 35 €, Saisonkarte 95 €, Familie (mit 2 Kindern) 11,50 €. Schülergruppen 2 € pro Pers (1 Betreuer frei). Kindergartengruppen 1,50 € pro Person, 1 Betreuer frei. **Infos:** Schlittschuhverleih 4 €. Außerdem Schläger, Puk, Helme, Protektoren, Laufhilfen, Gleiter, Eisstöcke. Schleifen von Schlittschuhen 6,50 €. Garderobe: 1 €. Heiße Getränke und Snacks.

Happy Birthday! Freier Eintritt für Geburtstagskinder!

▶ Die Eisbahn Lankwitz zeichnet sich durch ihre Familienfreundlichkeit aus. Ob Eislaufschule, Kindergeburtstage, Eiscasino oder Kinder-Disco – für viel Spaß und das leibliche Wohl mit einer extra Kinderspeisekarte ist gesorgt. Die Tische sind bunt geschmückt, sodass der Kindergeburtstag ein voller Erfolg wird. Darüber hinaus gibt es Eisstockschießen und Eishockey, auch im Verein.

Die Eisbahn Spandau ist zur Zeit geschlossen, da der Pachtvertrag abgelaufen ist.

Sportforum Hohenschönhausen

Konrad-Wolf-Straße 39, 13053 Berlin-Lichtenberg. ✆ 030/97173102, www.berlin.de. **Bahn/Bus:** Tram M13 bis Sportforum, M5 Simon-Bolivar-Straße, Weneuchener Straße, Sandinostraße. **Zeiten:** Nov – März: Mo 18 – 20, Di, Do 10.30 – 12.30, 19 – 21 Uhr, Fr 18 – 20,

21 – 23 Uhr, Sa 16 – 18, 19 – 21 Uhr, So 10.30 – 12.30, 15 – 17, 18 – 20 Uhr. **Preise:** 3,30 €; Kinder und ermäßigt 1,60 €. **Infos:** Schlittschuhverleih 2,30 – 4 €, Schleifen 7 €, ermäßigt 5 €.

▸ Jeden zweiten Fr ist Eisdisco (1 € plus normalen Eintritt).

Erika-Heß-Eisstadion Wedding

Müllerstraße 185, 13353 Berlin-Mitte. ✆ 030/ 469079-51, -57, 200945551, Fax 469079-56. Handy 0177/2769509 (Schlittschuhverleih). ehemitte@ gmx.de. **Bahn/Bus:** U6 bis Reinickendorfer Straße, Bus 120, 127, 145, 227, 245, Tram 6, 8, 13. **Zeiten:** Saison Okt – Mitte März. Auf freiem Eisfeld: Mo – Sa 9 – 12 und 15 – 17.30 Uhr, So, Fei 9 – 12 und 14 – 17 Uhr; außerdem Mi und Do 19.30 – 21.30 Uhr, Fr und Sa 19.30 – 22 Uhr. Di und Do auch Frühlauf 7.30 – 9 Uhr. In der Halle: Mo – Fr außer in den Ferien nur für Erw 12 – 14 Uhr. **Preise:** 3,30 €; Kinder und ermäßigt 1,60 €. **Infos:** Schlittschuhverleih 3 – 4 €/Std, Schleifen eigener Schlittschuhe 4 – 6 €.

▸ Das Mehrzweckstadion mit dem 70er Jahre Touch ist die Heimat von FASS e.V., Freier Akademischer

Die Bambini-Mannschaft des FASS schwingt seine Eishockeyschläger bereits gegen die Eisbären und Löwen. Lernen könnt ihr das, wenn ihr min. 3,5 Jahre alt seid, www.fass-berlin.de.

© Erika-Heß-Eisstadion

Nur Feiglinge bleiben am Geländer: Die Mutigen treffen sich in der Mitte

Sportverein Sigmundshof. Die erfolgreichen Eishockey-Spieler loben die Eisqualität drinnen wie draußen. Also nix wie hin!

Horst-Dohm-Eisstadion in Wilmersdorf

Fritz-Wildung-Straße 9, 14199 Berlin-Schmargendorf. ✆ 030/8241012 (Kasse), 89732734 (Eissport-Service), Fax 89726862. www.horst-dohm-eisstadion.de. info@eissport-service.de. **Bahn/Bus:** S41, 42, 45, 46, 47 bis Hohenzollerndamm, Bus 115 bis Friedrichsruher Straße. **Zeiten:** Mo – Fr 9 – 18, 19.30 – 22 Uhr, Sa 9 – 22 Uhr, So, Fei 10 – 18 Uhr, Eisfreiflächen sind zwischendurch stundenweise, aber abwechselnd nicht zugänglich. **Preise:** Für 2 Std Laufzeit 3,30 €, Sammelkarte für 6 Laufzeiten 16,50 €; Kinder ab 3 Jahre, Schüler, Studenten, Azubis 1,60 €, Sammelkarte 8 €; Rabatt für Gruppen. **Infos:** Schlittschuhverleih und Schleifen von eigenen Schlittschuhen ab 3 €.

▶ Unter freiem Himmel dreht ihr eure Runden, egal wie sehr es schneit.

Tiere erleben

Mehr Meer mitten in Berlin: Zoo-Aquarium

Zoologischer Garten Berlin AG, Hardenbergplatz 8, 10787 Berlin-Tiergarten. ✆ 030/25401-0, Fax 25401-255. www.zoo-berlin.de. info@zoo-berlin.de. **Bahn/Bus:** U2, 9, S5, 7, 9, 75 Zoologischer Garten oder U9, 15 Kurfürstendamm. **Zeiten:** Ende März – Mitte Sep 9 – 19.30 Uhr, in der übrigen Zeit 9 – 17 Uhr, Kassenschluss 30 Min vorher. **Preise:** Nur Zoo 12 €, mit Aquarium 18 €; Kinder 5 – 15 Jahre, Hartz IV-Empfänger, Schwerbehinderte und Begleitung 6,50 bzw. 9 €; Schüler, Studenten, Erwerbslose, Wehr- und Zivildienstleistende 9 bzw. 14 €; Kleines Familienticket (1 Erw, 3 Kinder) 20 bzw. 30 €; Großes Familienticket (2 Erw, 3 Kinder) 32 bzw. 45 €. Gesonderte Gruppentarife ↗ In-

UMWELT ER-FORSCHEN

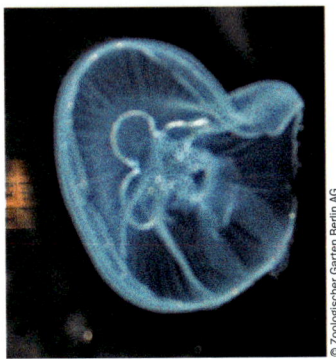
© Zoologischer Garten Berlin AG

Wie blauer Wackelpudding: Aber lieber nicht in die Qualle reinbeißen

Fische sind glitschig? Im Streichelbecken dürft ihr's ausprobieren und die großen Nishikgois anfassen! Noch mehr tolle Erfahrungen könnt ihr bei einem organisierten Kindergeburtstag machen, fragt an der Kasse danach.

ternet. **Infos:** Kostenloser Rollstuhlservice, ✆ 030/ 25401-270.

▶ Unter dem Glasdach des »bedeutendsten Schauaquariums Deutschlands« findet ihr nicht nur einen Urwald voller Reptilien, sondern auch viel, viel Wasser, in dem Fische und andere Meeresbewohner hautnah zu sehen sind. Nur, dass ihr dabei nicht nass werdet. Auf 3 Etagen bietet das Zoo-Aquarium einen Querschnitt durch die Tierklassen der Fische, Niederen Tiere (z.B. Quallen), Reptilien, Amphibien und Gliedertiere. Kernstück des 90 Jahre alten, modernisierten Hauses bildet seit ihrer Eröffnung die Krokodilhalle. Hier könnt ihr testen, ob ihr den Unterschied zwischen einem Krokodil und einem Alligator wisst! In den Terrarien und Aquarien leben insgesamt über 9000 Tiere aus fast 800 Arten, im Riffbecken könnt ihr den z.T. gefährdeten Hai-Arten ins Maul schauen und in fünf themenbezogenen Landschaftsbecken seht ihr verschiedene Fische schwimmen. Sensationell sind die Grünen Leguane und seltenen Brückenechsen, die sich in einer Terrarium-Oase tummeln. Viele Aquariumstiere wie Welse, Schlangen und Skorpione werden erst munter, wenn es dunkel wird. Der besondere Hit sind daher die Nachtführungen mit der Taschenlampe jeden zweiten Do um 18.15 Uhr, Erw 16,50, Kinder 11 €. Karten nur im Vorverkauf an der Aquariumskasse erhältlich!

Tierpark Berlin-Friedrichsfelde

Am Tierpark 125, 10319 Berlin-Friedrichsfelde. ✆ 030/51531-0, Fax 5124061. www.tierpark-berlin.de. info@tierpark-berlin.de. **Bahn/Bus:** U5, Tram M17, 27, Bus 296, 396 Tierpark. **Zeiten:** täglich März – Sep 9 – 19, Sep – Okt 9 – 18, Okt – März 9 – 17 Uhr; Kassenschluss 1 Std vor Schließung. Schlossbesichtigung nur mit Führung. Im Sommer Di – So um 13, 14, 15 und 16 Uhr. Im Winter Di – So um 11, 12, 13 und 14 Uhr.

Preise: Tageskarte 11 €, Schlossführung 2 €; Kinder bis 15 Jahre, Schwerbehinderte ab 80 % plus Begleiter, Hartz IV-Empfänger 5,50 €, Studenten, Azubis, Arbeitslose, Wehr- und Zivildienstleistende, Schüler ab 16 Jahre 8 €. Die Schlossbesichtigung ist für Kinder und Jugendliche bis 18 Jahre frei; Kleines Familienticket (1 Erw, 3 Kinder) 18 €, Großes Familienticket (2 Erw, 3 Kinder) 29 €. Jahreskarte 55, 25, 40 €, Kleines Familienticket 70 €, Großes Familienticket 177 € mit allen Kindern. Gruppen: 10 € pro Person, Schüler aus Berlin-Brandenburg 2,50 € pro Person, Kita-Gruppen Berlin-Brandenburg (bis 10 Kinder) 10 € (eine Begleitperson frei). **Infos:** Das ↗ *Schloss Friedrichsfelde* kann nur mit einem gültigen Tierpark-Ticket besichtigt werden. Schlossführung (90 Min) 100 €, Führung mit Blick hinter die Kulissen (60 Min) 150 €.

▶ In dem 1955 entstandenen und etwa 160 Hektar messenden Park leben in sehr großzügig angelegten Freigehegen und Tierhäusern 7500 Tiere von 180 Arten. Bei den vielen zu bestaunenden Tieren und den recht weiten Wegen zu den Gehegen solltet ihr, mit festem Schuhwerk ausgestattet, für euren Besuch ruhig einen ganzen Tag einplanen. Für kleine Kinder solltet ihr auf jeden Fall einen Wagen dabei haben oder euch am Eingang einen Bollerwagen (3 € plus 10 € Pfand) mieten.

Besonders großer Andrang herrscht immer im **Alfred-Brehm-Haus,** in dem die Raubtiere leben. Täglich, außer freitags (da wird gefastet), könnt ihr um 15 Uhr miterleben, wie die Löwen, Tiger und Leoparden gefüttert werden. Selbst Tiere füttern und anfassen dürft ihr im **Streichelgehege.**

Außerdem erwarten euch viele Vögel auf den großen Wasserflächen, kleine Vögel im Kolibri-Krokodil-Haus, Affen im Primatenhaus und im Dickhäuterhaus schwergewichtige Nashörner, Seekühe und nicht zu vergessen Elefanten, die immer süßen Nachwuchs haben. Gänsehaut könnt ihr euch auf der **Schlangenfarm** holen, wo sich Giftschlangen räkeln.

 Badezeit der Elefanten und Elefantenkinder: Nov – März Sa und So 12 Uhr.

 Alfred Brehm (1829 – 1884) war weit gereister Zoologe. Er hat das Berliner Aquarium gegründet, aber vor allem hat er in seinem »Tierleben« seine exakten Naturbeobachtungen spannend aufgeschrieben und zu einem mehrbändigen Lexikon zusammengefasst.

Wusstet ihr, dass Schlangen taub sind? Die indischen Schlangenbeschwörer locken mit ihrem Flötenspiel die Kobra aus dem Korb. Doch kommt sie nicht wegen der Töne raus, sondern weil sie in die Flöte beißen will! Bloß ist sie so kurzsichtig, dass sie nicht merkt, wie der Flötenspieler den »Feind« immer im Takt rechtzeitig wegzieht.

Bitte nicht füttern: Die Elefanten am Zoo-Eingang sind bloß aus Stein

Fütterungs-zeiten:

10.30 Uhr: Eisbären

13.45 Uhr: Königs-pinguine

14 Uhr: Wölfe, Wildhun-de, Nasenbären, Braun-bären

14.15 Uhr: Flusspferde

14.30 Uhr: Kormorane

15.30 Uhr: Menschen-affen, Pelikane

10.30 & 15.15 Uhr: Seelöwen

11 & 13.30 Uhr: See-hunde & Seebären

11.30 & 15 Uhr: Panda

12, 14 & 16 Uhr: Tro-penaffenhaus

14.30 (Sommer), 15.30 Uhr (Winter): Raubtier-haus, außer Mo und Do.

Und wenn ihr müde und hungrig vom vielen Laufen und Schauen seid, könnt ihr euch auf dem **Riesen-kinderspielplatz** entspannen oder im Kinder-Café stärken.

Zoologischer Garten Berlin

Hardenbergplatz 8, 10787 Berlin-Tiergarten. ✆ 030/25401-0, Fax 25401255. www.zoo-berlin.de. info@zoo-berlin.de. **Bahn/Bus:** DB-Fernverkehr, S3, 5, 7, 9, 75, U2, 9 bis Zoologischer Garten. **Zeiten:** täglich 9 – 18.30 Uhr, Okt – März bis 17 Uhr. **Preise:** Tageskarte Zoo 12 €, Zoo und Aquarium 18 €; Kinder bis 15 Jahre 6,50 bzw. 9 €; Schwerbehinderte ab 80 % plus Beglei-ter, Hartz IV-Empfänger, Studenten, Azubis, Erwerbs-lose, Wehr- und Zivildienstleistende 6,50 bzw. 9 €, Schüler ab 16 Jahre 9 bzw. 14 €, Kleines Familienticket (1 Erw, 3 Kinder bis 15 Jahr) 20 bzw. 30 €; Großes Fa-milienticket (2 Erw, 3 Kinder) 32 bzw. 45 €. Gruppen: Kitas (Berlin-Brandenburg), 10 Pers inkl. 2 Erw, 10 €; Schulen (Berlin-Brandenburg), je 15 Schüler eine Be-gleitperson frei, 2,50 € pro Pers, Erw (ab 20 Pers ohne Voranmeldung) 11 bzw. 16 € pro Pers.

▶ Seit über 150 Jahren besteht dieser heute mitten im Stadtzentrum Berlins gelegene Zoo. In ihm sind etwa 1500 Tiere beheimatet. Schon an den schön gestalteten Eingängen, dem Elefantentor und dem Löwentor, werdet ihr auf das Thema Tiere einge-stimmt. Im Zoo gibt es viel zu sehen. Aber am lus-tigsten geht es wohl bei den Pavianen und den Men-schenaffen zu. Diese könnt ihr um 15.30 Uhr bei der Fütterung beobachten. Selbst füttern dürft ihr die Tie-re im **Streichelzoo** (Futtertüte für 10 Cent aus dem Automaten).

Klettern, toben, rutschen und schaukeln könnt ihr auf dem großen **Spielplatz.** Hier gibt es einen extra Be-reich für die Minis. Und das absolut Größte für den zweieinhalbjährigen Eric waren die zwei Minibagger. Für 1 € könnt ihr tiefe Löcher ausheben und Sand-massen hin- und herbewegen.

Für das leibliche Wohl der kleinen und großen Zoobesucher wird im Restaurant und an diversen Kiosken, darunter ein Eiskiosk, gesorgt.

Übers Jahr verteilt finden spezielle Veranstaltungen für Kinder, zum Beispiel Nachtführungen oder Ferien im Zoo mit Rätselrennen, statt.

Frisch gekämmt auf Futtersuche: Pavian-Männchen

Kinderbauernhöfe

Jugendfarm Moritzhof

Schwedter Straße 90, 10437 Berlin-Prenzlauer Berg. ✆ 030/44024220, Fax 44024222. www.jugendfarm-moritzhof.de. moritzhof@netzwerkspielkultur.de. **Bahn/Bus:** U2 bis Eberswalder Straße, U8 bis Gesundbrunnen, S1, 2, 8, 10, 25 bis Bornholmer Straße. **Zeiten:** Mo – Fr 11.30 – 18, Sa 13 – 18 Uhr.

▶ Pädagogisch betreuter Spielplatz mit Tierhaltung (Schafe, Ponys, Schweine, Katzen und Hunde). Themen sind hier: Ökologie (Regenwassernutzung, Solarstromanlage), Garten- und Landschaftsbau, Ernten, Kochen und Backen, Filzen, Töpfern und Basteln, Feste feiern, Spielen und Toben. Am Vormittag gibt es Angebote für Kitas und Schulklassen.

Kinderbauernhof Mauerplatz e.V.

Leuschnerdamm 9, 10999 Berlin-Kreuzberg. Handy 0174/4037917. www.kbh-mauerplatz.de. info@kbh-mauerplatz.de. **Bahn/Bus:** U1, 8 bis Kottbusser Tor, Bus 129, 140, 147 bis Adalbertstraße. Eingang von der Adalbertstraße. **Zeiten:** täglich 10 – 18 Uhr, Okt – April bis 17 Uhr.

▶ Seit mehr als 24 Jahren besteht der erste Berliner Kinderbauernhof: mit Ponys, Eseln, Schafen, Ziegen, Kaninchen, Enten, Hühnern, Gänsen, Weideflächen und Gärten, Naturlehrpfad und Spielwiesen, Gemeinschaftshaus aus Lehm und einem mit Solarenergie betriebenen Café. Der Kinderbauernhof versteht sich als offener Lern- und Spielort. Das Engagement des Vereins ist ständig durch Geldnöte bedroht, weshalb man sich über eure Spenden freut.

Kinderbauernhof Görlitzer e.V.

Wiener Straße 59b, 10999 Berlin-Kreuzberg. ✆ 030/6117424, Fax 6117424. www.kinderbauernhof-berlin.de. goerlikinderbauernhof@gmx.de. **Bahn/Bus:** U1 bis Görlitzer Bhf. **Zeiten:** Mo, Di, Do, Fr 10 – 19 Uhr, Sa, So 11 – 18 Uhr, Mi geschlossen. Tieröffnungszeiten: Sommer täglich 8 – 20, Winter täglich 8 – 18 Uhr.
▶ Hier herrscht immer großer Besucherandrang. Viele Kinder kommen regelmäßig auf den Görlitzer, andere sind zum ersten Mal mit den Eltern oder der Kindergartengruppe da. Aber alle wollen mithelfen beim Versorgen der Schafe, Schweine, Ziegen, Kaninchen, Meerschweinchen und des Federviehs. Außerdem gibt es viele regelmäßige Angebote und Veranstaltungen wie Esel-AG, Flohmarkt, Hausaufgabenbetreuung, Outdoorgames, Fahrradwerkstatt, Kinderband und Kinderplenum. Spezielle Ferienangebote.

Kinderbauernhof UFA-Fabrik

Kinderbauernhof in der UFA-Fabrik: Mo – Fr 12 – 18 Uhr Kinder 6 – 14 Jahre, 16 – 18 Uhr Familien mit Kindern, Nov – März nur bis 17 Uhr.

Viktoriastraße 12 – 18, 12105 Berlin-Tempelhof. ✆ 030/7517244, Fax 75764798. www.ufafabrik.de. info@ufafabrik.de. **Bahn/Bus:** U6 bis Ullsteinstraße. **Zeiten:** Di – Fr 12 – 18, im Winter bis 17 Uhr, Sa, So, Fei 12 – 15 Uhr.
▶ Helfende Hände bei der Fütterung der Kaninchen, Hühner, Gänse, Frettchen, Ponys und Wollschweine sind stets willkommen. Nach getaner Arbeit könnt ihr euch auf dem Spielplatz austoben oder eine Runde auf dem Pony reiten. Letzteres ist jeden Mittwoch im

Sommer 15.30 – 16.30 Uhr und im Winter 15 – 16 Uhr möglich.

Für Schülergruppen, Kitas und Kinderläden werden nach vorheriger Anmeldung Di – Fr 10 – 12 Uhr Fütterungsführungen organisiert. Daneben gibt es Ferienprogramme mit Basteln aus Naturmaterialien, Kochen sowie Einradfahren.

© Martina Höppner

»Guck mal Mama, die fressen mir aus der Hand – tut gar nicht weh!« Wer's glaubt …

Kinderbauernhof Pinke-Panke

Am Bürgerpark 15 – 18, 13156 Berlin-Pankow. ✆ 030/ 47552593, Fax 40047003. www.kinderbauernhof-pinke-panke.de. info@kinderbauernhof-pinke-panke.de. **Bahn/Bus:** Bus 150, 154 bis Blankenburger Weg. **Rad:** Für Radreisende ist der nächste S-Bhf Blankenburg (S2, 8). **Zeiten:** April – Okt Di – Fr 12 – 18.30, Sa, So und Ferien 10 – 18.30 Uhr, Nov – März Di – Fr 12 – 17.30, Sa, So und Ferien 10 – 17.30 Uhr. **Preise:** Alle Grundangebote sind unentgeltlich. In den Werkstätten wird ggf. ein Materialbeitrag nach Verbrauch erhoben. Mittagessen Erw 2, Kinder 1 €, Übernachtungen auf dem Strohlager kosten 8 – 12 € pro Kind.

▶ Esel *Momo* und seine Freundin, Eseldame *Bruja,* Pony *Paule,* Ziegen, Schweine, Schafe, Katzen, Enten und Gänse füttern (täglich außer Mo um 16 Uhr), Meerschweinchen und Kaninchen streicheln (um 11 und um 15 Uhr), Kochen und Backen, im Garten arbeiten, in der Werkstatt filzen, Tiere aus Holz schnitzen oder das Fahrrad reparieren, Hütten bauen und noch vielerlei mehr. 2006 wurde der Kinderbauernhof von der Stiftung Lebendige Stadt mit einer Anerkennung als besonders kinderfreundlich geehrt. Dennoch ist auch dieses Projekt von Kürzungen betrof-

@ Schaut mal auf die wunderschön gestaltete Internetseite des Kinderbauernhofs! Hier stellen Kinder die Tiere vor, erzählen, wie gefilzt und Solarstrom erzeugt wird. Außerdem gibt es ein Tier-Puzzle.

fen, weshalb sich die Öffnungszeiten im Winter um 1 Std verkürzt haben.

Weddinger Kinderfarm

Siegfried Kühlauer, Luxemburger Straße 25, 13353 Berlin-Mitte. ℭ 030/ 4621092, Fax 46605124. www.akib.de. weddinger.kinderfarm@berlin.de. **Bahn/ Bus:** U6, 9 bis Leopoldplatz, dann Bus 221, 248 bis Luxemburger Straße. **Zeiten:** Di – So 10 – 18 Uhr, in der Schulzeit 10 – 13 Uhr nur für angemeldete Gruppen. Mo Ruhetag für die Tiere.

Pflege und artgerechter Umgang mit verschiedenen Tieren, Ponyführen und -reiten, Pflanzenzucht und -pflege, Umgang mit Naturmaterialien, Kinder-Internetzeitung, Ausflüge.

Familienfarm Lübars

Alte Fasanerie 10, 13496 Berlin-Reinickendorf. ℭ 030/ 41408859, www.familienfarm-luebars.de. familienfarmluebars@ejf.de. **Bahn/Bus:** S1, U8 bis Wittenau, dann Bus X21 bis Quickborner Straße. **Zeiten:** täglich 10 – 18 Uhr.

▶ Auf dem alten Bauernhof aus dem 18. Jahrhundert werden verschiedene Workshops angeboten. Fütterung und Pflege der Tiere, Garten- und Landschaftsbau, Kreativangebote wie Töpfern, Holzwerkstatt, Angebote für Kitas, Ferienprogramme, Feste wie der Laternenumzug zu Sankt-Martin. Der Hofladen ist ganzjährig Do, Fr, Sa 13 – 16 Uhr geöffnet.

Hunger & Durst

Schänke der Familienfarm Lübars, April – Okt Di – Fr 11 – 18 und Sa, So 10 – 18 Uhr, Nov – März Sa 11 – 16 und So 10 – 17 Uhr. Snacks, Schmalzstullen, heiße und kalte Getränke, Kaffee und Kuchen.

Lernorte in der Natur

Naturexpeditionen im Park und Wald

BioLogo, Andrea Mohrenweiser, Ermanstraße 16, 12163 Berlin. ℭ 030/82077203, www.biologo-online.de. andrea_mohrenweiser@web.de. **Zeiten:** jedes zweite Wochenende. **Preise:;** Für Kinder ab 3 Jahre 5 €, Kinder ab 7 Jahre 7 €.

▶ Andrea Mohrenweiser veranstaltet jedes zweite Wochenende Wiesenführungen, Waldralleys und Teichexpeditionen mit dem Kescher. Dann zieht die Diplombiologin mit Familien oder Kindergeburtstagsgruppen durch Berliner Wälder und Parks, zum Beispiel durch den *Grunewald* oder den *Humboldthain*. Unterwegs könnt ihr Rätsel raten, wie etwa: Wie schwierig ist es für Eichhörnchen Nüsse zu verstecken und sie auch wieder zu finden? oder: Wie alt sind die Bäume? Am Ende der 1,5- bis 3-stündigen Führungen warten einige Überraschungen auf euch.

Botanischer Garten und Museum

Königin-Luise-Straße 6 – 8, 14191 Berlin-Dahlem. ✆ 030/838-50100, Fax 838-50186. www.botanischer-garten-berlin.de. g.hohlstein@bgbm.org. **Bahn/Bus:** S1, Bus 148 Botanischer Garten oder X83, 101 Königin-Luise-Platz. **Zeiten:** Garten täglich ab 9 Uhr bis zur Dämmerung. Botanisches Museum täglich 10 – 18, Sonderführungen meist So 13 Uhr. **Preise:** 6 €, nur Museum 2,50 €; Kinder 6 – 14 Jahre und ermäßigt 3 €, nur Museum 1,50 €; Familienkarte (2 Erw, 1 Kind) 10 €. Besucher in Gruppen ab 12 Pers 2,50 € pro Person, Schulklassen 1 € pro Person, Führungen 36 € pro Std plus Eintritt. **Infos:** Führungen unter 838-50133 oder a.beninga@bgbm.org. Fast durchweg barrierefrei, außer Treppenanlagen in den Gewächshäusern. Juli – Okt kostenlose Pilzberatung.

▶ An seinem heutigen Standort befindet sich der Botanische Garten seit 1887. Auf etwa 43 Hektar Fläche wachsen rund 20.000 verschiedene Pflanzen. Für die Reise durch die Pflanzenwelt verschiedener Klimazonen,   Länder

Betreten verboten – Aber die großen Victoria-Seerosenblätter könnten bis 60 kg tragen!

© BerlinBrandenburg Senat

Café Lenné, Altensteinstraße 15a, Berlin-Dahlem. ✆ 030/83229-273. www.cafe-lenne.de. April – Sep Di – Sa 10 – 19, So 10 – 16 Uhr, Okt – März Di – Sa 10 – 17.30, So 10 – 17 Uhr. In einem ehemaligen Palmenhaus. Klasse Kuchen, Torten und Blütenkonfekte. Terrasse, Grünfläche. Delikatessen-Shop.

und Kontinente solltet ihr euch nach Möglichkeit einen Tag Zeit nehmen. Empfehlen möchte ich euch besonders:

Den **Arzneipflanzengarten.** Er hat die Form des menschlichen Körpers und zeigt rund 250 Heilpflanzen und -kräuter. Ihr erfahrt, bei welchen Beschwerden und Krankheiten sie Linderung verschaffen und wie sie angewendet werden.

Im **Duft- und Tastgarten** dürfen die Pflanzen angefasst und beschnuppert werden. Auf den Schildern stehen die Infos auch in Blindenschrift.

Bei schlechtem und kaltem Wetter besonders anziehend sind die **Gewächshäuser.** Hier wäre an erster Stelle das jüngst sanierte Große Tropenhaus zu nennen, ein 60 m langer und 23 m hoher, frei tragender Hallenbau aus Glas und eines der größten und ältesten Gewächshäuser der Welt. Aber auch die anderen Gewächshäuser sind interessant, zum Beispiel das Haus L, in dem es fleischfressende Pflanzen zu sehen gibt!

Im **Botanischen Museum** könnt ihr euer Wissen über die Pflanzenwelt vertiefen. Zahlreiche, meist stark vergrößerte Modelle zeigen euch Feinstrukturen, die mit bloßem Auge an der echten Pflanze nicht zu erkennen sind. Vegetationstypen werden anhand verkleinerter Modelle in Dioramen dargestellt, und vieles ist im Botanischen Museum immer zu sehen, was im Garten nur an wenigen Tagen oder Wochen eines Jahres zu beobachten ist.

Naturschutzlernort Ökowerk

Naturschutzzentrum Ökowerk Berlin e.V., Ökologische Bildungs- und Tagungsstätte, Teufelsseechaussee 22, 14193 Berlin. ✆ 030/300005-0 (Info und Anmeldung zu den Kursen), Fax 300005-15. www.oekowerk.de. info@oekowerk.de. **Bahn/Bus:** S7 oder Bus M19, 186 und 349 bis S-Bhf Grunewald, plus 20 Min Fußweg oder S9, S75 oder Bus M49, 218, X34, X49 bis S-Bhf Heerstraße plus 25 Min Fußweg. **Zeiten:** Gelände & Infozen-

trum Wasserleben: Wintersaison bis Ende März Di – Fr 10 – 16, Sa, So und Fei 11 – 16 Uhr. Sommersaison Di – Fr 9 – 18, Sa, So und Fei 12 – 18 Uhr. **Preise:** Gelände frei, Infozentrum Wasserleben: 2,50 €; Kinder ab 5 Jahre 1 €; Ökowerkmitglieder frei. **Infos:** Führungen durch die ⬈ Ausstellung Wasserleben. Das Bistro ist am Wochenende geöffnet.

▶ Seit 1985 engagieren sich Umweltpädagogen, Naturschützer und Mitglieder des Ökowerks für die Erhaltung und bei der Pflege von Lebensräumen und gefährdeten Arten im Berliner Raum. Diese Naturschutzarbeit wird hauptsächlich auf dem Gelände des Ökowerks und im Grunewald geleistet. Rund um ein ehemaliges Wasserwerk ist in jahrzehntelanger Arbeit ein interessanter und vielfältiger Lerngarten in Sachen Natur entstanden. Auf dem weitläufigen Gelände werden verschiedene Biotope, ein Steingarten, eine große Streuobstwiese und ein Biogarten gepflegt, wo ihr deren Artenreichtum studieren könnt. Der Backsteinbau des ehemaligen Wasserwerks ist ebenfalls darin einbezogen. Das Werk, das 1871 für

Wasserbiologen bei der Arbeit: Am Hochteich des Ökowerks

Happy Birthday!
Am Kindergeburtstag als Naturforscher unterwegs! Zu jeder Jahreszeit werden Ökowerkrallyes, Wildnis- und Kräuterküche angeboten. Ein 3-stündiges Erlebnisprogramm für bis zu 10 Kinder mit den Umweltpädagogen kostet Di – Fr 90, Sa 120 €. Für jedes weitere Kind zusätzlich 5 €, max 15

die Trinkwasserversorgung der Villen von Charlottenburg gebaut worden war, besaß verschiedene Anlagen, um das eisenhaltige, hässlich gelbe Wasser aufzubereiten. Dank einer Bürgerinitiative wurde das Werk nicht abgerissen, sondern 1975 unter Denkmalschutz gestellt. Und so kommt es, dass heute auf den Filterhallen ein Gründach wuchert und auf dem Reinwasserbehälter ein Magerrasen gedeiht.

Wesentliche Teile der praktischen Naturschutzarbeit leistet das Ökowerk allerdings im Grunewald, wo mit dem Forstamt zusammen nicht standorttypische Baumarten wie Robinie, Roteiche und Eschenahorn entfernt werden. Zu den Mooren im nördlichen Grunewald, deren Artenreichtum erhalten werden soll, bietet das Ökowerk immer wieder Exkursionen an. Von Februar bis Mai wird außerdem ein Amphibienschutzzaun an der Havelchaussee betreut, bei dem viele Helfershände vonnöten sind. Vielleicht wollt ihr dabei sein? Dann werdet doch Mitglied!

Das Ökowerk bietet natürlich viele spannende Aktivitäten für Kids, beispielsweise Survivalkurse mitten im Wald für Kinder zwischen 8 und 12 Jahre. Da lernt ihr, was ihr aus der Natur essen könnt, wie man Wasser findet und eine Feuerstelle einrichtet. Bei euren Streifzügen lernt ihr, euch nach Karte und Kompass oder Sonne und Sternen zu orientieren. Wenn ihr schon 7 seid, könnt ihr eure Ferien im Ökowerk verbringen. Bei den Naturerlebniswochen stehen wechselnde Themen wie Wald, Amphibien oder Insekten auf dem Programm. Teilnehmerzahl: zwei Gruppen mit max. 16 Kindern. Beitrag pro Woche: 80 € bzw. 55 € für Ökowerk-Mitglieder.

Infozentrum und Ausstellung Wasserleben

Naturschutzzentrum Ökowerk Berlin e.V., Teufelsseechaussee 22 – 24, 14193 Berlin. ✆ 030/300005-0, Fax 300005-15. www.oekowerk.de. info@oekowerk.de.
Bahn/Bus:  Naturschutzzentrum Ökowerk Berlin e.V.

▶ Im Infozentrum Wasserleben auf dem Gelände des Naturschutzzentrums Ökowerk gewinnt ihr erstaunliche Einsichten in die Wasserwelt. Durch anschauliche Vergleiche und spannende Details erfahrt ihr, wie viel Wasser für die Herstellung eines T-Shirts nötig ist, warum ein Moor Jahrtausende alte Geschichten erzählt und wie viele Wassermoleküle in einen Becher passen. Mit der ganzen Klasse oder allein könnt ihr allerlei experimentieren und ausprobieren, zum Beispiel eine Stadt bauen, in der möglichst viel Regenwasser versickern kann, oder raten, welche Stimme zu welchem Frosch gehört. *Bosmina,* das Maskottchen der Ausstellung, macht euch unter Wasser mit Rädertierchen, Flussbarschen und Posthornschnecken bekannt. Findet heraus, was Bosmina für ein Tier ist!

Blick in die Sterne
Wilhelm-Foerster-Sternwarte und Planetarium am Insulaner

Munsterdamm 90, 12169 Berlin-Steglitz. ✆ 030/ 790093-0, 790093-20 (Infos vom Band), 790093-16 (Veranstaltungsauskunft), Fax 790093-12. www.planetarium-berlin.de. wilhelm.foerster@inter.net. **Bahn/ Bus:** S2, 25, X76 Priesterweg und 10 Min Fußweg, Bus 187 Planetarium, Bus M76, 170 und 387 Insulaner. **Preise:** Planetarium inkl. Sternwarte 6 €, Programm z.B. Der kleine Tag oder Das Geheimnis des Weihnachtssterns 8 €, Wintermärchen 7 €; 4 €, Der kleine Tag etc. 6 €, Wintermärchen 5 €; Schüler, Studenten und Auszubildende 4 €, Familienkarte (2 Erw, 4 Kinder) 15 €. Gruppen 5 €, Schulklassen 2 € pro Pers. **Infos:** Immer Mi Vorträge um 20 Uhr.

▶ Wusstet ihr, dass im Lichtreich der Sterne die Tage zu Hause sind? Alle Tage leben dort: der Tag von gestern, von morgen, von nächster Woche oder von nächstem Jahr... (Aus dem Kindermusical »Der kleine Tag«). In den verschiedenen Sternenshows für Kinder

DEN HIMMEL ERFORSCHEN

könnt ihr bereits ab 4 Jahre wundersame Geschichten aus der Wissenschaft erfahren. Supernova, Komet und Planetenkonstellationen werden bei der Sternwartenführung erklärt.

Archenhold-Sternwarte

Alt-Treptow 1, 12435 Berlin-Treptow. ✆ 030/5360637-19, Fax -21. www.sdtb.de. sternwarte@sdtb.de.
Bahn/Bus: Bus 166, 265, Alt-Treptow. **Rad:** S8, S9 bis Plänterwald oder S41, 42 bis Treptower Park. **Zeiten:** Mi – So 14 – 16.30 Uhr. **Preise:** Besichtigung 2,50 €, Führungen 4 €, Beobachtungsveranstaltungen 5 €; Kinder Besichtigung 2 €, Führungen 3 €, Beobachtungsveranstaltungen 4 €; Familienkarte 2 Erw, 3 Kinder 10 €.
Infos: Voranmeldung für Gruppen und Information über ✆ 030/536063719, barrierefrei.
▶ Diese Sternwarte wurde bereits 1896 gegründet. Sie ist die älteste und größte Sternwarte Deutschlands. Hier steht das größte Linsenfernrohr der Welt, das bei den sonntäglichen Führungen um 15 Uhr vorgestellt wird. Regelmäßig findet statt »Sterne über Berlin«, Do 20 Uhr und Sa 15 Uhr. Nach Voranmeldung für Gruppen Besuch im Sternenhaus (Vorschulkinder 5 – 6 Jahre); Kinderprogramm »Als der Mond zum Schneider kam« Sa, So 14 Uhr (7 – 10 Jahre). Spezialführungen für Klassenstufen 5 – 11.

© Archenhold-Sternwarte

Ein Versuch ist es wert: Vom Eisenmeteorit will jede ein Stück abhaben

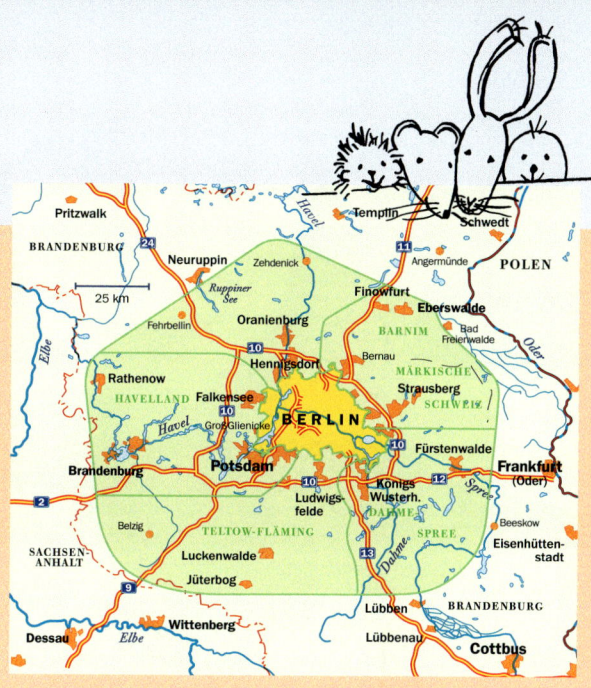

Dass Museen langweilig seien, halten inzwischen Berliner Kinder für ein Gerücht! Denn die Angebote der Museen, die es seit den 1990er Jahren besonders zahlreich in der Hauptstadt gibt, zeichnen sich längst durch vielseitige und erlebnisreiche Kinderprogramme aus. Viele nette Pädagogen sind mit kreativen Veranstaltungen um Kinder aller Altersgruppen bemüht.

Außer an Veranstaltungen und Workshops der Museen könnt ihr Betriebe von innen kennen lernen, an interessanten Themenstadtführungen teilnehmen oder in die spannende Theaterwelt eintauchen und gar selbst Zirkusartist werden!

Betriebe und Burgen

Die Welt mit Kinderaugen

Internationale Akademie Kids Globe e.V., Malzer Weg, 16515 Oranienburg. ✆ 03301/4218908, Fax 28388881. www.kidsglobe.org. hanke@kidsglobe.org. **Bahn/Bus:** RE5 stündlich ab Südkreuz, Potsdamer Platz, Hauptbahnhof, Gesundbrunnen, S1 bis Bahnhof Oranienburg, dann weiter mit Bus 804 nach Malz bis Endhaltestelle Grabowsee. **Auto:** A10 Abfahrt Birkenwerder oder Mühlenbeck, dann nach Schmachtenhagen, dort Richtung Bershöwe. **Rad:** Am Gelände führt der Fernradweg Berlin – Kopenhagen vorbei. **Infos:** Kontakt: Kids Globe e.V., Bernhard Hanke, Wrangelstraße 86, 10997 Berlin, ✆ 030/61285355.

▶ Dem pädagogischen Verein steht seit 2006 ein herrliches Gelände von 34 ha mit rund 30 Gebäuden zur Verfügung – ein wahrer Märchenort mit Park und direkt am Grabowsee. Bald werden in die 100 Jahre alten Gebäude, die einst einer Lungenheilanstalt dienten, Werkstätten, Labore, Studios, ein Museum, eine Bibliothek, ein Restaurant mit Café und eine Kinder- und Jugendherberge einziehen. Im Park soll ein Lehr-Obstgarten bepflanzt werden.

MIT AH! UND OH! DURCH REGENTAGE

HANDWERK UND GESCHICHTE

»Wirklich ist jedes Kind gewissermaßen ein Genie, und jedes Genie gewissermaßen ein Kind.« Philosoph Arthur Schopenhauer

Die hohe Kunst des Kochens: Was gesunde Ernährung ist und wie kunstvoll ein Butterbrot aussehen kann, könnt ihr im Museum lernen. Echt? Klar, im Kundermuseum Labyrinth!

Schokoträume

Fassbender & Rausch, Jürgen Rausch, Charlottenstraße 60, 10117 Berlin-Mitte. ✆ 030/20458443, Fax 20458445. www.rausch-schokolade.de. info@rausch-schokolade.de. **Bahn/Bus:** U2, 6 Stadtmitte. **Zeiten:** Mo – Sa 10 – 20, So ab 11 Uhr.

▶ Direkt am Gendarmenmarkt, schon seit 1863. Der schöne Laden ist ein Traum für große und kleine Schoko-Liebhaber und besitzt die längste Trüffel- und Pralinentheke Deutschlands. Naschkatzen müssen ganz stark sein! Aber es gibt auch was zu sehen und zu staunen: Riesige Schoko-Nachbauten der Titanic, des Reichstages und des Berliner Fernsehturms.

Bonbonmacherei Kolbe & Stecker

Oranienburger Straße 32, 10117 Berlin-Mitte. ✆ 030/44055243, www.bonbonmacherei. **Bahn/Bus:** S1, 2 Oranienburger Straße. **Zeiten:** Mi – Sa 12 – 20 Uhr, Sommerpause Juli und August. **Preise:** Freier Eintritt.

▶ Das gibt's nur noch ganz selten in Deutschland: Eine Bonbonmacherei, die die süßen Leckereien nach alten Rezepten traditionell über dem Feuer kocht. In der Schauküche könnt ihr zuschauen, wie zum Beispiel Salbeibonbons oder Berliner Waldmeister entstehen. Die Bonbonküche ist in einem Keller in den *Heckmann Höfen* neben der Neuen Synagoge. Natürlich dürft ihr auch probieren. Die Bonbons mit Leckergarantie schmecken tatsächlich viel besser als der Süßkram aus dem Supermarkt.

Keramik selbst bemalen

Paint your Style, Mehringdamm 73/Bergmannstraße, 10965 Berlin-Kreuzberg 61. ✆ 030/28837355, www.paintyourstyle.de. **Bahn/Bus:** U6 Platz der Luftbrücke, Mehringdamm, U7 Mehringdamm. **Zeiten:** Jan – Okt Mo – Sa 12 – 21 Uhr, Nov und Dez Mo – Fr 12 – 21, Sa, So und Fei 11 – 21 Uhr.

▶ Keramik für zu Hause selbst bemalen? Kein Problem! Im zweistöckigen Eckladen gibt es über 300

Hunger & Durst

Im ersten Stock, gleich über dem Laden, dürft ihr euch im **Schoko-laden-Restaurant** vielleicht eine leckere heiße Schokolade bestellen.

Hunger & Durst

Café Milchschaum, Bergmannstraße 3, Berlin-Kreuzberg. ✆ 030/62901129. Mo – Do 10 – 23, Fr – So 10 – 24 Uhr. Sehr leckere Torten und Kuchen, hausgemachte Süßspeisen, Biotees. Kleine Trottoirterrasse, gemütlich eingerichtet.

Keramikrohlinge, aus denen ihr auswählen könnt. Zum Beispiel Kinder- und Babygeschirr, Vasen, Tassen, Schüsseln, Tür- und Namensschilder, Dosen, Fliesen. Dein bemaltes Stück wird danach gebrannt. Das dauert ein bisschen, die fertige Keramik könnt ihr dann nach 1 bis 3 Tagen abholen. Preisbeispiele: Tierfiguren ab 7,90 €, Kindergeschirr ab 11,90 €, Tassen und Pötte ab 10,40 €.

© pmv, Foto: Wolfgang Kling

In eurem eigenen Stil: Keramik selbst bemalen

Feuerwehrmuseum Berlin

Berliner Feuerwehr, Berliner Straße 16, 13507 Berlin-Tegel. ✆ 030/38710933, www.berliner-feuerwehr.de/museum. museum@berliner-feuerwehr.de. Eingang Veitstraße 5. **Bahn/Bus:** Bus 133, S25 Tegel, U6 Alt-Tegel. **Zeiten:** Di, Do 9 – 16, Mi 9 – 19 und Fr, Sa 10 – 14 Uhr. **Preise:** 3 €; ab 6 Jahre 1,50 €; Schüler, Studenten, Rentner 1,50 €. **Infos:** Führungen bis 25 Pers 25 €.

▶ Dokumentation der technischen Errungenschaften der Feuerwehren aus den letzten 150 Jahren anhand von Bildern, Schriften und interessanten Ausstellungsstücken. Teilweise könnt ihr die auch ausprobieren. Führungen & Brandschutzerziehung.

Auf Schatzsuche im alten Fort

Arbeits- und Schutzgemeinschaft (ASG) Fort Hahneberg e.V., Bianca Seelbinder, Hahnebergweg 50, 13591 Berlin-Spandau-Staaken. ✆ 030/3664605, Handy 0160/97066129. www.forthahneberg.de. infos@forthahneberg.de. **Bahn/Bus:** Bahnhof Spandau, dann mit Bus M49 und M37 bis Hahneberg. **Auto:** B5/Heerstraße bis zur Einmündung der Bergstraße. **Zeiten:** Führungen durch das Fort Sa, So, Fei 14 – 16 Uhr. Die Schatzsuche kann an jedem beliebigen Wochentag stattfinden. Anmeldung rund 1 Woche vorher. **Preise:** Führung 5 €; Kinder bis 14 Jahre 1 €, Kinder unter 5 Jahren frei.

 Nicht vergessen: festes Schuhwerk und eine Taschenlampe!

Schatzsuche: max Teilnehmerzahl 15 Kinder, ca. 2 Std 55 €.

▶ Errichtet wurde das Fort von 1882 bis 1888, um Spandau vor Feinden zu schützen. Anfang des 20. Jahrhunderts waren hier Soldaten untergebracht. Heute finden dort Führungen statt oder – noch viel interessanter – spannende Geburtstagspartys zwischen Wehrgräben, Tunneln und alten Versorgungsgängen. Ähnlich wie bei einer Schnitzeljagd müsst ihr euch von Station zu Station rätseln, um den gut versteckten Schatz zu finden. Am Ende könnt ihr es euch dann am Picknicktisch bequem machen.

Stadterkundungen

Berlin Stadtführungen

Adolfstraße 12, Berlin. ✆ 030/797456. www.berlin-stadtfuehrungen.de.
▶ Stadtführungen und -fahrten.

Berlin on Bike

Kulturbrauerei Hof 4, Knaackstraße 97, 10435 Berlin-Prenzlauer Berg. ✆ 030/44048300, Fax 44057961. www.berlinonbike.de. anmeldung@berlinonbike.de.
Bahn/Bus: U2 Eberswalder Straße. **Preise:** 13 € zzgl. 5 € fürs Leihrad.
▶ City-Radtouren, Fahrradverleih.

Adressen für Fahrradverleih und Fahrradstationen ↗ Info & Verkehr.

Berliner Geschichtswerkstatt

Goltzstraße 49, 10781 Berlin-Schöneberg. ✆ 030/21544-50. www.berliner-geschichtswerkstatt.de.
▶ Historisch und thematisch ausgerichtete Schiffsrundfahrten

StattReisen

Malplaquetstraße 5, 13347 Berlin-Mitte. ✆ 030/45530-28, Fax 458000-03. www.stattreisenberlin.de.
Zeiten: Sommer-/Winterprogramm.

▶ Weit gefächertes Programm, thematische Stadter-
kundungen, Stadtteilspaziergänge. Spezielle Som-
merangebote für Kinder ab 8 Jahre sind »Emils neue
Detektive« und »Vor der Mauer – hinter der Mauer«.

Mit Kindern ins Museum

MuseumsInformation Berlin, 10117 Berlin-Mitte.
✆ 030/24749888, museumsinformation@kulturprojek-
te-berlin.de. **Preise:** Die Standortkarte Museumsinsel
kostet 14 €, ermäßigt 7 € und gilt für Alte Nationalgale-
rie, Altes Museum, Bode-Museum, Neues Museum
(Ägyptisches Museum und Papyrussammlung, Museum
für Vor- und Frühgeschichte) und Pergamonmuseum, In-
fo-Telefon Museumsinsel 030/2090-5577.
▶ Die Auswahl aus den über 100 Museen Berlins tra-
fen wir nach folgenden Gesichtspunkten:
· Ist das Thema für Kinder und Jugendliche interessant?
· Wird das Thema kindgerecht oder jugendgemäß
vermittelt, beispielsweise in speziellen Führungen
für Kinder- und Jugendgruppen?
· Können Kinder selbst aktiv werden, Exponate anfassen oder ausprobieren?
· Familienfreundliche Preise und Ermäßigungen für
Gruppen.

Mit JiM macht Museum doppelt Spaß

Jugend im Museum e.V., Genthiner Straße 38, 10785
Berlin-Schöneberg. ✆ 030/2663688, Fax 2662161.
www.jugend-im-museum.de. info@jugend-im-
museum.de. **Infos:** Veranstaltungsorte unter »Werkstätten« im Internet.
▶ Der Verein **Jugend im Museum** wurde 1972 von
Mitarbeitern der Staatlichen Museen Preußischer
Kulturbesitz und interessierten Eltern ins Leben ge-
rufen. Ein Museumsbesuch soll nicht nur das Interesse für Kultur und Kunst rund um den Globus we-
cken, sondern zu eigener Kreativität anregen. Des-

MUSEEN IN BERLIN

Die **Drei-Tage-
Karte** »Schau-
LUST-MuseenBERLIN«
kostet 19 € (Schüler
und Studenten 9,50 €)
und gilt für rund 70 Mu-
seen, darunter auch die
Häuser der Staatlichen
Museen zu Berlin.

*Kindermuseums-
führer – Mukas
geheimnisvolle Nacht im
Museum.* Eine spannen-
de Geschichte für Kin-
der ab 3 Jahren. Nicolai-
sche Verlagsbuchhand-
lung Berlin 2010, 30
Seiten, 9,95 €.

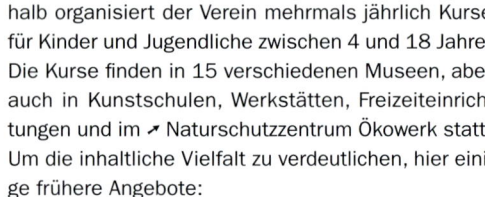

Wenn ihr eure Ferien teilweise in der Stadt verbringt, lohnt sich der Kauf des **Super-Ferien-Passes**. ↗ Natur, Seite 13. Er bietet außer freien Eintritt in die Bäder nämlich auch freien oder ermäßigten Eintritt bei Theatern, Kinos und Sehenswürdigkeiten.

halb organisiert der Verein mehrmals jährlich Kurse für Kinder und Jugendliche zwischen 4 und 18 Jahre. Die Kurse finden in 15 verschiedenen Museen, aber auch in Kunstschulen, Werkstätten, Freizeiteinrichtungen und im ↗ Naturschutzzentrum Ökowerk statt. Um die inhaltliche Vielfalt zu verdeutlichen, hier einige frühere Angebote:

· Bau einer Dampflok, einer Stadt oder eines Traumbootes aus Holz;
· Das Dschungelbuch – mit Holz gedruckt;
· Mit der Kamera durch den Prenzlauer Berg;
· Mutta, der Mann mit dem Koks ist da – Wie sprachen und spielten Kinder in Berlin um die vorige Jahrhundertwende?
· Fang die Radiowelle – Bau eines Radios;
· Auf leisen Sohlen – Nähen und Verzieren von indianischen Mokassins.

Die Kurse dauern 6 bis 16 Wochen. Die Preise (ab 2 € plus 3,50 – 15 € für Material) richten sich nach Art und Dauer der Kurse. Es gibt Ermäßigungen für Geschwister und Freiplätze auf schriftlichen Antrag für Teilnehmer aus finanziell schwachen Familien.

Natur & Wissenschaft
Naturkundemuseum

Leibniz-Institut für Evolutions- und Biodiversitätsforschung an der Humboldt-Universität zu Berlin, Invalidenstraße 43, 10115 Berlin-Mitte. ✆ 030/2093-8591, Fax 2093-8814. www.naturkundemuseum-berlin.de. info@mfn-berlin.de. **Bahn/Bus:** U6 Naturkundemuseum (früher Zinnowitzer Straße), Bus 123, 147, 240, 245 Invalidenpark, Bus 245, Tram 12. **Zeiten:** Di – Fr 9.30 – 18, Sa, So und Fei 10 – 18 Uhr. **Preise:** 5 €, Sonderausstellung 6 €; Kinder ab 7 Jahre 3 bzw. 3,50 €; Arbeitslose, Wehr- und Zivildienstleistende, Schüler und Studenten 3 bzw. 3,50 €, Schülergruppen 1,50 €/Pers. **Infos:** Kostenloses akustisches Führungssystem, Museums-Shop.

Das ist scharf: Die Dino-Ferngläser lassen aus nackten Skeletten lebendige Saurier werden! Das Naturkundemuseum hat für die **Juraskope** genannte Animation den Deutschen Multimedia Award 2008 erhalten.

▶ Gleich am Eingang zur Ausstellung müsst ihr euren Hals weit nach oben recken, um das weltweit größte Saurierskelett in seinem ganzen Ausmaß zu erfassen: Der **Brachiosaurus brancai** war nämlich exakt 13,27 m hoch und 23 m lang und hat daher

© pmv, Foto: Wolfgang King

einen Eintrag im Guinessbuch der Rekorde! Das Skelett wurde von 1907 bis 1912 im ostafrikanischen Tansania geborgen und dann nach Berlin gebracht. Da waren die Knochen schon 150 Mio Jahre alt. Aber auch noch andere Saurier haben in diesem riesigen Saal ihre letzte Ruhestätte gefunden. Erstmalig ist das originale Exemplar des Urvogels **Archaeopteryx lithographica** zu bewundern, geschützt unter dickem Sicherheitsglas. Es ist wohl das berühmteste Fossil der Welt. Das älteste Objekt des Museums aber ist mit 4,6 Milliarden Jahren ein Meteorit.

Nicht minder interessant sind zahlreiche andere, wenn auch kleinere und jüngere Exponate. Zum Beispiel die sich anschließende Ausstellung mit Präparaten von Huftieren und Vögeln. Und *Lucy* lag 3 Mio Jahre unter afrikanischer Erde, bis sie nach Berlin umzog. Das knapp 1 m große Skelett zeigt Merkmale von Menschenaffe und Mensch; Lucy ging fast schon aufrecht. Auch die weitere Entdeckungsreise durch die Welt unserer Natur kann ich euch nur wärmstens empfehlen.

Sieht echt aus: Der Fuchs springt seine Beute im Naturkundemuseum an

 Taschenlampenführung

»Nachts im Museum«. Dann schleichen die Besucher mit ihren Taschenlampen durch die dunklen Museumsräume und erkunden, wie es Tiere schaffen, sich nachts zurechtzufinden. Nur in den Wintermonaten, jeden Sa und So 17.30 – 19.15 Uhr. Für Kinder ab 8 Jahren. Kinder 7 €, Erw 10 €. Anmeldung ✆ 030/20938550. Schnell ausgebucht!

Deutsches Technikmuseum

Stiftung Deutsches Technikmuseum Berlin, Trebbiner Straße 9, 10963 Berlin-Kreuzberg. ✆ 030/90254-0, Fax 90254-175. www.sdtb.de. info@sdtb.de. **Bahn/Bus:** U1, 7 Möckernbrücke oder U1, 2 Gleisdreieck.

Mit 3 Jahren zu jung fürs Technikmuseum? Im Gegenteil – das ist das richtige Alter für einen ersten Besuch. Werden doch einige der unzähligen Warum-Fragen, auf die man manchmal als Eltern gar keine Antwort weiß, anschaulich beantwortet. Wir haben unseren zweieinhalbstündigen Besuch auf die Lokschuppen und Teile des Museumsparks begrenzt. Für Eric waren natürlich die Lokomotiven das absolut Größte

Zeiten: Di – Fr 9 – 17.30, Sa, So 10 – 18 Uhr. **Preise:** Gemeinsamer Eintritt am selben Tag für DTM und Spectrum 6 €; Kinder bis 14 Jahre 3,50 €, Kinder und Jugendliche bis 18 Jahre ab 15 Uhr Eintritt frei; Schüler, Studenten, Zivil- und Wehrdienstleistende, Erwerbslose 3,50 €, Gruppen ab 10 Pers 4 €, ermäßigt 1,50 €. **Infos:** Barrierefrei.

▶ Dieses Museum besteht seit 1982 und befindet sich auf dem Gelände des ehemaligen Anhalter Güterbahnhofs.

Museum: Auf 25.000 qm werden in 14 Abteilungen Exponate zur Geschichte der Textilverarbeitung, Papier-, Druck-, Rechen- und Automationstechnik, sowie Nachrichten-, Film- und Fototechnik ausgestellt. Des Weiteren zur Schifffahrt, zur Luftfahrt und eine große Sammlung von Schienenfahrzeugen im historischen Lokschuppen. In der neuen Dauerausstellung »Mensch in Fahrt – unterwegs mit Auto und Co« stehen Automobile, Motorräder und Kutschen aus zwei Jahrhunderten. Der **Museumspark** zeigt Wind- und Wasserrad, Turm- und Bockwindmühle, Wasserturm, Solarstromanlage, Mühle und Brauerei aus dem Jahre 1910.

Dabei wird Technik nicht isoliert ausgestellt, sondern im Zusammenhang mit den jeweiligen politischen, sozialen und kulturellen Bedingungen dargestellt. Viele Exponate können angefasst oder ausprobiert werden oder werden vorgeführt. So könnt ihr beispielsweise unter fachmännischer Anleitung Papier schöpfen und Getreide schroten. Bei den Lokomotiven könnt ihr feststellen, wie eine Lok von unten aussieht.

Science Center Spectrum

Stiftung Deutsches Technikmuseum Berlin, Möckernstraße 26, 10963 Berlin-Kreuzberg. ✆ 030/902542-84, Fax -83. www.sdtb.de. info@sdtb.de. **Bahn/Bus:** U1, 7 bis Möckernbrücke oder U1, 2 bis Gleisdreieck. Der Weg ist ausgeschildert. **Zeiten:** Di – Fr 9 – 17.30

Uhr, Sa, So 10 – 18 Uhr. **Preise:** Gemeinsamer Eintritt für DTM und Spectrum: 6 €; Kinder und ermäßigt 3,50 €; Gruppen ab 10 Pers 4 €, ermäßigt 1,50 €. Kinder und Jugendliche bis 18 Jahre ab 15 Uhr freier Eintritt. **Infos:** Es gibt spezielle Angebote für Gruppen (mind. 2 Wochen vorher anmelden) sowie Führungen für Seh- und Hörbehinderte.

▶ Das Spectrum gehört zum Deutschen Technikmuseum. Hier könnt ihr 250 Experimente zu Naturwissenschaft, Technik und Wahrnehmung durchführen und Antworten auf solche Fragen finden wie »Warum ist der Himmel blau?« oder »Wie funktioniert eine Batterie?«

Blindenmuseum Johann-August-Zeune

Rothenburgstraße 14, 12165 Berlin-Steglitz. ✆ 030/79709094, Fax 79709095. www.blindenmuseum-berlin.de. blindenmuseum@gmx.de. **Bahn/Bus:** S1, 9 bis Rathaus Steglitz. **Zeiten:** Mi 15 – 18 Uhr, Führung jeden 1. So im Monat um 11 Uhr. **Preise:** Eintritt frei, Spende erbeten.

▶ Das kleine Museum in der Johann-August-Zeune-Schule widmet sich dem Leben blinder Menschen. Im Mittelpunkt steht dabei das Thema »Blinde und Beruf«. Die Besucher erfahren, dass die erste Blindenschule 1784 in Paris gegründet wurde. Im Jahre 1825 erfand der damals erst 16-jährige **Louis Braille** die bis heute gültige Sechs-Punkte-Blindenschrift, die zu ertasten ist. Für Sehende ist es übrigens gar nicht so einfach, mit Hilfe einer Vorlage wenigstens den eigenen Namen zu schreiben. Vorgestellt werden im Museum traditionell von Blinden ausgeübte Berufe wie Korbflechter, Masseur oder Klavierstimmer, aber auch neue berufliche Perspektiven, ermöglicht durch modernste Computertechnik.

Die meisten Exponate können angefasst und ausprobiert werden, beispielsweise tastbare Mensch-ärgere-dich-nicht-Spiele und ein tastbares Schachspiel.

@ Online könnt ihr ein paar der naturwissenschaftlichen Versuche auch zu Hause durchführen, www.sdtb.de

Braille (1809 – 1852) war im Alter von 3 Jahren durch einen Unfall beim Spielen mit der Schusterahle seines Vaters selbst erblindet.

BERLIN: WISSEN & KULTUR

Außen Kirche, innen Technik: Das Wasserwerk

 Hier zischt's: So, Fei um 11, 13 und 15 Uhr sowie bei Gruppenführungen wird die Dampfmaschine vorgeführt.

Jedes Jahr im Sommer, zu den Tagen der offenen Tür der Berliner Wasserbetriebe, können Interessierte an Führungen durch die Berliner Unterwelt teilnehmen.

Museum im Wasserwerk Friedrichshagen

Müggelseedamm 307, 12587 Berlin-Friedrichshagen. ☎ 030/86447695, Fax 86447746. www.museum-im-wasserwerk.de. info@museum-im-wasserwerk.de. **Bahn/Bus:** Tram 60 bis Endstation Altes Wasserwerk. Nächster S-Bhf ist Friedrichshagen (S3). **Zeiten:** Di – Fr 10 – 16, So, Fei 10 – 17 Uhr, Nov – Feb bis 15 bzw. 16 Uhr. **Preise:** 2,50 €; Kinder bis 18 Jahre frei; Schüler, Studenten, Azubis, Rentner, Schwerbehinderte, Arbeitslose etc. 1,50 €, Gruppen ab 10 Pers 2 € pro Pers (Gruppenführung 15 €), Kinder- und Jugendgruppen (Kitas, 1. – 13. Klasse) mit Führung 1 € pro Pers. **Infos:** Oster-, Pfingst- und Adventskonzerte, Führung jeden 1. So um 14 Uhr, freier Eintritt jeden letzten Fr im Monat.

▶ Über 100 Jahre alt ist das inzwischen still gelegte Wasserwerk. Die Anlage ist in sehr gutem Zustand und wird bei Führungen angeschaltet. Dargestellt wird der Kreislauf von Wasser und Abwasser. Ein Videofilm zeigt die 140-jährige Geschichte der Wasserwirtschaft. Besonders interessant, weil für uns heute kaum vorstellbar, ist jene Zeit, als es in Berlin noch keine Kanalisation gab. Mit dem Bau eines unterirdischen Kanalsystems wurde erst 1878, auf massives Drängen des politisch engagierten Arztes *Rudolf Virchow* (1821 – 1902), begonnen.

Zucker-Museum

Stiftung Deutsches Technikmuseum Berlin, Amrumer Straße 32, 13353 Berlin-Wedding. ☎ 030/31427574, Fax 31427586. www.sdtb.de. info@sdtb.de. **Bahn/Bus:** U9 bis Amrumer Straße, U6 bis Seestraße. **Zeiten:** Mo – Do 9 – 16.30, So 11 – 18 Uhr. **Preise:** Eintritt frei. **Infos:** Gruppen 2 Wochen vorher anmelden.

▶ In diesem Museum wird das süße Element genau unter die Lupe genommen. Die Besucher erfahren, dass Zucker zunächst nur aus Zuckerrohr hergestellt wurde, dass erst nach der Entdeckung des Zuckers in der Rübe durch den Apotheker und Chemiker *Andreas Sigismund Marggraf* im Jahre 1747 in Berlin die Zuckerproduktion aus Rüben erfolgte und wie die Herstellung heute abläuft. Zu sehen sind neben Geräten zur Verarbeitung auch Zuckerverpackungen aus vielen Ländern. Berührt werden auch soziale und gesundheitliche Aspekte.

Freilichtmuseum Domäne Dahlem

Königin-Luise-Straße 49, 14195 Berlin-Dahlem. ✆ 030/666300-0, Fax 8316382. www.domaene-dahlem.de. kontakt@domaene-dahlem.de. **Bahn/Bus:** U3, Bus 110, X11, X83 bis Dahlem-Dorf. **Zeiten:** Museum Mi – Mo 10 – 18 Uhr, Hofladen Mo – Fr 10 – 18, Sa 8 – 13 Uhr. **Preise:** Gelände frei zugänglich, Museum 3 €; Kinder bis 14 Jahre frei, Mi freier Eintritt für alle; ermäßigt 1,50 €.

▶ Eigentlich gehört die Domäne Dahlem ins Kapitel Kinderbauernhöfe. Schließlich handelt es sich um ein Landgut aus dem 17. Jahrhundert mit Viehwirtschaft und Handwerk. Aber zugleich ist sie auch ein großes Freilichtmuseum. Zu ihr gehören verschiedene Handwerksbetriebe wie Schmiede, Töpferei, Stellmacherei, Blaudruckerei und Weberei. Es gibt eine Spielwiese und natürlich viele Tiere: Pferde, Kühe, Schweine, Ponys, Enten, Puten, Schafe, Ziegen (haben wir noch welche vergessen?).

Für Kinder gibt es Führungen, Workshops in den Ferien, Basteltage, Kino, Theater, Märchen, Geschichten und Kindergeburtstagsfeiern. Beliebt sind auch die Fahrten mit dem Traktor (15 Min 1 €, vorab anmelden). Auf der Domäne wird richtig Landwirtschaft betrieben. Ihre Bioland-Erzeugnisse könnt ihr im Hofladen käuflich erwerben. Außerdem ist jeden Sa (8 – 13 Uhr) Ökomarkt, dort werden Frischprodukte und Naturwaren aus der Region angeboten.

Im ehemaligen Herrenhaus ist ein Museum für landwirtschaftliche Geräte und Maschinen untergebracht. Übers Jahr verteilt finden Sonderveranstaltungen wie Töpfer-, Vieh- und Korbmärkte sowie Ernte- und Schlachtfeste statt.

Happy Birthday!

Aus verschiedenen Modulen (15 – 120 Min, 15 – 130 €) wie Traktor fahren, filzen, töpfern oder Osterhasen basteln könnt ihr den Tag selbst gestalten.

Achtung! Bitte die Tiere nicht füttern! Einmal ist sogar eins der Ponys gestorben, weil ihm jemand giftige Eiben-Zweige zum Fressen gegeben hatte.

Hunger & Durst

Ausschank auf der Domäne Dahlem, So – Do 11 – 20, Fr, Sa 11 – 21 Uhr. Kinderfreundliches Lokal und Biergarten mit kleinen Speisen. Während ihr euren Salat esst, kommt vielleicht mal ein Huhn »Guten Tag!« sagen.

Geschichte & Kultur

DDR-Museum

Karl-Liebknecht-Straße 1, 10178 Berlin-Mitte. ✆ 030/ 84712373-0, Fax -9. www.ddr-museum.de. post@ddr-museum.de. **Bahn/Bus:** U2, 5, 8, S5, 7, 9, 75 Alexanderplatz oder S5, 7, 9, 75 Hackescher Markt, Bus 100, 200 Lustgarten, Tram M4 – M6 Spandauer Straße. **Zeiten:** Mo – So 10 – 20, Sa 10 – 22 Uhr. **Preise:** 6 €; Kinder ab 6 Jahre 4 €; Schüler, Studenten, Erwerbslose 4 €. **Infos:** Führungen unter ✆ 030/847123730.

▶ Unterteilt in verschiedene Themenbereiche lädt das Museum an der Spree ein, das Alltagsleben des vergangenen ostdeutschen Staates zu entdecken. Dabei wird Ausprobieren und Mitmachen groß geschrieben. Egal ob Trabi starten, Schubladen und Schränke der Wohnzimmereinrichtungen öffnen oder die Stasi-Ecke erforschen – hier kann man alles hautnah erleben. Auch Fußballfans kommen auf ihre Kosten: Am Kickertisch stehen sich DDR und BRD noch einmal wie bei der WM '74 gegenüber.

Kinderführungen für Schulklassen (1. – 6. Klasse), Dauer: ca 1 Stunde, kostenlos, 1,5 Std 17,50 €. Beratung und Anmeldung über ✆ 030/266424242 Mo – Fr 9 – 16 Uhr.

Pergamonmuseum

Antikensammlung, Museum für Islamische Kunst, Vorderasiatisches Museum, Staatliche Museen zu Berlin, Am Kupfergraben 5, 10178 Berlin-Mitte. ✆ 030/ 09055-77, Fax -66. www.smb.spk-berlin.de. **Lage:** Museumsinsel. **Bahn/Bus:** Tram M1, M12 Am Kupfergraben, Bus 100, 200 Lustgarten, U6, S1, 2, 5, 7, 9, 25, 75 Friedrichstraße. **Zeiten:** Mo – So 10 – 18, Do bis 21 Uhr. **Preise:** 10 € ohne Sonderausstellung, 13 € mit Sonderausstellung; Kinder und Jugendliche bis 16 Jahre frei; Schüler, Studenten, Wehr- und Zivildienstleistende, Erwerbslose und Schwerbehinderte 5 €, 6,50 € mit Sonderausstellung. **Infos:** Audioguides in mehreren Sprachen, Führungen unter ✆ 030/2663666, Buch-Shop und Café Pergamon, bedingt barrierefrei.

▶ In diesem riesigen Gebäude auf der Museumsinsel erfahrt ihr mit eurer Schulklasse viel Spannendes über die griechische Götterwelt, über den gigantischen Altar aus der antiken Stadt Pergamon, über Drachen, Diven (Dämonen), Hexen und Fabelwesen in der islamischen Kultur, über tapfere Helden und den Turm von Babel, der fast in den Himmel reichte. Außerdem gibt es regelmäßig Veranstaltungen im Rahmen »Antike für Eltern und Kinder«.

© pmv, Foto: Wolfgang Kling

Fotoshooting im Pergamonmuseum: Ein Künstler nimmt Maß

Museum Kindheit und Jugend (Schulmuseum)

Wallstraße 32, 10179 Berlin-Mitte. ✆ 030/2750383, Fax 2792979. www.berlin-kindheitundjugend.de. foerderverein@berlin-kindheitundjugend.de. **Bahn/Bus:** U2, Bus 147, 265 bis Märkisches Museum. **Zeiten:** Mo – Fr 9 – 17 Uhr. **Preise:** 2 €; Kinder ab 6 Jahre und ermäßigt 1 €; Familienkarte 2,50 €. Gruppen ab 10 Pers 1 €. Mi freier Eintritt.

▶ In dieser Ausstellung wird nachvollziehbar, unter welchen Bedingungen unsere Großeltern und Urgroßeltern die Schulbank drücken mussten. Im Skriptorium werden alte Schreibgeräte wie Gänsekiel, Griffel und Schiefertafel, mit denen ihr auch einige Schreibversuche unternehmen könnt, ausgestellt. Besonders bei Besuchern im schulpflichtigen Alter drängen sich Vergleiche auf: Was hat sich seit damals geändert, was ist ähnlich geblieben?

Interessant ist auch die Spielzeugabteilung, die Puppen und Spielzeug aus den letzten 150 Jahren präsentiert. Die riesige Sammlung zeigt, dass es noch gar nicht so lange her ist, dass die Kindheit als eigenständige Entwicklungsstufe ernst genommen wird.

Happy Birthday!

Geburtstag feiern in der Schule? Klar, denn hier lernt ihr so Nützliches wie Geheimbotschaften sichtbar werden zu lassen. Dauer 90 und 120 Min, 10 Kinder 50 €.

Märkisches Museum

Stiftung Stadtmuseum Berlin, Sammlung Kindheit und Jugend, Am Köllnischen Park 5, 10179 Berlin-Mitte. ✆ 030/30866215, 24002-162 (Infoline), www.stadtmuseum.de. info@stadtmuseum.de. **Bahn/Bus:** U8, S5, 7, 9, 75 Jannowitzbrücke. **Zeiten:** Di, Do – So 10 – 18, Mi 12 – 20 Uhr. **Preise:** 5 €; bis 18 Jahre freier Eintritt; ermäßigt 3 €; jeden 1. Mi im Monat Eintritt frei. **Infos:** Nur teilweise barrierefrei. Führung jeden Mi 15 Uhr 3 €, ermäßigt 2 €.

*Eine richtige Überraschung gibt s gleich hinter dem Museum: Da liegt der **Zwinger** für die beiden Berliner Braunbären, Schnute und ihre Tochter Maxi. Ist vielleicht ein wenig zu eng für die beiden, oder?*

▶ »Frag deine Stadt« ist eine Ausstellung für junge Berliner, die sich dafür interessieren, wie ihre Urgroßmütter und Urgroßväter ihre Kindheit verbrachten. Es werden viele interessante und (zum Teil längst vergilbte) Fotos, Bücher und Kunstwerke gezeigt, auch historisches Spielzeug aus zwei Jahrhunderten und ein ganzes Klassenzimmer, das so eingerichtet ist, wie es vor 100 Jahren üblich war. Da könnt ihr auch mal selbst probieren mit Gänsekiel, Griffel und Feder zu schreiben. Solche Mitmachstationen machen den Rundgang sehr spannend. Berühren ist ausdrücklich erlaubt. Es gibt außerdem eine Hörstation, wo ihr den Stimmen von Bären und Wölfen lauschen könnt sowie eine Riechstation und ein Museumslabor. Da kann man das erworbene Wissen in der Gruppe aktiv vertiefen.

Jüdisches Museum Berlin

Lindenstraße 9 – 14, 10969 Berlin-Kreuzberg. ✆ 030/ 25993-300, Fax 25993-409. www.jmberlin.de. info@jmberlin.de. **Bahn/Bus:** Bus 240 Am Jüdischen Museum, Bus 129 Oranienstraße/Lindenstraße, Bus 341 Blücherplatz, U1, 6, 15 Hallesches Tor, U6 Kochstraße. **Zeiten:** Mo 10 – 22, Di – So 10 – 20 Uhr, letzter Einlass 1 Std vor Schluss. An den jüdischen Feiertagen Rosch ha-Schana (29. und 30.9.) und Jom Kippur (8.10.) sowie am 24. Dez geschlossen. **Preise:** 5 €; Kinder ab 6 Jahre 2,50 €; Schüler, Studenten, Erwerbslose sowie Zivil- und Wehrdienstleistende 2,50 €, Familienticket (2 Erw, 4 Kinder) 10 €. **Infos:** Führungen unter © 030/ 25993305, fuehrungen@jmberlin.de.

▶ Hier ist ja alles schräg, schief und gezackt! Das Jüdische Museum, 2001 eröffnet, ist ein äußerst merkwürdiger Bau. Da führt eine Treppe ins

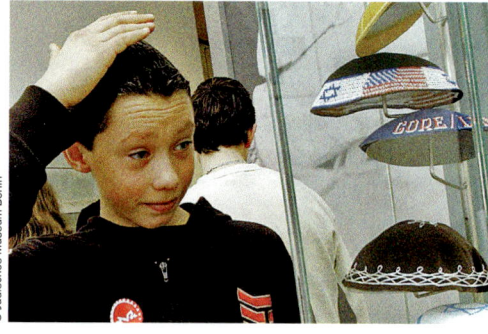

© Jüdisches Museum Berlin

Nichts und die Fenster sind bloß Schlitze. Der Architekt heißt Daniel Libeskind und hat das mit voller Absicht so gemacht! Warum, das erfahrt ihr in speziellen Kinderführungen, bei denen ihr anschließend mit Bauklötzen, Pappe und Papier euer eigenes verrücktes Traumhaus entwerfen könnt. In der sehr anschaulich aufbereiteten Ausstellung zur deutsch-jüdischen Geschichte und Kultur durchlebt ihr in 13 Stationen alle Epochen vom Mittelalter bis zur Gegenwart. Dabei sind nicht bloß Fotos und Gegenstände zu sehen, sondern ihr könnt allerlei Schubladen aufziehen oder euren Namen in Hebräisch schreiben. Mehr erfahrt ihr in den Ferienworkshops und bei den Führungen. Da könnt ihr vielleicht eine **Kippa** aufsetzen, Mazzebrote backen oder ein Puppentheater bestaunen.

Leben wie im Mittelalter

Museumsdorf Düppel e.V., Clauertstraße 11, 14163 Berlin-Zehlendorf. © 030/8026671, Fax 8026699. www.dueppel.de. info@dueppel.de. **Bahn/Bus:** Bus 115 bis Ludwigsfelder Straße oder Bus 118, 629 bis Clauertstraße. **Zeiten:** April – Okt Do 15 – 19, So, Fei 10 – 17 Uhr. Führungen für Gruppen auch zu anderen Terminen. **Preise:** 2 €, bei Sonderveranstaltungen 4 €; Kinder und Jugendliche bis 18 Jahre frei, bei Sonderveranstaltungen 1 €; 1 € für Studenten, Erwerbslose, Auszubildende und Schwerbeschädigte.

Schwere Entscheidung: Welche Kippa ist die schönste?

Kippa heißt die Kopfbedeckung für männliche Juden. Sie ist kreisförmig und aus Stoff oder Leder. Mazze ist ein ungesäuertes Brot aus Mehl und Wasser. Regelmäßig finden Führungen für Kinder von 5 – 12 Jahre statt. Da erfahrt ihr z.B., ob jüdische Kinder auch Weihnachten feiern, warum das jüdische Neujahrsfest im Herbst gefeiert wird oder was koscheres Kochen bedeutet.

▶ Schon 1940 hatte man im Zehlendorfer Ortsteil **Düppel** Tonscherben gefunden, die auf mittelalterliche Siedlungsreste hinwiesen. Bei Ausgrabungen 1968 entdeckten Archäologen schließlich Grundrisse eines Dorfes aus dem 12. Jahrhundert. Heute sind große Teile des mittelalterlichen Dorfes rekonstruiert. Bei einem Rundgang über das 8 ha große Freilichtmuseum seht ihr unter anderem historische Gehöfte, Brunnen, Backhaus, Getreidespeicher, Schmiede, Töpferei und einen Bauerngarten. An Sonn- und Feiertagen findet um 11 Uhr eine **Dorfführung** statt. Es werden alte Handwerke vorgestellt. Kinder können mittelalterliche Spiele und Handwerkstechniken, wie Spinnen und Töpfern, ausprobieren oder mit einem Ochsengespann fahren.

Juniormuseum im Ethnologischen Museum

Staatliche Museen zu Berlin, Lansstraße 8, 14195 Berlin-Dahlem. ✆ 030/8301438. www.smb.spk-berlin.de. md@smb.spk-berlin.de. **Bahn/Bus:** U3, X11, X83 Dahlem-Dorf oder Bus X83 Museen Dahlem. **Zeiten:** Di – Fr 10 – 18, Sa, So 11 – 18 Uhr. **Preise:** 6 €; Kinder bis 16 Jahre frei; Schüler, Studenten, Erwerbslose sowie Wehr- und Zivildienstleistende 3 €, Do ab 14 Uhr frei.

▶ Der riesige Dahlemer Museumskomplex umfasst mehrere Museen. Da gibt es neben der Gemäldegalerie und der Skulpturensammlung Museen für Spätantike und Byzantinische, Indische, Ostasiatische, islamische Kunst und das Ethnologische Museum. Um alles zu sehen, braucht man mehrere Tage.

Besonders möchte ich euch den Besuch des **Ethnologischen Museums** empfehlen. Zu Fuß könnt ihr eine Reise durch verschiedene Kontinente, Länder und Jahrhunderte unternehmen: Alt-Amerika, Afrika, Südsee, Südasien, Ostasien, Islamischer Orient, Australien. Da die Exponate in diesen Abteilungen sehr wertvoll sind, dürfen sie nicht berührt, sondern nur betrachtet werden. Ganz anders im angeschlosse-

Heißer Bauchtanz: Indische Göttin im Ethnonologischen Museum

© pmv, Foto: Wolfgang Kling

nen **Junior-Museum:** Hier dürfen Exponate angefasst und in Workshops nachgebaut werden. Jeden So um 14 Uhr ist Kinderführung. Es gibt wechselnde Ausstellungen mit Führung für Kinder 5 – 12 Jahre.

Kunst & Können

Kindergalerie im Bode-Museum auf der Museumsinsel

Skulpturensammlung und Museum für Byzantinische Kunst, Bodestraße 1 – 3, 10178 Berlin-Mitte. ℰ 030/2090-5601, Fax 2090-5602. www.smb.spk-berlin.de. presse@smb.spk-berlin.de. Lage: Museumsinsel, Eingang Am Kupfergraben. **Bahn/Bus:** S5, 7, 9, 75 Hackescher Markt, S1, 2, 25, Bus M1, M6, Tram 1 Oranienburger Straße. **Zeiten:** täglich 10 – 18, Do 10 – 22 Uhr. **Preise:** 8 €; Kinder und Jugendliche bis 16 Jahre frei; Schüler, Studenten, Erwerbslose, Wehr- und Zivildienstleistende 4 €. **Infos:** Café und Buchshop, barrierefrei.

▶ Alt und ehrwürdig klingt sein Name: Bode-Museum. Alt ist das große Gebäude auf der Museumsinsel auch, ehrwürdig sein geistiger Schöpfer, *Wilhelm von Bode,* der 1910 dort Direktor war. Doch seit 2006 geht es hier ganz modern zu. Das Bode-Museum beherbergt die Byzantinische Sammlung, die Skulpturensammlung und das Münzkabinett. Am meisten dürfte euch aber der Ausstellungs- und Werkraum der **Kindergalerie** interessieren, denn dort könnt ihr mit allen Materialien und Medien arbeiten. Es gilt, Originale aus Kunst- und Kulturgeschichte sinnlich zu begreifen und anschließend das Malen, Töpfern, Collagieren und Schnitzen selbst auszuprobieren. An Computern könnt ihr interaktiv in die verschiedenen Themen eintauchen.

Gemäldegalerie am Kulturforum

Kinder-Reich in der Gemäldegalerie, Staatliche Museen zu Berlin, Matthäikirchplatz, 10785 Berlin-Tiergarten.

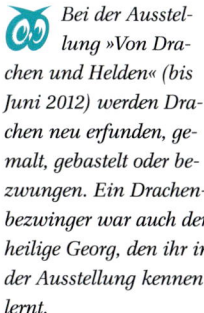

Bei der Ausstellung »Von Drachen und Helden« (bis Juni 2012) werden Drachen neu erfunden, gemalt, gebastelt oder bezwungen. Ein Drachenbezwinger war auch der heilige Georg, den ihr in der Ausstellung kennen lernt.

✆ 030/266-2951, 266-424001 (Sekretariat), Fax 266-2103. www.gemaeldegalerie-berlin.de. gg@smb.spk-berlin.de. **Bahn/Bus:** Bus M29 Potsdamer Brücke, Bus M48 Kulturforum, Bus 200, 347 Philharmonie, Bus M41, U2, S1, 2, 25 Potsdamer Platz. **Zeiten:** Di – So 10 – 18, Do bis 22 Uhr. **Preise:** 8 €; Kinder und Jugendliche bis zum vollendeten 18. Lebensjahr frei; Schüler, Studenten, Wehr- und Zivildienstleistende, Erwerbslose und Schwerbehinderte 4 €. **Infos:** Beratung und Anmeldung über ✆ 030/266424242 (Mo – Fr 9 – 16 Uhr).

▶ Wie wird man Maler? Was sind die Arbeitsschritte beim Malen und welche Werkstoffe und -techniken gibt es? In einer nachgebauten Malerwerkstatt und im »Lern-Buffet« mit Schautafeln bekommt ihr Antworten darauf. Familien können außerdem auf Entdeckungstour gehen und zusammen lernen, welche Techniken es in der Malerei gab. Zu sehen gibt es jedenfalls genug, schließlich besitzt die Galerie eine der bedeutendsten Sammlungen europäischer Malerei vom 13. bis zum 18. Jahrhundert mit sage und schreibe 1400 Gemälden.

Puppentheatermuseum Berlin

Karl-Marx-Straße 135, 12043 Berlin-Neukölln. ✆ 030/6878132, Fax 6878132. www.puppentheater-museum.de. info@puppentheater-museum.de. **Bahn/Bus:** U7 bis Karl-Marx-Straße, Ausgang Neuköllner Oper, Bus 104. **Zeiten:** Mo – Fr 9 – 15.30 Uhr, So 11 – 16 Uhr. **Preise:** 3 €; Kinder und ermäßigt 2,50 €; Schulen und Kitas 2,30 € pro Person (inkl. Führung).

▶ Hier erwarten euch mehr als 300 verschiedene Puppentheaterfiguren, darunter viele aus bekannten Märchen, sowie Handpuppen und Schattentheaterfiguren aus fernen Ländern. Zur Ausstellung gibt es ein Begleitprogramm, das von Puppentheateraufführungen (5 € pro Person) über Märchenerzählen (Kinder 3,50 €, Erw 5 €) bis zu Taschenlampenführungen und Kreativangeboten für Kinder und Erwachsene reicht.

Labyrinth Kindermuseum in der Fabrik

Osloer Straße 12, 13359 Berlin-Wedding. ✆ 030/8009311-50, Fax 4948097. www.kindermuseum-labyrinth.de. kontakt@labyrinth-kindermuseum.de. **Bahn/Bus:** U9 bis Osloer Straße, U8 bis Pankstraße, Tram M13, M27 oder M50 bis Prinzenallee. **Zeiten:** Einzelbesucher Fr und Sa 13 – 18, So 11 – 18 Uhr. In den Ferien Mo – Fr 9 – 18, Sa 13 – 18, So 11 – 18 Uhr. **Preise:** 4,50 €, Fr 3,50 €; 4,50 €, Fr 3,50 €; Familie 13 €. Gruppen 4 € pro Person. Familien klein (1 Erw, 1 Kind) 7 €, Familien groß (bis zu 6 Pers, max 2 Erw) 11 €.

© Labyrinth Kindermuseum

▶ Seit 1997 gibt es das Kindermuseum in der alten, großen Fabrik. Jedes Jahr gibt es neue Mitmach-Ausstellungen zu spannenden Themen. Mal geht es um Detektive, mal um Märchen, Spielen, Kinderrechte, Gesundheit, andere Kulturen oder um die Talente von euch Kindern. Das Wichtigste: Ihr dürft alles anfassen, ausprobieren und mit allem spielen – bis euch oder euren Eltern die Puste ausgeht.

Dazu kommen Angebote für Gruppen, Ferienprogramme und Projekte sowie Fortbildungen für Erwachsene. Schaut einfach in den prall gefüllten Veranstaltungskalender! Oder kommt mit eurer Kita oder Schulklasse ins Labyrinth!

Traumziel: Jannis und Konstantin zeigen, wo sie mal hin wollen

Happy Birthday!

Gestaltet euren Geburtstag im Labyrinth oder bucht einfach ein spannendes Paket (Kleiner Geburtstag 50 € plus 4 €/Pers, Großer Geburtstag bis 12 Kinder 189 €, bis 15 Kinder 199 €).

Bitte Hausschuhe oder dicke Socken mitbringen!

Musik, Theater & Kino
Musik liegt in der Luft

Haus der Kulturen der Welt, John-Foster-Dulles-Allee 10, 10557 Berlin-Tiergarten. ✆ 030/397870, Fax 3948679. www.hkw.de. info@hkw.de. **Bahn/Bus:** Bus 100 bis Haus der Kulturen der Welt.

BÜHNE, LEINWAND & AKTIONEN

Wegen seiner Form heißt das Gebäude im Volksmund »Schwangere Auster« oder Kongresshalle. Als solche wurde das Gebäude 1957 von der amerikanischen Franklin-Stiftung Berlin geschenkt. Im Jahre 1981 war es erstmal mit der Kongresshalle vorbei. Da stürzte nämlich die Dachkonstruktion ein. Nach dem Wiederaufbau wurde sie zum Haus der Kulturen der Welt.

▶ Gute Adresse für Leute, die sich für außereuropäische Musik, Geschichte, Kultur und Kunst interessieren. Für Kinder und Jugendliche werden Filme gezeigt und in den Sommerferien Workshops durchgeführt. Im Mittelpunkt dieser Sommerkurse steht das Kennenlernen anderer Kulturen. Aber auch die abendlichen Konzerte und Discos sowie die wechselnden Ausstellungen werden von Kindern und Jugendlichen gern besucht, meist mit der ganzen Familie.

Rund um das Haus der Kulturen der Welt ist in der warmen Jahreszeit immer etwas los. Familien kommen mit riesigen Picknickkörben und Grillutensilien, um sich im Tiergarten niederzulassen. Es wird gespielt, getobt, diskutiert und musiziert.

Theater an der Parkaue

Vor und hinter dem Vorhang, Parkaue 29, 10367 Berlin-Lichtenberg. ✆ 030/5577520, Fax 55775222. www.parkaue.de. monika.geissler@parkaue.de. Bahn/Bus: S8, 41, 42, 85, U5 bis Frankfurter Allee, Tram M13, 16 bis Rathaus Lichtenberg. Preise: 12 €, bei Premieren 13 €; Kinder bis 12 Jahre 7 €; ermäßigt 9 bzw. 10 €, Sozialticket 3 €. Infos: Für 1 € Aufschlag pro Eintrittskarte kann diese als Kombiticket zur An- und Rückfahrt im VBB genutzt werden.

▶ Kinder- und Jugendtheater, Theaterclubs, altbekannte Märchen und moderne Stücke.

Schaubude Berlin – Theater. PuppenFigurenObjekte

Greifswalder Straße 81 – 84, 10405 Berlin-Prenzlauer Berg. ✆ 030/4234314, www.schaubude-berlin.de. info@schaubude-berlin.de. Bahn/Bus: S8, 41, 42, 85, Tram M4 bis Greifswalder Straße. Preise: Kindervorstellung: 6 €, Abendvorstellung: 9,50 – 12,50 €; 4 €; Erw 5 €, Abendvorstellung für Erw 6 – 8 €.

▶ Die gesamte Bandbreite an faszinierendem Puppen-, Figuren- und Objekttheater.

Nobel-Popel

Danziger Straße 101, 10405 Berlin-Prenzlauer Berg.
℡ 030/4455334, Fax 91690638. www.nobel-popel.de.
musiktheater@nobel-popel.de. **Bahn/Bus:** U2 Senefelder Platz.

▶ Musiktheater: Märchen und sehr fantasievolle eigene Stücke für Kinder im Vor- und Grundschulalter, feste Spielstätte im Kulturhaus WABE, aber auch mobile Auftritte, Programme mit Kinderlachgeschichten, Quiz und Spielen.

Puppentheater Berlin

Gierkeplatz 2, 10585 Berlin-Charlottenburg. ℡ 030/3421950, Fax 3421950. www.puppentheater-berlin.de. Puppentheater-Berlin@web.de. **Preise:** Gleicher Preis bei Kindervorstellungen für Kinder und Erw 6 €, Abendveranstaltungen 14 €; Gruppen pro Person 4 €.

▶ Puppenspiele mit Live-Musik. Geschichten für Kinder und Stücke für Erwachsene. Für Kinder (4 – 6 Jahre) Mitmachstück um Buchstaben und Zahlen »ABC und 1, 2, 3 – ich kann alles ohne Hexerei«. Für Kinder im Vorschulalter oder in der Eingangsstufe »Paul will nicht in die Schule«. Kinderkonzerte, Theaterprogramme. Auch für Erwachsene.

Zaubertheater Igor Jedlin

Roscherstraße 7, 10629 Berlin-Charlottenburg.
℡ 030/3233777, Fax 3238822. www.zauber-theater.de. info@zaubertheater.de. **Bahn/Bus:** U7 bis Adenauerplatz, dann Bus M19, M29, 110 bis Lehniner Platz.

▶ Der große Zauberkünstler aus dem Moskauer Staatszirkus erstaunt und begeistert mit seinen sagenhaften Tricks: Zauberhits für Kids (Do – So um 15.30 Uhr), Wunderwelt der Magie (Do – Sa um 20 Uhr).

Kino Babylon

Leinwandgeflimmer, Rosa-Luxemburg-Straße 30, 10178 Berlin-Mitte. ℡ 030/24727803, 2425969 (Infos), Fax

@ Kino-Programm-Ansage (gebührenpflichtig) ✆ 0190/055555. Infos darüber, welcher Film wann und wo läuft, findet ihr an den Programmaushängen in den Kinos, in den Tageszeitungen, in den Stadtmagazinen zitty und tip, sowie im Internet unter:
www.berlin.de
www.kino.de
www.berliner-adressen.de/kinoprogramm.

24727800. www.babylonberlin.de. hackel@babylonberlin.de. **Preise:** 4 €; Gruppen ab 10 Pers 2,50 €/Pers.
▶ Sehr abwechslungsreiches Programm, z.B. auch ältere (Märchen)filme, tschechische Kinderfilme aus den 70er Jahren und Klassiker wie »Ronja Räubertochter«.

Kinderfilm Berlin e.V. (im FEZ Berlin)

Straße zum FEZ 2, 12459 Berlin-Oberschöneweide. ✆ 030/53010909, Fax 53010908. www.kinderfilm-berlin.de. info@kinderfilm-berlin.de. **Bahn/Bus:** ↗ Action für kleine und große Leute.
▶ Kino mit 139 Plätzen, Programm und Sonderveranstaltungen. Kurzfilm und Spielkino 1,50 €, Spielfilm 2 € pro Person. Außerdem Bilderbuchkino, Wunschfilmtag, Mobiles Kinderkino, Kindergeburtstage.

Bali Kino

Helgard Gammert, Teltower Damm 33, 14169 Berlin-Zehlendorf. ✆ 030/8114678, Fax 81299538. www.balikino-berlin.de. **Bahn/Bus:** S1, Bus X10, 101, 112, 118, 285, 623. **Preise:** 7 €, Kinotag am Mi 5 €; Kino für Knirpse 1 €, Kindervorstellungen, Kindertheater 5 €; 5 €, Kinotag am Mi 3 €.
▶ Das alte Programmkino heißt eigentlich »Bahnhofslichtspiele«. Aber Bali klingt doch viel netter! Außer Kinderprogramm und Schulkino auch Kindertheateraufführungen.

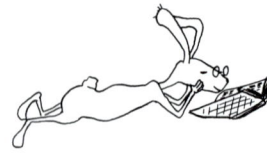

Zum Mitmachen und Lesen

Akrobat schöööön: Juxirkus

Hohenstaufenstraße/Martin-Luther-Straße, 10781 Berlin-Schöneberg. ✆ 030/2155821, Fax 2168312. www.juxirkus.de. juxirkus@kiezoase.de. **Bahn/Bus:** U7 bis Eisenacher Straße oder U1, 2, 3, 4 bis Nollendorfplatz. **Infos:** Büro Barbarossastraße 65, 10781 Berlin, ✆ 2155821, Fax 2168312.

▶ In dem rot-grünen Zelt gibt es Akrobatik für Kinder ab 10 Jahre: Hochseil, Leiter-Trampolin, Trapez. Auch Jonglieren und Einrad fahren. Mini-Juxirkus für Kinder von 5 bis 9 Jahre (lange Warteliste).

Kinderzirkusschule in der UFA-Fabrik

Viktoriastraße 12 – 18, 12105 Berlin-Tempelhof. ✆ 030/7517244, Fax 75764798. www.ufafabrik.de. info@ufafabrik.de. **Bahn/Bus:** U6 bis Ullsteinstraße.
▶ Kurse für Kinder und Jugendliche: Akrobatik (6 – 12 Jahre), Afrotrommeln (10 – 12 Jahre), Capoeira (9 – 14 Jahre), Jonglieren (ab 6 Jahre), Sambatrommeln, Kugellauf, Breakdance, Orientalischer Tanz. Training einmal wöchentlich, 12 € pro Monat. Außerdem Ferienkurse.

Die Cabuwazi Kids

Kinder- und Jugendzirkus Cabuwazi, Britta Niehaus, Bouchéstraße 75, 12435 Berlin-Treptow. ✆ 030/544901518, Fax -29. www.cabuwazi.de. treptow@cabuwazi.de. **Bahn/Bus:** S8 Treptower Park, Bus 194 bis Bouchéstraße. **Zeiten:** Training von Kindern und Jugendlichen (8 – 20 Jahre) Mo – Fr 9 – 20 Uhr, Veranstaltungen So 16 Uhr. **Preise:** 5 €; Kinder 4 €.
▶ Über 30 klassische und moderne Zirkusdisziplinen – von Jonglieren und Clownerie bis Breakdance und Inlineskating. Höhepunkt des gemeinsamen Trainings sind die mit professionellen Artisten einstudierten Shows, die dem begeisterten Publikum vorgeführt werden. Mitmachen können Kinder und Jugendliche von 8 – 20 Jahre. Das Training ist kostenlos!
Programm: Vormittags Mo – Fr Schulprojektwochen mit Berliner Schulen. Jeden Fr 10 Uhr Präsentation der Schulklasse in Form einer Zirkusshow. Der Eintritt ist frei! Manegenzauber im Advent, jeweils an den Adventsonntagen um 16 Uhr.
Neues Projekt: Cabuwinzig, der Zirkus für die Kleinen (4 – 7 Jahre, 30 € im Monat).

Cabuwazi-Zelte stehen auch in anderen Berliner Bezirken, etwa in Friedrichshain: *shake! das Zelt am Ostbahnhof,* Am Postbahnhof/Wasserturm, 10243 Berlin, ✆ 030/290478413, shake@cabuwazi.de

Geburtstagsfeier im
Atelier Bunter Jakob:
Gemeinsam besucht ihr
die Ausstellung der Ber-
linischen Galerie, entwi-
ckelt anschließend im
Atelier eure eigenen
Ideen und setzt diese
um. Kosten: bis 10 Kin-
der 110 €, Infos Di 9 –
15 Uhr bei Jugend im
Museum e.V.,
✆ 2833249.

 Wenn ich mal kein Geld mehr hab,
weiß ich, was ich tu:
Ich häng der Katz 'ne Glocke um,
verkaufe sie als Kuh.
Joachim Ringelnatz
(1883 – 1934)

Atelier Bunter Jakob

Verein Jugend im Museum e.V., In der Berlinischen Galerie, Alte Jakobstraße 124 -128, 10969 Berlin-Fried-
richshain-Kreuzberg. www.jugend-im-museum.de. info@
jugend-im-museum.de. **Bahn/Bus:** U-Bhf Hallesches
Tor, Kochstraße; Bus M29, 265. **Infos:** Jugend im Museum e.V., Geschäftsstelle: Genthiner Straße 38, 10785
Berlin, ✆ 030/2663688, Fax 2662161.

▶ JiM, der Verein Jugend im Museum, bietet in seinem **Atelier Bunter Jakob** die Möglichkeit, in die
sinnliche Welt der Kunst einzutauchen, sie verstehen
zu lernen und mit Farben, Formen und Fundstücken
zu experimentieren. Das abwechslungsreiche Kurs-
programm für Kinder ab 6 Jahre und Jugendliche wird
von in Berlin lebenden Künstlerinnen und Künstlern
durchgeführt. Die Materialgebühr beträgt je nach Aufwand 3 – 20 €.
Im **Offenen Atelier** könnt ihr kostenlos jeden Mi 15 –
18 Uhr (nicht in den Ferien) nach Herzenslust zeichnen, malen, kleben, drucken und bildhauern – und
vielleicht wird ja auch aus euch ein Künstler!

FEZ: Action für kleine und große Leute

Kinder-, Jugend- und Familienzentrum, Straße zum FEZ
2, An der Wuhlheide 197, 12459 Berlin-Oberschöneweide. ✆ 030/53071-0, Fax 5307111. www.fez-berlin.de.
info@fez-berlin.de. **Bahn/Bus:** S3 bis Wuhlheide.
Zeiten: während der Schulzeit: Di – Fr 9 – 22, Sa 13 –
19, So, Fei 12 – 18 Uhr. Sommerferien: Di – Fr 11 – 18,
Sa/So 12 – 18, So. Herbst-, Winter- und Osterferien:
Mo – Fr 10 – 18, Sa 13 – 19, So, Fei 12 – 18 Uhr. **Preise:** Eintritt Park frei. Bei Veranstaltungen, Workshops
und Arbeitsgemeinschaften muss ein kleiner Unkosten-
beitrag entrichtet werden.

▶ Das **FEZ Berlin** liegt inmitten eines 120 ha großen
Waldparks, dem *Park Wuhlheide.* Es ist das größte
gemeinnützige Kinder-, Jugend- und Familienzentrum
Europas. Jährlich wird das FEZ von 850.000 Menschen besucht. Im riesigen Angebot stehen kreative

Spiele, Spaß und Erholung. Zu den Highlights zählen Ferienattraktionen wie das »FEZITTY – die Hauptstadt der Kinder« oder »Die Hogwarts-Zauberschule«. Die Astrid-Lindgren-Bühne bietet mit 588 Plätzen ein interessantes Theaterprogramm für Kinder und Familien. Das ↗ **Kindermuseum** präsentiert auf 450 qm begeh- und bespielbare Wechselausstellungen zu gesellschaftlichen Themen. Das Orbitall-Raumfahrtzentrum zeigt ungewöhnliche Architekturen. Hier wird Raumfahrt auf faszinierende Weise erlebbar. Es gibt außerdem Wiesen zum Ballspielen, Spielplätze und ein Spielgeräteverleih, eine Schwimm- und Sporthalle, eine Streetball- und Skateboardanlage sowie ein Kino. Attraktive Programme bieten die FEZ-Wochenenden für Familien: Die Kinderkochschule, das Puppentheaterfest, das Deutsch-Türkische Kulturfest, Musikfestivals und vieles mehr.

Kinder- und Jugendbibliothek Hallescher Komet

Zentral- und Landesbibliothek Berlin, Blücherplatz 1, 10961 Berlin-Kreuzberg 36. ✆ 030/90226-103, -130, Fax -102. www.zlb.de. **Bahn/Bus:** U1, U6 Hallesches Tor. **Zeiten:** Mo, Di, Do, Fr 12 – 19 und Sa 11 – 19 Uhr. **Preise:** Kinder, Schüler mit Schülerausweis entgeltfrei. **Infos:** Barrierefreie Zugänge und Behindertentoilette.

▶ Die größte Kinder- und Jugendbibliothek Deutschlands besitzt einen Bestand von über 125.000 Medien, über 300 Veranstaltungen werden jährlich angeboten. Die gerade sanierten Räume sind in die Bereiche Kinderbibliothek (KiBi), Jugendbibliothek und das Berliner Lernzentrum gegliedert. Das Lernzentrum können Schüler von der 1. Klasse bis zum Abitur nutzen. Hier gibt es sowohl schulrelevante Medien und Lernhilfen, als auch Sachbücher und Sachfilme. Außerdem täglich kostenlose Hausaufgabenhilfe, Autorenlesungen, ein wöchentlicher Projekttag für Schulklassen, PC-Arbeitsplätze und Internetzugänge.

☼ Mit der Parkeisenbahn könnt ihr über das Gelände tuckern. Und wer selbst gern Lokführer oder Zugschaffner werden will, geht in die Arbeitsgemeinschaft Parkeisenbahn. Hier freut man sich immer über Nachwuchs.

☼ Auch im ↗ Buga-Park ist immer etwas los, besonders während des Ferienprogramms. Infos in den Programmheften, die an den Kassen erhältlich sind, oder im Internet unter www.britzer-garten.de.

✸ *Auch pmv kommt in eure (Stadtteil-) Bibliothek. Auf unserer Internetseite seht ihr wann oder ihr ruft an und vereinbart mit uns einen Termin.*

FESTE & FESTE TERMINE BERLIN

Januar/Februar: **Lange Nacht der Museen:** Nacht der offenen Museumstüren mit Rahmenprogramm, www.lange-nacht-der-museen.de.

Februar: **Internationale Filmfestspiele.**

Mai: **Lange Nacht der Wissenschaften**: Roboter, Rechenkünstler, Reaktoren – Schüler experimentieren, Blicke in die Labore, Feuerwerke.

Treptower Hafenfest.

FabrikFest, das große Fest der Fabrik Osloer Straße.

Juni: Pfingsten, Kreuzberg: **Karneval der Kulturen,** So großer Umzug, Sa Kinderkarneval im Görlitzer Park.

Großes Kinderfest im Museumsdorf Düppel.

Berliner Fahrradsternfahrt. **Köpenicker Sommer.**

Juli: Reinickendorf: **Deutsch-Französisches Volksfest** am Kurt-Schuhmacher-Damm,

August: Hüttenweg in Zehlendorf: **Deutsch-Amerikanisches Volksfest.**

Hauptstadtfest auf dem Ku'damm.

Ende Aug: **Lange Nacht der Museen,** Sommerausgabe.

September: **Köpenicker Herbst.**

Ufa-Fabrik Tempelhof: **Kinder-Zirkus-Festival.**

Volkspark Friedrichshain: **Märchenbrunnenfest.**

Berlin-Marathon am letzten Wochenende.

Oktober: **Familien- und Kinderfest** auf dem Kinderbauernhof der Ufa-Fabrik.

November: **Berliner Märchentage** 17 Tage lang wird seit 1990 ein fremder Kultur- und Märchenkreis präsentiert: Theater, Lesungen, Filme, Musik.

Dezember: **Weihnachtsmärkte** u.a. am Gendarmenmarkt, in der Spandauer Altstadt, in Neukölln (Richardplatz), rund um die Gedächtniskirche, auf dem Alex, in Alt-Tegel, Lichtenrade und in der Köpenicker Altstadt.

Adventsmarkt in der Domäne Dahlem.

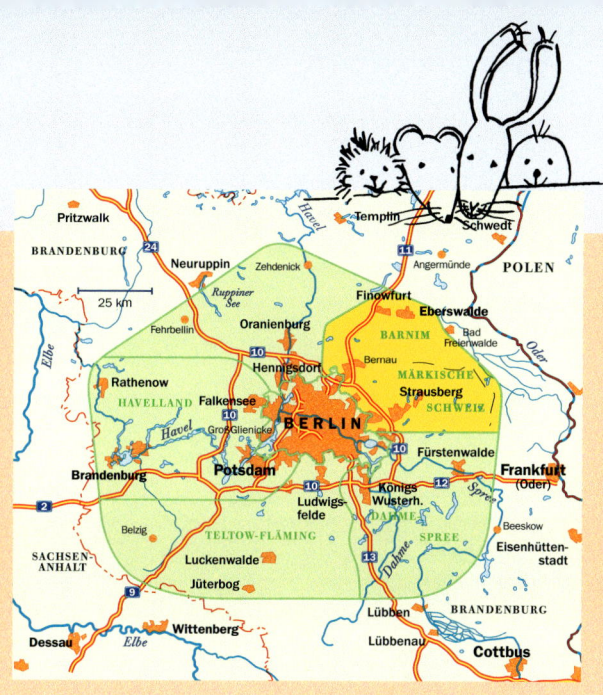

Der Barnim ist eine wald- und seenreiche, teilweise hügelige Landschaft. Gleich hinter der nordöstlichen Berliner Stadtgrenze beginnt der Naturpark Barnimer Feldmark. Die Stadt Bernau ist das Tor zum Naturpark Barnim, der sich über Wandlitz bis nach Eberswalde und Chorin erstreckt.

Die Märkische Schweiz erstreckt sich 50 km östlich von Berlin zwischen Barnim, Oderbruch und Oder-Spree-Seengebiet. Sie setzt sich aus zwei Teilen zusammen: der Stadt *Strausberg* mit dem sie umgebenden Strausberger und Blumenthaler Wald- und Seengebiet und dem 205 qkm großen *Naturpark Märkische Schweiz* mit dem Kurort Buckow als Zentrum. Das Charakteristische dieser abwechslungsreichen Landschaft sind die steilen Hügel und tiefen Schluchten, was ihr den Namen Schweiz einbrachte. Nach Theodor Fontanes Reiseberichten für die Neue Preußische Zeitung 1862 – 1864 und der Eröffnung der Ostbahn Berlin – Küstrin im Jahr 1867 kamen zunächst Tagesausflügler aus dem nahen Berlin. Später besuchten immer mehr Gäste die Kur- und Bäderstadt Buckow, die ihre Blütezeit in den 20er Jahren des 20. Jahrhunderts hatte. Heute setzt man in der Region auf sanften Tourismus mit kleinen Pensionen, Reiter- und Bauernhöfen, Campingplätzen und Jugendherbergen.

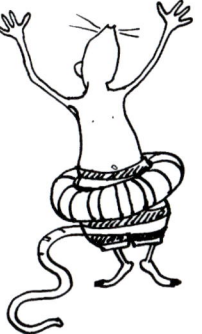

Frei- und Hallenbäder

TIPPS FÜR WASSER-RATTEN

Schwimmhalle Strausbad

Wriezener Straße 30a, 15344 Strausberg. ℰ 03341/ 313969, 3901019 (Hotline), Fax 312069. www.strausberger-baeder.de. strausberger.baeder@ ewetel.net. **Bahn/Bus:** ↗ Strausberg. **Zeiten:** Mo 13.30 – 15, 19 – 22 Uhr, Mi 14 – 15.30, 19 – 21 Uhr, Do 6 – 7.30, 19 – 22 Uhr, Fr 11 – 13.30, 16 – 22 Uhr, Sa 10 – 18, So 10 – 18 Uhr, Di geschlossen. **Preise:** 3,50 €; Kinder bis 16 Jahre 2 €, Mi 15 – 17 Uhr 1,50 € pro Kind für

Sagt ein Przewalski-Pferd zum anderen: »Du immer mit deinen Abkürzungen!«

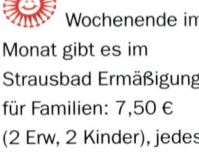 Am letzten Wochenende im Monat gibt es im Strausbad Ermäßigung für Familien: 7,50 € (2 Erw, 2 Kinder), jedes weitere Kind 1,50 €

 **Tauchschule Calypso,** Am Pfingstberg 6, 16225 Eberswalde, ✆ 03334/238643.

Tauchschule Ditterle, Eisenbahnstraße 99, 16225 Eberswalde, ✆ 03334/281268.

Strausberger Kindergruppen; ermäßigt 2,50 € (bei Vorlage eines Behindertenausweises, Nachweis ALG II oder Strausberg-Passes).

▶ Die Halle verfügt über ein 25-m-Schwimmbecken, ein Babybecken und einen Whirlpool. Aber der Anziehungspunkt, und das nicht nur für Kinder, ist die 63 m lange Wasserrutsche.

Freizeitbad baff

Heegermühler Straße 69a, 16225 Eberswalde. ✆ 03334/23322, Fax 212070. www.baff-bad.de. twe@twe.telta.de. **Bahn/Bus:** ↗ Eberswalde, dann 10 Min zu Fuß Richtung Westend oder Bus 861, 862 bis Haltestelle Kranbau. **Zeiten:** Mo – Fr 7 – 22, Sa 8 – 22, So, Fei 10 – 18 Uhr. **Preise:** 1 Std 3,50 €, 2 Std 6 €, 4 Std 8 €. Tageskarte 10 €; Kinder unter 6 Jahre immer 2 €. Ab 6 Jahre und Ermäßigungsberechtigte 2,50/Std, Tageskarte 6 €; Familienkarte (2 Erw, 2 Kinder bis 15 Jahre) 2 Std 16 €. Gruppen ab 10 Pers 10 % Ermäßigung und Eintritt frei für eine Begleitperson je 10 Kinder/Schüler.

▶ 25-m-Schwimmerbecken, Nichtschwimmerbecken mit Gegenstromanlage, Spaßbecken, Babybecken, Whirlpools, Riesenrutsche (80 m), Saunen. Außerdem Fitnessbereich, Sporthalle, Restaurant und Bistro.

Strandbäder

Badeanstalt mit Bootsverleih am Straussee

Strandpromenade am Fichteplatz, 15344 Strausberg. ✆ 03341/23074, Handy 0170/3480160. www.strausberger-baeder.de. strausberger.baeder@ewetel.net. Westlich vom S-Bhf. **Bahn/Bus:** S5 bis Strausberg Stadt, dann westwärts laufen und August-Bebel-Straße überqueren, dahinter liegt der Fichteplatz. **Rad:** Fahrradständer gegenüber dem Kassenhäuschen. **Zeiten:** Mitte Mai – Ende Aug täglich 9 – 19 Uhr, bis 15. Sep 10 – 18 Uhr. **Preise:** 3 €; Kinder und Jugendliche bis 16 Jahre 2 €; Ermäßigt 2,50 € bei Vorlage eines Behindertenausweises, Nachweis ALG II oder Strausberg-Passes. **Infos:** Liegestuhl-Verleih 3 €.

▶ Obwohl sich das Städtische Bad mitten im Zentrum von Strausberg befindet, ist vom Straßenverkehr nicht viel zu hören, da der Lärm von den hohen Bäumen auf dem Fichteplatz geschluckt wird. Langweilig wird ein Badetag hier nicht. Schließlich gibt es einen Spielplatz mit Kinderkarussell, eine Wasserrutsche, einen 5-m-Turm und einen Bootsverleih. Umwandert ihr den ↗ Straussee, stoßt ihr auf weitere, allerdings unbewachte Badestellen.

Strandbad mit Bootsverleih am Schermützelsee in Buckow

Wriezener Straße 38, 15377 Buckow. ✆ 033433/234, **Bahn/Bus:** ↗ Buckow. **Rad:** In Buckow ausgeschildert. **Zeiten:** Bei schönem Wetter 10 – 19 Uhr. **Preise:** 2 €; Kinder bis 16 Jahre 1 €; Senioren, Schwerbehinderte und Kurkarteninhaber 1,50 €. 10-Bäder-Karte: Kinder 8 €, Erw 15 €. Gruppen ab 10 Pers 10 % Ermäßigung.

▶ Das Bad, das im Norden der Stadt an der Hauptstraße liegt, bietet an Sport- und Spielmöglichkeiten Wippen, eine Tischtennisplatte und ein Sprungbrett. Links neben dem Bad befindet sich ein großer Ruderbootverleih (6 € pro Std zuzüglich 5 € Pfand). Wer den Schermützelsee umwandert (Wegmarkierung Grüner Punkt), legt dabei 7,5 km zurück.

Strandbad mit Bootsverleih am Großen Däbersee

Dahmsdorfer Straße 62, 15377 Waldsieversdorf. ✆ 033433/57540, Handy 0176/24240892. **Bahn/Bus:** ↗ Waldsieversdorf. **Rad:** Fahrradständer außerhalb des Geländes auf der dem Eingang gegenüberliegenden Seite. **Zeiten:** 10 – 20 Uhr. **Preise:** 1,50 €; Kinder 0,60 €.

 1A-Tauchcenter Strausberg mit Tauchbasis am Straussee, Wriezener Straße/Kulturpark, anfrage@1a-tauchcenter.de, www.1a-tauchcenter.de.

 Tauchclub Buckow e.V., Am Fischerberg 31, Buckow. ✆ 033433/ 57568.

BARNIM & MÄRKISCHE SCHWEIZ

Café im Volksbad,
Dahmsdorfer Straße 62,
Waldsieversdorf.
✆ 0176/24240892.
Mai – Sep wie Strand-
bad, außerhalb der Ba-
desaison Di – Sa 14 –
20, So 10 – 20 Uhr. 30
Sitzplätze im Gastraum
und 50 auf der Terras-
se. Eis, Kaffee und Ku-
chen sowie Imbiss.

Seit 2004 findet
Anfang Sep das
StienitzseeOpen statt.
Bei dem Lauf rund um
den Großen Stienitzsee
können alle teilnehmen,
ob Kind oder Erwachse-
ner, ob Läufer, Walker
oder Nordic Walker –
auch zugucken ist er-
laubt. www.stienitzseeo-
pen.de.

**Hotel Stern am Stie-
nitzsee,** An den Stienitz-
seequellen 1, Rüders-
dorf. ✆ 033638/4400.

▶ Von der Eberswalder Chaussee biegt ihr links in die
Wilhelm-Pieck-Straße ein. Das Bad erstreckt sich auf
der rechten Seite unterhalb der wenig befahrenen
Straße. Neben den Fahrradständern lädt ein Spielplatz zum Klettern und Rutschen ein. Außerdem gibt
es eine tolle Skateboardanlage. Wer sich auf dem
Wasser sportlich betätigen will, kann für 4 € pro Std
ein Ruderboot leihen.

Strandbad am Stienitzsee

Berliner Straße, 15378 Hennickendorf. ✆ 033434/
7281, **Bahn/Bus:** S5 bis Fredersdorf, dann 5 km über
Tasdorf in Richtung Hennickendorf. **Zeiten:** Mai – Mitte
Sep 9 – 18 Uhr.

▶ Genug Platz, da auch an heißen Sommertagen
nicht überfüllt, finden Badegäste am Strand, auf der
Liegewiese oder auf den Bänken unter den Bäumen.
Ein Volleyballnetz und Ruderboote laden zur sportlichen Betätigung ein. Der Badebereich ist für Nichtschwimmer durch eine Kette und für Schwimmer
durch Bojen gekennzeichnet. Eine Attraktion, und
zwar nicht nur für Kinder, ist das riesige, aufblasbare
gelb-grüne Seeungeheuer, das im Nichtschwimmerbereich vor Anker liegt. Hier könnt ihr wunderbar klettern und springen.

Der Wandlitzsee

Strandbad Wandlitzsee und Bootsverleih, Prenzlauer
Chaussee 154, 16348 Wandlitz. ✆ 033397/66133,
Fax 67277. www.barnim-tourismus.de. wandlitz@bar-
nim-tourismus.de. Bahn/Bus: Heidekrautbahn RB27
von Berlin-Karow bis Wandlitzsee. Auto: Parkplatz vor
dem Bad. Zeiten: Mai – Sep täglich 9 – 19, Juli, Aug Sa,
So 9 – 20 Uhr. Preise: Mo – Fr 2 €, Sa, So, Fei 3 €; Kinder ab 5 Jahre 1,50 €; Schüler, Azubis, Studenten
1,25 €, Empfänger ALG II, Schwerbeschädigte 1,50 €.

▶ Das Strandbad erstreckt sich gegenüber dem
Bahnhof Wandlitzsee. Die parkähnliche Anlage
schützt die Badegäste recht gut vor dem Verkehrs-

lärm. An Land können sich Sportfans beim Volleyball- oder Tischtennisspielen vergnügen. Sehr einladend ist der Spielplatz mit Schaukel, Klettergerüsten und einer Sandspielecke, wo Gold (wirklich echtes Gold?) geschürft werden kann. Im Wasser sorgen Rutsche, Steg und Badeplattform für Abwechslung.

Kurse beim Surf-Center am Wandlitzsee, Prenzlauer Chaussee 150, 16348 Wandlitz, ✆ 033397/ 60480.

TauchIn, Tauchzentrum Wandlitz, Prenzlauer Chaussee 5, 16348 Wandlitz, ✆ 033397/91793, www.tauchin.de.

Der Liepnitzsee bei Bernau

Wandlitz. ✆ 033397/81915, **Bahn/Bus:** RB27 bis Bhf Wandlitzsee, dann zu Fuß knapp 2 km. **Rad:** Radweg um den See: 10 km, Gelber Punkt. **Zeiten:** Mai – Sep Mo – Fr 9 – 19 Uhr, Sa, So 9 – 20 Uhr. **Preise:** 2,50 €; Kinder 1 €; ermäßigt 1,50 €.

▶ Eingebettet in eine hügelige Landschaft gehört der Liepnitzsee besonders in den Sommermonaten zu

Strandrestaurant Alla Fontana, Prenzlauer Chaussee 154a, Wandlitz. ✆ 033397/68303. Täglich 11 – 23 Uhr. Am Strandbad. Italienische und deutsche Küche. Wintergarten. Sommerterrasse mit Seeblick. Gehobene Preise, Sonnenuntergang gratis.

Liepnitzsee: Badespaß für die ganze Familie garantiert

© pmv, Foto: Wolfgang Kling

den beliebtesten Ausflugszielen. Der See mit guter Badewasserqualität und Fahrverbot für Motorboote ist ein Paradies für Schwimmer. Nichtschwimmer werden weniger Freude haben, da das Wasser sehr schnell tief wird. Umwandert man den See, trifft man auf ein **Waldbad,** zwei offizielle und mehrere wilde Badestellen. Volleyball- und Spielplatz, Bootsverleih. Mitten im See liegt die Insel **Großer Werder,** auf der sich ebenfalls Badestelle und Bootsverleih befinden. Am besten zu erreichen ist sie mit der Fähre von Ützdorf aus. Nach Ützdorf gelangt man entweder mit dem Bus von Bernau oder Wandlitz (Mo – Fr) oder mit dem Fahrrad. Viele Leute sportlern auch mit Schlauch-, Ruderboot oder Luftmatratze zur Insel, die meisten ebenfalls von Ützdorf an der Ostseite des Sees aus.

Ferien am Obersee

Wandlitz-Lanke. Badestelle an der Nordostseite des Sees in Lanke. **Bahn/Bus:** S2, RE3, OE60 bis Bernau, dann Bus bis Lanke Obersee. **Rad:** Von Ützdorf aus den Liepnitzsee entlang 2 km auf einer ruhigen Straße.

▶ Der kleine, etwa einen halben km lange und nur max. 300 m breite See gehört zum *Landschaftsschutzgebiet Biesenthal-Prendener Seenkette*. Für Kinder gibt es an der Badestelle eine Tischtennisplatte und eine Wippe. Wer den Picknickkorb zu Hause lassen will, kann sich im **Landhotel Am Obersee** oder im **Seeschloss** beköstigen lassen. Hier laden auch Ruderboote zur sportlichen Betätigung ein.

Der Gorinsee

Schönwalde. **Bahn/Bus:** Ab Schönwalde Bus 89, nur Mo – Fr, ⬈ 3-Seen-Tour ab Bernau. **Auto:** B27 bis Schönwalde, dann 3 km Richtung Schönow.

▶ Der runde, in einem Landschaftsschutzgebiet gelegene See hat zwei Badestellen. Die kleinere liegt direkt an der Straße zwischen Schönwalde und Schönow im Ortsteil Gorinsee. Eltern sollten hier ihre

Hunger & Durst
Hotel & Restaurant Seeschloss, Am Obersee 6, 16348 Wandlitz-Lanke, ✆ 03337/ 2043, Fax 3412, www.seeschloss-kaiserhof.de. Familiengeführtes altes Hotel in lauschiger Lage mit Gartenveranda. Kinderteller Alf steht neben Fisch- und Wildspezialitäten.

Hunger & Durst
Landhotel am Obersee, Am Obersee 3 – 4, Wandlitz-Lanke. ✆ 03337/45140. www.landhotel-am-obersee.de. Gediegene Gastlichkeit.

planschenden Kinder im Auge behalten, denn eine Begrenzung für Nichtschwimmer gibt es nicht. Zum Glück wird das Wasser nur ganz allmählich tiefer.

Die andere Badestelle, die fast Strandbadcharakter hat, befindet sich an der Ostseite des Sees. Hier hat der Besucher die Wahl zwischen einem sonnenüberfluteten Sandstrand oder schattigen Plätzen auf einer Wiese unter Kiefern und Laubbäumen. An der Rückseite der Anlage schließt sich ein Campingplatz an. Hier lädt ein Spielplatz die kleinen Badegäste zum Rutschen, Klettern und Wippen ein.

Petri heil

Alles was das **Anglerherz** begehrt, bekommt ihr bei:

Fischerei E. Rinast, Seepromenade 2, 15344 Strausberg, ✆ 03341/314774.

Angelgeräte Meißner, Grünstraße 2, 15344 Strausberg, ✆ 03341/23600.

Angelfachgeschäft Fred Schüler, Wriezener Straße 54, 15377 Buckow, ✆ 033433/57128, 220. Mo – Fr 8.30 – 12.30, 15 – 18, Sa 9 – 12 Uhr.

Angelparadies Fischerei Altfriedland, Hauptstraße 1, 15320 Altfriedland, ✆ 033476/50951. Täglich ab 7 Uhr (auch Räucherfisch aus eigener Erlenholzräucherei).

Märkischer Fischereibetrieb Gebrüder Rinast, Wilhelm-Pieck-Straße 13, 15377 Waldsieversdorf, ✆ 033433/363. Di – Fr 9 – 17, Sa 9 – 12 Uhr.

Kapitäne auf kleiner und großer Fahrt

Kajak- & Fahrradtouren sowie -verleih

Maik Gesche, Karl-Marx-Allee 39, 15320 Neuhardenberg. ✆ 03346/854279, Fax 854279. Handy 0162/ 7229044. www.kajak-gesche.de. info@kajak-gesche.de. **Bahn/Bus:** ↗ Neuhardenberg. **Zeiten:** März – Sep täglich 9 – 12 und 13 – 19 Uhr.

Gasthaus am Gorinsee, Schönwalde. ✆ 033-056/74246. www.gast-haus-gorinsee.de. Täglich 11 – 22 Uhr. Märkische Küche, Wild-, Kindergerichte. Direkt an der Badestelle Gorinsee. Gästezimmer.

Petri Heil: Wer fängt den größten Fisch?

 Unter ✆ 0190/ 116050 (1,61 € pro Min) gibt es April – Okt das Wassersportwetter für die Berliner und Brandenburger Gewässer sowie die Mecklenburgische Seenplatte.

Hunger & Durst

Restaurant und Hotel Märkische Schweiz, Hauptstraße 73, Buckow. ✆ 033433/464. www.hotel-maerkische-schweiz.de. Täglich ab 11 Uhr. Große Terrasse, familienfreundlich, Spezialitäten sind Wild und Fisch, Essen vom heißen Stein wie anno dazumal. Außerdem gibt es Kaffee, Kuchen, Eis.

▶ Kanus und Kajaks, auf Wunsch mit Zubehör, 16 € für den halben Tag und 30 € pro Tag. Außerdem geführte Kanu- und Fahrradtouren sowie Fahrradverleih.

Kajak & Tipi

Campingplatz Triangel Tour, Dorfstraße 31, 16248 Niederfinow. ✆ & Fax 033362/70437. Handy 0172/ 3806858. www.triangeltour.de. info@triangeltour.de. **Bahn/Bus:** OE60 bis Niederfinow.
▶ Verleih (auch in Eberswalde an der Stadtschleuse) von Kajaks (5 € pro Std und 26 € pro Tag) und Kanadiern für 3 bzw. 4 Personen (5,50 bzw. 6 € pro Stunde und 29 bzw. 31 € pro Tag). Rücktransport mit dem Bus. Außerdem Tourenangebote, Fahrradverleih, Naturcamp, Hütten, Tipis.

Schiffstouren

Auf dem Schermützelsee

Seetours Märkische Schweiz, Wolfgang Katerbau, Bertolt-Brecht-Straße 11, 15377 Buckow. ✆ 033433/232, seetoursms@kurstadt-buckow.de. **Bahn/Bus:** ↗ Buckow. **Zeiten:** April – Okt Di – So 10 – 18 Uhr stündlich. Charterfahrten ganzjährig möglich. **Preise:** 6 €; Kinder bis 12 Jahre 3 €.
▶ Einstündige Rundfahrten auf dem Schermützelsee ab Strandbad Buckow mit den Fahrgastschiffen Scherri und Seeadler.

Schiffstouren ab Köpenick

Reederei Kutzker, Waldpromenade 10, 15537 Grünheide. ✆ 03362/6251, Fax 700393. Handy 0172/ 3683420. www.reederei-kutzker.de. reederei-kutzker@ t-online.de. **Bahn/Bus:** ↗ Grünheide. **Zeiten:** Mai – Sep. **Preise:** Einfache Fahrt 13 €, Hin- und Rückfahrt 16 €. 1 1,5-stündige Rundfahrt auf dem Stienitzsee: 6 €; Kinder bis 6 Jahre frei, 7 – 14 Jahre 50 % Ermäßigung; Senioren, Schwerbehinderte und Arbeitslose

Mo – Fr 20 %, 10 % für Gruppen ab 20 Pers (Voranmeldung wünschenswert). Fahrrad 2,50 €. Hunde und Kinderwagen fahren kostenlos.

▶ Drei Linienstrecken von Köpenick nach Grünheide, Alt-Buchhorst und zum Stienitzsee sowie 2 Rundfahrten: Von Möllenhorst durch die Woltersdorfer Schleuse zum Museumspark Rüdersdorf und zurück sowie um die Müggelberge ab Köpenick.

Happy Birthday!
Geburtstagskinder fahren bei der Reederei Kutzker gratis!

Zum Schiffshebewerk

Fahrgastschifffahrt Neumann, Birkenweg 18, 16225 Eberswalde. ✆ 03334/24405, Fax 24405. Handy 0172/3026535. www.schiffshebewerk-niederfinow.info. info@schiffshebewerk-niederfinow.info. **Bahn/Bus:** ↗ Eberswalde. **Zeiten:** Ende März – Okt. **Preise:** 6 €; Kinder 4 – 12 Jahre 3 €. **Infos:** Karten auf den Schiffen.

▶ Besichtigungsfahrten (60 – 90 Min) durch das ↗ Schiffshebewerk Niederfinow um 11, 13 und 15 Uhr ab Anlegestelle im Unterhafen, Kinder 4 – 12 Jahre 3 €, Erw 6 €.

Finowkanalfahrten ab Hubbrücke Niderfinow-Struwenwerk (2 Std) Kinder 5 €, Erw 8,50 €.

Fahrten nach Oderberg (2 1/2 Stunden) Kinder 6 €, Erw 12 €.

Schiffsfahrten auf dem Finowkanal (3 1/2 – 4 Std) und dabei historische Schifffahrtstechniken wie Treideln, Staken und Stoßbootfahren erleben mit dem **Schleppkahn** Anneliese (Baujahr 1906) und Stoßboot Ihna (Baujahr 1936) Kinder 6 €, Erw 12 €.

Floßfahren auf dem Finowkanal

MST-Touristikflößerei Schippel, Werbeliner Straße 54, 16244 Schorfheide-Finowfurt. ✆ 03335/30203, Fax 325371. www.mst-touristikfloesserei.de. info@mst-touristikfloesserei.de. **Bahn/Bus:** ↗ Schorfheide-Finowfurt. **Zeiten:** Ostern – Mitte Okt. **Preise:** Fahrten 1 Std 7 €, 2 Std 12 €, 3 Std 15 €; Kinder 6 – 12 Jahre 50 % Ermäßigung; Rabatt für Gruppen ab 20 Pers. **Infos:** Barrierefrei, Fahrräder und Hunde dürfen auch an Bord.

Ein Schleppkahn ist ein von einem Schlepper gezogener Kahn, der selbst keinen Antrieb hat. Ein Stoßboot wurde früher vorwiegend zum Rangieren von größeren Schiffen, z.B. in Häfen, eingesetzt.

© Stadt Fürstenwalde, Torsten Katzel

▶ Rundfahrten und Tagesausflüge. Speziell für Kita-Gruppen und Schulklassen 1- bis 2-stündige Rundfahrten mit Kinderprogramm oder Infos zu Flora und Fauna, Geschichte des Finowkanals und der Industrie sowie zur Stärkung Flößertopf (Kartoffelsuppe und Würstchen).

FRISCHE LUFT & SPORT

Radeln zu und rund um die Seen

Empfehlungen für die Region

Radeln im Barnimer Land, 9 Karten mit Tourenbeschreibung als handliches Faltblatt (1,50 € je Karte), erhältlich bei den Fremdenverkehrsämtern und Tourist-Informationen.

Tourist-Information, 15344 Strausberg. © 03341/311066, www.stadt-strausberg.de. info@stadt-strausberg.de. **Bahn/Bus:** ↗ Strausberg. **Zeiten:** Geführte Radwanderungen März – Okt.

▶ Das *Landschaftsschutzgebiet Strausberger und Blumenthaler Wald- und Seengebiet* und der *Naturpark Märkische Schweiz* sind mit 250 km ausgeschilderten Rad- und Wanderwegen ein Paradies für Wanderer und Radwanderer. Radler sollten sich allerdings auf plötzliche Höhenunterschiede von bis zu 100 m sowie auf Sandwege und Kopfsteinpflasterstraßen einstellen. Hier sind grobstollige bzw. breite MTB-Reifen empfehlenswert.

Radtour von Strausberg nach Buckow

Länge: 36 km, mit Abstecher nach Waldsieversdorf 41 km. Strausberg – Garzau – Garzin – Liebenhof – Waldsieversdorf – Buckow – Bollersdorfer Höhe – Grunow – Klosterdorf – Strausberg Nord. Strecke kann in einzelne Touren aufgeteilt werden. **Bahn/Bus:** ↗ Strausberg. Zurück mit Buckower Kleinbahn (Mai – Okt Sa, So, Fei) von Waldsieversdorf und Buckow.

▶ Vom Ausgangspunkt am **Bahnhof Strausberg** fahrt ihr parallel zu den Bahngleisen von der Endhaltestelle bis kurz hinter die Haltestelle Schlagmühle. Ihr beginnt dabei auf der sehr ruhigen Lindenpromenade. Wechselt dann beim Überqueren der Landhausstraße auf die andere Seite der Gleise und fahrt auf dem Radweg der ruhigen Gustav-Kurze-Promenade bis zur Garzauer Straße. Hier biegt ihr rechts ein und benutzt den Radweg auf der linken Seite. Nach der S-Bahnbrücke endet der Radweg und ihr müsst 1,5 km auf der Straße zurücklegen. Gleich hinter dem Ortseingangsschild **Garzau,** wo die Hauptstraße in eine scharfe Rechtskurve geht, biegt ihr halblinks in die Waldpromenade ein. Achtung! Die Waldpromenade ist hier nicht gekennzeichnet und die Bezeichnung täuscht, es handelt sich lediglich um einen breiten Weg. Anfangs erstreckt sich an beiden Seiten dichter Wald, später kommt ihr an Wochenend- und Einfamilienhäusern vorbei. Die Waldpromenade stößt schließlich auf einen Querweg. Hier findet ihr erstmals einen Hinweis auf die **Fahrradroute R1.** Diese Markierung wird euch bis Buckow als zusätzliche Orientierungsquelle dienen. An der Kreuzung Poststraße/Karl-Liebknecht-Straße biegt ihr halblinks ab und gelangt zur Rehfelder Straße, die ihr überquert. Weiter geht es auf der Alten Heerstraße, wo sich ein Zwischenstopp auf dem ↗ **Ökohof Garzau** anbietet.

 ADFC-Radkarte Märkische Schweiz/Oderbruch im Maßstab 1:75.000, 6,80 €, erhältlich bei allen Fremdenverkehrsämtern und Tourist-Informationen, im Buchhandel und natürlich in ADFC-Shops.

Picknick und Badesachen einpacken!

Hunger & Durst

Eiscafé und Restaurant Melba, Alte Heerstraße 94, Garzau. ☎ 033-435/511. Di – So 12 – 18 Uhr, Okt – Feb nur Fr – So 12 – 18 Uhr. 60 Sitzplätze auf der Terrasse und insgesamt 70 Sitzplätze in zwei Gasträumen. Hausgemachter Kuchen und selbst gemachtes Eis, Küche nach Hausmacherart. Lecker und preiswert. Empfehlenswert für Gruppen.

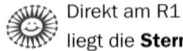 Direct am R1 liegt die **Sternwarte Märkische Schweiz,** Liebenhof 7, 15345 Garzau-Garzin, ✆ & Fax 033433/ 57179, www.sternwarte-märkische-schweiz.net. Erw 3 €, ermäßigt 1,50 €. Hier könnt ihr sogar übernachten!

Garzau verlasst ihr auf der kaum befahrenen Landstraße in Richtung Garzin. Kurz nach dem Ortseingangsschild **Garzin** lädt auf der linken Seite eine Badestelle am *Langen See* zu einer Rast ein.

Hoffentlich habt ihr genug Kraft und Geduld getankt für die 2,5 km lange Strecke nach Liebenhof auf furchtbar buckligem Kopfsteinpflaster. Besser als auf der Straße fährt es sich auf dem schmalen Sandstreifen links und rechts daneben. Allerdings ist der Sandweg an einigen Stellen von Autoreifen zerfurcht oder mit Pfützen übersät, deren Tiefe nicht einzuschätzen ist. Wenn es gar nicht mehr geht, hilft nur noch schieben.

Zuerst wird der kleine Ort **Liebenhof** passiert. Dann taucht rechts von euch die Bergschäferei auf. Weiter geht es endlich auf einer guten Straße bergab durch den Wald. Nach 1,5 km kommt ihr zur Straße Prötzel – Müncheberg, in die ihr rechts einbiegt. 1 km ist auf der viel befahrenen Straße ohne Radweg zurückzulegen und ihr erreicht **Waldsieversdorf.** Wollt ihr das Strandbad am ⬈ Däbersee besuchen, dann fahrt hier geradeaus weiter.

Möchtet ihr jedoch gleich nach **Buckow,** biegt ihr links ab. Nach knapp 2 km auf dem links der Straße verlaufenden Radweg erreicht ihr die Stadt. Für die »Perle der Märkischen Schweiz« solltet ihr euch etwas Zeit nehmen. Besucht das ⬈ Brecht-Weigel-Haus oder schaut beim Besucherzentrum für ⬈ Natur- und Umwelterziehung Drei Eichen vorbei. Eine Pause einlegen könnt ihr im ⬈ Strandbad am Schermützelsee oder in einem der zahlreichen Straßencafés.

Wenn Kraft, Zeit oder Lust für den Rückweg nach Strausberg erschöpft sind, könnt ihr in Buckow oder Waldsieversdorf in die Buckower Kleinbahn einsteigen. Alle unverdrossenen Radfahrer verlassen Buckow und schrauben sich die kurvenreiche Straße zu den **Bollersdorfer Höhen** hinauf. An der Straße Strausberg – Neuhardenberg biegt ihr rechts und nach 200 m gleich wieder links in einen Waldweg ab

(blaue Wanderwegmarkierung, Grunow 3 km ange-
schrieben). Nach 100 m teilt sich der Weg. Ihr fahrt
links weiter nach Grunow, anfangs auf Sand, später
auf Kopfsteinpflaster. Leicht, aber stetig bergan auf
einer guten, kaum befahrenen Straße, erreicht ihr
Grunow, hier an der Kreuzung biegt ihr links ab. Ihr
kommt nach Ernsthof und später nach **Klosterdorf.**
Dort angekommen, geht es endlich wieder bergab.
Kurz hinter Klosterdorf, auf der rechten Seite, befindet sich der Reitstall Klosterdorf.

An der nächsten Kreuzung biegt ihr links ab und erreicht den S-Bahnhof (S5) **Strausberg Nord.**

Mit dem Rad zur Badeanstalt am Bötzsee

Altlandsberger Chaussee 102, 15345 Eggersdorf.
✆ 03341/473004, 3 km ab Strausberg. **Bahn/Bus:**
S5, RB26 bis Strausberg, dann Bus 391 oder 3 km zu
Fuß bzw mit dem Fahrrad auf einer fast autofreien Strecke. **Zeiten:** Mitte Mai – Mitte Sep 10 – 20 Uhr. **Preise:**
2 €; Kinder bis 16 Jahre 1 €, bis 7 Jahre frei; Familienkarte (2 Erw und max 3 Kinder) 4,50 €. **Infos:** Ruderbootverleih 4,60 €.

▶ Ab Strausberg überquert ihr die Bahnhofstraße und
die dann folgenden Straßenbahnschienen. Durchfahrt das kleine Waldstück, vorbei an Wohnblocks
und einer Schule, bis ihr über den Albin-Köbis-Ring
die Landhausstraße erreicht. Hier biegt ihr links ein.
Gleich rechts zweigt die Bötzseestraße ab, eine sehr
ruhige Straße, die nach dem Überqueren der Strausberger Straße für den Autoverkehr gesperrt ist. Die
Straße endet an der Altlandsberger Chaussee.
Schräg gegenüber auf der anderen Straßenseite
weist ein Schild auf die **Hotel-Pension Seeschloss**
hin. In den kleinen Weg einbiegen und nach 60 m
kommt das Strandbad.

Auch hier dürfte es Kindern nicht langweilig werden.
An Land sorgt ein Spielplatz und im Wasser eine ver-
ankerte Badeplattform für Abwechslung. Wer noch
mehr Bewegung braucht, mietet sich ein Ruderboot.

 **Reitstall Klos-
terdorf,** Am
Wald 1, 15345 Kloster-
dorf. Handy 0173/
2009756. www.reitanla-
ge-klosterdorf.de. Aus-
bildung von Pferd und
Reiter, Anfängerkurse
für Kinder und Erwach-
sene.

Hunger & Durst

Seeschloss, Altlands-
berger Chaussee 102,
Eggersdorf. ✆ 03341/
48425. www.hotel-see-
schloss.de. Täglich ge-
öffnet. Schattige See-
terrasse, Café mit Spiel-
ecke und leckerem,
selbst gemachtem Eis.
Herzhafte Küche, für
Kids gibt es z.B. mit
Blaubeeren gefüllte Ei-
erkuchen mit Apfelmus.

 Wanderweg um
den Bötzsee, ca
12 km. Auf halber Stre-
cke des Uferweges liegt
die **Gaststätte Spitz-
mühle** mit schöner See-
terrasse. ✆ 03341/
3319-0). Mehrere
»wilde« Badestellen un-
terwegs. Gehzeit: ca. 3
Std, mit dem Fahrrad
ca. 45 Min.

Der Bootsverleih befindet sich außerhalb des Bades, vom Eingang aus rechts.

Radtour von Bernau nach Helenenau

Länge: 15 km langer Rundkurs Bernau – Lindow – Birkenhöhe – Elisenau – Helenenau – Börnicke – Bernau.
Bahn/Bus: ↗ Bernau.

▶ Diese Tour ist nichts für extrem heiße Sommertage. Zwar kommt ihr an einem kleinen namenlosen See kurz vor Elisenau vorbei, dieser ist aber nicht als Badegewässer ausgewiesen. Empfehlenswert ist er jedoch als Rastplatz. Ansonsten ist die Tour etwas für Pferdeliebhaber und für Leute, die gern in Sichtweite der Zivilisation (rad)wandern. Die Strecke verläuft auf kleinen Straßen, die entweder breiten Waldwegen ähneln oder kopfsteinbepflastert sind sowie über wenig befahrene Landstraßen.

Vor dem **Bahnhof Bernau** wendet ihr euch nach rechts und unterquert die Eisenbahnbrücke. Dann biegt ihr entweder gleich rechts auf den neben den Gleisen verlaufenden Kopfsteinpflasterweg ein oder wählt den nächsten abbiegenden und an Kleingärten vorbeiführenden Weg. Auf beiden Wegen gelangt ihr zur Schwanebecker Chaussee. Diese überquert ihr und benutzt dann den Fuß- und Radweg nach links in Richtung Schwanebeck. An einer Bushaltestelle endet der Radweg. Hier überquert ihr nochmals die Chaussee und fahrt die Arthur-Stadthagen-Straße in **Lindow** geradeaus bis sie endet.

Jetzt geht es rechts auf der Wilhelm-Weitling-Straße weiter. Nach 300 m endet der Plattenweg und ihr (rad)wandert auf dem Feldweg 800 m geradeaus. Am Waldrand biegt ihr zuerst links und nach 100 m gleich wieder rechts ein. Nach den letzten Wochenendhäusern haltet ihr euch links und gelangt nach 400 m zum Börnicker Landweg. Auf der anderen Straßenseite folgt ihr dem am Waldrand entlangführenden Blumberger Weg (später Alte Bernauer Straße) immer geradeaus. Nach 1,4 km biegt ihr an der Kreu-

In Bernau sind Wege zu Sehenswürdigkeiten und Einrichtungen für Ortsunkundige recht gut ausgeschildert. Sehr verbessert hat sich auch die Ausschilderung in der unmittelbaren Umgebung der Stadt.

Hunger & Durst
Gaststätte und Pension Landgasthaus Helenenau, Bernau-Börnicke. ✆ 03338/3313. www.heleneau.info. Vom Kutscherkessel übers Bauernfrühstück bis zur Reiterpfanne (hoffentlich ohne Reiter) für 3 – 12 €. Hofterasse

zung Seestraße links ab. Fast am Ende der Straße, auf der linken Seite, erblickt ihr einen kleinen See, an dessen Ufer ihr eine Pause einlegen könntet. Weite Teile des Sees sind verlandet, zum Baden ist er leider nicht geeignet. Zwei Pfade führen zum See, der erste endet an einer Stelle, die mit Gestrüpp bewachsen und als Rastplatz ungeeignet ist. Doch der zweite Pfad führt hinunter zu einer schönen Waldwiese.

Nach dem Überqueren der Landstraße bleibt ihr auf dem Helenenauer Weg, der durch den Ortsteil Elisenau führt. Vorbei an Obstplantagen folgt ihr den Hinweisschildern auf den **Reiterhof Helenenau,** ↗ Ferienadressen. Hier angekommen, könnt ihr den Reitern ein wenig zugucken und euer mitgebrachtes Brötchen verzehren. Anschließend geht die Tour vom Haupteingang des Reiterhofes aus auf der Straße immer geradeaus weiter. Nach 2,8 km trefft ihr auf die Ernst-Thälmann-Straße in **Börnicke.** In diese Kopfsteinpflasterstraße biegt ihr rechts ein und gelangt zur Börnicker Chaussee. Ab hier sind es noch 4 km bis Bernau. Etwa 1,4 km müsst ihr auf der viel befahrenen Straße zurücklegen, bis ein Bürgersteig beginnt. Er wird von Radfahrern und Fußgängern genutzt. Nach der Unterquerung der Eisenbahnbrücke haltet ihr euch links und kommt zurück zum **Bahnhof Bernau.**

Die Drei-Seen-Tour per Rad

Länge: 40 km Rundtour. Bernau – Schönow – Gorinsee – Wandlitz – Liepnitzsee – Ützdorf – Bernau. **Bahn/Bus:** ↗ Bernau.

▶ Diese Drei-Seen-Rundfahrt per Rad bietet sich besonders in den Sommermonaten an. Auf der Tour erwarten euch viele ↗ Badestellen und Strandbäder sowie in Wandlitz das ↗ Agrarmuseum und ein ↗ Reiterhof. Die Strecke führt über Rad- und Waldwege, die selten sandig oder mit Kopfstein bepflastert sind. Nur etwa 6 km sind auf öffentlichen Straßen ohne Radweg zurückzulegen.

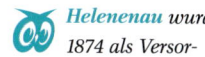

Helenenau wurde 1874 als Versorgungshof des Gutes und Schlosses in Börnicke gegründet. Dieses ging schon bald darauf in den Besitz der Bankiersfamilie Mendelssohn-Bartholdy über. Das Schloss und sein Gut diente den Mendelssohns als Ausflugs- und Jagdstätte. Heute könnt ihr dort reiten lernen, ↗ Ferienadressen. Ins Schloss Börnicke soll ein Oldtimer-Museum einziehen, www.schloss-boernicke.de.

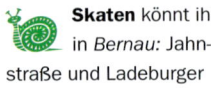

Skaten könnt ihr in *Bernau:* Jahnstraße und Ladeburger Straße.
Biesenthal: Schützenstraße/Grüner Weg.
Finowfurt: B167 (McDonalds

Wer bei dieser Tour seine Badesachen vergisst, ist selbst Schuld!

Vom **Bahnhof Bernau** aus fahrt ihr über die Breitscheidstraße und die Bahnhofstraße, vorbei an der Marienkirche, links durch das Steintor. Jetzt geht es immer geradeaus, zuerst auf der Berliner Straße und nach der Ampelkreuzung Weissenser Straße auf die Zepernicker Chaussee. Nach der Autobahnunterführung biegt ihr halbrechts in die Mainstraße ein. Nachdem aus der Straße ein Sandweg geworden ist, nehmt ihr die rechts abzweigende Weichselstraße. Dieser gut befahrbare Sandweg führt vorbei an Einfamilienhäusern und Gärten zur Schönower Chaussee. Hier biegt ihr links ein und benutzt, an der Kreuzung geradeaus weiterfahrend, den 700 m langen Radweg bis **Schönow.** Nach 1,3 km ist der Ort durchquert. Die Fahrt wird nun in Richtung Schönwalde auf der relativ ruhigen Landstraße fortgesetzt. Nach 4,3 km erreicht ihr den Ortsteil **Gorinsee** mit dem gleichnamigen See.

Am rechten Straßenrand weist ein Schild auf das Gasthaus am Gorinsee hin. Hinter dem Parkplatz befindet sich eine schöne große Badestelle. Eine kleinere Badestelle liegt 300 m weiter direkt an der Straße Richtung Schönwalde.

Nach dieser Pause verlasst ihr das Badestellengelände gegen den Uhrzeigersinn auf dem Uferweg. Die nun folgenden 4,2 km sind etwas kompliziert, da es keine Ausschilderung gibt. Vorbei geht es an einem kleinen Campingplatz. Nach 700 m trifft der Uferweg auf einen breiten Waldweg und ihr nehmt den halbrechts verlaufenden Weg. Auf diesem Weg bleibt ihr, alle Querwege ignorierend, bis er nach 2,1 km endet. Hier biegt ihr rechts und nach 800 m, dort, wo der Weg nicht mehr weitergeht, wieder links ein. Nach weiteren 500 m ist auch dieser Weg zu Ende und ihr haltet euch erneut rechts. Jetzt kommt ihr langsam aus dem dichten Wald heraus. An den Bäumen seht ihr eine Wegmarkierung (Grüner Balken auf weißem Grund). Diese Markierung wird euch etwa 2 km begleiten. Inzwischen ist aus dem Sandweg ein asphal-

tierter Weg geworden, der an **Basdorf** vorbei zu einer Straße führt.
Auf der anderen Straßenseite sind viele Hinweisschilder angebracht. Ihr orientiert euch an dem Schild **Bahnhof Wandlitzsee** und fahrt den anfangs sehr sandigen Weg entlang. Nach 3 km erreicht ihr den Bahnhof. Natürlich könnt ihr in Wandlitz in eins der zahlreichen Restaurants einkehren, doch habt ihr auch noch ein paar Kilometer vor euch. Also keine Müdigkeit vorschützen.

Ihr radelt, der Bahnhof liegt hinter euch, nach links weiter und biegt gleich wieder links in den Lanker Weg ein, Hinweisschild Liepnitzsee.

Nach der Überquerung der Bahngleise fahrt ihr geradeaus weiter und biegt dann rechts in den Liepnitzweg ein. Der Ausschilderung folgend gelangt ihr nach 900 m zum **Liepnitzsee.**

Wer sein Rad liebt, schiebt – das gilt auch für solche mit Stützrädern

Den See in Uhrzeigerrichtung umrundend, kommt ihr nach 4 km abwechslungsreicher Fahrt auf dem teils schmalen, teils sandigen, teils mit dicken Wurzeln durchzogenen Uferweg, vorbei am Waldbad Liepnitzsee und zahlreichen Badestellen, nach **Ützdorf.** Diesen kleinen, an der Ostseite des Sees gelegenen Ort durchfahrt ihr. Vor dem Ortsausgang, auf der rechten Seite, bei der ⬈ Jugendherberge, befindet sich ein Parkplatz. Dahinter führt ein für Autofahrer gesperrter Asphaltweg in den Wald. Er bringt euch nach 1,5 km zu einer Autobahnbrücke (Kopfsteinpflaster). Nach der Brücke fahrt ihr geradeaus weiter. Ignoriert alle kreuzenden Wege bis nach 3,5 km ein breiter Querweg von mausgrauer Farbe auftaucht. In diesen Weg rechts einbiegen, vorbei an einem mit Maschendraht eingezäunten Areal radeln und nach 600 m überquert ihr zum zweiten Mal die Autobahn. Nun

In Wandlitz ist fast jede Straßenecke mit Hinweisschildern versehen. Sehr vorbildlich auch die Wegausschilderung in der Umgebung, sodass dem (Rad)wanderer Alternativen zur Straße aufgezeigt werden.

BARNIM & MÄRKISCHE SCHWEIZ

Gaststätte Waldkater,
Wandlitzer Chaussee
10, Bernau. ℭ 03338/
5764. www.waldka-
ter.de. Mo, Di und Fr –
So ab 11.30 Uhr. Be-
liebtes Gasthaus mit
schöner Terrasse und
gutbürgerlicher Küche.

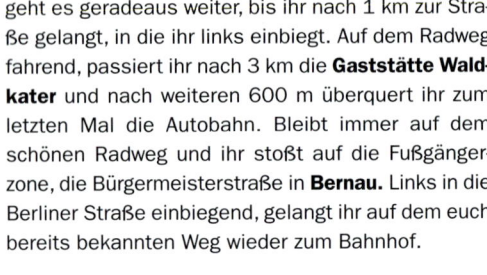

geht es geradeaus weiter, bis ihr nach 1 km zur Straße gelangt, in die ihr links einbiegt. Auf dem Radweg
fahrend, passiert ihr nach 3 km die **Gaststätte Waldkater** und nach weiteren 600 m überquert ihr zum
letzten Mal die Autobahn. Bleibt immer auf dem
schönen Radweg und ihr stoßt auf die Fußgänger-
zone, die Bürgermeisterstraße in **Bernau.** Links in die
Berliner Straße einbiegend, gelangt ihr auf dem euch
bereits bekannten Weg wieder zum Bahnhof.

Wandern, Spazieren, Spielen

Mit Steffi um den Straussee wandern

Personenfähre Steffi, 15344 Strausberg. ℭ 03341/
22565 (Fährmann), www.psrb.de/eisenbahn. ste@
strausberger-eisenbahn.de. **Länge:** 8 km. **Bahn/Bus:**
↗ Strausberg. Personenfähre Steffi bzw. Fährlinie 39
VBB. **Zeiten:** Nov – Mitte März Abfahrt Stadtseite
9.25 – 16.25 Uhr; Abfahrt Waldseite 9.35 – 16.35 Uhr,
im Sommer letzte Fahrt 17.25 bzw. 17.35 sowie zusätzliche Überfahrten. **Preise:** 1,20 €; Kinder 6 – 14
Jahre 0,90 €; Fahrrad und Hund 0,90 €, Gruppen ab 10
Pers 25 % Rabatt pro Pers. Die Fahrausweise werden
direkt auf der Fähre verkauft und müssen entwertet
werden. **Infos:** »Für den durchgekühlten oder erschöpf-
ten Wanderer hält der Fährmann immer einen Kaffee
und im Winter auch Glühwein bereit«, so die Selbstaus-
kunft.

▶ Der Straussee liegt mitten in Strausberg. Vor der
Badeanstalt stehend, scheinen die Häuser und
Grundstücke auf der Ostseite des Sees bis ans Ufer
zu reichen. Niemand würde vermuten, dass man den
See vollständig umrunden kann.

Der 8 km lange Uferwanderweg beginnt an der Anlegestelle der elektrisch betriebenen Strausfähre namens **Steffi.** Sie schwimmt an einer Oberleitung hängend über den See. Der Weg führt vorbei an Ausflugsrestaurants. Nur an einem kurzen Teilstück durchs

Unterwegs mit
dem Kinder-
oder Sportwagen ist ein
stabiles Schloss sehr
praktisch. So kann man
den leeren Wagen auch
mal für kurze Zeit drau-
ßen anschließen. Mit
Kleinkind ist man so
flexibler, weil natürlich
besonders in kleineren
Städten und Dörfern
viele Gebäude nicht bar-
rierefrei sind.

> Vor vielen Jahren stand an der Klosterstraße ein Kloster. Jeden Tag läutete vom Turm der Klosterkirche eine große schwere Glocke mit Namen Anne Susanne. Als die Bewohner Strausbergs eines Tages erwachten, waren über Nacht Kloster und Klosterkirche plötzlich im See versunken. Auch die schöne Glocke mit dem wundervollen Geläut lag nun tief unten auf dem Grunde des Sees. Seitdem erscheint in lauen Sommernächten, wenn sich der bleiche Mond in den dunklen Fluten des Wassers spiegelt, eine marmorne Treppe, die in die Tiefe des Sees zu dem versunkenen Kloster führt. Zu mitternächtlicher Stunde schreitet eine weiße Frau mit weißer Schleppe langsam Stufe um Stufe hinunter und verschwindet in der Klosterkirche. Dumpf tönt dann vom Grunde her der eherne Mund der Glocke, und ihr Läuten klingt wie Weinen und Klagen. ◀

DIE VERSCHWUNDENE GLOCKE

Stadtzentrum geht es nicht direkt am Ufer, sondern hinter der Bebauung auf der Straße entlang.

Auf den ersten 4,2 km der Strecke, von der Anlegestelle bis zur Anlegestelle am gegenüberliegenden Ufer, wurde ein behindertenfreundlicher Wanderweg geschaffen. Von dem mindestens 1,80 m breiten und mit einer hindernisfreien Oberfläche versehenen Weg profitieren neben Rollstuhlfahrern, Geh- und Sehbehinderten auch kinderwagenschiebende Eltern und Radfahrer. Letztere sollten hier besonders rücksichtsvoll fahren.

Mehrere kleine Buchten und drei unbewachte Badestellen laden zum Verweilen ein. Ideal zum Baden, Schwimmen, Ausruhen oder Geschichten erzählen. Beispielsweise die vom Volksmund überlieferte **Sage von der verschwundenen Glocke** im Straussee.

Familiengarten Eberswalde

Am Alten Walzwerk 1, 16277 Eberswalde. ✆ 03334/ 384910, Fax -22. www.familiengarten-eberswalde.de. info@familiengarten-eberswalde.de. **Bahn/Bus:** ↗ Eberswalde. **Zeiten:** Anfang April – Ende Okt täglich

10 – 18 Uhr. **Preise:** 2 bzw. 4 € bei Veranstaltungen; Kinder 3 – 16 Jahre 1 bzw. 3 € bei Veranstaltungen.

▶ Ein sehr schöner Park, entstanden auf einer 10-jährigen Industriebrache anlässlich der Landesgartenschau 2002, mit einer riesigen Märchenspiellandschaft. So gibt es u.a. ein Hexenhaus und ein Märchenschloss. Interessant ist, dass Industriebauten nicht etwa abgerissen, sondern saniert wurden. Der Besucher bekommt einen Einblick in die 300-jährige Industriegeschichte. Der frühere Name Traumzauberland weist darauf hin, dass ihr hier allerlei Waldgeistern begegnen könnt – mehr wird nicht verraten.

Auf der Freilichtbühne finden Veranstaltungen für Groß und Klein statt. In der ehemaligen **Hufeisenfabrik** befindet sich die Stadthalle, in der regelmäßig kulturelle Veranstaltungen stattfinden.

Reiten und Kutsche fahren

Western- und Wanderreiten
Achim-Scout, Joachim Ewald, Georgenthal 16, 15306 Falkenhagen (Mark)-Georgenthal. Handy 0172/9573157. www.achim-scout.de. achim@achim-scout.de. **Bahn/Bus:** RE1 stündlich ab Berlin Ostbahnhof Richtung Frankfurt (Oder) bis Briesen. **Auto:** B5 Georgenthal.

▶ Ausritte, Wanderreiten, Reitunterricht für Kinder und Erw. Kinderreiten im schönen Lebuser Land, Termine und Preise nach telefonischer Absprache.

Reiten und Kutschfahrten
Gestüt für Schwarzwälder Füchse, Thomas Zander, Altlandsberger Chaussee 2, 15344 Strausberg. ✆ 03341/23254, Fax 23254. Handy 0179/2343378. www.zanderhof.de. zander@zanderhof.de. **Bahn/Bus:** ↗ Strausberg.

▶ Kutsch- und Kremserfahrten. Außerdem Verkauf von Produkten aus der Hausschlachtung.

Haflingerhof Fredersdorf

Dirk Schmeiß, Feldweg 21, 15370 Fredersdorf.
✆ 033439/6371, www.derhaflingerhof.de. info@haflin-gerhof.de. **Bahn/Bus:** ↗ Fredersdorf.
▶ Reitstunde 11 € (10er-Karte 90 €), Longenstunde (30 Min) 12,50 €, Prüfungen zum Kleinen und Gro-ßen Hufeisen sowie Reiterpass, Erlebniswandertage für Kita-Gruppen und Grundschulklassen.

Prinzenhof Bernau

Lessingstraße 18, 16321 Bernau. ✆ 03338/764436,
Bahn/Bus: ↗ Bernau.
▶ Reitlehrgänge für Kinder und Jugendliche, Reitstun-de (45 Min) 9 €, Longenstunde (30 Min) 6 €.

Reiterhof Biesenthal

Kirschallee 10, 16359 Biesenthal. ✆ 03337/430790,
www.reiterhof-biesenthal.de. reiterhof-biesenthal@t-on-line.de. **Bahn/Bus:** ↗ Biesenthal.
▶ Wanderreitstation, Reitstunde (45 Min) 12 €, 11er-Karte 120 €, Schnupperkurse und Kurse rund ums Pony.

Tierparks und Bauernhöfe

Kinderbauernhof Roter Hof

Patrick Nast, Roter Hof 2, 15344 Strausberg.
✆ 03341/309960, Fax 305261. www.sterematbsg.de.
kbh.roterhof@ewetel.net. **Bahn/Bus:** S5 bis Strausberg Nord (Endstation). **Zeiten:** im Sommer Di – So 10 – 18, sonst 10 – 16 Uhr. **Preise:** Eintritt frei.
▶ Besucher erwartet unter anderem: Streichelzoo, Naturkunde- und Ökokabinett, ein 2 km langer Natur-lehrpfad, bäuerliche Erlebnisstube, Bastelraum und Indianer-Camp sowie ein Hof-Café.
Schülergruppen im Grundschulalter können Wander- oder Projekttage auf dem Hof verbringen. Dabei wer-den folgende Themenkomplexe angeboten:

UMWELT ER-FORSCHEN

– Lebensraum Wald;
– Rund um Schaf, Ziege und Hausschwein;
– Rund ums Getreide;
– Rund um die Kartoffel;
– Wie zu Omas Zeiten (Waschtag bei Oma, Wir buttern selbst, Brot backen).

Speziell an Kindergartengruppen richten sich die Angebote »Unsere Haustiere – Tiereltern und ihre Jungen« und »Ich wünsche mir ein Haustier«.

Nach Absprache ist die Übernachtung im Indianer-Camp sowie die Ausrichtung von Kindergeburtstagen und Feierlichkeiten jeglicher Art möglich.

Auf dem Kinderbauernhof gibt es rund ums Jahr zahlreiche Feste und Aktionen wie Drachen bauen und Basteln zum Advent.

Ewaldhof

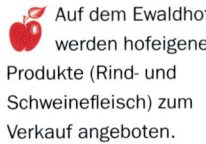

Auf dem Ewaldhof werden hofeigene Produkte (Rind- und Schweinefleisch) zum Verkauf angeboten.

Familie Ewald, Ruhlsdorfer Straße 14, 15345 Strausberg-Ruhlsdorf. ✆ 03341/22727, Fax 309776. www.ewaldhof.de. info@ewaldhof.de. **Bahn/Bus:** ↗ Strausberg, dann per Rad über Klosterdorf, Hohenstein nach Ruhlsdorf. ↗ Ferienadressen.
▶ Ein richtiger Bauernhof, wie Kinder sich ihn vorstellen, mit Pferden, Schweinen, Kühen, Enten, Hühnern, Kaninchen, Katzen und Hunden. Ideal für den Familienurlaub, Klassenfahrt oder für einen Tagesbesuch, um an den zahlreichen Festen teilzunehmen. Möglich sind nach vorheriger Absprache Kutsch- und Kremserfahrten sowie Reiten für Kinder. Reitstunde (Einzelunterricht) 25 €, Kremserfahrten 35 € für 1 Std und 60 € für 2 Std, Reiterferien für Kinder.

Naturkundlicher Tiergarten Müncheberg

Karl-Marx-Straße 57, 15374 Müncheberg. ✆ 033432/89062, Fax 89979. www.stadt-muencheberg.de. touristinfo@stadt-muencheberg.de. **Bahn/Bus:** ↗ Müncheberg. **Zeiten:** April – Okt 8 – 18 Uhr, Nov – März 8 – 16 Uhr, Fütterung bis 15 Uhr, Führung jeden 1. So im Monat 14 Uhr oder nach Voranmeldung.

▶ Im Frühjahr 1999 eröffneter Park mit Streichelzoo und Tiergehegen mit Dam-, Rot- und Schwarzwild sowie Muffelwild.

Der Eberswalder Zoo

Zoologischer Garten Eberswalde mit Zooschule, Am Wasserfall 1, 16225 Eberswalde. ✆ 03334/22733, Fax 23465. www.zoo.eberswalde.de. zoo@eberswalde.de. **Bahn/ Bus:** ↗ Eberswalde. **Zeiten:** täglich von 9 Uhr bis zur Dämmerung. **Preise:** 9 €; Kinder 4 – 16 Jahre 3,50 €; ermäßigt 4,50 € (Studierende, Auszubildende, Arbeitslose, Empfänger von ALG II, Schüler über 16 Jahre, Schwerbehinderte). **Infos:** Überwiegend barrierefrei.

 Zooschule Märchenvilla, ✆ 03334/22809, Fax 23465. Mo – Fr 10 – 12 und 13 – 15 Uhr

▶ Vertreter von 120 Tierarten haben in diesem Zoo ihr Zuhause. Neben einheimischen Tieren, die in Freigehegen viel Auslauf haben, gibt es auch Pinguine, Leoparden, Löwen, Wölfe, Bären und Affen. Einige Affengruppen leben frei in den Bäumen. Von Aussichtsplattformen und -türmen können die Tiere wunderbar beobachtet werden.

Auf die kleinen Besucher warten vier Spielplätze, ein Streichelzoo und die Möglichkeit, auf einem Pony zu reiten.

Angeboten werden neben der Zooschule Führungen zu ausgewählten Themen, praxisnaher Unterricht, Ausrichtung von Kindergeburtstagen, Zoo-AG für Kinder ab 10 Jahre. Pinguinfütterung täglich um 11 und 15 Uhr, Papageienfütterung täglich um 13 Uhr. Zoogaststätte »Brauner Bär«.

© Zoologischer Garten Eberswalde

Sieht satt aus: Tiger im Eberswalder Zoo

 Wollt ihr die Tiere einmal selbst füttern und eins der Tiere streicheln? Das könnt ihr im Eberswalder Zoo Mai – Sep jeden Mi um 11.15 Uhr; Treffpunkt: Pinguinanlage.

BARNIM & MÄRKISCHE SCHWEIZ

Kremserfahrten durch den Wildpark, Familienticket für 30 Minuten 11 €, für eine Stunde 16 €, www.reittouristik-sander.de.

Fütterungen: Fischotter tgl. 11 Uhr, Luchse tgl. außer Di 11.30 Uhr.

Hunger & Durst

Gasthaus Kräuterküche, Im Wildpark Schorfheide, Tägliche Hausmannskost, regionale Wildgerichte und vegetarische Speisen. Service: Bollerwagen-Verleih, Wickelraum, Behinderten-WC.

Wildpark Schorfheide

Prenzlauer Straße 16, 16244 Schorfheide-Groß Schönebeck. ✆ 033393/658-55, Fax 658-57. www.wildpark-schorfheide.de. info@wildpark-schorfheide.de. **Bahn/Bus:** ↗ Groß Schönebeck, dann 3 km Wanderweg. **Auto:** B109 Richtung Prenzlau. **Zeiten:** täglich ab 9 Uhr, im Sommer bis 19 Uhr, sonst bis 17 Uhr. **Preise:** 5,50 €; Kinder ab 4 Jahre 4 €; ermäßigt 4 €.

▶ In dieser für die Schorfheide typischen Wiesen- und Waldlandschaft werden seit 1997 einheimische Großsäugetiere artgerecht gehalten. Auf dem Rundweg des 110 ha großen Wildparks könnt ihr unterwegs ganz nah Rotwild, Damwild, Fischotter, Muffelwild, Schafe, Ziegen, Wildschweine, englische Exmoor-Ponys und Waschbären erleben. Auf dem 7 km langen Wanderwegesystem passiert ihr Gehege mit Tierarten, die in unseren Breiten in freier Wildbahn ausgestorben sind, wie Wisente, Elche und Przewalski-Pferde. Außerdem leben hier Wölfe, die mittlerweile in Deutschland in kleinen Rudeln wieder heimisch geworden sind, sowie Luchse, die man nun wieder im Harz angesiedelt hat. Man kann es sich aber auch auf dem Pferdewagen bequem machen und sich durch den Wildpark kutschieren lassen. Nahe dem Eingang ist ein großer Naturspielplatz mit Streichelgehege und Attraktionen wie Hufeisenwerfen.

Umweltlernorte

Jugendumwelthaus Müncheberg

Fürstenwalder Straße 1a, 15374 Müncheberg. ✆ 033432/89448, www.stadt-muencheberg.de. nabu1992@aol.com. **Bahn/Bus:** ↗ Müncheberg. **Zeiten:** Mi 15 – 17, Do 13 – 15.30, Fr 17 – 20 Uhr und nach Absprache.

▶ Ein Freizeittreff für Kinder und Jugendliche, die sich hier nicht nur theoretisch mit Umweltthemen auseinandersetzen, sondern auch aktiv etwas für den Schutz der Umwelt tun. Neben festen Gruppen wie dem Kinderkreis Spitzmäuse für 7- bis 10-Jährige oder den Green Friends für 11- bis 13-Jährige, gibt es jeden Mittwoch ab 12 Uhr einen offenen Treffpunkt. Es kann gespielt, mit Naturmaterialien gebastelt oder in der Umweltbibliothek gestöbert werden. Einmal im Monat findet eine Projektwoche zu einem Umweltthema statt. Im eigenen Naturgarten werden alternative Anbaumethoden ausprobiert.

Waldschule Alte Mühle

Buckower Straße 12, 15374 Müncheberg-Münchehofe. ℡ 033433/56719, Fax 56624. www.maerkische-schweiz.de. waldschule_alte_muehle@freenet.de. **Bahn/Bus:** ↗ Müncheberg.
▶ Ganzjährig öffentliche Wanderungen, für Schulklassen Projekttage und -wochen, Walderlebniswanderungen, Wanderungen »Mit dem Förster unterwegs«, Basteln mit Naturmaterial.

Drei Eichen — Besucherzentrum für Natur- und Umwelterziehung

Königstraße 62, 15377 Buckow. ℡ 033433/201, Fax 6815. www.dreichen.de. info@dreichen.de. **Bahn/Bus:** ↗ Buckow.
▶ Drei Eichen ist eine Einrichtung des Vereins Naturschutzpark Märkische Schweiz e.V. und besteht seit 1991. Der Schwerpunkt liegt auf betreuten Abenteuererfahrten in die Wildnis, die für Schulklassen, Ferienlager und Jugendgruppen ein unvergessliches Erlebnis sind. Die Natur- und Wildnisschule *Wildniswissen* erarbeitet ein spezielles Programm für die Teilnehmer, das Spaß, Abenteuer und Lernen sinnvoll miteinander verknüpft. Familien und Gruppen bietet das Besucherzentrum die Möglichkeit, während eines mehrtägigen Aufenthaltes oder eines kurzen Besuches nicht nur den Naturpark kennen zu lernen, sondern auch zu erfahren, wie die Natur geschützt wer-

Hunger & Durst

Café am Markt, Am Markt 4, Buckow. ℡ 033433/56695. Di – So 11 – 20 Uhr. Jeweils 30 Sitzplätze im Gastraum und auf der Terrasse. Kaffee und Kuchen (leckerer hausgebackener Apfelstrudel), Eis, Imbiss und selbst gemachte Pizza.

den kann. Traditionelles Handwerk wie Töpfern und das Verarbeiten von Schafswolle, aber auch Brot backen im Lehmofen, könnt ihr hier selbst ausprobieren. Jeden Monat finden Kurse und Umweltseminare, zum Beispiel Gewässeruntersuchungen im Umweltlabor, sowie Feste statt.

HANDWERK UND GESCHICHTE

Betriebsbesichtigung

Der Fahrstuhl für Schiffe

Schiffshebewerk Niederfinow, 16248 Niederfinow. ✆ 033362/215, 03334/2760, Fax 204. www.schiffshebewerk-niederfinow.info. info@schiffshebewerk-niederfinow.info. **Bahn/Bus:** OE60 bis Niederfinow. **Auto:** A11 Ausfahrt 12 Finowfurt, B167 Eberswalde, dann B2 Richtung Angermünde/Oderberg, über Liepe nach Niederfinow. **Rad:** Oder-Havel-Radweg. **Zeiten:** Frühling und Sommer 9 – 18, Herbst und Winter 9 – 16 Uhr. Bei Eisglätte und Raureif wegen Unfallgefahr keine Besichtigung. **Preise:** 1 €; Kinder ab 6 Jahre 0,50 €; Führung 2 Std 3 € durch Fam. Kluge, Schiffergasthaus. **Infos:** Touristinformation am Hebewerk, Ende März – Okt Mo, Do, Fr 10 – 16 und Sa, So 10 – 16.30 Uhr, ✆ 033362/ 71377. ▶ Der Weg vom Bahnhof zum Schiffshebe-

Ein nasser Fahrstuhl: Das Schiffshebewerk

werk ist ausgeschildert. Außerdem ist der Fahrstuhl für Schiffe, wie dieses technische Denkmal oft genannt wird, mit einer Höhe von 60 m und einer Länge von 94 m wirklich nicht zu übersehen. Die riesige, 1934 fertig gestellte Stahlkonstruktion am Oder-Havel-Kanal ermöglicht es Schiffen, einen Höhenunterschied von 36 m zu überwinden. Wollt ihr den 20 Minuten dauernden Hebevorgang live erleben, habt ihr zwei Möglichkeiten: Entweder klettert ihr die vielen Treppenstufen zum Laufgang hinauf, von wo ihr den richtigen Überblick habt, oder ihr unternehmt eine ↗ Dampferfahrt durchs Schiffshebewerk.

Damit noch längere und breitere Schiffe gehoben werden können, entsteht gerade in direkter Nachbarschaft ein neues Schiffshebewerk.

Stadtführung und Museum

Die Bernauer Stadtführer

Fliederstraße 30, 16321 Bernau. ☎ 03338/367088, Fax 359117. www.stadtfuehrer-bernau.de. kontakt@bernauer-stadtfuehrer.de. **Zeiten:** Führung »Sonntags in und um Bernau« immer an geraden So 10 Uhr, Thema und Treffpunkt wechseln. **Preise:** Führungen 1 – 5 Pers 25 €, jede weitere Pers 3,50 €, Führung im Kostüm 8 € Aufpreis.

▶ Stadtführungen und geführte (Rad)wanderungen werden in Bernau von den Bernauer Stadtführern und in Eberswalde (☎ 03334/64520) angeboten. In Bernau erzählt beispielsweise »Berta mit der Keule« von kriegerischen Zeiten und »Minna, das Hausmädchen« quatscht wie ihr der Schnabel gewachsen ist. Ebenso gibt es Karten mit Tourenbeschreibungen für Wanderungen und Spaziergänge in und um Bernau. Besonders gefallen hat uns der 8 km lange Spaziergang entlang der Panke, den wir mit Eric im Sportwagen gemacht haben.

Internationales Artistenmuseum

Liebenwalder Straße 2, 16348 Klosterfelde. ✆ & Fax 033396/272. www.artistenmuseum.com. artistenmuseum@freenet.de. **Bahn/Bus:** Heidekrautbahn RB27 bis Klosterfelde. **Zeiten:** Mo – Fr 9 – 18, Sa, So, Fei 14 – 18 Uhr, Nov bis März bis 17 Uhr. **Preise:** 3,50 €; Kinder 7 – 14 Jahre 3 €, bis 6 Jahre frei.

FESTE & FESTE TERMINE

Februar:	Strausberg, **Fasching** auf dem Kinderbauernhof Roter Hof.
März/April:	Eberswalde: **Saisoneröffnung** im Familiengarten.
	Basdorf: **Osterfeuer.**
	Straalde: **Osterfest im Zoo.**
	Strausberg: **Osterfest** auf dem Roten Hof.
	Rüdersdorf: **Osterfeuer; Walpurgisnacht** für die ganze Familie am Kesselsee im Museumspark.
	Liepnitzsee: **Liepnitzseelauf** am Campingplatz.
	Bernau: **Kunst- und Handwerkermarkt; Walpurgisnacht.**
Mai:	Wandlitz: **Wandlitzer Museumsfest.**
	Klosterfelde: **Internationaler Tag der Artisten in Deutschland** im Artistenmuseum.
	Börnicke: **Storchenfest.**
	Eberswalde: **Nacht der offenen Kirchen**
	Bernau: **Kunst- und Handwerkermarkt.**
	Rüdersdorf: **Steinfest** im Museumspark.
Mai – Sep:	Buckow: **Literatursommer.**
Juni, 1. Juni:	Strausberg: **Kindertag; Hoffest** auf dem Roten Hof.
	Rüdnitz: **Kinderfest,** ✆ 03338/3521.
	Eberswalde: **Kindertag** im Familiengarten.
Juni:	**Finowkanalfest.**
	Bernau: **Hussitenfest.**
	Brandenburger Landpartie, u.a. auf dem Ewaldhof.
	Eberswalde: **Zoonacht.**
	Melchow: **Hoffeste** auf den Ökohöfen.
	Finowfurt: **Flößerfest.**

▶ Das 1997 eröffnete Museum gibt den Besuchern einen spannenden Einblick in die Zirkuswelt. In der »Ruhmeshalle der Artisten« findet sich beispielsweise ein Modell des *Zirkus Sarrasani* sowie historische Dokumente und Requisiten von Oleg Popow, Freddy Quinn und Clown Ferdinand. Das Museum wurde auf Platz 6 der 20 skurrilsten Museen Europas gewählt!

	Strausberg: **Strausseefest; Strausseeschwimmen.**
Juli:	Rüdersdorf: **Bergmannsfest** im Museumspark.
	Buckow: **Lange Nacht der Kunst und Natur.**
	Waldsieversdorf: **Jägerfest.**
August:	Bernau: **Sommerferienspaß** im Kulturhof.
	Eberswalde: **Zoonacht und Zoofest; Zuckertütenfest** im Familiengarten.
	Wukenseefest mit Drachenbootrennen.
	Bernau: **Kunst- und Handwerkermarkt; Sommerfest im Kulturhof.**
	Altfriedland: **Fischerfest.**
September:	Eberswalde: **Altstadtfest.**
	Internationales Kinderfest im Rahmen der Woche des ausländischen Mitbürgers.
	Strausberg: **Straßenfest** in der Altstadt.
	Ruhlsdorf: **Freizeitreitertag** auf dem Ewaldhof.
	Buckow: **Herbstfest** auf Drei Eichen.
Oktober:	Liepnitzsee: **Liepnitzseelauf** beim Campingplatz.
	Strausberg: **Erntefest** auf dem Roten Hof.
	Erntedankfest auf dem Bauernhof Mümmelmann.
	Strausberg: **Strausseelauf.**
	Rüdersdorf: **Halloween** im Museumspark.
November:	Bernau: **Lesenacht im Kulturhof.**
	Lobetal, Börnicke: **Adventsmarkt.**
	Bernau, Helenenau, Eberswalde: **Weihnachtsmarkt.**
	Strausberg: **Nikolaus- und Weihnachtsmarkt** in der Altstadt.
	Rüdersdorf: **Weihnachtsmarkt** im Museumspark.
	Buckow: **Weihnachtsbasteln** auf Drei Eichen.

BÜHNE, LEINWAND & AKTIONEN

Theater & Feste

Zauberbühne Bernau

In der Stadtmauer 10, 16321 Bernau. Handy 0173/3806019. **Bahn/Bus:** ↗ Bernau. **Zeiten:** Mi 17.30 – 19, Do 10 – 18, Fr 10 – 15 Uhr.

▶ Programme und Workshops für kleine und große Zauberfans.

Kulturhof

FRAKIMA-Werkstatt, Breitscheidstraße 43 a, 16321 Bernau. ✆ 03338/5465, stadtverwaltung@bernau-bei-berlin.de. **Bahn/Bus:** ↗ Bernau. **Zeiten:** Bibliothek Mo, Do 10 – 18, Di 10 – 19 Uhr, Fr 10 – 16, Sa 10 – 12 Uhr. **Preise:** 3 €; Kinder 2 €.

▶ Der Kulturhof bietet Kreativkurse für »Frau, Kind, Mann« sowie eine Bibliothek, ✆ 03338/763520. Außerdem ist auf dem Gelände ein Jugendtreff. Es gibt Aktionen für Kinder in den Sommerferien, Feste und im November die Bernauer Lesenacht.

Freizeithaus Jellow

Unitas e.V., Mühlenstraße 31 – 33, 16321 Bernau. ✆ 03338/5707, **Bahn/Bus:** ↗ Bernau. **Zeiten:** Di – Fr 12 – 18 Uhr.

▶ Offener Treffpunkt für Kinder und Jugendliche und Möglichkeit, an festen Kursen und Arbeitsgemeinschaften teilzunehmen. Die Auswahl ist sehr groß: Kunst-, Tanz-, Bastelwerkstatt, Musik, Malen, Schminken, Schach, Computer.

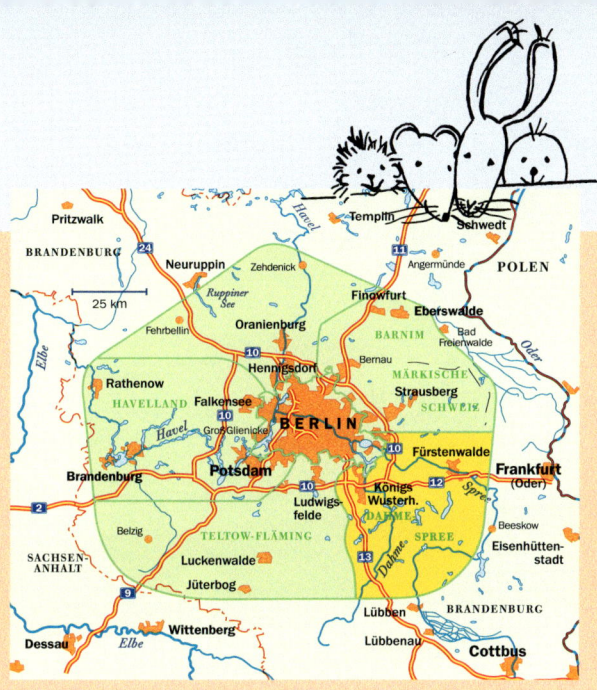

BRANDENBURG
Pritzwalk
Templin
Schwedt
24 Neuruppin
Zehdenick
11
Angermünde
POLEN
Ruppiner
See
Finowfurt
Fehrbellin
Oranienburg
Eberswalde
BARNIM
Bad
Freienwalde
Hennigsdorf
10
Bernau
MÄRKISCHE
Rathenow
Strausberg
SCHWEIZ
HAVELLAND
Falkensee
10
BERLIN
Groß Glienicke
Havel
10
Fürstenwalde
Brandenburg
Potsdam
Frankfurt
(Oder)
2
10
Königs
12 Spree
Wusterh.
Ludwigs-
Beeskow
felde
DAHME
Belzig
Eisenhütten-
stadt
TELTOW-FLÄMING
SPREE
13
Luckenwalde
Dahme
SACHSEN-
ANHALT
BRANDENBURG
Jüterbog
9
Lübben
Dessau
Wittenberg
Elbe
Lübbenau
Cottbus

25 km

Elbe
Havel

VIEL WASSER UND VIEL WALD

Das Dahme-Seengebiet wird oft als »Tor zum Spreewald« bezeichnet. Es erstreckt sich südöstlich von Berlin, rund um die 18.000 Einwohner zählende Stadt Königs Wusterhausen. Mit seinen zahlreichen Seen und Wäldern ist es vor allem in der warmen Jahreszeit ein beliebtes Ausflugs- und Urlaubsziel.

Das sogenannte Berliner Urstromtal wird von der Spree und ihren zahlreichen Seitenarmen und Kanälen geprägt. Es erstreckt sich von der Berliner Stadtgrenze über Erkner in östlicher und südöstlicher Richtung bis Fürstenwalde und darüber hinaus bis zur Oder. Südlich des Spreebogens liegt der Scharmützelsee. Hier sowie im Grünheider Wald- und Seengebiet bei Erkner kommen vor allem Wassersportler und (Rad)wanderer auf ihre Kosten.

Hallenbäder

TIPPS FÜR WASSER-RATTEN

Schwimm- und Wasserparadies schwapp

Spaßbad, Große Freizeit 1, 15517 Fürstenwalde. ✆ 03361/36370, Fax 363718. www.schwapp.de. info@schwapp.de. **Bahn/Bus:** ↗ Fürstenwalde. **Auto:** Der Weg ist ausgeschildert. **Zeiten:** So – Do 10 – 20 Uhr, Fr, Sa 10 – 23 Uhr, in den Ferien Mo – Do 10 – 21 Uhr. Badezeit 3 Std. **Preise:** Mo – Do 12, Fr – So, Fei 12,50 €, Sportbad 3 €; Kinder unter 16 Jahre 8 bzw. 8,50 €, Sportbad 1,50 €; Familienkarte (2 Erw, 1 Kind) 28 €.

▶ Kleinkinderbereich mit Drachenrutsche und Mühlkanälen, Berg- und Talrutsche, Röhrenrutsche, Monsterwelle, Drachenburg, Actionriver mit Wellen, Wasserfall mit Grotte, Strömungskanal, Whirlpool und noch viel mehr. Großer Außenbereich: Außenbecken mit Wasserkanone, Liegebereich, Tischtennisplatte, Volleyballnetz. Außerdem Saunalandschaft. Gastronomische Versorgung in diversen Bistros.

Lehrschwimmen sowie Kurse in Aqua-Fitness oder Rettungsschwimmen können für die Älteren von euch interessant sein.

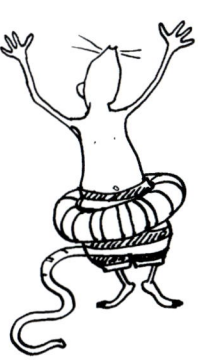

Wo hab ich nur mein Boot? Anlegestelle an der Spree

Strandbäder

Der Scharmützelsee

Bad Saarow. **Bahn/Bus:** ↗ Bad Saarow. Nach Pieskow mit RB oder Bus 431 nach Wendisch Rietz. Nach Wendisch Rietz auch mit OE36.

▶ Er ist nicht nur der größte, sondern auch einer der klarsten Seen des Landes Brandenburg – und das trotz dichter Besiedlung einiger Uferabschnitte und intensiver Nutzung als Bade- und Schifffahrtsgewässer bereits seit den 20er Jahren des 20. Jahrhunderts. Das *Märkische Meer,* wie der Scharmützelsee etwas übertrieben auch oft bezeichnet wird, hat gleich 7 Badestellen aufzuweisen. Um euch die Qual der Wahl zu erleichtern, hier die schönsten Plätze:

Strandbad Neptun, Saarow-Strand, 9 – 20 Uhr. Kinder 1,50 €, Erw 2,50 €, ermäßigt 2 €. Imbiss, Volleyball, Tischtennis.

Seebad Mitte, Pieskow, Seestraße. Am Westufer des Scharmützelsees. Hier herrscht unbewachter Badebetrieb. Obwohl der Badebereich durch Stege abgegrenzt ist, sollten Eltern ihre Kinder stets im Blick behalten. An Land sorgen Tischtennisplatten und ein kleiner Spielplatz für Abwechslung.

Badestelle Regattaplatz, Pieskow. Mit den vielen Holzbänken und dem langen Tisch ein guter Platz für ein Picknick, verbunden mit einem erfrischenden Bad im See. Interessant sind die drei großen Holzskulpturen, die frühere Bewohner dieser Gegend darstellen. Erratet ihr, wen?

Zwei Badestellen in Diensdorf-Radlow. Anfahrt mit dem Rad. Beiden Plätzen gemeinsam sind die Spielmöglichkeiten für Kinder – an der einen Stelle Tischtennisplatte, Kegelbahn und kleiner Spielplatz, an der anderen Stelle großer Spielplatz mit vier unterschiedlichen Wippen, Rutsche, zwei Klettergerüsten, Schaukeln, Buddelkasten.

Badestelle in Wendisch Rietz. Badelustige Besucher werden hier nicht so begeistert sein. Fällt doch der

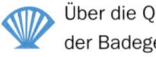 Über die Qualität der Badegewässer erhaltet ihr Auskunft bei den Gesundheitsämtern der Landkreise Oder-Spree, ✆ 03366/351530 und Dahme-Spreewald, ✆ 03375/262145.

Wasserzugang ziemlich schmal aus, da sich fast über die gesamte Uferlänge Bootsstege befinden. Zudem geht es sehr abrupt und steil in den See hinein. Für kleine Kinder und Nichtschwimmer keine zu empfehlende Badestelle. Sehr gut geeignet ist dieser Platz hingegen für ein Grillfest. Auf der Wiese verteilt stehen 7 lange überdachte Picknicktische mit je 2 Bänken. Der Hit sind die 2 in Höhe des Tisches fest installierten Grillstellen.

Grillen an der Badestelle in Wendisch Rietz: Auf der Wiese verteilt stehen mehrere überdachte Picknicktische mit Bänken. Der Hit sind die 2 in Höhe des Tisches fest installierten Grillstellen.

Badestelle am Werlsee bei Grünheide

Grünheide. **Bahn/Bus:** S3, RE1 bis Erkner, dann per Rad ca 5 km.

▶ Badestelle klingt etwas untertrieben. Eigentlich ist es ein richtiger Sandstrand. Die Sandmenge könnte jedem Ostseestrand Konkurrenz machen. Ideale Bedingungen also für Burgenbauer und Sandkuchenbäcker.

Zweimal Peetzsee

Grünheide. **Bahn/Bus:** S3, RE1 bis Erkner, dann per Rad oder Bus 429 bis Grünheide, Rosenberg.

▶ Die Straße Am Rosenberg führt direkt zu der kleinen **Badestelle in Grünheide,** die eingeklemmt zwischen zwei Villengrundstücken liegt. Der Wasserzugang ist so schmal, dass zwei Erwachsene nebeneinander gerade so durchpassen. Zu empfehlen ist dieses Plätzchen für eine Rast verbunden mit einer Abkühlung im See. Wer es ruhig mag, sollte außerhalb der Badesaison oder unter der Woche herkommen.

Bei der **Badestelle beim Campingplatz** könnte man im ersten Moment annehmen, es handele sich hier um ein Strandbad, so gepflegt ist diese ebenfalls in Grünheide liegende Anlage. Aber Eintritt muss nicht bezahlt werden. Die Badestelle wird zwar hauptsächlich von Campern besucht, sie gehört jedoch nicht zum Campingplatzgelände, ↗ Ferienadressen. Kinder werden sich über den Spielplatz mit Schaukel, zwei

In den Rucksack gehört auf jeden Fall ein Ball. Er sorgt, egal ob am Strand, auf der Wiese oder unterwegs im Wald, für Abwechslung. Es muss ja nicht unbedingt ein Fuß- oder Handball sein. Als Platz sparende Variante tut es auch ein Wasser- oder Tennisball.

Wippen und drei verschiedenen Klettergeräten freuen. Außerdem kann Volleyball und Tischtennis gespielt werden.

Gasthaus am Werlsee,
Eichenallee 9, Grünheide-Fangschleuse.
✆ 03362/503604.
www.gasthaus-am-werlsee.de. Täglich ab 11 Uhr. Großer Garten mit Schiffsanlegestelle sowie Pension Schildkröte.

Badestelle am Werlsee bei Fangschleuse

Grünheide-Fangschleuse. **Bahn/Bus:** S3, RE1 bis Erkner, dann 6 km per Rad oder RE1 bis Fangschleuse.

▶ Obwohl diese Badestelle sehr verkehrsgünstig unterhalb der Straße liegt, ist vom Autoverkehr nicht viel zu hören. Zwar gibt es keinen Spielplatz, dafür aber viel Sand zum Buddeln. Freunde der schnellen Kost wird der überdachte Imbiss zwischen Waldweg und Straße erfreuen. Etliche Bänke und zwei Regenunterstände stehen verteilt auf dem Gelände.

Badestelle am Möllensee bei Finkenstein

Grünheide-Kagel-Finkenstein. **Bahn/Bus:** S3, RE1 bis Erkner, dann Bus 429 bis Kagel Möllensee und etwa 1 km zu Fuß.

▶ Diese Badestelle macht, trotz ihrer Nähe zur Straße, einen beinahe idyllischen Eindruck. Hohe, Schatten spendende Bäume, ein plätscherndes Bächlein, Schilf am Seeufer. Wer nicht im Gras sitzen möchte, findet zwei aus halbierten Baumstämmen gezimmerte Bänke. Bei Regen sorgt ein hölzerner Unterstand für Schutz.

Strandbad Neue Mühle am Krimnicksee

Küchenmeisterallee 33, 15711 Königs Wusterhausen-Neue Mühle. ✆ 03375/290199, **Bahn/Bus:** ↗ Königs Wusterhausen, dann 3 km zu Fuß oder mit dem Rad oder Bus 733 bis Küchenmeisterallee. **Rad:** Fahrradabstellplatz. **Zeiten:** 10 – 18 Uhr, in den Ferien 9 – 20 Uhr. **Preise:** 2,50 €; Kinder bis 6 Jahre frei, ermäßigt 1,20 €; Kindergruppen 0,80 € pro Person.

▶ Riesenrutsche und Bootsverleih, Spielplatz, Volleyballfeld, Tischtennisplatten.

Badestelle am Zeesener See

Königs Wusterhausen-Zeesen. **Bahn/Bus:** Ab Königs Wusterhausen mit der RB14 oder Bus 724 – 727 bis Zeesen, Gemeinde. **Rad:** ↗ Fahrradtour.

▼ An dieser öffentlichen Badestelle findet jeder sein Plätzchen, entweder auf der großen Liegewiese, auf dem Sandstreifen oder auf den unzähligen silbergrauen Bänken. Ein Basketballkorb und eine Tischtennisplatte laden zum Spielen ein.

Zum Pätzer Vordersee

Bestensee-Pätz. **Bahn/Bus:** Ab Königs Wusterhausen Bus 724 – 727 bis Pätz Ecke oder RB14 bis Bestensee, dann per Rad oder zu Fuß 3 km.

▼ Auf der Hauptstraße in Bestensee angekommen, wendet ihr euch nicht in Richtung Bahnhof, sondern in die entgegengesetzte Richtung nach links. An der Post und der **Fischerei Dahmetal** (Bootsverleih, Angelkarten, Verkauf von Frisch- und Räucherfisch) vorbei gelangt ihr auf dem Radweg fast bis zur Stadtgrenze von Bestensee. Entsprechend der Ausschilderung für Autofahrer nehmt ihr die rechts abzweigende Straße nach Pätz. Gleich links erblickt ihr den kleinen runden **Tonsee,** der auch eine Badestelle hat. Sie liegt an der Nordseite des Sees, direkt an der Bundesstraße 246. Für kleine Kinder würde ich diese Stelle allerdings nicht empfehlen. Es gibt keine Spielmöglichkeiten und auch keinen Sand zum Buddeln. Außerdem wird das Wasser sehr schnell tief.

Also weiter zur Badestelle am Pätzer Vordersee. Unmittelbar hinter der Bushaltestelle Pätz Ecke biegt ihr rechts in die Straße nach **Pätz Dorf** ein. Die große, rechteckige Badestelle ist nicht zu übersehen. Hier werden besonders kleinere Kinder begeistert sein. Es gibt einen Spielplatz mit Kletterhaus, Rutsche und zwei Wipptieren. Am Strand steht ein buntes Kletterschiff. Außerdem kann Tischtennis gespielt werden. Auf der linken Seite findet ihr auf vier Tafeln Informationen zur hiesigen Tier- und Pflanzen-

Pätzer Vordersee deshalb, weil sich an ihn ein weiterer, etwa gleich großer See anschließt – der Pätzer Hintersee.

Hunger & Durst

Campingplatz am Tonsee, Am Hang 15, Klein Köris. ✆ 033766/ 41595. www.campingdüring-tonsee.de. April – Sep. Idyllischer Platz für Zelte und hauptsächlich Wohnwagen zwischen Kiefern und Birken. Mit Fahrradverleih, Imbiss und kleiner Gaststätte.

Wasserkarussell: Versucht, euch mal im tiefen Wasser durch Bewegen der Arme und Beine im Kreis zu drehen. Dabei sollen die Füße weder den Boden berühren noch über der Wasseroberfläche sein.

Das KIEZ war 2006 drei Wochen lang Drehort für die SAT1-Produktion »Küss mich, Genosse« mit den Schauspielern Anja Kling und Jörg Schüttauf. Es geht dabei um die Fußball-WM 1974 und viele liebestolle Verwicklungen.

Hunger & Durst

Gasthof See-Idyll, Hauptstraße 15, Mittenwalde -Krummensee. ✆ 03375/902137. Täglich außer Do 12 – 21 Uhr. Kindergerichte und -portionen. Hauptgerichte ab 8 €. Fisch aus eigenem Netz und Wildgerichte.

welt, unter anderem zur Lebensgemeinschaft Schilfzone.

Eltern sollten ihre nichtschwimmenden Kinder beim Baden keinen Augenblick unbeobachtet lassen. Der Aktionsradius für Nichtschwimmer ist nicht gekennzeichnet und an einigen Stellen wird das Wasser sehr schnell tief.

KIEZ Frauensee

Weg zum Frauensee 1, 15741 Heidesee-Gräbendorf. ✆ 033768/98910, Fax 98920. www.frauensee.de. info@frauensee.de. **Bahn/Bus:** ↗ Heidesee. **Infos:** Verschiedene Unterkünfte sind barrierefrei.

▶ Das Kindererholungszentrum befindet sich im *Naturpark Dahme-Heideseen*. Das KIEZ bietet auf seinem weitläufigen Gelände am See für Kindergruppen und Familien viele Aktivitäten. Außer Baden an drei Stränden kann Tischtennis, Fuß-, Feder- und Volleyball gespielt werden. Die Leihgebühren für ein Boot oder Wassertreter betragen 3 € je Stunde, für ein Kettcar 5 € je Stunde. Außerdem kann gebastelt, gemalt und gekocht werden. Regelmäßig ist Disco und Kino angesagt. Besonders großer Beliebtheit erfreut sich der **Kindertierpark Frauensee.** Auch Pferdefreunde kommen auf ihre Kosten: Ponyreiten oder mit der Kutsche fahren ab 2 € pro Person. Übernachtungen ↗ Ferienadressen.

Badestelle am Krummen See

Mittenwalde-Krummensee. **Bahn/Bus:** S46 bis Königs Wusterhausen, dann Bus 729, 730, 732 (die beiden letzten Linien Mo – Fr) bis Krummensee.

▶ Obwohl der See einen etwas düsteren Eindruck macht, was am dunklen Grund liegt, ist sein Wasser angenehm klar. Eltern dürfen die ganz kleinen Wasserratten beim Baden nicht aus den Augen verlieren, da es keine Abgrenzung für Nichtschwimmer gibt und das Wasser an einigen Stellen schnell tief wird.

Paddeln, Segeln und Rudern

Surf & Fun

Wassersportstation Schlosspark Bad Saarow, Maik Hoffmeister, Zum Schwedenhaus, 15526 Bad Saarow. ✆ 033631/405969, www.surf-and-fun.com. info@surf-and-fun.com. **Bahn/Bus:** /Bad Saarow. **Zeiten:** Ostern – Okt 10 – 18 Uhr.

▶ Verleih (Juli/Aug mit telefonischer Voranmeldung) von Segel-, Tret-, Kid Cars, Paddel-, Ruder- und Motorbooten sowie Windsurfboards. Programme für Gruppen.

Die Wellenreiter

Wassersportschule am Scharmützelsee, Karl-Marx-Damm 49, 15526 Bad Saarow. ✆ 033631/Handy 0175/1401803. www.wellenreiter-saarow.de. alex@wellenreiter-saarow.de. **Bahn/Bus:** ↗ Bad Saarow. **Zeiten:** 9 – 18 Uhr.

▶ Segel- und Surfkurse, geführte Segelausflüge, Trainingsprogramme, Lehrgänge, Gruppenangebote.

Segeln lernen

Yacht Akademie Axel Schmidt, Stützpunkt A-ROSA, Axel Schmidt, Parkallee 2, 15526 Bad Saarow. ✆ 033631/63400, Fax 63410. www.yaas-segeln.de. info@yaas-segeln.de. **Bahn/Bus:** ↗ Bad Saarow. **Zeiten:** 9.30 – 18 Uhr. **Infos:** 2. Stützpunkt im Ferienpark Scharmützelsee, 3. Stützpunkt: Hotel Esplanade.

▶ Verleih von Segel-, Tret-, Paddel- und Motorbooten sowie Windsurfboards. Segelkurse, Junior-Camps, geführte Paddeltouren, Programme für Gruppen.

Paddeln und Kanu fahren

Bootshaus Burchardt, Werftstraße 9, 15537 Erkner. ✆ 03362/3002. www.bootshaus-erkner.de. bootshaus-erkner@t-online.de. **Bahn/Bus:** ↗ Erkner.

▶ Verleih von Wassertretern für 4 Personen (10 € pro Std), Ruder- und Paddelbooten (2 Std ab 10 €), Ka-

 Viele Betreiber von Hotels, Pensionen und Campingplätzen sowie Vermieter von Ferienhäusern und Ferienwohnungen bieten den Urlaubern die Möglichkeit, Ruder- und Tretboote zu mieten oder kostenlos zu nutzen. Bei den ↗ Info- und Ferienadressen findet ihr bei den einzelnen Ferienunterkünften vermerkt, ob es einen Bootsverleih gibt.

Der Wasserwanderatlas *Wasserwandern im Oder-Spree-Seengebiet vom Spreewald bis Berlin – die schönsten Touren* ist erhältlich für 3 € beim Tourismusverband Oder-Spree-Seengebiet.

Hunger & Durst

Restaurant & Bootsverleih Kellings Schifferstube, Uferstraße 20, Erkner. ✆ 03362/4791. www.kellingsschifferstube.de. April – Okt täglich ab 12 Uhr. Bootshaus mit Verleih von Kanus, Tret-, Ruder-, Paddel- und führerscheinfreien Motorbooten sowie Fahrrädern. Restaurant mit 110 Plätzen, davon 50 draußen.

Wie in Venedig: Gondeln auf der Spree

nus sowie Motorbooten. Kanutouren, Pauschalangebote.

Kajak fahren in Gruppen

Kanu-Sport Erkner, Friedrichstraße 1, 15537 Erkner. ✆ 03362/502316, Fax 502318. www.kanusport-erkner.de. info@kanusport-erkner.de. **Bahn/Bus:** ↗ Erkner.

▶ Vermietung von 1er-, 2er- und 3er-Kajaks sowie 2er-, 3er-, 4er-, 6er- und 8er-Kanadiern mit Zubehör für Touren. Die Tagespreise variieren je nach Bootstyp, Jahreszeit und Wochentag (Fr Spartarif). Außerdem Organisation von Gruppentouren rund um Erkner und ab Hangelsberg. Fahrradverleih, Verkauf von Booten und Zubehör.

Rudern & Co

Wassersportschule Junge, Dorfstraße 41a, 15537 Königs Wusterhausen-Wernsdorf. ✆ 03362/820251, **Bahn/Bus:** ↗ Königs Wusterhausen.

▶ Ruder-, Paddel-, Tretboote.

Spree-Safari

Strandpromenade 7, 15569 Woltersdorf. ✆ 03362/500015, Fax 500017. www.spree-safari.de. info@ spree-safari.de. An der Woltersdorfer Schleuse. **Bahn/Bus:** Von Berlin RE5. **Zeiten:** Mai – Sep täglich 10 – 18, Fr, Sa nach Anmeldung happy end 18 Uhr – Sonnenuntergang, April – Okt an Wochenenden und nach Absprache.

▶ Verleih von Kajaks (6 € pro Std), Kanadiern für 3 bzw. 4 Pers (8 € pro Std), Ruderbooten (8 € pro Std), Wassertretern für 4 Pers (8 € pro Std) und Motorbooten. Bootstouren, Gruppenangebote, Imbiss, Eis- und Grillterrasse, Ferienwohnung.

Boote von klein bis groß

KuhnleTours, Dorfaue 5, 15738 Zeuthen. ☏ 033762/70316, Fax 99925. www.kuhnle-tours.de. info@kuhnle-tours.de. **Bahn/Bus:** Ab ↗ Königs Wusterhausen S46.

▶ Kanu für 3 Pers für 6 €/Std, Ruder- und Tretboote 9 €/Std. Außerdem Verleih von kleinen Motor- und Segelbooten sowie Hausbooten.

Statt dem Motorboot eine sportlichere und umweltverträglichere Variante der Fortbewegung zu Wasser wählen.

Das Canoeteam

Jugendbildungszentrum Blossin, Waldweg 10, 15754 Heidesee-Blossin. ☏ 033767/75450, Fax 75451. www.canoeteam.de. m.ranke@canoeteam.de. **Bahn/Bus:** ↗ Heidesee. **Zeiten:** April – Okt täglich ab 9 Uhr, Nov – März nach Vereinbarung.

▶ 1er- und 2er-Kajak 5 €/Std, 20 €/Tag, 4er-Kanadier 6 €/Std, 30 €/Tag, Ruderboot 5 €/Std, 20 €/Tag, Drachenboot mit Steuermann 50 €/Std, 250 €/Tag. Ermäßigung gibt es für Kinder- und Jugendgruppen. Außerdem Verleih von Segelbooten, Motorbooten und Surfmaterial, Mindestverleihdauer 2 Stunden. Surf- und Segelkurse, geführte Kanutouren.

Elektroboot fahren

Mietboote Gussow, Jörg Jakob, Gussower Dorfstraße 6, 15754 Heidesee-Gussow. ☏ 033763/61883, Handy 0172/3998854. www.mietboote-gussow.de. joergjakob@vodafone.de. **Bahn/Bus:** S46 bis Königs Wusterhausen, dann Bus 724 bis Gussow.

▶ Neben Paddelbooten (25 € pro Tag), Kanadiern (29 € pro Tag) und Wassertretern (8 €/Std) können auch Elektroboote und größere Motorboote für Feierlichkeiten gemietet werden. Mit Gartencafé mitten auf dem Rasen am See.

Wasserwandern mit der Klasse

Kanusport Dahmeland Schwerin, Bootsverleih Krüger, Badestrand, 15755 Schwerin. ☏ 033765/80507, Fax 80507. Handy 0172/3196253. www.kanusport-dahmeland.de. info@kanusport-dahmeland.de.

▶ Paddelboot 20 – 25 €/Tag, Kanu 20 €/Tag. Organisation von Wasserwandertouren, hauptsächlich Gruppen- und Klassenreisen sowie Tagestouren.

Wasserstützpunkt Teupitz

Hans Joachim Kaubisch, Am Markt 16, 15755 Teupitz. ✆ 033766/62496, **Auto:** ↗ Teupitz.
▶ Verleih von Ruderbooten und Motorbooten. Wasserwanderstützpunkt mit solarer Stromtankstelle und sanitären Einrichtungen.

Surf & Fun

Wassersportcenter Wendisch Rietz, Maik Hoffmeister, Strandstraße 10, 15864 Wendisch Rietz. ✆ 033677/80700, Fax 338213. Handy 01741601133. www.surf-traum.de. info@surf-and-fun.com. **Bahn/Bus:** ↗ Wendisch Rietz. **Zeiten:** Ostern – Okt 10 – 18 Uhr geöffnet.
▶ Verleih (Juli/Aug mit telefonischer Voranmeldung) von Segel-, Tret-, Kid Cars, Paddel-, Ruder- und Motorbooten sowie Windsurfboards. Programme für Gruppen.

Segeln und Surfen

Seesportclub Wendisch Rietz e.V., Beeskower Chaussee 18, 15864 Wendisch Rietz. ✆ 033679/71692, Fax 71692. www.seesportclub-wendischrietz.de. seesportclub.wendischrietz@t-online.de. **Bahn/Bus:** ↗ Wendisch Rietz. **Zeiten:** 10 – 18 Uhr.
▶ Verleih von Segel-, Tret-, Paddel-, Ruder- und Motorbooten sowie Windsurfboards. Bootsfahrten für bis zu 10 Pers.

Fischland Scharmützelsee, Schwarzhorner Weg, Wendisch Rietz. ✆ 033679/310. 10 – 19 Uhr. Fangfrischer und geräucherter Fisch im Hofladen, Terrasse, außerdem Vermietung von einfachen Ferienhäusern (für 4 Pers, 52 €/Nacht).

Schiffstouren

Scharmützelsee Schifffahrts GmbH

Seestraße 40, 15526 Bad Saarow. ✆ 033631/59930, Fax 59931. www.bad-saarow-schiff.de. info@bad-saarow-schiff.de. **Bahn/Bus:** ↗ Bad Saarow. **Zeiten:** tägli-

che Fahrzeiten Mai – Anfang Okt und an den Osterfeier-
tagen, in der Vor- und Nachsaison auf Anfrage; das Büro ist in der HS 9 – 18 Uhr, in VS und NS 11 – 16 Uhr
geöffnet. **Preise:** Zweistündige Rundfahrten kosten 9 €
pro Person; Kinder bis 5 Jahre haben freie Fahrt, bis 16
Jahre, auch als Gruppe (2 Begleitpersonen frei) 50 %
Rabatt; Ermäßigungen außer bei Abend- und Sonder-
fahrten für Schwerbehinderte und deren Begleitpersonen 30 % Rabatt, Arbeitslose, Sozialhilfeempfänger,
Studenten 10 % (nur werktags), Reisegruppen ab 20
Pers 20 % Ermäßigung. **Infos:** Fahrradmitnahme 3 €,
Hunde 2,50 €.
▶ Der Scharmützelsee ist über die Storkower Gewäs-
ser direkt mit den Berliner Wasserstraßen verbun-
den. Die Ausflugsdampfer starten vom Hafen See-
straße in Bad Saarow zu Rundfahrten über den
Scharmützelsee. Es gibt auch Schleusenfahrten und
Tagesfahrten nach Prieros.

»Eiland« Wasserkremser
E. Bulisch, Seestraße 57, 15755 Schwerin. ✆ 033-
766/41034, Fax 21904. Handy 0160/96037112.
www.wiesencafe.de. wiesencafe@t-online.de.
▶ Das »Schiff« sieht wirklich aus wie ein schwimmen-
der Kremser und bietet Platz für 12 Personen. Eine
einstündige Charterfahrt kostet 45 €. Der hauseige-
ne Partyservice organisiert auch ein Picknick auf See
oder ein Grillfest in der urgemütlichen Grillhütte.

Radeln

Per Drahtesel von Fürstenwalde zum Scharmützelsee
Länge: 9 km bis Bad Saarow-Pieskow, von dort Rück-
kehr mit der Bahn oder 9 km zurück oder Scharmützel-
Umrundung anschließen. **Bahn/Bus:** ↗ Fürstenwalde.
▶ Vom **Bahnhof Fürstenwalde** folgt ihr an Dom und
Rathaus vorbei der Ausschilderung für Autofahrer

Restaurant Park-Café
mit Theater am See,
Seestraße 22, Bad Saa-
row. ✆ 033631/868-
323. www.restaurant-
park-cafe.de. 11 – 23
Uhr. Am Scharmützel-
see mit Terrasse. Regio-
nale, sorbische (!) und
internationale Küche.
Leckere süße Speisen:
Lausitzer Kartoffelpuffer
mit Waldmeistereis,
süße Buttermilchsuppe
mit gebackenen Apriko-
senkrapfen oder fruchti-
ge Beerengrütze.

FRISCHE
LUFT &
SPORT

(Rad)wanderern seien folgende Broschüren empfohlen: *Wanderwege Fürstenwalde und Umgebung* und *Radwanderwege Fürstenwalde und Umgebung*.

Achtung! In Fürstenwalde herrscht Mo – Fr, besonders im Berufsverkehr, der absolute Mega-Stau. Ihr habt zwar Vorfahrt, solltet jedoch für abbiegende Autofahrer mitdenken und an Seitenstraßen und Ausfahrten jederzeit bremsbereit sein.

Hunger & Durst

Restaurant Café Dorsch, Humboldtstraße 16, Bad Saarow Strand. ✆ 033631/2404. www.cafe-dorsch.de. Täglich 12 – 23 Uhr, Nov – März Mo Ruhetag. Am Scharmützelsee mit Jachthafen, Gartenterrasse. Zwar keine speziellen Kindergerichte, aber es gibt ja Spaghetti.

Richtung Bad Saarow. Hinter der Spreebrücke geht es auf dem teils etwas holprigen Radweg der August-Bebel-Straße weiter bis zur Stadtgrenze. Bis hierher habt ihr 5,2 km zurückgelegt. Nach weiteren 600 m erreicht ihr den kleinen Ort **Petersdorf** und der Radweg ist vorerst zu Ende. Die nächsten 1,6 km müsst ihr auf der Straße mit viel Durchgangsverkehr fahren, teilweise könnt ihr auf den Bürgersteig ausweichen. Doch am Ortsausgang beginnt der Radweg erneut. Nach 300 m taucht die Ausschilderung für Autofahrer nach Bad Saarow wieder auf, an der ihr euch orientiert. Nach weiteren 1 km Fahrt erreicht ihr diesen **Kurort,** der ein staatlich anerkanntes Thermalsole- und Moorheilbad ist. Hier könnt ihr schön bummeln, baden und euch die Zeit vertreiben, bevor ihr auf dem gleichen Weg wieder zurück radelt.

Große Scharmützelsee-Tour

Länge: 24 km lange Rundtour um den See, überwiegend einfach. Anschlussfahrt nach Fürstenwalde möglich, dann 9 bzw. 10 km länger. **Bahn/Bus:** ↗ Bad Saarow.

▶ Die Rundfahrt um den 10 km langen Scharmützelsee beginnt gegenüber dem **Bahnhof Bad Saarow.** Hier biegt ihr in die Ulmenstraße ein und fahrt rechter Hand am Maxim-Gorki-Haus vorbei. Nach der links von euch auftauchenden Kirche biegt ihr in die erste links abzweigende Straße ein und gelangt zur Seestraße. Ihr haltet euch rechts und trefft nach 300 m, an der Kreuzung Ahornstraße, auf das Tourismusbüro und das danebenliegende **Seebad mit Terrassencafé.** Vom Seebad aus bereits zu sehen ist die Dampferanlegestelle Schwanenufer. Die Strandpromenade führt als schöner asphaltierter Weg etwas mehr als 1 km direkt am Seeufer entlang. Dort, wo sie endet, wendet ihr euch nach links und fahrt die Platanenstraße bis zur Silberberger Straße vor. Hier wird links eingebogen. Die nächste links abzweigende Querstraße ist die Regattastraße. Hier fahrt ihr nur rein, wenn ihr zur ⬈ Badestelle am Regattaplatz wollt. Ansonsten bleibt ihr auf dem Radweg, der sich immer mehr vom Seeufer und von der Straße entfernt und durch den Wald führt. Am Abzweig **Bad Saarow Strand** lohnt es sich, in die Seestra-

© pmv, Foto: Wolfgang Kling

ße einzubiegen, um sich in einem der Restaurants zu stärken oder eine Bootspartie zu machen.

Weiter geht es auf dem Radweg, der bald eine breite Schlucht überquert und später neben der Straße zum an der Südspitze des Sees gelegenen **Wendisch Rietz** führt. Achtet bei der Ortsdurchfahrt auf die links abzweigende Seestraße. Auf ihr gelangt ihr zur Badestelle.

Der Seestraße folgend, überquert ihr die Bahnlinie in **Wendisch Rietz Siedlung,** hinter den Bahnschienen seht ihr linker Hand eine Ausschilderung für Wanderer (Blauer Balken auf weißem Grund). Bis Bad Saarow zurück sind es noch 13,5 km. Die Strecke ist recht gut ausgeschildert und führt über stellenweise sandige Waldwege und ruhige Straßen zuerst nach **Diensdorf-Radlow.** Hier findet ihr außer zwei Badestellen eine Dampferanlegestelle und mehrere Restaurants.

Bei der Weiterfahrt laden noch zwei Badestellen zum Verweilen ein. Eine liegt in Pieskow, am Ende der Robert-Koch-Straße, die andere ist als Seebad ausgeschildert und von der Uferstraße aus zu erreichen.

Für die Rückfahrt nach Fürstenwalde bieten sich euch drei Möglichkeiten:

Ihr könnt von Bad Saarow-Pieskow mit dem Zug zurückfahren, die Radtour »Von Fürstenwalde zum

Gleich geht's los: Am Scharmützelsee

Hunger & Durst

Restaurant und Café Schilfhaus, Straße am Schilfhaus, Wendisch Rietz. ✆ 033679/ 5555. www.schilfhaus.de. Täglich 12 – 24 Uhr. Am Ufer des Scharmützelsees. Regionale und internationale Küche. Terrasse.

Schwindelfrei? Dann habt ihr gute Aussichten: Nahe der Markgrafensteine in den Rauener Bergen bringt euch ein neuer Turm in 36 m Höhe. An klaren Tagen blickt ihr von dort oben bis nach Berlin!

Scharmützelsee« in umgekehrter Richtung oder aber über die Rauenschen Berge radeln. Letzteres empfehle ich nur Leuten mit überschüssigen Kraftreserven. Auf dieser Strecke über die 148 m hohen Rauenschen Berge gibt es steile und teilweise sandige An- und Abstiege, für die der Anblick der ↗ **Markgrafensteine,** zweier riesiger Findlinge, entschädigt.

Radtour ab Erkner über Fangschleuse

Länge: 25 km. Erkner – Werlsee – Grünheide – Peetzsee – Möllensee – Werlsee – Finkenstein – Fangschleuse – Bahnhof Erkner. **Bahn/Bus:** Ab Berlin S3, RE1 bis Erkner.

▶ Diese Tour wird Asphaltfans begeistern. Gefahren wird sowohl auf sehr gut ausgebauten Radwegen an belebten Straßen als auch auf ruhigen Seitenstraßen. Unterwegs trefft ihr auf mehrere Badestellen, die auch an schönen Frühjahrs- oder Herbsttagen zum Verweilen einladen.

Vom **Bahnhof Erkner** aus unterquert ihr die Bahnlinie, fahrt geradeaus weiter über die Brücke und die Friedrichstraße. Nach 1,1 km, an einer großen Kreuzung, biegt ihr links in die Fürstenwalder Straße ein. Hinter den Bahngleisen und der Brücke über die Löcknitz laden zwei Ausflugsrestaurants zu einer Pause ein. Etwa auf Höhe des Ortsausgangsschildes beginnt auf der linken Seite ein wunderbarer Radweg. Auf ihm kommt ihr nach 1,4 km an der Autobahnmeisterei vorbei. Gleich darauf unterquert ihr die Autobahn. Nach 400 m erreicht ihr die nächste Kreuzung, hier links in Richtung Grünheide einbiegen. Nach 1,5 km Fahrt taucht neben dem Radweg ein großer Parkplatz auf. An der rechten Straßenseite zweigt ein breiter Sandweg ab. Er führt zur *Badestelle am Werlsee.*

Bleibt weiter auf dem Radweg und wechselt hinter der Ampelkreuzung im Zentrum von **Grünheide** auf den Radweg auf der rechten Straßenseite. Nach 1 km kommt ihr zur kleinen Straße Am Rosenberg.

Wenn ihr in diese einbiegt, trefft ihr auf die winzige **Badestelle am Peetzsee.**

Weiter geht es auf dem Radweg, der sich stellenweise von der Straße entfernt und an einem Campingplatz vorbei durch den Wald führt. Nach 3,7 km Fahrt, kurz vor dem Ortseingang Möllensee, zweigt rechts eine kleine, für Wanderer ausgeschilderte Straße nach Finkenstein ab. Weniger als 1 km sind es bis zur **Badestelle am Möllensee.**

Die Fahrt wird auf der kleinen Straße und später auf dem Weg zur Erholung fortgesetzt. Beim Sträßchen Am Kiessee schimmert dieser durch den Wald. Übrigens hat der Campingplatz, an dem ihr gleich darauf vorbeikommt, auch eine Badestelle zu bieten. Um zu ihr zu gelangen, müsst ihr den Platz überqueren.

An der Bushaltestelle führt die Straße nach rechts, ausgeschildert für Wanderer nach Alt Buchhorst. Nach 800 m, die Straße ist in einen gut befahrbaren Waldweg übergegangen, passiert ihr eine kleine Holzbrücke. Dahinter lädt ein überdachter **Picknicktisch** mit zwei Bänken zu einer Pause ein. Nach 1,4 km überquert ihr die Alt Buchhorster Straße und fahrt geradeaus auf der Straße Am Reiherhorst weiter. Noch 1,1 km Fahrt und der Campingplatz erscheint links von der Straße. Eine Badestelle am Möllensee liegt nun rechter Hand.

Geradeaus weiter fahrend, erreicht ihr nach 1 km die Hauptstraße, in die ihr rechts einbiegt. Kurz vor der Brücke überquert ihr die Straße und nehmt den kleinen, links abzweigenden, gepflasterten und steil bergan führenden Weg durch die Parkanlage. Der anschließende Radweg bringt euch zu einer **Badestelle am Werlsee.**

Nun folgt ihr der Hauptstraße durch den Ort **Fangschleuse.** Etwa 600 m hinter dem Ortsausgang trefft ihr auf die euch bereits vom Hinweg bekannte Kreuzung und Autobahnbrücke. Den Weg zurück zum Bahnhof Erkner dürftet ihr nun problemlos finden.

Hunger & Durst

Löcknitz-Bistro, Fangschleusenstraße 1, Erkner. ✆ 03362/501104. Mo – Fr ab 7 Uhr, Sa, So ab 9 Uhr. Terrasse an der Löcknitz, Dampferanlegestelle, hausgemachte Gerichte und Partyservice.

Weitere Radeltipps fürs Dahme-Gebiet

Bahn/Bus: ↗ Königs Wusterhausen.

▶ Mit radelnden Kindern solltet ihr die stark befahrenen Bundesstraßen 179 und 246 meiden. Eine sichere Alternative sind Seitenstraßen und Waldwege. Am Bahnhof von **Königs Wusterhausen,** Ausgang Storkower Straße, verweist ein vielversprechendes Schild auf einen *Dahme-Spreewald Rad- und Wanderweg,* der von KW 122 km bis nach Cottbus führt. Eine durchgehende Wegmarkierung konnten wir jedoch nicht ausfindig machen.

Empfehlenswert ist der 7,6 km lange Radweg, der am *Nottekanal* von Königs Wusterhausen nach Mittenwalde führt. Übrigens war dieser Weg früher ein Treidelweg. Pferde zogen die schweren Lastkähne den Nottekanal entlang.

Gut ausgeschildert sind einige Rundwege um **Märkisch Buchholz.** Außerdem empfehlenswert:

· der Weg von **Gräbendorf** zum ↗ Haus des Waldes und von dort weiter zum ↗ Frauensee sowie in Richtung Prieros;

· ab **Groß Köris** über Bahnhof Motzen (nach den Bahngleisen gleich wieder rechts), Krummernsee ↗ Krummer See, nach Königs Wusterhausen, 17 km, Wegmarkierung Roter Querbalken auf weißem Grund.

Wer bei klirrender Kälte radeln will, braucht warme Handschuhe. Es gibt spezielle Fahrradhandschuhe mit ledergepolsterter Innenhandfläche (wegen der besseren Haftung am Lenker).

Organisierte Radtouren

Märkische Tourismuszentrale Beeskow e.V., Berliner Straße 30, 15848 Beeskow. ✆ 03366/42211, Fax 42297. www.beeskow-tourismus.de. tourismus@beeskow.de. **Bahn/Bus:** ↗ Beeskow. **Zeiten:** Mai – Sep Mo – Fr 9 – 18, Sa, So 9 – 15 Uhr, Okt – März Mo – Fr 9 – 18, Sa 9 – 12 Uhr.

▶ Der Oder-Spree-Seengebiet Tourismusverband e.V. bietet 6- bis 9-tägige Radtouren an. In der Broschüre *Willkommen im PaRADies* werden 4 Touren vorgestellt, die man entweder als Pauschalangebot buchen oder in Eigenregie abfahren kann.

Bei allen Tourist-Informationen der Region, ↗ Info- und Verkehr, könnt ihr die Radwanderkarte *Oder-Spree-Seengebiet* (Maßstab 1:100.000) für 3 € sowie die Tourensammlung *Die schönsten Radtouren im Oder-Spree-Seengebiet* für 6 € erwerben.

Wandern

Picknick bei den Markgrafensteinen

Länge: 2 km, geteerter Waldweg, müheloser Aufstieg. Gehzeit rund 45 Min einfach. **Bahn/Bus:** ↗ Fürstenwalde Bhf Bus 435 Richtung Storkow bis Rauen.

▶ Die Markgrafensteine sind große Felsbrocken, sogenannte **Findlinge,** angeschwemmt von der Eiszeit. Einer misst in Höhe, Breite und Länge jeweils fast 6 m. Eine Sage erzählt, dass in ihm eine Prinzessin eingesperrt ist. Bei Vollmond wartet sie auf ihre Befreiung aus der steinernen Gefangenschaft …

In **Petersdorf** die steile Dorfstraße hinauf laufen. Dann dem Schild folgen, auf dem die Findlinge mit 3,5 km ausgewiesen sind. Man kommt auf einen Weg, der in einen Wald führt. Weiter der Markierung Grüner Strich auf weißem Grund folgen. Es geht hinauf und auch mal runter, dann erreicht man einen dunklen Teil des hier sehr dicht bewachsenen Waldes, und bald darauf sieht man die beiden **Markgrafensteine,** von denen *Theodor Fontane* ein bisschen enttäuscht war. Nicht mehr als liegende Elefanten, fand er, die in der Märkischen Schweiz zwar erstaunlich wären, aber so als Stein wenig mit dem gerühmten »Wunder« zu tun hätten. Etwas weiter steht der **Steinerne Tisch,** von dem aus Fontane noch bis Berlin schauen konnte – doch heute verstellen Kiefern

Die Markgrafensteine stammen aus der Eiszeit, sie sind die größten bekannten Findlinge in Europa. Der große Markgrafenstein wurde 1822 halbiert. Die eine Hälfte liegt noch in den Rauener Bergen, aus der anderen Hälfte wurde eine riesige Granitschale gehauen und vor das Alte Museum im Berliner Lustgarten gestellt. Die Berliner nennen sie seitdem »Suppenschüssel« oder »Biedermeierweltwunder«.

Mama schiebt: Klettern auf einem der Markgrafensteine

die Sicht. Dafür ist dieses Plätzchen bestens zum Picknick geeignet. Und seit 2011 steht ganz in der Nähe ein 36 m hoher **Turm,** von dem aus sich bei klaren Sichtverhältnissen wirklich bis zur Hauptstadt blicken lässt (7,5 km Hin- und Rückweg).

Wandertag in Fürstenwalde

Fürstenwalder Tourismusverein e.V., Rathausstraße 7, 15517 Fürstenwalde/Spree. ✆ 03361/760600, Fax 760601. www.fuerstenwalde-tourismus.de. **Bahn/Bus:** Ab Berlin RE1 im 30-Min-Takt. **Auto:** A12 Abfahrt Fürstenwalde Ost oder West, A10 mit Abfahrt in Freienbrink in Richtung Hangelsberg nach Fürstenwalde. **Rad:** Tour Brandenburg, Spreeradweg, Oder-Spree-Tour, Radroute Historische Stadtkerne Route 4. **Zeiten:** Mo – Fr 10 – 18 Uhr, Sa 10 – 14 Uhr.

▶ Der Fürstenwalder Tourismusverein e.V. organisiert für Berliner und Brandenburger Schulklassen und Jugendgruppen einen Wandertag in Fürstenwalde. Für 12 € pro Person wird in der größten Freizeitkeramikwerkstatt Brandenburgs getöpfert, dazu gibt es ein Mittagessen und 3 Std Badespaß im ↗ schwapp.

Wandern auf dem 66-Seen-Rundweg um Berlin

▶ Ihr könnt um Berlin herumwandern und kommt dabei von einem See zum andern. Der 377 km lange Rundweg (Kennzeichnung, allerdings nicht durchgängig, Blauer Kreis auf weißem Grund) führt durch ganz unterschiedliche Landschaften. Beim Tourismusverband Dahme-Seen in Königs Wusterhausen gibt es das Buch zur Wanderung. Die Gesamttour wird in 14 Teilstrecken unterteilt, die zwischen 20 und 30 km lang sind. Start- und Endpunkte liegen an Bahnhöfen der S- und/oder Regionalbahn. Zwischendurch kommt ihr auch immer wieder an Bahnhöfen vorbei, sodass ihr die Tour abbrechen oder für eine Übernachtung unterbrechen könnt. Durch das Dahme-Seengebiet führen euch die Touren 10 und 11.

Topografische Karte Dahme-Seengebiet LVA, 1:25.000. Hilfreich bei Wanderungen durch größere Waldgebiete, weil neben den Hauptwanderwegen auch viele kleine Wege und Pfade eingezeichnet sind.

66-Seen-Wanderung: Zu den Naturschönheiten rund um Berlin. Trescher Verlag, 264 Seiten, ISBN 978-3-89794-193-9. Detaillierte Wegbeschreibung.

Wanderung ins Sutschke-Tal

Länge: 7,5 km. Bhf Zeesen – Bestensee – Sutschke-Tal. **Bahn/Bus:** ⌇ Königs Wusterhausen, Zeesen liegt 2,5 km südlich. Zurück von Bestensee und Zeesen mit RB oder RE.

▶ In **Zeesen** wendet ihr euch Richtung Osten und geht über den Weidendamm direkt zur Dorfaue am See. Hier könnt ihr manche schöne Badestelle finden. Ihr geht immer am See entlang bis zur Spreewaldstraße, die ihr überquert. Weiter geht es auf dem Weg Am Todnitzsee und auf der Karl-Marx-Straße bis zum Sportplatz. Dort biegt ihr rechts in die Paul-Sievers-Straße ein, die in die Zeesener Straße mündet. Nach 100 m beginnt links neben der Straße ein Radweg. Auf ihm erreicht ihr nach weiteren 800 m die Hauptstraße in **Bestensee.**

Der Ortsname kommt vom slawischen *Bestwin* und bedeutet »viel guter Holunder«. Die bereits im 4. Jahrhundert gegründete Siedlung wurde während der Ostexpansion zwischen dem 11. und 13. Jahrhundert von deutschen Feudalherren erobert.

Nach dem Überqueren der Bahngleise und der Königs Wusterhausener Straße seht ihr auf der rechten Seite das **Hotel Am Sutschke-Tal** und den gleichnamigen Pferdehof. Hier angekommen, habt ihr genau 7,5 km zurückgelegt. Der Besuch des Restaurants lohnt sich besonders für Liebhaber von Wildgerichten. Doch vielleicht hebt ihr euch die leibliche Stärkung für nachher auf. Denn von hier aus könnt ihr das Sutschke-Tal prima zu Fuß – oder hoch zu Ross – erkunden; Pferdehof Am Sutschke-Tal, ⌇ Ferienadressen. Über sandige Wege geht es auf mehreren ausgeschilderten Reit- und Wanderwegen (Weiße Schrift auf grünem Grund) durch das Naturschutzgebiet, beispielsweise zum Krummen See und zum Steinberg. Das **Sutschke-Tal** entstand wie die Seen der Umgebung durch die letzte Eiszeit vor 12.000 Jahren. Aber es gibt auch eine andere Version von seiner Herkunft …!

Hunger & Durst

Hotel-Restaurant Am Sutschke-Tal, Franz-Künstler-Straße 1, Bestensee. ✆ 033763/61516. www.sutschke-tal.de. Mi Ruhetag, sonst 11.30 – 22 Uhr. 4,50 – 14 € für Kindergerichte und Erwachsenenportionen. Sa, So vor allem Wildspezialitäten und Fisch. Auch Eis und prima Kuchen. Fahrradverleih, Liegewiese und Spielplatz, ÜF im Hotel ab 50 €, im Gästehaus ab 18 €.

Eine Sage erzählt, dass auf dem Marienhofer Berg einst der Teufel mit seiner Großmutter wohnte. Eines Tages wollte er pflügen, aber seine Oma weigerte sich, wie ein Pferd vor den Pflug gespannt zu werden. Da musste der Teufel selbst den Pflug ziehen. Wütend stieb er über den Acker und hieb dabei die Riesenfurche in die Hochfläche. So entstand das Sutschke-Tal.

Reiten oder Toben?

Paddington-Ranch

Neue Kanalstraße 5a, 15528 Spreenhagen. Handy
0172/6050424. www.xpaddyx.jimbo.com. paddington-
ranch@web.de. **Bahn/Bus:** RE1 bis Fangschleuse,
dann 8 km per Rad oder Bus 436. **Zeiten:** Unterricht
Di, Fr 14.30 – 17.30 Uhr, Sa, So 8.30 – 12.30 Uhr.
▶ Reitunterricht für Kinder ab 4 Jahre: Longenstunde
(30 Min) 12 €, Erw 14 €. Außerdem Reiterspiele und
Geländeritte. Ferienangebote für Kinder.

Reit- und Pensionsbetrieb Zander

Michaela Zander, Kolberger Dorfstraße 35, 15754
Heidesee-Kolberg. ✆ 033768/51005, Fax 51125.
www.reithofzander.de. reithofzander@t-online.de.
Bahn/Bus: ↗ Heidesee.
▶ Reiten in der neuen Reithalle, Planwagenfahrt (bis
16 Pers) 67 € pro Stunde, Kutschfahrt (bis 7 Pers)
50 € pro Stunde.

Mehr Schwein und viel Pferd

Feriensiedlung Neuendorf, Dorfstraße 6, 15755 Teupitz-
Neuendorf. ✆ 033766/42177, Fax 42176. www.fs-
ndorf.de. fsndorf@aol.com. **Auto:** ↗ Teupitz.
▶ *Heinrich, Luther* und *Egon* freuen sich auf neue Ge-
sichter. Und wenn ihr vom Bestaunen der Hirschfami-
lie, des Ziegenbocks und des schwarzen Schweins
genug und auch die Meerschweinchen genügend gestreichelt habt, wollt ihr vielleicht auf den Ponys reiten oder eine Kremserfahrt unternehmen. ↗ Ferienadressen.

Irrlandia – der MitMachPark

Lebbiner Straße 1, 15859 Storkow (Mark)-Neu-Boston.
✆ 033678/41732, www.irrlandia.de. lollybeier@t-on-
line.de. **Bahn/Bus:** OE36 bis Storkow, dann ca 15 Min
Fußweg bis Gewerbegebiet Neu-Boston. **Auto:** A12 Abfahrt Storkow. **Zeiten:** Mai – Okt täglich 10 – 18 Uhr.

Hunger & Durst

**Schiff-Restaurant Kla-
bautermann,** Seebad-
straße/Am Schulzen-
see, Groß Köris.
0172/3990479.
www.zum-klabauter-
mann.com. Mi – So ab
12 Uhr. Maritime Atmo-
sphäre, 30 Plätze an
Bord. Frischer Fisch,
göttliche Bratkartoffeln,
Kinderteller mit Fisch-
stäbchen oder Bärentat-
zen mit Käse über-
backen.

Preise: 5 €; 2 – 15 Jahre 5 € (inkl eine Freifahrt); mit Familienpass Brandenburg und Berliner Familienpass.
Infos: Hunde müssen draußen bleiben.

▶ Riesiges Actionangebot: Hier könnt ihr spielen, toben, klettern, murmeln, rutschen, schaukeln, hopsen, rätseln, basteln, matschen und euch (kurzzeitig) verirren – im 2 ha großen Maislabyrinth. Es gibt Hängebrücken, ein Baumhaus, eine Hüpfburg, einen Hochseilgarten, einen Wasserspielplatz und ein über 100 m langes Tunnelsystem. An den Wochenenden und in der Ferienzeit: Kutschfahrten und Ponyreiten innerhalb des Geländes. Gastronomie vor Ort.

Tiere erleben

Heimattiergarten Fürstenwalde

Heimattiergarten Fürstenwalde e.V., Dr. Wilhelm-Külz-Straße 10b, 15517 Fürstenwalde/Spree. ✆ 03361/4541, Fax 749940. www.heimattiergarten-fuerstenwalde.de. Im Stadtpark. **Bahn/Bus:** ↗ Fürstenwalde, dann 5 Min zu Fuß durch den Stadtpark, ausgeschildert.
Auto: A12 bis Ausfahrt Fürstenwalde, Parkplatz am Ende des Stadtparks. **Zeiten:** April – Sep 9 – 18, Okt – März 9 – 16 Uhr. **Preise:** 4 €; Kinder 4 – 14 Jahre 2 €.
Infos: Führung für Gruppen nach Voranmeldung.

▶ Eingebettet in den Stadtpark erstreckt sich auf einer Fläche von 80.000 qm der 1975 gegründete und behindertengerecht gestaltete Heimattiergarten. In ihm leben über 300 Tiere 58 verschiedener, vor allem in Europa heimischer Arten. Einige Anlagen, unter anderem das Streichelgehege, dürfen betreten und die Tiere gefüttert werden. Begehbar ist auch das Berberaffengehege. Füttern ist hier allerdings verboten. Eine weitere Attraktion für die kleinen Besucher ist der Spielplatz. Im **Tierparkcafé** könnt ihr euch stärken.

In **Zooschule** und **Umweltbegegnungsstätte** wird für Schulklassen Bio-/Sachkundeunterricht gemacht.

☀ Im Sommer findet im Heimattiergarten ein Kinderfest statt, dann werdet ihr vom Parkmaskottchen Hugo und dem Uhu Frodo persönlich begrüßt.

Fasanen- und Wildpark Bad Saarow-Strand

Faunstraße 1, 15526 Bad Saarow. ✆ 033631/2600, **Bahn/Bus:** ↗ Bad Saarow. **Zeiten:** 9 – 20 Uhr. **Preise:** 2 €; Kinder 1 €. **Infos:** Führung für Gruppen nach Voranmeldung.

▶ Neben verschiedenen Fasanenarten gibt es unter anderem noch Zwergponys, Waschbären und Kängurus. Außerdem gibt es einen kleinen Spielplatz und eine Picknickecke. Klein, aber fein.

Der Natur auf der Spur

Kinderbauernhof Erkner

Wiesenweg 5, 15537 Erkner-Karutzhöhe. ✆ 03362/946936, Fax 504168. Handy 0162/1753555. www.kinderbauernhof-erkner.de. service@kinderbauernhof-erkner.de. **Bahn/Bus:** ↗ Erkner. **Zeiten:** täglich 8 – 18 Uhr. **Preise:** Eintritt frei.

▶ Dieser idyllisch gelegene Hof feierte im Mai 2008 seinen 10. Geburtstag. Hier wurde der Film »Dornröschen erwacht« (Erstausstrahlung ARD 2006) gedreht. Pferde und Ponys, Kuh mit Kälbchen, Ziegen, Hängebauchschweine, Schafe, ein Esel, Kaninchen und Meerschweinchen warten darauf, von euch gefüttert und gestreichelt zu werden. Die Ponys sind sehr verschmust und auch für behinderte Kinder geeignet. Außerdem Arbeitsgemeinschaften, Lagerfeuer und Grillplatz, Wander- und Projekttage, Voltigieren, Folkloretanz, Countryabende, Kindergeburtstage. Reiten für Anfänger und Fortgeschrittene, Ausritte mit Picknick, kleine Reithalle in ehemaliger Scheune, Reitplatz, Kutschfahrten März – Okt für 8 – 10 Pers. Übernachtung, ↗ Ferienadressen.

Haus des Waldes

Frauenseestraße 18, 15741 Heidesee-Gräbendorf. ✆ 033763/64444, Fax 64443. www.haus-des-

Hunger & Durst

Maulbeerbaum, Friedrichstraße 9, Erkner. ✆ 03362/75580. Kleine Familiengaststätte im Zentrum mit kroatischer und internationaler Küche. Sommergarten.

waldes.de. haus-des-waldes@affwu.brandenburg.de.
Bahn/ Bus: Ab KW Bus 724 täglich und 741 Mo – Fr
bis Gräbendorf, dann weiter zu Fuß, ausgeschildert.
Zeiten: täglich 7 – 16, Fr bis 13.30 Uhr. **Preise:** Eintritt
frei. **Infos:** Schülergruppen nur nach Voranmeldung.
▶ Schon die hölzernen Fahrradständer vor dem Eingang verdeutlichen den Besuchern, dass hier die Natur im Mittelpunkt steht. Der Lehrpfad, der sich über das Gelände schlängelt, gibt Auskunft über die lokale Tier- und Pflanzenwelt. Auch die kleinsten Lebewesen finden Beachtung. Davon zeugt das Verkehrsschild: »Vorsicht, Ameise kreuzt den Weg!« Es werden geführte Wanderungen, zum Beispiel Pilzwanderungen, Walderlebnistage, Waldschultage und Waldprojekttage durchgeführt, die dann kostenpflichtig sind.

 Im Oktober steigt im Haus des Waldes ein Drachenfest und Ende November wird zum Adventsbasteln eingeladen.

Besucher- und Informationszentrum des Naturparks Dahme-Heideseen
Arnold-Breithor-Straße 8, 15752 Heidesee-Prieros.
✆ 033768/9690, 96915, Fax 96910. www.sufino.de.
presse@klickschlau.de. **Bahn/Bus:** ↗ Heidesee.
Zeiten: April – Sep Di – Fr 10 – 16, Sa, So 9 – 17 Uhr.
▶ Der Naturpark Dahme-Heideseen umfasst mit etwa 600 qkm den größten Teil des Dahme-Seengebietes. Neben Informationen zum Naturpark könnt ihr beispielsweise Gänse beobachten und zählen oder Naturfotografie erlernen. Für Menschen mit Behinderungen gibt es spezielle Führungen. Der Naturpark-Kalender enthält Termine zu thematischen Wanderungen und Wanderungen mit dem Förster, zu Exkursionen und Radtouren, zu Kanutouren und thematischen Dampferfahrten, zu Vorträgen und praktischen Anleitungen rund um den Garten.

Biogarten Prieros
Mühlendamm 14, 15752 Heidesee-Prieros.
✆ 033768/50130, Fax 208931. www.biogartenprieros.de. kv@vgsdahme-spreewald.de. **Bahn/Bus:** ↗ Heidesee. **Zeiten:** März – Okt Mo – Fr 8 – 16, Mai –

Tiere-Raten
macht bei einer Waldwanderung besonderen Spaß. Einer beginnt und sagt: »Ich kenne ein Tier mit K.« Nun ratet ihr durcheinander drauflos, welches der vielen Tiere mit K wohl gemeint ist. Wer das richtige Tier errät, ist als Nächster an der Reihe. Findet ihr nicht heraus, um welches Tier es sich handelt, bekommt ihr einen Tipp zu Aussehen, Lebensraum, Größe oder Gangart des Tieres. Witzig ist es, den Tipp als Pantomime darzustellen.

Sep auch Sa, So, Fei 13 – 17 Uhr. **Preise:** 2 €; Kinder 1 €; Familien 4 €. **Infos:** Schulklassen und Kindergruppen nach Voranmeldung.

▶ Für Schulklassen und Kindergruppen empfiehlt es sich, folgende Aktivitäten miteinander zu verbinden:
– Führung durch den Botanischen Garten
– Führung und Beschäftigung im Biogarten
– Besuch des Heimathauses Prieros

Auf einer Fläche von 10.000 qm werden Lebensräume bei uns heimischer Pflanzen und Kleinstlebewesen gezeigt. In der Anlage gibt es einen Gartenbereich mit Gewächshaus, Frühbeet und Kompostanlage, ein Wildkräuterbeet und einen Apothekergarten, landwirtschaftliche Nutzflächen, Gemüsegärten und Wiese, Teich, Tümpel und Hochmoor. Besonders Kindern sei der Sinnesgarten empfohlen. Hier können Pflanzen ertastet und erschnuppert werden. Es ist gar nicht so einfach, eine Blume am Duft zu erkennen!

Für Klassen und Gruppen werden nach Voranmeldung Führungen veranstaltet. Regelmäßig finden Projekttage statt. Sie stehen unter Themen wie Tierleben im Teich oder Kräuterprojekt.

Kinderbauernhof Gussow

Feldweg 2, 15754 Gussow. ✆ 033763/63481, Fax 66484. www.kinderbauernhof-gussow.de. fliegende.kuh@gmx.de. **Bahn/Bus:** S46 bis Königs Wusterhausen, dann Bus 724 bis Gussow. **Zeiten:** April – Okt Mo – Fr nach Voranmeldung, Sa, So 11 – 18 Uhr. **Preise:** 1 €. **Infos:** Dubrower Agrargesellschaft mbH, Gussower Straße 13, 15741 Gräbendorf.

▶ Auf diesem alten Gutshof sind Besucher jederzeit willkommen. Hier können Kinder nicht nur Tiere beobachten und füttern, auf Ponys reiten und eine Kutschfahrt unternehmen, sondern sogar aufregende Kindergeburtstage feiern: mit Sackhüpfen, Eierlaufen, Toben auf dem Heuboden oder Basteln mit Naturmaterialien. Wenn ihr Interesse habt, lasst euch die Angebotsliste schicken. Dann könnt ihr das Programm selbst zusammenstellen. Nur wenn ihr ein bestimmtes Programm wünscht oder mit eurer Kindergruppe zu Besuch kommt, solltet ihr euch vorher anmelden. Ansonsten könnt ihr einfach so vorbeikommen – vielleicht auf ein Stündchen, um Pferde, Schafe, Ziegen, Gänse zu besuchen und

© Annette Sievers

Eselei: Auf das Kommando »Bricklebrit« kommt bei diesem Hausesel hinten nichts raus, zumindest nix Goldenes

auf dem großen Spielplatz zu klettern, zu schaukeln und zu rutschen.

Auch der Veranstaltungskalender ist jedes Jahr prall gefüllt. Neben Osterfest und Weihnachtsfeier gibt es im September ein Backofenfest, im Oktober ein Kartoffelfest und einen Märchentag und im November ein Schlachtfest. ↗ Ferienadressen.

Kindertierhof & Jugendclub Max und Moritz

An der Silberberger Chaussee, 15864 Wendisch Rietz-Reichenwalde. ✆ 033679/75062, www.freizeitpark-wendisch-rietz.de. geg.scharmützelsee@freenet.de. **Bahn/Bus:** ↗ Wendisch Rietz. **Zeiten:** Mai – Okt 8 – 19 Uhr. **Preise:** 1 €; Kinder 0,50 €.

▶ Viele Tiere zum Streicheln und Füttern wie Ponys, Esel, Katzen und Kaninchen sowie ein Kinderspielplatz.

Bahnen & Museen zum Anfassen

Fahrt mit der Draisinenbahn

Draisinenbahn Mittenwalde – Töpchin, Mittenwalder Straße 81a, 15741 Mittenwalde-Motzen. ✆ 033769/20008, Fax 20008. www.draisinenbahn.de. info@draisinenbahn.de. **Bahn/Bus:** ↗ Mittenwalde. **Zeiten:** 10,

DAHME & SPREE

HANDWERK UND GESCHICHTE

 *Der Erfinder der Draisine* hieß *Karl Drais, der 1817 dieses Lauf-Rad zur schnellen Fortbewegung ohne Pferd und Wagen erfunden hat. Daraus entwickelte sich das Fahrrad. Eisenbahner bauten sich für die Streckenkontrolle Draisinen, mit denen sie strampelnd wie auf dem Fahrrad oder wie an der Pumpe stehend vorwärts kamen. Also krempelt schon mal die Ärmel hoch!*

Hunger & Durst

Der Turm – Café & Culture, Funkerberg, Königs Wusterhausen. ✆ 03375/290932. www.der-turm-kw.de. Feb – Dez Mi 12 – 22 Uhr, Do – Sa 12 – 19 und So 12 – 18 Uhr. Café mit Garten im ehemaligen Wasserturm. Kaffee, Kuchen, kleine Speisen. Regelmäßig Konzerte und kulturelle Veranstaltungen. Aussichtsplattform in 33 m Höhe mit wunderbarem KW-Blick.

13, 16 Uhr, Abfahrt nur ab Mittenwalde möglich. **Preise:** Einfache Fahrt Mo – Fr 7 €, Sa, So und Fei 9 €. Hin- und Rückfahrt 12,80 € bzw. 15,40 €; Kinder unter 5 Jahre frei, 5 – 14-Jährige 50 % Ermäßigung.

▶ Seit 2001 verkehrt zwischen den Bahnhöfen Mittenwalde (Ost, Am Ostbahnhof 1) und Töpchin (Bahnhofstraße 22c) eine Draisinenbahn. Die Strecke ist 11 km lang, die Fahrt dauert eineinhalb Stunden. Es stehen 20 Fahrrad- und Handhebeldraisinen zur Verfügung. Eine **Draisine** bietet Platz für 12 – 14 Personen.

In beiden Bahnhöfen gibt es Informationsbüros. Ihr könnt aus sieben verschiedenen Angeboten wählen. Für 40 bzw. 43 € gibt es das folgende Angebot: Draisinenfahrt, Grillen in Töpchin, Übernachtung im Bahnwaggon, großes Frühstück und Bahnhofsführung.

Sender- und Funktechnikmuseum

Funkerberg 20 (Haus 1), 15711 Königs Wusterhausen. ✆ 03375/294755, Fax 294754. www.funkerberg.de. verein@funkerberg.de. **Bahn/Bus:** ↗ Königs Wusterhausen. **Zeiten:** Di, Do, Sa, So 13 – 17 Uhr. **Preise:** 3 €; Kinder bis 12 Jahre frei, ab 12 Jahre 1,50 €. **Infos:** Führungen für Schulklassen (Aufschlag 0,50 €/Pers) und Gruppen (Aufschlag 1 €/Pers) nach Voranmeldung, auch außerhalb der Öffnungszeiten.

▶ Hier steht die Wiege des deutschen Rundfunks. Bereits 1908 wurden erste Funkversuche mit fahrbaren Funkstationen unternommen. Von hier aus ging am 22. Dezember 1920 die erste Rundfunksendung in Deutschland über den Äther – ein Weihnachtskonzert der Postbeamten von Königs Wusterhausen. Ab 1926 konnte erstmals das Programm des Deutschlandsenders auf Langwelle 231 Khz (seit 1940 auf vielen verschiedenen Frequenzen) empfangen werden. Besucher können unter anderem Teile von Sendeanlagen der 30er bis 70er Jahre und eine Nachbildung des »Antennenwaldes« von Königs Wusterhausen besichtigen.

Kultur pur

Kulturfabrik

Domplatz 7, 15517 Fürstenwalde. ✆ 03361/2288, Fax 310288. www.kulturfabrik-fuerstenwalde.de. geschaeftsfuehrung@kulturfabrik-fuerstenwalde.de. **Bahn/Bus:** ↗ Fürstenwalde.

▶ Die einstige Bierbrauerei, ein imposantes Backsteingebäude aus dem Jahr 1891, ist jetzt Kulturzentrum der Stadt. Hier befinden sich unter anderem die Kinder- und Stadtbibliothek, künstlerische Werkstätten (Projekttage für Schulklassen), Bandprobenräume, Kinderladen (offener Treff für Kinder von 6 – 12 Jahre) und Frauenladen. Es gibt regelmäßig Musik- und Theaterveranstaltungen, Ausstellungen und Lesungen.

Töpfern in der Keramikwerkstatt

Kulturverein Nord e.V., Julius-Pintsch-Ring 13, 15517 Fürstenwalde. ✆ 03361/344130, www.kulturverein-nord.de. info@kulturverein-nord.de. **Bahn/Bus:** ↗ Fürstenwalde. **Zeiten:** Di 13 – 17, Mi 13 – 21, Sa 10 – 13 Uhr, in den Schulferien zusätzlich Do 13 – 17 Uhr. **Infos:** Gruppen nach Voranmeldung am Vormittag.

▶ Töpferkurse für Familien und (Kinder)gruppen, offene Arbeitsgemeinschaft.
Außerdem im Kulturverein: Schülerclub (Trebuser Straße 56), Computertreff, Kurse und Seminare im Töpfern, Malen und Zeichnen, künstlerische Projekte, Tanzen für Kinder und Erwachsene.

Bibliothek in Bestensee

Waldstraße 31, 15741 Bestensee. ✆ 033763/63451, **Bahn/Bus:** ↗ Bestensee. **Zeiten:** Mo, Fr 16 – 19 Uhr, Sa 9 – 12 Uhr.

▶ Viele Medien für Kinder, freundliche Atmosphäre, zu der die ehrenamtliche Bibliothekarin Frau Dubiel wesentlich beiträgt.

Hunger & Durst

Restaurant & Hotel Zille-Stuben, Schlossstraße 26, Fürstenwalde. ✆ 03361/57725. Täglich 11 – 22 Uhr. Hausgemachte Speisen um 10 €, Kinderportionen die Hälfte.

DAHME & SPREE

FESTE & FESTE TERMINE DAHME & SPREE

Januar/Februar:	Erkner: Karneval.
März/ April:	Erkner: **Osterbasar vor dem Heimatmuseum**.
	Gräbendorf: **Schlittenhundewagenrennen; Frühlingsfest** im Erholungszentrum am Hölzernen See.
	Gussow: **Schafscheren** und **Osterfest**
	Zernsdorf: Kunsthandwerk- und Keramikmarkt.
	Schenkendorf: **Walpurgisnacht und Hexenmarkt**.
Mai:	Erkner: **Heimatfest mit Festumzug**.
	Fürstenwalde: **Frühlingswochen**.
	Wendisch Rietz: **Frühlingsfest**.
	Bad Saarow: **Scharmützelseewoche und Segelregatta**.
	Königs Wusterhausen: **Frühlingsfest**.
	Friedersdorf: **Reitertage**, ✆ 033767/21107.
	Zeuthen: **Fischerfest**, ✆ 033762/7530.
Juni/Juli:	Friedersdorf: **Gemeindefest** der Gemeinde Heidesee.
	Wendisch Rietz: **Fischerfest**.
	Bad Saarow: **Mittelaltermarkt**.
	Königs Wusterhausen: **Bahnhofsfest**.
August:	Bad Saarow: **Segelregatta**.
	Erkner: **Lange Nacht der Museen** im Heimatmuseum.
September:	Fürstenwalde: **Tierparkfest**.
	Königs Wusterhausen: **Internationales Stadionfest**.
	Königs Wusterhausen: **Schlossfest**.
	Friedersdorf: **Erntefest**.
	Frauensee: **Herbstspektakel** mit Kindern.
Oktober:	Eichwalde: **Weinfest**.
	Schenkendorf: **Ritterturnier**, ✆ 03375/901286.
	Prieros: **Naturschutztag**.
	Motzen: **Kürbisfest**.
November/Dezember:	Erkner, Königs Wusterhausen: **Weihnachtsmarkt**.

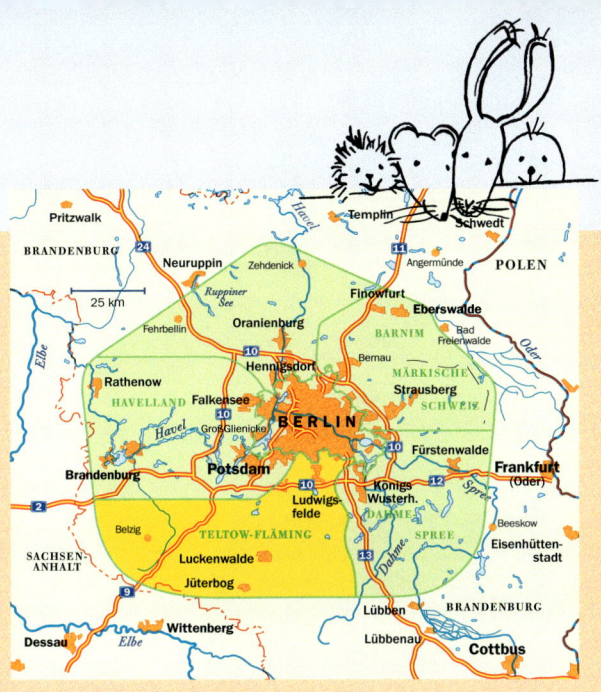

Das Gebiet südlich von Berlin und südlich bis süd-westlich von Potsdam heißt Teltow-Fläming. Die Bezeichnung Teltow ist einerseits auf die gleichnamige Stadt vor den Toren Berlins, andererseits auf den Anfang des 20. Jahrhunderts fertig gestellten Teltow-Kanal zurückzuführen. Der Name Fläming deutet auf die flämischen Einwanderer hin, die dieses Gebiet im Mittelalter besiedelten.

Charakteristisch sind für den Teltow Felder, Wiesen und kleine Wäldchen. Ganz anders der Fläming. Hier erstrecken sich ausgedehnte Nadelwälder, überwiegend aus Kiefern. Die Landschaft ist hügelig und der höchste Punkt ist der *Hagelberg* bei Belzig mit 201 m. Verglichen mit dem Dahme-Seengebiet ist der Teltow-Fläming ein wasserarmes Gebiet.

Die hier vorgestellte Region Teltow-Fläming geht über den Landkreis Teltow-Fläming mit der Kreisstadt Luckenwalde hinaus. Sie umfasst Teile des Landkreises Potsdam-Mittelmark, etwa ab der Linie Ziesar – Belzig über Belzig im Hohen Fläming bis zur Grenze zu Sachsen-Anhalt.

Im Norden locken die Orte Ludwigsfelde – Jühnsdorf mit Bademöglichkeiten, Richtung Süden orientiert sich die Griffmarke an der Bahnlinie Rangsdorf – Baruth, wo das Museumsdorf Glashütte und der Wildpark Johannismühle schöne Ziele abgeben.

Frei- und Hallenbäder

Freibad Beelitz

Langer Wiesenweg, 14547 Beelitz. ✆ 033204/42417, Fax 39135. www.beelitz.de. info@beelitz.de. **Bahn/Bus:** ↗ Beelitz. **Zeiten:** Mai – Sep Mo – Sa 10 – 19 Uhr, So 9 – 19 Uhr. **Preise:** 2,60 €; Kinder und Jugendliche bis 18 Jahre 1,30 €, Kleinkinder 0,30 €; Familienticket (2 Erw und bis zu 3 Kinder) 5,20 €.

▶ 50-Meter-Becken, Eltern-Kind-Bereich, Spielplatz, Tischtennis, Beachvolleyball.

WEITE WIESEN, STEIN-REICHE WÄLDER

Eine gute Orientierungshilfe bei (Rad)touren im Hohen Fläming ist die *ADFC-Radkarte Potsdam und Umgebung,* 1:75.000.

Fürs Baruther Urstromtal ist brauchbar *ADFC-Radkarte Berlin und Umgebung,* 1:75.000.

TIPPS FÜR WASSER-RATTEN

Immer schön rechts fahren: Skater und Radler teilen sich den Fläming-Skate

Freizeit- und Erlebnisbad Bad Belzig

Weitzgrunder Straße 6, 14806 Bad Belzig. ℰ 033841/ 31011, www.belzig.com. info@belzig.com. **Bahn/Bus:** ↗ Belzig. **Zeiten:** Mai – Mitte Sep 10 – 20 Uhr. **Preise:** 2,50 €; Kinder ab 4 Jahre 1,50 €; Familie 6 €.
▶ Schwimmerbecken, Kinderbecken, Strömungskanal, 55-Meter-Rutsche, Tennis, Schach, Volley- und Basketball, Spielplatz.

Wasserspaß auf Seen & Flüssen

Wasserski- und Wakeboardanlage und Naturerlebnisbad Großbeeren

Bahnhofstraße 49, 14979 Großbeeren. ℰ 033701/ 90873, Fax 90874. www.wasserski-grossbeeren.de. info@wakeboarding-berlin.de. **Bahn/Bus:** ↗ Großbeeren. **Zeiten:** Mo – Do ab 15, Fr ab 14, Sa, So, Fei ab 13 Uhr. **Preise:** 3,50 €, Jahreskarte 120 €; Kinder 2,50 €; Familienkarte 7 €, Familienjahreskarte 280 €, Einsteigerkurs in kleiner Gruppe im Wasserski- oder Wakeboard-Fahren So ab 9, 10, und 11 Uhr 20 €, Kinder bis 16 Jahre 17 € (Anmeldung erforderlich); 2-stündiger Kurs in großer Gruppe mit Anleitung, Anfängerski und Schwimmwesten außerhalb der Sommerferien 10 €.
▶ Auf einem künstlich angelegten 40.000 qm großen See können Profis Wasserski und Wakeboard fahren. An einem Seil werdet ihr übers Wasser gezogen – und ab geht die rasante Fahrt! Mehr oder weniger aufrecht auf Doppel- oder Soloski stehend oder auf einem Wakeboard, das wie ein Snowboard aussieht und mit dem man tolle Sprünge vollführen kann, sofern man den Haltegriff nicht aus den Händen verliert. Alle Nicht-Profis können es in Kursen (auch Schülerferienkurse) erlernen. Das **Naturerlebnisbad** bietet außer Badespaß eine Volleyball- und Basketballanlage, Hängematten zum Ausruhen und einen Spielplatz für die Kleinen. Für das leibliche Wohl sorgen Imbiss, Restaurant und Biergarten.

Über die Qualität der Badegewässer erhaltet ihr Auskunft beim Landkreis Teltow-Fläming, Gesundheitsamt, Am Nuthefließ 2, 14943 Luckenwalde, ℰ 03371/6083800, sowie beim Landkreis Potsdam-Mittelmark, Gesundheitsamt, Steinstraße 14, 14801 Bad Belzig, ℰ 033841/ 91297.

Strandbad Rangsdorf

Seebadallee, 15834 Rangsdorf. ✆ 033708/379019, 920997, Fax 920997. www.tourismus-rangsdorf.de. info@tourismus-rangsdorf.de. **Bahn/Bus:** ↗ Rangsdorf. **Preise:** Eintritt frei.

▶ Der 300 ha große Rangsdorfer See ist mit seinen flachen Ufern und seinem Sandstrand vor allem bei Familien mit Kindern sehr beliebt. Bei schönem Wetter tummeln sich viele Badegäste am Strand und im Wasser. Der Eintritt ist zwar frei, aber dafür badet man auf eigene Gefahr. Es gibt keinen Bademeister, der das Geschehen am und im Wasser überwacht. Im Winter friert der See schnell zu und lädt zum Schlittschuhlaufen oder zum Eissegeln ein.

Sehr zu empfehlen ist eine **Radwanderung** um den Rangsdorfer See. Der 18 km lange Radweg (gelbe Markierung auf weißem Grund) führt durch das *Naturschutzgebiet Rangsdorfer See.* Hier sind im Herbst und Frühjahr Zugvögel wie Graugänse und Kraniche zu beobachten.

Strandbad Mellensee

Betreiber Hotel-Restaurant Weißer Schwan, 15838 Am Mellensee. ✆ 03377/394534, Fax 399623. www.strandbad-schwan-ammellensee.de. info@mellensee.de. **Bahn/Bus:** ↗ Am Mellensee. **Rad:** ↗ Radeltipp. **Zeiten:** 10 – 19 Uhr. **Preise:** 1,80 €; Kinder 1 €; ermäßigt 1,40 €.

▶ Im idyllisch gelegenen Strandbad kann jeder einen Platz nach seinem Geschmack finden: in der prallen Sonne oder im Schatten unter den zahlreichen Bäumen. Für Sportbegeisterte gibt es einen Bolz- und einen Volleyballplatz. Spielgeräte, Ruderbootverleih, Imbiss.

Fischerei und Fischgaststätte Mellensee

Ralf Dowhaluk, Klausdorfer Straße 9, 15838 Am Mellensee-Mellensee. ✆ 03377/302568, **Bahn/Bus:** ↗ Am Mellensee. **Zeiten:** täglich 7 – 18 Uhr.

 Museen im Seebad-Casino, Am Strand 1, Rangsdorf. www.bueckermuseum.de. Mi 10 – 17 und am Wochenende 13 – 17 Uhr, Eintritt für Erw jeweils 1,50 €, Kinder 1 €. Im Seebad-Casino von Rangsdorf gibt es gleich 2 Museen: das Luftfahrt- und das Europäische *Eissegel-Museum,* www.eissegel-museum.de.

Wenn ihr aus Richtung Zossen per Rad kommt, empfehle ich euch als Alternative zur stark befahrenen B96 den neben dem Nottekanal verlaufenden Weg. Auf der Nottebrücke habt ihr eine schöne Aussicht auf den Mellensee. Wendet euch dann nach links. Gleich nach der Brücke befindet sich auf der rechten Seite eine kleine Parkanlage. Hier beginnt ein Uferwanderweg, der euch nach etwa 500 m zum Strandbad führt.

Fischgaststätte Mellensee, Am Wildpark 5, Am Mellensee-Mellensee. ℅ 03377/ 201296. www.restaurant-wildpark.de. Täglich ab 11 Uhr, im Winter Mo geschlossen. Neben Fischgerichten auch selbst gebackener Kuchen. Seeterrasse mit 100 Plätzen.

Das Strandbad Klausdorf ist auch außerhalb der Badesaison geöffnet. Eine nette Geste der Betreiber, wie wir finden. Jeder hat dann freien Eintritt: Kinder zum Spielen und müde Wanderer zum Ausruhen. Der ideale Rastplatz ist bei den vielen Bänken und Picknicktischen schnell gefunden.

In Wünsdorf hatte das Oberkommando der in Ost-Deutschland stationierten sowjetischen Truppen seinen Sitz. Daran erinnert inzwischen nur noch wenig.

▶ Anderthalbstündige Rundfahrten mit holländischem Grachtenboot für 15 – 50 Pers, Verleih von Angelkähnen.

Strandbad Klausdorf am Mellensee

Bürgerverein Klausdorf am Mellensee e.V., Zossener Straße 74, 15838 Klausdorf. ℅ 033703/7365, Handy 0173/8951269. www.strandbad-klausdorf.de. vorstand@bk.ammellensee.de. **Bahn/Bus:** Von ↗ Zossen Bus 706. **Zeiten:** 8 – 22 Uhr. **Preise:** 2 €; Kinder 1 €.

▶ Das Strandbad am Westufer des Sees ist nicht zu übersehen. Schon von Weitem wirbt eine große Hinweistafel für die 63 m lange Wasserrutsche. Treffpunkt für Wasserratten ist die Badeinsel Paula. Ein weiterer Anziehungspunkt ist der Spielplatz. Er liegt unter Kiefern im Schatten und ist sehr großzügig mit Spielgeräten ausgestattet. Es gibt verschiedene Klettermöglichkeiten, Schaukeln, ein Wackelpferd und ein Spielhaus. Sportlich Aktive können Beachvolleyball spielen. Einen Bootsverleih mit Ruder-, Paddel- und Tretbooten sowie Surfbrettern gibt es auch. Für eine kleine Stärkung wird im Bistro gesorgt. Außerdem kann gegrillt werden.

Großer Wünsdorfer See

Wünsdorf. Badestelle am Nordostufer in Wünsdorf. **Bahn/Bus:** RB24 bis Wünsdorf. **Rad:** Wie beschrieben.

▶ Zwischen dem Stadtrand von Zossen und Wünsdorf liegen 6 km. Vom Bhf Zossen kommend biegt ihr rechts in die Bahnhofstraße ein und fahrt bis zur Berliner/Luckenwalder Straße. Auf der Berliner Straße gelangt ihr zum Markt, von dort geht es auf der Baruther Straße weiter. Hier beginnt ein Radweg, der beidseits der Straße verläuft und bis nach Wünsdorf führt. Kurz nach dem Ortseingang folgt ihr dem Schild zum Bhf, überquert die Bahngleise und fahrt geradeaus weiter. Rechter Hand erstreckt sich das parkähnliche Gelände der Badestelle. Fahrradständer sind reichlich vorhanden.

Der **Badebereich** ist sehr groß und wird durch Längsstege und einen Quersteg begrenzt. Auf dem Spielplatz laden rustikale Holzspielgeräte zum Klettern und Hangeln ein. Für das leibliche Wohl sorgt ein Imbiss.

Eine weitere Badestelle befindet sich im Ortsteil **Neuhof.** Ruhig gelegen, schöner Sandstrand.

Radeln, Reiten, Skaten, Eislaufen

FRISCHE LUFT & SPORT

Radtour von Zossen nach Sperenberg

Länge: 14,3 bzw. 13 km lang. Zossen – Nottebrücke – Mellensee – Klausdorf – Märkische Ziegel GmbH CHECK – 1. Feldweg – Rehagen – Sperenberg. 2. Waldweg – Sperenberg. **Bahn/Bus:** Ab Berlin RE7.

▶ Mehrere Sperrgebiete, die zum Teil Truppenübungsplätze der Bundeswehr sind, befinden sich zwischen den Orten *Burgwalde* und *Fredersdorf* sowie *Busendorf* und *Ragösen.* Zwar gibt es immer wieder Hinweis- und Warnschilder mit Panzern drauf, aber die Waldgebiete sind so ausgedehnt und unübersichtlich, dass man in die Militärgebiete hineingeraten kann, ohne es zu merken. Auf unseren und den empfohlenen Karten sind sie eingezeichnet.

 Tüchtige Wanderer können diese Tour auch zu Fuß machen.

Ihr überquert den Bahnhofsvorplatz in **Zossen** und trefft auf die Bahnhofstraße, in die ihr rechts einbiegt. Ihr fahrt immer geradeaus. Nach der Araltankstelle zweigt rechts eine kleine Straße ab, die den Namen Oertelufer trägt. Hier biegt ihr ein. Parallel zur Straße verläuft der **Nottekanal.** Nach dem Bahnübergang geht es auf einem schönen Uferwanderweg immer geradeaus.

Nach 5 km kommt ihr an einer Schleuse vorbei. Nun seid ihr fast am **Mellensee** und im gleichnamigen Ort. Eine Treppe führt zur Straße und hinauf zur Nottebrücke. Wenn ihr mit Fahrrad, Kinderwagen oder Rollstuhl unterwegs seid, bleibt auf dem Wanderweg, er geht auch bis zur Straße.

**Hotel-Restaurant Wei-
ßer Schwan,** Bahnhof-
straße 12, Zossen.
☎ 03377/20400.
www.hotel-weisser-
schwan.de. Täglich ge-
öffnet. An der B96.
Deutsche Küche, großer
Biergarten, Mi Riesen-
schnitzeltag. DZ ab
69 €.

*Eduard Hoffmann
entwickelte 1858
einen genialen Ofen, in
dem viele Tonziegel auf
einmal gebrannt werden
konnten. Der Hoffmann-
sche Ringofen ist oval,
und besteht aus vielen
Kammern, die einzeln
von unten befeuert wur-
den. Oben wurden die
Ziegel reingelegt, die
Kammer für Kammer
gebrannt wurden.*

Von der Brücke habt ihr die beste Aussicht auf den Mellensee. Am bewaldeten Ostufer befindet sich das Strandbad. Am Nord- bzw. Westufer erstrecken sich die Orte Mellensee und Klausdorf, die ineinander übergehen. Beide Orte sind auf Tourismus einge-stellt. Es gibt zahlreiche Restaurants und Unterkünf-te jeder Preisklasse.

Um nach Klausdorf zu gelangen, wendet ihr euch nach rechts, überquert den Bahnübergang und kommt links auf die Klausdorfer Straße, die später Zossener Straße heißt.

Vor dem **Strandbad Klausdorf** hängen eine Informati-onstafel und mehrere Wegweiser zur Orientierung. Nach 500 m erblickt ihr auf der rechten Seite die Schornsteine der **Märkischen Ziegel GmbH** mit ei-nem unter Denkmalschutz stehenden Hoffmann-schen Ringofen aus dem Jahre 1890. Ob und wann eine Besichtigung möglich ist, solltet ihr unter ☎ 033703/7850 erfragen.

Viele Wege führen nach **Sperenberg.** Wir haben bei unseren Radwanderungen mehrere Strecken auspro-biert. Zwei Varianten möchten wir euch vorschlagen.

Variante 1: Ihr biegt von der Zossener Straße in den Gipsweg ein. Die Straße endet bald und geht in einen Weg über, der in einem weiten Bogen bis zur Straße nach Sperenberg führt. Kurz vor dieser Straße zweigt rechts ein breiter Feldweg ab, der bis auf einige san-dige Stellen gut zum Radfahren geeignet ist. Dieser Weg überquert dann die Bahnlinie und wird zu einer asphaltierten Straße, die Ziegelstraße heißt. Bleibt man auf der Straße, kommt man zuerst einmal nach *Rehagen,* auf die Chausseestraße. Links geht es nach Sperenberg. Auf dem Radweg, der nach dem Ortsausgang beginnt, sind noch etwa 2 km bis dort-hin zurückzulegen.

Variante 2: Zunächst richtet ihr euch nach der Be-schreibung in Variante 1. Bevor der Feldweg die Bahnlinie quert, stößt er auf einen breiten Waldweg, in den ihr links einbiegt. Ihr erreicht Sperenberg nach

1,5 km auf der Straße der Freundschaft.

In **Sperenberg** waren bereits Ende des 19. Jahrhunderts preußische Soldaten stationiert. Bis 1990 befand sich hier eine Garnision der sowjetischen Armee. In den darauffolgenden Jahren kam der kleine Ort in die Schlagzeilen, da er als möglicher Standort für einen neuen Großflughafen erwogen wurde. Doch längst ist die Entscheidung für den Ausbau des Flughafens Schönefeld gefallen und in Sperenberg wieder Ruhe eingekehrt.

Zu empfehlen ist ein Besuch der ⬈ *Heimatstube* und der Gipsbrüche mit dem 80 m hohen *Gipsberg*. Im heutigen Naturschutzgebiet wurde bis Mitte der 50er Jahre des 20. Jahrhunderts Gips im Tagebau gefördert.

© pmv, Foto: Kirsten Wagner

Triumph: Die Jüngsten waren mal wieder die Ersten

Flaeming Skate – die längste Skaterbahn Europas

Flaeming-Skate® GmbH, Markt 15/16, 14913 Jüterbog. ✆ 03372/4403-200, Fax 4403-220. www.flaeming-skate.de. info@flaeming-skate-gmbh.de. **Bahn/Bus:** ⬈ Luckenwalde, Jüterbog. **Infos:** Skate-Arena, am Gewerbegebiet, 14913 Jüterbog, Infos und Termine unter ✆ 03372/4403-210, info@flaeming-skate-gmbh.de.

▶ Die längste und landschaftlich schönste Skaterbahn Europas – das ist ein Paradies für Skater, Radler und Rollifahrer. Auf feinstem Asphaltbelag führen mittlerweile sechs Rundkurse durch das Baruther Urstromtal und den Niederen Fläming. Der längste **Rundkurs** (RK1) ist über 100 km lang und rund 3 m breit. Alle Rundkurse sind miteinander verbunden! Ausgangs- und Zielpunkte sind z.B. die Städte Luckenwalde (RK2) und Jüterbog (RK3). Entlang der sehr gut ausgeschilderten Strecken gibt es Rastplät-

 **Kuhlmey-Sport 2000,** Große Straße 56 (REWE-Parkplatz), Jüterbog. ✆ 03372/405252. Mo – Fr 9 – 19, Sa 9 – 13 Uhr. Skate-Verleih, Service und Kurse.

Hunger & Durst

See-Café, Martin-Luther-Straße 14, Bad Belzig. ✆ 033841/45780. Auf der Kurmeile mit Garten und Blick auf einen kleinen See. Selbst gebackener Kuchen, viele Eissorten, aber auch Pilz- und Wildgerichte.

ze, Infotafeln, Badestellen, Museen, Kreativangebote, Übernachtungsmöglichkeiten und Restaurants. In Jüterbog ist mit der *Skate-Arena* eine moderne Anlage entstanden, die auch für nationale und internationale Wettkämpfe, etwa die Europameisterschaften im Speed-Skating, genutzt wird.

Pferdehof Neubeeren

Neubeeren 4, 14979 Großbeeren. ✆ 033701/59133, Fax 59131. www.pferdehof-neubeeren.de. info@pferdehof-neubeeren.de. **Bahn/Bus:** ↗ Großbeeren. **Zeiten:** Büro Mo, Di, Do 9 – 16, Fr 9 – 11 und So 12 – 16 Uhr.
▶ 80 Pferde, 3 Reithallen, Restaurant *Il Palio* (Di – So ab 11.30 Uhr), Reitladen, Reitausbildung für Kinder und Erwachsene, Longen, Ausritte, Kutschenmuseum und Kutschfahrten.

Eisbahn Belzig

Weitzgrunder Straße, 14806 Bad Belzig. ✆ 033841/30213, www.stadt-belzig.de. info@stadt-belzig.de. **Bahn/Bus:** ↗ Bad Belzig, ausgeschildert. **Zeiten:** Nov – Feb Di 15 – 18, 19 – 21, Mi, Do 15 – 18, Fr 13 – 15, 16 – 18, 19 – 21 Uhr, Sa 10 – 12, 13 – 15, 16 – 18, 19 – 21 Uhr, So 10 – 12, 13 – 15 und 16 – 18 Uhr. **Preise:** 2,50 €; Kinder ab 5 Jahre 1,50 €.
▶ Auch Schlittschuhverleih und Schleifen eigener Schlittschuhe.

UMWELT ERFORSCHEN

Tiere erleben

Vogelpark Teltow

Feldstraße 30a, 14513 Teltow. ✆ 03328/ 41678, Fax 303216. www.vogelpark-streichelzoo-teltow.de. info@vogelpark-streichelzoo-teltow.de. **Bahn/Bus:** S25 Teltow-Stadt. **Zeiten:** täglich 9 – 19 Uhr, in den Wintermonaten bis zur Dämmerung. **Preise:** 2,50 €; 1,50 €. **Infos:** Hunde müssen an der Leine geführt werden, es gibt neben Toiletten auch einen Wickelraum.

Aras *gehören zur Familie der Papageien und können bis zu 90 cm lang werden. Die bunten und geselligen Vögel stammen meist aus den Tropenwäldern des nördlichen Südamerika. Sie leben monogam, d.h., sie verbringen ihr ganzes Leben mit einem Partner.*

▶ Familienfreundliche Anlage mit Kinderspielplatz, kleinem Streichelzoo, preiswertem Gastronomieangebot. Zu sehen und zu bewundern sind Kakadus und Papageien aller Art – von kleinen Sittichen bis zu großen, bunten **Aras** – Pfauen, Affen, Ponys, Esel, Ziegen, Meerschweinchen. Mit Futter, das es an der Kasse zu kaufen gibt, dürft ihr die meisten Tiere auch füttern. Ponyreiten 1 €.

Heimattierpark Luckenwalde

Neue Parkstraße 5, 14943 Luckenwalde.
✆ 03371/ 610373,
www.luckenwalde.de. touristinfo@luckenwalde.de.
Bahn/Bus: ↗ Luckenwalde. **Zeiten:** Nov – März 7 – 16, April – Okt 7 – 18 Uhr. **Preise:** 2,50 €; Kinder 6 – 14 Jahre 1 €; Jugendliche, Studenten 2 €.

Außer den Gelbbrustaras gibt es im Vogelpark auch noch 2- und 4-Beiner

▶ Nahe dem Zentrum befindet sich der 1904 angelegte Stadtpark. Hier entstand ab 1956 nach und nach ein kleiner Zoo. In ihm leben inzwischen 350 Tiere von 42 Arten. Darunter sind viele bei uns heimische Wildtiere, wie Wildschweine und Rothirsche, aber auch Braunbären und Affen.

Jagdgaststätte Elsthal,
Elsthal 6, Luckenwalde.
✆ 03371/616808.
www.jagdgaststaette.de
Täglich ab 11 Uhr. Mo –
Fr ab 18 Uhr Essen bis
nichts mehr hineingeht
vom reichhaltigen Buffet
(Kinder 4 – 10 Jahre
4,50 €, 11 – 16 Jahre
7,50 €, Erw 10,50 €).
Hausmannskost und
Wildgerichte. Mit Bier-
garten und Terrasse,
großem Spielplatz,
Spielecke.

Flugvorführung
März – Okt Di,
Mi, Do, Sa, So 10.30
und 14 Uhr.

Knapp über eure Köpfe
fegen die Falken über
euch hinweg: Erleben
könnt ihr das im Wildpark
Johannismühle

© Annette Sievers

Am letzten Sonntag im August findet jedes Jahr ein
großes Tierparkfest statt.

Wildpark Johannismühle & Falknerei

Johannismühle 2, 15837 Baruth/Mark-Glashütte.
✆ 033704/97011, Fax 97025. www.wildpark-johannis-
muehle.de. info@wildpark-johannismuehle.de. 45 km
südlich von Berlin. **Bahn/Bus:** RE5 bis Luckenwalde.
Auto: ↗ Baruth/Mark. **Rad:** Fläming-Skate 5 ab Ba-
ruth/Mark. **Zeiten:** Sep – Di – So, Fei 10 – 19 Uhr,
Sep – März Di – So 10 – 16 Uhr, 17. Nov – 24. Dez geschlossen, April – Aug 10 – 19 Uhr, letzter Einlass jeweils 2 Std vor Schluss. **Preise:** 8 € im Sommer, 7 € im
Winter; Kinder 3 – 15 Jahre 4 €; Rentner, Schwerbeschädigte, Studenten 7 bzw. 6 €, Familienkarte I (2 Erw,
2 Kinder) 20 bzw. 18 €, Familienkarte II (2 Erw, 4 Kinder) 22 bzw. 20 €. Gruppen ab 20 Pers 6 € pro Per, Kinder 3 €. 2-stündige Gruppenführung nach Voranmeldung 60 €, Kinder- und Jugendgruppen 40 €, bei mehr
als 20 Pers nach Voranmeldung kostenlos. **Infos:** Hunde nicht erlaubt.

▶ Das über 100 ha große Gelände im Baruther Urstromtal kann auf dem 3,2 km langen Großen Rundweg und dem 1,8 km langen Kleinen Rundweg erwan-
dert werden. In freier Natur oder in sehr großzügig
angelegten Gehe-
sen, Wisen-
wild,
gen leben Mufflons, Aueroch-
te, Schwarz-, Rot- und Dam-
Eisvögel, Fischadler, Bären und
sogar Polarwölfe. In einer anderen
Anlage haben im Frühjahr 2004 Grau-
wölfe, die aus einer Beschlagnahmung
stammen, ein neues, weitgehend artge-
rechtes Zuhause gefunden.

Im **Kastaniengarten** können sich Besucher bei einem Imbiss stärken.
Für die Kleinen gibt es einen Spielplatz. Für Übernachtungen im Wildpark stehen zwei Ferienwohnungen
zur Verfügung.

Der Natur auf der Spur

Der Naturpark Hoher Fläming

Naturparkzentrum Alte Brennerei, Brennereiweg 45, 14823 Rabenstein-Raben. ℂ 033848/60004, Fax 60360. www.flaeming.net. info@flaeming.net. **Bahn/ Bus:** ↗ Rabenstein. **Zeiten:** täglich 9 – 17 Uhr. **Preise:** Naturparkausstellung 2,50 €; Kinder ab 3 Jahre 1,50 €; Familienticket 6 €, Gruppenermäßigung.

▶ Im Besucherzentrum gibt es Infos und Kartenmaterial, einen Fahrradverleih, Getränke und Eis. Prall gefüllt ist der Veranstaltungskalender: Thematische Exkursionen mit der Naturwacht, Besuch einer Schäferei, thematische Radtouren, Mitternachtssafari durch den Wiesenburger Schlosspark, Wildbienen-Rallye am Tag der Umweltbildung, Weihnachtsmarkt.

▶ Von der polnischen Stadt Głogów über Cottbus, den Oberspreewald, Baruth und Luckenwalde, südlich an Brandenburg vorbei bis Tangermünde an der Elbe zieht sich das große, sogenannte **Glogauer-Baruther Urstromtal.** Es entstand vor etwa

EINE SPUR AUS SAND

21.000 Jahren, ist also uralt. Als sich das Eis am Ende der Weichseleiszeit zurückzog, musste das Schmelzwasser ja irgendwohin fließen und bahnte sich in dieser Süd-Nord-Achse einen Weg. Von der Elbe, die damals noch keinen Namen hatte, floss es nach Norden ab und bildete das **Elbe-Urstromtal.** Solche Täler bezeichnet man als Moränenlandschaften, was bedeutet, dass Eis, Schmelzwasser, Sand und Geröll die Gegend abgeschmirgelt haben. So ist auch das Baruther Urstromtal in seiner 2 – 20 km breiten Sohle fast tischeben. Nur stellenweise, wie zwischen Baruth und Luckenwalde, sind höhere Urstromtalterrassen erhalten. Zum Fahrradfahren ist das praktisch. Wenn nicht der viele Sand überall wäre. Der ist nämlich einfach liegen geblieben. An vielen Stellen bilden diese Sander breite Flächen, wie der *Beelitzer Sander* im **Naturpark-Nuthe-Nieplitz,** oder begrenzen das Tal so wie die *Baruther Heide* und der *Zauchesander* im Norden. Schaut mal in euren Atlas, ob ihr das Band des Urstromtals erkennen könnt! ◀

@ Infos zu beiden Naturparks auch unter www.grossschutzgebiete.brandenburg.de

Zu einem Erlebnis besonders für Kinder wird der Ausstellungsbesuch, wo euch Wissen nicht auf Infotafeln vorgesetzt wird, sondern wo ihr mit der Taschenlampe bewaffnet auf die Suche nach Nachttieren geht.

Der Naturpark Nuthe-Nieplitz

Naturparkverwaltung, Beelitzer Straße 24, 14947 Nuthe-Urstromtal-Dobbrikow. ✆ 033732/50610, 50631 (Naturwacht), Fax 50620. www.naturpark-nuthe-nieplitz.de. np-nuthe-nieplitz@lugv.brandenburg.de. **Bahn/ Bus:** Von Berlin-Charlottenburg RE nach Michendorf, dann Bus 608 Richtung Rieben, Dobbrikow. **Preise:** Kinder unter 14 Jahre Teilnahme meist kostenlos.

▶ Naturkundliche Führungen und thematische Wanderungen und Radtouren, z.B. Wildbeobachtung, Vogelstimmenwanderung für Frühaufsteher, abendliche Exkursionen.

– Spezielle Angebote für Gruppen,
– Seminare »Lehm als alternativer Baustoff«,
– Naturparkfest,
– Nordic Walking auf 500 km (Kurse, Stockverleih).

HANDWERK UND GESCHICHTE

Bahn & Betriebsbesichtigung

Draisinenfahrten auf der Strecke Zossen — Jüterbog

Erlebnisbahn GmbH & Co. KG, Am Bahnhof Mellensee 3, 15838 Am Mellensee-Mellensee. ✆ 03377/ 33008-50, Fax -60. www.erlebnisbahn.de. info@erlebnisbahn.de. **Bahn/Bus:** ↗ Zossen. **Preise:** 50 % Rabatt für Kinder bis 12 Jahre und für Schulklassen. **Infos:** Am Bhf Mellensee gibt es eine Info-Stelle, eine Minigolfanlage und einen netten Imbiss mit Tischen – Spezialität ist leckerer Elsässischer Flammkuchen frisch aus dem Holzofen.

▶ Verschiedene Draisinen und Tourenangebote. Besonders interessant für Gruppen von 6, 12 oder 18 Personen ist die 3-Muskel-Tour: Hier wird nicht nur

☀ Ermäßigungen in den Sommerferien gibt es mit dem Super-Ferienpass, www.jugendkulturservice.de.

auf der Draisine, sondern auch auf dem Konferenz-
fahrrad (alle treten, einer lenkt) und dem Hydro-Bike
(moderne Wasserfahrräder) gefahren. Start- und Ziel-
bahnhof ist Zossen, Gleis 5, 9.30 Uhr. Mit kleinen
Hebeldraisinen geht´s zunächst über die Schiene
nach Mellensee (5 km), danach auf dem Konferenz-
fahrrad über Stock und Stein durch den kleinen Ort
und schließlich wird mit dem Hydro-Bike der Mellensee unsicher gemacht. Danach wieder zurück nach
Zossen, Ankunft 14.30 Uhr. Grillbuffet zum Ausklang
der Tour möglich.

© pmv, Foto: Wolfgang Kling

Wenn Brüder Draisine
fahren: Strampelt sich der
Kleine nur genug ab, kann
man sich zurücklehnen.
Praktisch

Technisches Denkmal und Museumsdorf Glashütte

Hüttenweg 20, 15837 Baruth/Mark-Glashütte.
✆ 033704/980914, Fax 980922. www.museumsdorf-
glashuette.de. info@museumsdorf-glashuette.de.
Bahn/Bus: ↗ Baruth. **Zeiten:** April – Okt Di – So 10 –
18, Nov – März 10 – 16 Uhr, Jan und Feb Di geschlossen, Gruppen nach Vereinbarung. **Preise:** 5,50 €; Kinder bzw. Schüler bis 14 Jahre 3 €; Studenten 3,50 €.
Familienkarte 13 €, Gruppen ab 10 Pers 5 € pro Person. Museumsführungen für Gruppen bis 20 Pers 15 €,
ab 20 Pers 25 €, Schülergruppen 10 €.
▶ Hier stand die älteste Glashütte Deutschlands. Ihre Blütezeit hatte die Glasproduktion im 19. Jahrhundert, aber sogar bis in die 60er Jahre des 20. Jahrhunderts wurden hier noch Milchglas, Opalglas und
Thermosflaschen hergestellt. 1965 wurde die Produktion dann endgültig eingestellt. Der Ort fiel in einen Dornröschenschlaf und wurde erst 1991 vom
Verein Glashütte e.V. wieder zum Leben erweckt. Inzwischen bietet sich den Besuchern eine Vielzahl von
Angeboten und Veranstaltungen:
– Museum Glashütte;
– Glasbläserei und Schauglasproduktion;
– Kurse und Vorführungen für Kinder und Erwachsene bieten Töpferei, Filzerei sowie Korb- und Kräu-
terwerkstatt;

TELTOW-FLÄMING

– Wanderungen auf dem Naturerlebnispfad, Förster-
wanderungen;
– Dorfbackofen – Backen von Brot, Brötchen, Blech-
kuchen und Pizza wie zu Großmutters Zeiten;
– Dorfschmiede;
– Biobadeteich (www.biobadeteich.de);
– Kunst und Kultur in der Galerie Packschuppen;
– Inlineskate- und Fahrradverleih (✆ 033704/
980936) und (Sommer)ferienprogramme, Feste
wie Kinder- und Familienfest sowie Neptunfest.

Burgen

Burg Eisenhardt

 Alljährlicher Hö-
hepunkt Ende
August ist das mittel-
alterliche Burgspektakel
während des Belziger
Altstadtsommers. Dann
ist die Anlage 2 Tage
lang fest in der Hand
von Rittern, Gauklern,
Fakiren, Spielleuten mit
historischen Instrumen-
ten, Komödianten und
buntem fahrenden Volk.
Zur Walpurgisnacht
Ende April tanzen ganze
Hexenscharen ums
Feuer vor der Zisterne.

Burgendreieck im Fläming: Eisenhardt – Rabenstein –
Wiesenburg, Wittenberger Straße 14, 14806 Bad Belzig. ✆ 033841/42461, Fax 42461. www.bad-bel-
zig.com. **Bahn/Bus:** ↗ Bad Belzig. **Zeiten:** Mi – Fr 13 –
17, Sa, So, Fei 10 – 17 Uhr, Gruppenführungen Mo – Fr
bis 17 Uhr. **Preise:** Museum und Turm 2 €, Führung
durch Museum, Burg oder Stadt bis 17 Uhr 16 € (max
25 Pers) und 20 € (max 50 Pers), werktags nach 17
Uhr oder Sa, So, Fei 30 €; Kinder 5 – 17 Jahre, Rentner,
Schwerbehinderte und Begleitperson; Familienkarte (2
Erw, bis zu 3 Kinder) 5 €, Gruppen ab 10 Pers 1,50 €,
ermäßigt 0,80 € pro Person. Sozialhilfeempfänger 1 €.

© pmv, Foto: Maciek Grzywinski

Spektakel: Belziger Ritter
beim Lanzenspiel

▶ Hart wie Eisen sollte die Festung sein, die schon 997 erstmals urkundlich erwähnt wurde. Trotzdem wurde die Burg während des 30-jährigen Krieges fast völlig zerstört. Heute befindet sich in der spätmittelalterlichen Burg das Heimatmuseum. Gezeigt wird neben der Geschichte der Stadt und traditioneller Handwerkskunst eine historische Holzwasserleitung in der ehemaligen Burgküche.

Einen wunderbaren Ausblick auf die Stadt und ihre Umgebung habt ihr von der Aussichtsplattform des 24 m hohen, imposanten Bergfrieds. Außerdem gibt es in der Burg eine Gaststätte.

 Der Aufstieg zur Aussichtsplattform geht ganz gewaltig in die Beine. Um euch abzulenken, zählt mal die Stufen!

Burg Rabenstein

Dr. Marie-Luise Vetter, Zur Burg 49, 14823 Rabenstein-Raben. ☎ 033848/60221, Fax 60230. www.burgrabenstein.de. info@burgrabenstein.de. **Bahn/Bus:** ↗ Raben. **Preise:** Turmbesteigung 1 €; Kinder 0,50 €; Burgführung 45 – 60 Min 2 €, Naturführungen mit Waldschule 2,50 € pro Person. **Infos:** Flugvorführungen von Falkner Dirk Grabow April – Mitte Okt Di – So 15 Uhr, Erw 4 €, Kinder 4 – 13 Jahre 3 €, ☎ 0160/2261573.

▶ Diese Burg aus dem 12. Jahrhundert liegt auf dem 153 m hohen Steilen Hagen. Zu besichtigen sind u.a. der aufwändig rekonstruierte Rittersaal, die Kapelle, das Backhaus und der Brunnen sowie die Burgmauer. In der **Falknerei** finden Flugvorführungen statt. Interessantes aus Geschichte und Natur erfahrt ihr in der **Waldschule.** Übernachten könnt ihr in der ↗ Jugendherberge, die sich ebenfalls in der Burg befindet.

Blick vom Bergfried: So sieht die traurige Rosemarie den Rabensteiner Burghof

© pmv, Foto: Wolfgang Kling

TELTOW-FLÄMING

Der Schlossturm der Wiesenburg

Infozentrum und Heimatstube im Schloss Wiesenburg, Schlossstraße 1, 14827 Wiesenburg. ℗ 033849/ 50445, Fax 50327. www.schloss-wiesenburg.de. info@eigengrund.de. **Bahn/Bus:** ↗ Wiesenburg. **Zeiten:** Turmbesichtigung Mo – Fr 10 – 17, Sa, So, Fei 10 – 18

▶ Das ritterliche Paar, welches vor langer Zeit auf dem Rabenstein wohnte, hatte eine schöne Tochter, Rosemarie. Die saß am Abend des Johannistages an ihrem Fenster und sah, wie sich unten im Dorf die Rabener Jugend bei Spiel und Tanz vergnügte. Wie gern wäre sie dabei! Also schlich sich Rosemarie als Magd verkleidet heimlich von der Burg ins Dorf und mischte sich unter das fröhliche Volk. Dabei bemerkte sie gar nicht, wie schnell die Zeit verging. Plötzlich schlug es Mitternacht und vom Turm der Burg erschallten die Hörner. Das war das Zeichen, dass auf Rabenstein die Tore zur Nacht verschlossen wurden. Rosemarie erschrak fürchterlich und rannte zur Burg hinauf. Aber sie kam zu spät. Erst nach langem, heftigen Klopfen wurde sie eingelassen. Der Turmwächter, der ihr schließlich öffnete, petzte die Sache seinem Herrn, dem Ritter. Rosemarie wurde vor ihren zornigen Vater gebracht: »Geh in die Burgkapelle und warte, welche Strafe ich über dich verhänge!« Die fiel grausam aus: Rosemarie wurde, für jedermann unsichtbar, auf ewig in den Turm verbannt. Ihr wurde Leinen gegeben, aus dem soll sie zwölf Hemden nähen. Jedoch darf sie nur alle 50 Jahre einen einzigen Nadelstich machen. Wenn es ihr gelingt, die Hemden fertig zu nähen, ist ihre Strafe erlassen und sie kommt wieder frei. Erlöst werden kann das arme Mädchen nur von einem kühnen Burschen, dem es gelingt, an der Außenmauer des 30 Meter hohen Turmes ohne jegliche Hilfsmittel hinaufzuklettern und dadurch Rosemarie zu befreien. Viele sollen es schon versucht haben, aber noch keinem ist es gelungen, sodass Rosemarie, jung und schön wie einst, unsichtbar in ihrem einsamen Turmgefängnis sitzt. Täglich um Mitternacht geht sie traurig durch die Burg. Einmal im Jahr, in der Johannisnacht, steigen ihre Ahnen auf, versammeln sich mit Rosemarie in der Burgkapelle und halten ihr immer aufs Neue ihre vermeintliche Sünde vor. ◀

DIE TRAURIGE ROSEMARIE

Quelle: www.flaeming-burgen.de.

Uhr, in den Wintermonaten nur bis 16 Uhr. Führungen nach Voranmeldung durch den Park und das Alte Dorf, Buchungen ✆ 033849/30980. **Preise:** 1,50 €; Kinder 0,50 €. **Infos:** www.flaeming-burgen.de.

▶ Teile der Anlage, wie etwa die Reste der Ringmauer, stammen bereits aus dem 13. Jahrhundert. In zahlreichen Kriegen und durch Plünderungen wurde die Wiesenburg etliche Male zerstört und wieder auf- bzw. umgebaut, zuletzt mit vielen Verzierungen 1865 – 1880. Heute sind Büros und Wohnungen hier untergebracht. Besichtigen könnt ihr Torhaus und Schlossturm, die ihr über die Schlossbrücke erreicht. Im Innenhof finden Veranstaltungen statt. Umgeben ist das Schloss von einem großen, schönen Park.

Museen & Stadtführungen

Hans-Grade-Museum

Am Flugplatz, 14822 Borkheide. ✆ 033845/40210, 40369, www.hans-grade.de. info@hans-grade.de. **Bahn/Bus:** RE3 bis Borkheide oder ↗ Tour zum Mittelpunkt der ehemaligen DDR. **Zeiten:** März – Okt Mi und Sa 14 – 17, So und Fei 13 – 17 Uhr.

▶ Die Ausstellung in einer ausgedienten IL-18 ist dem ersten deutschen Motorflieger gewidmet. Hier in Borkheide startete *Hans Grade* zu seinen ersten Flugversuchen. 1908 ließ er eine Flugzeugfabrik erbauen. Neben der IL-18 können Besucher auch ein altes Agrarflugzeug aus DDR-Zeiten sowie einen Hubschrauber des Typs Kamow 26 besichtigen.

Führungen in Luckenwalde

Heimatmuseum Luckenwalde, Markt 11, 14943 Luckenwalde. ✆ 03371/672500, Fax 672560. www.luckenwalde.de. museum@luckenwalde.de. **Bahn/Bus:** ↗ Luckenwalde. **Preise:** Marktturm- oder Stadtführung 3 €, ermäßigt 2 €; thematische Führungen für Schulklassen und Kitagruppen 0,50 € pro Schüler.

Wenn ihr in einen neuen Ort kommt, schätzt doch mal die Einwohnerzahl. Wer der tatsächlichen Zahl am nächsten kommt, könnte ein neues Spiel bestimmen oder den nächsten Rastplatz aussuchen.

▶ In Luckenwalde werden nach Voranmeldung (min 10 Teilnehmer) verschiedene Führungen angeboten, eine halbstündige Marktturmführung oder eine einstündige Stadtführung. Spezielle Führungen, auch zu geschichtlichen Themen, gibt es für Kitagruppen und Schulklassen. Ansprechpartner ist das Heimatmuseum Luckenwalde. Hier gibt es auch eine Sammlung von Sagen der Region unter dem Titel »Ein Turmkobold unterwegs – Sagen rund um den Flaeming-Skate.«

Hunger & Durst

Schänke im Bauernmuseum Blankensee, Dorfstraße 4, Trebbin-Blankensee. ✆ 033731/12496. www.bauernmuseum-blankensee.de. Mi – So, Fei ab 13 Uhr. Das Beste ist der selbst gebackene Blechkuchen. Ansonsten Eis und Imbiss à la Wiener Würstchen und Kartoffelsalat.

Bauernmuseum Blankensee

Dorfstraße 4, 14959 Trebbin-Blankensee. ✆ 033731/80011, Fax 80011. www.bauernmuseum-blankensee.de. **Bahn/Bus:** RE4 bis Trebbin, dann Bus 751 oder per Rad Richtung Glau, Radweg ab Stadtgrenze. **Zeiten:** Mi – Fr 10 – 12, 13 – 17 Uhr, Sa, So, Fei 13 – 17 Uhr. **Preise:** 2 €, erm. 1,50 €; Kinder 1 €.

▶ Seit 1981 gibt es das Museum in dem knapp 400 Einwohner zählenden Dorf. Untergebracht ist es in einem rekonstruierten *Mittelflurhaus,* einem Gebäude, das Wohnhaus, Scheune und Stall zugleich war. Es ist das älteste Gebäude des Ortes und wurde im Jahre 1649 gebaut. Gezeigt wird ein Querschnitt durch 200 Jahre Landwirtschaft und Fischereiwesen in Blankensee. Die Besucher bekommen einen Eindruck davon, wie die Bauern arbeiteten und unter welchen Bedingungen sie lebten. Originalgetreu eingerichtete Wohnräume, wie der Schlafraum, in dem bis zu 14 Personen übernachteten, können besichtigt werden.

Regelmäßig finden wechselnde Ausstellungen und Lesungen statt. Für Schulklassen werden spezielle Führungen durch das Museum, die Imkerei und die Fischerei angeboten. Außerdem gibt es Kinderprogramme, beispielsweise in der Vorweihnachtszeit. Feste werden auch gefeiert, so im Mai das Handwerker- und Gewerbefest und im September das Museumsfest.

Stadt- und Technikmuseum Ludwigsfelde

Am Bahnhof 2, 14974 Ludwigsfelde. ✆ 03378/804620, Fax 804620. www.museen-teltow-flaeming.de. **Bahn/Bus:** ↗ Ludwigsfelde. **Zeiten:** Di – So 10 – 17 Uhr, am ersten Wochenende im Monat geschlossen. **Preise:** 2,50 €; Kinder 1 €; ermäßigt 1,50 €. Ermäßigung für Gruppen ab 10 Pers und für Familien. **Infos:** Nach Voranmeldung können Museums- und Stadtführungen durchgeführt werden.

▶ Das Museum befindet sich in einem umgebauten Bahnhofsgebäude, einem Backsteinbau aus dem Jahre 1886. Im Erdgeschoss wird die Entwicklung Ludwigsfeldes zum einstigen Industriestandort gezeigt – beginnend mit dem Flugzeugmotorenwerk in den 30er Jahren des 20. Jahrhunderts bis zur Produktion von Lkw in der DDR-Zeit. Hier wurden von 1955 – 1990 rund 600.000 Lkw der Typen W50 und L60 hergestellt.

Die erste Etage ist der Stadtgeschichte gewidmet und für Kinder gleichermaßen interessant, da das Alltagsleben vergangener Zeit anschaulich dargestellt wird. Wie wäre es beispielsweise, einen Blick in Urgroßmutters Küche und Wäschekammer zu werfen? Im Dachgeschoss finden wechselnde Ausstellungen statt.

Heimatstube Sperenberg

Karl-Fiedler-Straße 1, 15838 Sperenberg. ✆ 033703/68684, 7243, Fax 70426. www.heimatstube-sperenberg.de. Postmaster@heimatstube-sperenberg.de. **Bahn/Bus:** RE5 bis Zossen und dann Bus 711 Richtung Sperenberg. **Zeiten:** So 14 – 17 Uhr und nach Absprache. **Preise:** Führung 2 €.

▶ Gezeigt wird neben Funden aus der Steinzeit die Entwicklung des Gipstagebaus und die Bedeutung Sperenbergs als Garnisonsstadt. Möglich sind nach Voranmeldung Führungen durch die Gipsbrüche sowie Gespräche mit Zeitzeugen aus der Nachkriegszeit.

BÜHNE, LEINWAND & AKTIONEN

Hunger & Durst

Gasthof & Pension Zum Alten Lager, Treuenbrietzener Straße 24, Niedergörsdorf-Altes Lager. ℰ 03372/406410. www.zum-alten-lager.de. Mo Ruhetag, sonst täglich ab 12 Uhr. Hausmannskost, Kartoffelpuffer in allen Varianten, Tagesgerichte ab 3 €. Übernachtung, ↗ Ferienadressen.

🍎 Der Kreativbude ist ein Verkaufsraum angeschlossen, wo ihr Bastelmaterialien und Patchworkstoffe kaufen könnt.

Kreativ sein

Kulturzentrum Das Haus & theater 89

Touristinformation Niedergörsdorf, Kastanienallee 21, 14913 Niedergörsdorf-Altes Lager. ℰ 033741/80906, Fax 80870. www.das-haus-altes-lager.de. tourismus@ niedergoersdorf.de. **Bahn/Bus:** ↗ Niedergörsdorf.
Zeiten: Karfreitag – Okt Di – Fr 10 – 14 Uhr, Sa, So, Fei 10 – 16 Uhr, Nov – März Di – Fr 10 – 15 Uhr. **Info:** Gästezimmer ab 15 €/Person, FeWo für 4 – 6 Personen ab 60 €/Nacht.

▶ Soziokulturelles Zentrum im ehemaligen Offizierskasino, direkt am Flaeming-Skate: Ausstellungen, Konzerte, »BallHaus« und theater 89 (Theatersommer, Puppentheater für Kleine und Große, Niedergörsdorfer Weihnacht – die Weihnachtsgeschichte nach der Bibel auf dem Feld bei Niedergörsdorf). Rad- und Skatertouren, Fahrrad- und Inline-Skates-Verleih. Dauerausstellung: Zeitreise durch die Geschichte des Ortes Altes Lager, wo 1914 – 1918, also im Ersten Weltkrieg, auch Zeppeline stationiert waren.

Wo ein Tag zu wenig ist

Kreativ- und Patchworkbude & Pension Wahlsdorf, Schulstraße 3, 14913 Wahlsdorf. ℰ 033745/50296, Fax 70914. www.kreativ-und-patchworkbude.de. info@ kreativ-und-patchworkbude.de. **Bahn/Bus:** Von Berlin RE bis Luckenwalde, dann Bus 756. **Zeiten:** täglich ab 8 Uhr. **Infos:** Nach Voranmeldung spezielle Angebote für Gruppen und Schulklassen sowie Kindergeburtstage. ÜF ab 19 € pro Person.

▶ In ländlicher Umgebung bietet die Kreativbude Raum zu fantasievollem Gestalten mit Naturmaterialien. Angeboten werden unter anderem: Filzen, Weben, Spinnen, Stickerei, Seidenmalerei, Floristik, Papierschöpfen, Sieb- und Direktdruck, Klöppeln und Töpfern, Puppen anfertigen und Schnitzen. Bevor ihr euch zur Teilnahme an einem Kurs entscheidet, kommt am besten zu einem Schnupperbesuch vorbei. Wenn euer Heimatort von Wahlsdorf zu weit entfernt ist oder ihr mal ein paar Tage Urlaub machen wollt, könnt ihr in der angeschlossenen Pension zu familienfreundlichen Preisen übernachten.

Neben den festen Kursen, die meist am Wochenende stattfinden, gibt es regelmäßig Tage der offenen Tür und Familiensonntage. Jeden Mi 14 – 16 Uhr können Kinder verschiedene Techniken ausprobieren.

Wünsdorf – Treffpunkt für Leseratten

Gutenbergstraße 1 (Haupthaus), 15806 Zossen-Wünsdorf-Waldstadt. ✆ 033702/9600, Fax 96020. www.buecherstadt.com. office@buecherstadt.com. **Bahn/Bus:** RE3, RE7 bis Wünsdorf-Waldstadt. **Auto:** A13 Ausfahrt 3a Mittenwalde, L30 und B246; A10 Ausfahrt 12 Rangsdorf, B96 durch Zossen. **Zeiten:** täglich 10 – 18 Uhr, Nov – März Mo Ruhetag; Garnisonmuseum, Roter Stern und Spitzbunker täglich 10 – 17 Uhr, Nov – März Mo geschlossen. **Infos:** Tour 1: Bunkeranlagen Maybach I und Zeppelin, Dauer: 90 Min, April – Okt Mo – Fr 14 Uhr, Sa, So, Fei 12, 14 und 16 Uhr. Nov – März Di – Fr 14 Uhr, Sa, So, Fei 13 und 15 Uhr, 9 €, ermäßigt 8 €. Vier weitere spezielle Touren nur mit Voranmeldung.

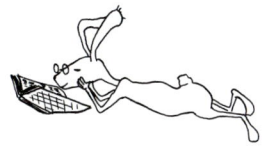

▶ Aus dem militärischen Gelände der ehemaligen Militärstadt – Wünsdorf war das Hauptquartier der Westgruppe der sowjetischen Streitkräfte – ist eine zivile **Bücherstadt** geworden. In drei Antiquariatshäusern und dem Bücherstall können Besucher in über 300.000 Büchern jeden Genres schmökern. Es gibt auch Literatur in russischer und englischer Sprache. Aber Wünsdorf-Waldstadt bietet noch mehr: Eine kleine Ausstellung informiert über den Alltag der russischen Soldaten. Es werden Führungen über das ehemalige Militärgelände und durch die unterirdischen Bunker angeboten. Regelmäßig finden Konzerte und Buchlesungen statt. Außerdem gibt es ein neues **Radsportmuseum.** Für das leibliche Wohl der Besucher wird in der Museumsgaststätte *Zum Zapfenstreich* (Di – So 11 – 18 Uhr) gesorgt.

Radsportmuseum, Gutenbergstraße 1, Mo – Fr 10 – 18 und Sa, So 11 – 17 Uhr, ✆ 033702/9600. Das Museum im Gutenberghaus informiert über die Entwicklung des Radsports und die Geschichte des DDR-Radklassikers »Rund um Berlin«. Eine Sonderschau widmet sich der Radsportlegende Täve Schur.

FESTE & FESTE TERMINE TELTOW-FLÄMING

Januar: Jeden 1. So, Glashütte: **Familiensonntag** mit Brot & Kuchen aus dem Backofen.

Februar: Johannismühle: **Hundeschlittenfest.** im Wildpark.
Brück, Treuenbrietzen, Trebbin, Belzig, Wiesenburg: **Karneval.**

März/April: Ostern, Sa und So, Görzke: **Töpfermarkt.**
Raben: **Ritterfestspiele.**
Belzig: **Walpurgisnacht auf Burg Eisenhardt.**

Mai: Verlorenwasser bei Weitzgrund: **Mittelpunktfest.**
Fredersdorf: **Bettenrennen.**
Handwerker- und Gewerbefest im Bauernmuseum Blankensee.

Juni: Beelitz: **Spargelfest.**
Luckenwalde: **Turmfest mit Turmfestlauf.**
Treuenbrietzen: **Sabinchenfest.**
Wünsdorf: **Lange Nacht der Antiquare** in der Bücherstadt.

Juli: Raben: **Burgfest.**
Mellensee: **Fischerfest.**

August: Borkheide: **Flugplatzfest.**
2. Wochenende, Wiesenburg: **Parkfest.**
Lange Nacht der Hörspiele in »Das Haus«.
Letzter So, Luckenwalde: **Tierparkfest.**
Lange Nacht der Geschichten in »Das Haus«.
Belzig: **Burgfestwoche.**

September: **Landkreis Teltow-Fläming:** Lange Nacht der Museen.
Blankensee: **Museumsfest** im Bauernmuseum.

Oktober: Belzig: **Burgenlauf.**
3. So, Wiesenburg: **Volkswandertag.**

Dezember: Klein Briesen: **Weihnachtsmarkt im Wald.**
Burg Rabenstein: **Weihnachtsmarkt.**
Raben: **Der etwas andere Weihnachtsmarkt** im Naturparkzentrum.

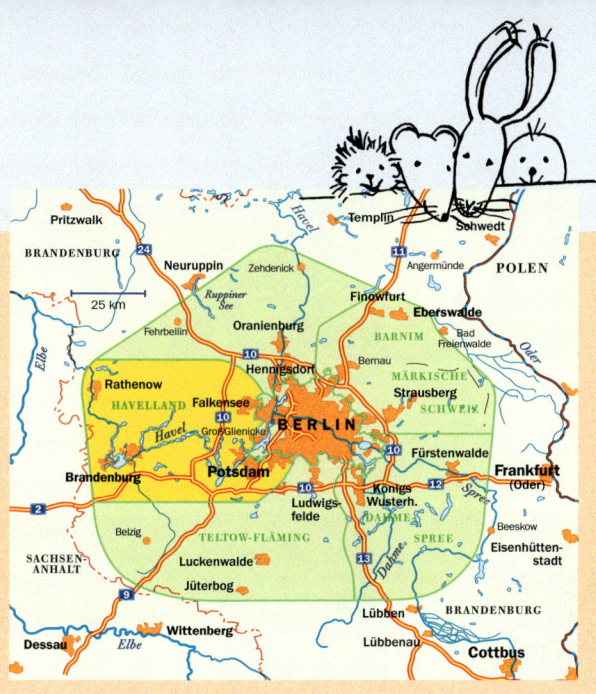

Die Landeshauptstadt Potsdam ist mit knapp 150.000 Einwohnern die größte Stadt Brandenburgs. Bekannt ist sie im In- und Ausland vor allem wegen der Schlösser und Gärten von Sanssouci und dem Schloss Cecilienhof, wo die Siegermächte 1945 das Potsdamer Abkommen unterzeichneten.

Das Gebiet westlich von Potsdam und Berlin, das im Norden durch den *Rhin* und im Süden, Osten und Westen durch die *Havel* und deren Seen begrenzt wird, trägt den Namen **Havelland.** Es ist wegen seines Reichtums an Wäldern und Seen ein Paradies für Wassersportler, Camper und Wanderer.

Südlich bis südwestlich von Potsdam, etwa bis zur Linie Ziesar – Beelitz, erstreckt sich ein weiteres beliebtes Ausflugsgebiet der Städter. In den Sommermonaten strömen Badelustige zum **Großen Seddiner See** und Wanderer und Radfahrer durchstreifen die großen Waldgebiete.

Aber Potsdam ist nicht die einzige Stadt, die ihren Besuchern Sehens- und Erlebenswertes zu bieten hat. Auch die Stadt **Brandenburg,** mit 89.000 Einwohnern drittgrößte Stadt des Landes, sowie Werder, Rathenow, Falkensee, Nauen und Teltow und die kleineren Orte sind interessante Reiseziele.

Frei- und Hallenbäder

Freibad Kiebitzberge

Fontanestraße 31, 14532 Kleinmachnow. ✆ 033203/22729, 22888, www.freibad-kiebitzberge.de. info@freibad-kiebitzberge.de. **Bahn/Bus:** Bus 620, 623 bis Kleinmachnow, Freibad Kiebitzberge. **Zeiten:** Mai – Sep 9 – 19 Uhr. **Preise:** 4 €; Kinder 2 – 17 Jahre 2,50 €; Studenten, Schwerbehinderte ab 50 % 2,50 €. Familienkarte (bis zu 5 Pers, davon maximal 2 Erw) 11 €, 12er-Karte 25 bzw. 40 €.

▶ Das Mitte der 70er Jahre errichtete Bad verfügt über ein 50-Meter-Schwimmer-, Nichtschwimmer- und

WO SICH KUNST UND NATUR TREFFEN

TIPPS FÜR WASSER-RATTEN

Hier kommt ihr aus dem Staunen nicht heraus: Kindertour durchs Schloss

Gasthaus Havel, Fontanestraße 30, Kleinmachnow. ✆ 033203/ 20140. Direkt neben dem Freibad. Uriges Gasthaus mit böhmischen Spezialitäten. Sommerterrasse.

Planschbecken. Es gibt Schwimmkurse, auch Schnupperstunden, für Kinder ab 6 Jahre. Seepferdchen und Schwimmpässe können erworben werden. Für das leibliche Wohl der Badegäste wird im **Gasthaus Havel** gesorgt.

Schwimmhalle Rathenow

Bruno-Baum-Ring 106, 14712 Rathenow. ✆ 03385/ 509933, www.rathenower-waermeversorgung.de. verwaltung@rathenower-waermeversorgung.de. **Bahn/ Bus:** ↗ Rathenow. **Zeiten:** Mo – Fr 7 – 21.30 Uhr, Sa, So 9.30 – 19 Uhr. **Preise:** 90 Min 3,50 €, 2 Std 4 €; Kinder bis 14 Jahre 2,20 € bzw. 2,70 €.

▶ Spaßbad mit 25-m-Schwimmerbecken, Whirlpool, Nichtschwimmer- und Babybecken. Wassergymnastik, Schwimmkurse für Kinder und Erwachsene, Babyschwimmen. Ruheraum, Sauna.

Freibad im Freizeitzentrum Fit-point

Bergstraße 81c, 14727 Premnitz. ✆ 03386/210730, Fax 259111. www.premnitz.de. fitpoint@stadtwerkepremnitz.de. **Bahn/Bus:** RB51 bis Premnitz. **Zeiten:** Mai – Aug täglich 10 – 20 Uhr, Mai Mo – Fr ab 12 Uhr. **Preise:** Tageskarte Mo – Fr 2,10 €, Sa, So, Fei 2,50 €, 5er-Karte 10,50 €, 10er-Karte 20 €, Saisonkarte 62 €; Kinder und ermäßigt 1,50 €, Sa, So, Fei 2,10 €, 5er-Karte 7,30 €, 10er-Karte 14,50 €, Saisonkarte 40 €; Gruppen ab 8 Pers 1,40 € pro Person.

▶ 50-m-Schwimmerbecken, Kinderbecken, Kinderrutsche und 80-m-Rutsche, Spielplatz, vier Beachvolleyballfelder. Außerdem Sauna, Solarium, Fitness-Studio, Kurse und Veranstaltungen.

Geburtstagskinder jeden Alters haben im Fit-point freien Eintritt!

Marienbad Brandenburg

Sprengelstraße 1, 14770 Brandenburg. ✆ 03381/ 322780, 322789 (Hotline), Fax 3227811. www.marienbad-brandenburg.de. news@marienbad-brandenburg.de. **Bahn/Bus:** Tram 1 Richtung Anton-Saefkow-Allee bis Karl-Marx-Straße. **Zeiten:** Mo 10 – 21.30 Uhr,

Di – Fr 9 – 21.30 Uhr, Sa, So, Fei 9 – 20 Uhr. **Preise:** Eintritt Schwimmhalle inkl. Freibad (während der Saison): 2 Std 2,40 €, ganzer Tag 4 €; Kinder 2 Std 1,80 €, ganzer Tag 3 €.

▶ Schwimmhalle, Frei- und Spaßbad: Gegenstromkanal, Wasserspeier, Nacken- und Massageduschen, Grotte, Wasserfall, Rutsche, zwei Whirlpools.

Das Marienbad bietet außerdem eine Saunalandschaft, Schwimmkurse für Kinder und Erwachsene, Aqua-Fitness und Aqua-Power sowie Aktionen für Kinder in den Schulferien.

Strandbäder

Strandbad Templin

Templiner Straße 110, 14473 Potsdam-Templin. ✆ 0331/66198-37, Fax 66198-36. www.swp-potsdam.de. info@blp-potsdam.de. Lage: zwischen Potsdam und Caputh, südwestlich des Eisenbahndamms. **Bahn/Bus:** Bus 607 bis Forsthaus Templin, Wassertaxi der Weißen Flotte. **Auto:** Parken 1 €. **Rad:** F1, Fahrradständer im Eingangsbereich. **Zeiten:** 15. Mai – Aug 9 – 20 Uhr, 1. – 14. Mai und 1. – 15. Sep 10 – 19 Uhr. **Preise:** 3 €; Kinder, Schüler, Azubis, Studenten 1,50, Senioren 2 €, Familienkarte (2 Erw, 2 Kinder) 6 €. **Infos:** Bungalow-Vermietung 40 € für 2 Pers pro Nacht, ✆ 66198-20.

▶ Das Strandbad Templin ist das größte Bad in Potsdams unmittelbarer Umgebung. Es unterteilt sich in einen Textil- und einen Fkk-Bereich. Der Spielplatz, der, außer in den frühen Morgenstunden, vom Sonnenlicht überflutet wird, ist großzügig mit Schaukeln, Spiel- und Klettergeräten ausgestattet. Sportfreunde können Volleyball spielen. Wer es eher ruhig mag, kann sich zum Relaxen einen Strandkorb leihen. Durch das flach abfallende, sandige Ufer ist das Strandbad für Kinder besonders gut geeignet, da die Havel den See durchfließt, schwankt jedoch die Wasserqualität. Der Aktionsradius für Nichtschwimmer und Schwimmer ist im Wasser gekennzeichnet. Wer es sich zutraut, kann sehr weit hinausschwimmen. Es gibt auch eine Surfschule.

»Kofferpacken« ist ein Spiel, bei dem ihr euch gut konzentrieren müsst. Einer beginnt und sagt: »Ich fahre nach X und packe in meinen Koffer eine Jacke.« Der Nächste wiederholt das Gesagte und fügt noch einen Gegenstand hinzu. Ihr könnt so lange spielen, wie ihr wollt.

Braumanufaktur Forsthaus Templin, Templiner Straße 102, Potsdam. ✆ 033209/217979. www.braumanufaktur.de April – Okt täglich 11 – 22 Uhr, sonst Mo, Di 11 – 16 und Mi – So 11 – 22 Uhr. Brotzeiten und Deftiges. Große, schattige Terrasse. Jeden Mi 19 Uhr kostenlose Brauereibesichtigung ohne Voranmeldung.

Über die Qualität der Badegewässer erhaltet ihr Auskunft beim zuständigen Gesundheitsamt: Stadtverwaltung Potsdam, Hegelallee 6 – 10, 14467 Potsdam, ✆ 03331/2892353. Stadtverwaltung Brandenburg, Klosterstraße 14, 14770 Brandenburg an der Havel, ✆ 03381/5853701. Landkreis Havelland, Platz der Freiheit 1, 14712 Rathenow, ✆ 03385/55140. Landkreis Potsdam-Mittelmark, Steinstraße 14, 14806 Belzig, ✆ 033841/91297.

Für das leibliche Wohl der Badegäste sorgen mehrere Imbissbuden sowie das nahe gelegene **Forsthaus Templin.**

Strandbad Babelsberg am Tiefen See

Potsdam. ✆ 0331/6619831, Fax 707552. www.seen.de/strandbad-babelsberg.de. **Bahn/Bus:** Tram 94, 95 bis Humboldring/Nuthestraße. Direkt an der Haltestelle beginnt der Park Babelsberg, an den der Tiefe See angrenzt. **Zeiten:** Mitte Mai – Mitte Sep 9 – 20 Uhr, im Sep 10 – 19 Uhr. **Preise:** 3 €; Kinder 1,50 €.

▶ Einladend ist der Spielplatz mit vielen Klettermöglichkeiten, Schaukeln, Wippen und Rutschen. Er liegt allerdings in der prallen Sonne. Auf sportlich Aktive warten Tischtennisplatte, Volleyballnetz sowie ein Ruderbootverleih. Weniger einladend ist hingegen das von Algenblüte getrübte Wasser. Außerdem wird es an dieser Stelle ziemlich schnell tief der See trägt seinen Namen also zu Recht. Für das leibliche Wohl der Badegäste sorgt ein Kiosk.

Unmittelbar neben dem Strandbad befindet sich noch eine weitere, unbewachte Badestelle.

Badewiesen am Jungfernsee

Potsdam. **Bahn/Bus:** Vom Hbf Potsdam Tram 93, vom Bhf Wannsee Bus 316 bis Glienicker Brücke. **Rad:** Vor der Brücke, aus Richtung Potsdam kommend, führt links die Schwanenallee als Wander- und Radweg am Ufer des Jungfernsees entlang.

▶ Am Jungfernsee gibt es in der Nähe der Glienicker Brücke zwei Badestellen. Nach der Überquerung des Hasengrabens erreicht ihr schon die erste. Die zweite Badestelle befindet sich näher am Schloss Cecilienhof, das im Neuen Garten liegt. Radreisende fahren an Nikolaikirche und Fachhochschule vorbei, biegen dann rechts in die Berliner Straße (fast durchgängiger Radweg, allerdings auf der linken Seite) ein und fahren vor bis zur **Glienicker Brücke.** Aus Richtung Wannsee: Radler benutzen den durchgängigen Radweg beidseits der Königstraße. Unterwegs ist auch ein Abstecher zur ↗ Pfaueninsel möglich. Hinter der Brücke wird rechts in die Schwanenallee eingebogen.

Obwohl es an diesen beiden Badestellen keinen Spielplatz gibt, können es Familien mit kleinen Kindern hier einen ganzen Tag aushalten. Voraussetzung ist, dass ihr Spielzeug für Land und Wasser sowie Ideen im Gepäck habt. Eine andere Möglichkeit wäre, am Jungfernsee nur einen Zwischenstopp einzulegen, um dann den ↗ Neuen Garten zu besuchen.

Seebad Caputh

Weg zum Strandbad 1, 14548 Schwielowsee-Caputh. ✆ 033209/80851, Fax 21532. www.seebad-caputh.de. info@seebad-caputh.de. **Bahn/Bus:** Bus 607 oder RB22 von Potsdam Hbf bis Caputh-Schwielowsee Bhf, dann ca. 5 Min Fußweg. **Rad:** ↗ Mit dem Fahrrad rund um den Schwielowsee. **Zeiten:** April – Sep täglich 10 – 20 Uhr. **Preise:** 4 €; Kinder bis 14 Jahre 2 €. **Infos:** Boots- und Surfbrettverleih, Liegen.

▶ Radreisende aus Richtung Potsdam können am Forsthaus Templin vorbei geradeaus weiter fahren. Allerdings herrscht auf Capuths Hauptstraße an den Wochenenden und in den Sommerferien starker Ausflugsverkehr. Zwar ist der Sandstrand hier nicht so breit wie beim Strandbad Templin, dafür kommt in Caputh echte Ostseebadatmosphäre auf. Weit in den See streckt sich eine steinerne Mole und im Ufersand liegen kleine Muscheln und Steinchen. Für Abwechslung während des Badetages sorgt an Land ein Spielplatz und zu Wasser Bootsverleih und Surfschule.

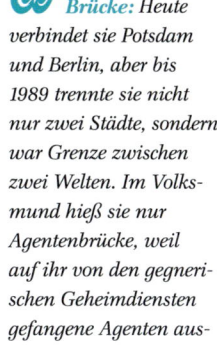

Die Glienicker Brücke: Heute verbindet sie Potsdam und Berlin, aber bis 1989 trennte sie nicht nur zwei Städte, sondern war Grenze zwischen zwei Welten. Im Volksmund hieß sie nur Agentenbrücke, weil auf ihr von den gegnerischen Geheimdiensten gefangene Agenten ausgetauscht wurden.

Am Badesee: Schwanenbesuch

© pmv, Foto: Ina Kalanpé

Hunger & Durst

Castello del Lago, Weg zum Strandbad, Schwielowsee-Caputh.
✆ 033209/80851. www.seebad-caputh.de. Jan, Feb Fr – So ab 12, März Mi – So ab 12, April – Okt täglich ab 12, Nov, Dez Do – So ab 12 Uhr. Knusprige Pizzen, Eis und süditalienische Spezialitäten.

Im Internet findet ihr unter www.wassersport-in-berlin.de das Wassersportwetter der FU Berlin für die Berliner Gewässer.

Die Broschüre *Mit dem Boot durch Brandenburg und Berlin* könnt ihr beim TMB Informations- und Buchungsservice Reise-Land Brandenburg, ✆ 0331/2004747, Fax 2987328, bestellen.

Stärken können sich Badegäste im Restaurant sowie im Café.

Café & Strandbad Ferch

Dorfstraße 41a/50, 14548 Schwielowsee-Ferch. ✆ 033209/70295, Fax 70764. www.strandbad-ferch. de. **Bahn/Bus:** Bus 607 bis Ferch Campingplatz Flottstelle oder RB22 bis Ferch-Lienewitz. **Zeiten:** 10 – 22 Uhr. **Preise:** 2 €; Kinder 1 €; ermäßigt 1 €.
▶ Ein kleines Bad, in dem Kinder inzwischen auch auf ihre Kosten kommen. Sportlich Aktive können Beachvolleyball spielen. Außerdem lädt ein kleiner Spielplatz zum Klettern und Toben ein. Buddeln ist nur auf einem ganz schmalen Sandstreifen möglich. Umso schöner ist es im Wasser, das an dieser Stelle ganz langsam an Tiefe zunimmt. Schönes Café mit Terrasse im Schwielowsee-Pavillon.

Boots- & Schiffstouren

▶ Freizeitkapitänen bieten sich zahlreiche Möglichkeiten, in See zu stechen. Von stundenweisem Rudern, Wassertreten, Surfen oder Segeln über Tagestouren bis zu mehrtägigen Fahrten ist alles möglich. Aber bevor ihr auf Tour geht, solltet ihr euch informieren, denn wie im Straßenverkehr gibt es auch zu Wasser verbindliche Regeln. Ansprechpartner sind das Wasser- und Schifffahrtsamt Berlin (✆ 030/238054363) und das Wasserschutzpolizei-Präsidium Brandenburg (✆ 0331/9688420).

Yachthafen Frank Ringel

An der Havel 38, 14472 Werder-Töplitz. ✆ 033202/ 60217, Fax 60170. Handy 0172/3811234. www.marina-ringel.de. yachthafen-ringel@t-online.de.
▶ Verleih von Motorbooten, Ruderbooten und Wassertretern. Mit Zelt- und Caravanstellplätzen, Badestelle mit Liegewiese und Grillplatz; Bungalows ab 50 €/Nacht.

Yacht- und Bootswerft Jahn

Wiesenstraße 11, 14473 Potsdam. ✆ 0331/
7480415, Fax 7480415. www.bootswerft-jahn.de.
bootswerft-jahn@t-online.de. **Bahn/Bus:** ↗ Potsdam.
Zeiten: März – Okt Mo – Fr 9 – 19, Sa 9 – 16 Uhr, Nov –
Feb Mo – Fr 10 – 18 Uhr oder nach Absprache. **Preise:**
4 Std 2er Kajak 14 €, 8 Std 23 €, Kanadier 4 Std 17 €,
8 Std 28 €, 1 Std Tretboot 15 €.
▶ Verleih von Kanadiern, Paddel- und Tretbooten. Verkauf von Bootszubehör und Campingartikeln, Boots-
reparaturen, Getränkeausschank.

Sun & Fun Vermietungs GmbH

Wentorfinsel (Zeltplatz Himmelreich), 14548 Schwielowsee-Caputh. ✆ 033209/203930, www.bootsver-
mietung-caputh.de. info@bootsvermietung-caputh.de.
Bahn/Bus: ↗ Schwielowsee.
▶ Verleih von Kajaks, Kanus und Ruderbooten sowie
führerscheinfreien Motorbooten. 1er Kajak 5 € pro
Stunde, 15 € pro halber Tag, 25 € pro Tag. 2er Kajak
6, 18 bzw. 30 €. Kanu für 4 Pers sowie Ruderboot für
6 Pers 7, 23 bzw. 35 €. Kanu für 5 Pers 8, 27 bzw.
40 €. Kaution: 50 € für Kajaks, 100 € für Kanus und
Ruderboote.
Verleih inkl. Zubehör wie Schwimmwesten, wasser-
dichten Packsäcken und Tourenvorschlägen.

Das Slawenschiff Dragomira

Brandenburg. ✆ 03381/250688, Charterhotline
03381/20874023, Fax 2099471. www.bas-branden-
burg.de. info@bas-brandenburg.de. **Bahn/Bus:** ↗ Brandenburg. **Preise:** 1 Std 80 €, 2 Std 120 €.
▶ Nordisch sieht sie aus, schlank und mit nur einem
Mast, an dem ein beinahe quadratisches Segel
hängt: Die »Dragomira« ist ein hölzernes Planken-
schiff, das der Zeit des 11. Jahrhunderts nachemp-
funden wurde. Dank mehrerer Arbeitsförderprojekte
konnte das fast 9 m lange und 2,80 m breite Boot
gebaut werden. Der Name geht auf eine slawische

Taverna del Porto, An
der Havel 38, Werder-
Töplitz. ✆ 033202/
60853. www.hollaen-
dermichel.de. Mo – Do
ab 17, Fr – So ab 12
Uhr. Im Winter stark ein-
geschränkte Öffnungs-
zeiten. Internationale
und italienische Gerich-
te. Große Sommerter-
rasse, Wintergarten,
Seeblick.

Angelkarten:
Fischereibetrieb
Lechler, Straße der Ein-
heit 47, 14548 Schwie-
lowsee-Caputh,
✆ 033209/71602. Mi –
Fr 9 – 13, 14 – 18 Uhr,
Sa 9 – 13, So 10 – 12
Uhr.

Fürstentochter zurück, die hier um 900 lebte. Das Boot, das 12 Fahrgästen Platz bietet, könnt ihr mit kundigem Bootsführer mieten und schöne Rundfahrten durch die Stadt und die Natur machen. Oder auch zum ↗ Slawendorf, um mehr über Dragomiras Leben zu erfahren. Bei Flaute wird gerudert oder – wenig stilecht – der Motor angelassen.

Nordstern Reederei Brandenburg

Neuendorfer Straße 70, 14770 Brandenburg. ✆ 03381/226960, Fax 226961. Handy 0172/3117868. www.nordstern-reederei.de. info@nordstern-reederei.de. **Bahn/Bus:** ↗ Brandenburg. **Zeiten:** April – Okt.

▾ Mit dem Fahrgastschiff *Pegasus:* Große Seenrundfahrt (2,5 Std) Kinder 6 – 13 Jahre 6 €, Erw 12 €. Stadtrundfahrt (1,5 Std) Kinder 4 €, Erw 8 €. Fahrradmitnahme (20 Stellplätze) 1 €. 20 % Ermäßigung auf Linienfahrten für Gruppen ab 20 Pers. Charterfahrten: Dampfschiff Nordstern (gebaut 1902).

Die Potsdamer Fähre nach Hermannswerder

ViP Verkehrsbetrieb Potsdam GmbH, ViP-Verwaltungsgebäude, Fritz-Zubeil-Straße 96, 14482 Potsdam. ✆ 0331/66140, Fax 6614279. http://web1.swp-potsdam.de. info@vip-potsdam.de. Fährverbindung F1: Potsdam, Auf dem Kiewitt – Hermannswerder.

Weiße Flotte Potsdam GmbH

Lange Brücke 6, 14467 Potsdam. ✆ 0331/2759210, 2759220, Fax 291090. www.schiffahrt-in-potsdam.de. wf@schiffahrt-in-potsdam.de. **Bahn/Bus:** Tram 91 – 93, 96, 98, 99, X98, X99 bis Alter Markt oder S7 bis Potsdam Hbf. **Rad:** Europaradweg R1. **Zeiten:** Service-Büro im Hafen Mo – Fr 8 – 18 Uhr, Sa, So, Fei 9 – 15 Uhr. **Preise:**; Kinder bis 3 Jahre frei, bis 14 Jahre 50 %, Kindergruppen und Schulklassen (je 10 Kinder eine Begleitperson) 20 %; Schwerbehinderte ab 70 % und Be-

 Wasser- und Schifffahrtsamt Berlin, ✆ 030/238054363 und das Wasserschutzpolizei-Präsidium Brandenburg, ✆ 0331/9688420. Die Broschüre »Wassererlebnis Berlin-Brandenburg. erfrischend anders«, zu bestellen unter ✆ 0331/2004747 oder unter www.reiseland-brandenburg.de, enthält Tourenempfehlungen, Infos zu Brücken und Schleusen, Bootsverleiher und Gastronomie sowie eine große Wasserkarte.

© pmv, Foto: Wolfgang Kling

 Ein **Wassertaxi** verkehrt Ende April – Anfang Okt täglich mehrmals pro Stunde u.a. zur Schiffbauergasse, zum Park Glienicke, nach Sacrow, zum Cecilienhof und zum Hbf Potsdam sowie zum Strandbad Templin, www.potsdamer-wassertaxi.de. 3 € pro Station, 3-Zonen-Fahrkarte 8 €, Tagesfahrkarte 12, Kinder 6 – 14 Jahre 50 %, Fahrrad 1 – 3 €.

gleitperson 20 % Rabatt. Gruppen ab 20 Pers auf tägliche Rundfahrten 10 %, Mo und Fr Senioren, Studenten, Sozialhilfeempfänger und Arbeitslose 20 %.

▶ Verschiedene Tages-, Rund- und Linienfahrten auf den Havelseen:

Potsdam – Forsthaus Templin – Caputh – Ferch – Petzow – Werder. Die mehr als dreieinhalbstündige Rundfahrt kostet 14 €/Person, Familienfahrkarte (2 Erw, mit bis zu 5 Kindern) 35 €. Mit Kindern würde ich nur Teilstrecken fahren.

Potsdam – Wannsee – Potsdam; Dauer zwei Stunden, 12 €/Person.

Anderthalbstündige Schlösserrundfahrt (11 €/ Person, Familienfahrkarte 27,50 €).

Nostalgische Schlösserrundfahrt mit dem historischen Dampfschiff »Gustav« (12 €/Person, Familienfahrkarte 27,50 €).

Reederei Röding

Neuendorfer Straße 82a, 14770 Brandenburg. ✆ 033 81/522331, Fax 796610. Handy 0173/ 8656146. www.fgs-havelfee.de. service@fgs-havelfee.de. **Bahn/ Bus:** ↗ Brandenburg. **Zeiten:** April – Okt Di – So.

▶ Mühlenfahrt mit dem Fahrgastschiff *Havelfee* (1,5 Std) Erw 6,50 €. Altstadtrundfahrt (2 Std) Erw 8,50 €. Große Seenrundfahrt (2,5 Std) Erw 10,50 €. Ermäßigung für Kinder von 4 – 14 Jahre.

Eine Schleuse verbindet Gewässer mit unterschiedlichem Wasserstand. Sie hilft den Schiffen, diesen Höhenunterschied zu überwinden. Das Schiff fährt in die Schleuse und die Schleusentore schließen sich. Dann wird die Schleusenkammer bis zur Höhe des Ober- bzw. Unterwassers gefüllt oder geleert. Die Tore öffnen sich wieder und das Schiff kann seine Fahrt fortsetzen.

Radeln & Wandern

Radtour zum Großen Seddiner See

Länge: ca. 15 km, Ziel: Badestelle in Seddin am südwestlichen Ufer. **Bahn/Bus:** ↗ Potsdam. RE7, RB22 bis Seddin, Bus 643 bis Seddin Jägerhof.

▶ Radreisende aus Potsdam wenden sich vom Potsdamer Hauptbahnhof aus kommend auf der Langen Brücke nach links. Am Leipziger Dreieck, einer großen Ampelkreuzung in 200 m Entfernung, benutzt ihr entweder die Leipziger Straße oder die Straße Brauhausberg, die anfangs steil bergauf geht. Beide Straßen sind stark befahren und haben keinen durchgehenden Radweg, aber auf der letzteren könnt ihr den breiten Bürgersteig benutzen. An der Ampelkreuzung fahrt ihr links in die Michendorfer Chaussee, die B2, die einen Radweg hat. Nach 10,8 km erreicht ihr **Michendorf.** Nach der Ortsdurchfahrt geht es auf dem Radweg entlang der B2 weiter bis nach **Seddin.** Bis hierher habt ihr 14,8 km zurückgelegt.

An der Nordseite des Sees, also bevor ihr die Brücke überquert, gibt es einen 4 km langen **Naturlehrpfad** (Markierung: Grüner Diagonalstrich auf weißem Grund). Auf sieben Tafeln wird über die Tier- und Pflanzenwelt im und am Seddiner See informiert. Wer sich eine Pause gönnen will, wird sich über die Bank und die überdachte Sitzgruppe freuen.

Die Seddiner **Badestelle** ist mit 70 qm recht groß, doch einen richtigen Spielplatz werdet ihr hier vergeblich suchen. Es gibt lediglich zwei Wippen, die dringend eines neuen Anstriches bedürfen.

Am Ostufer des Großen Seddiner Sees gibt es noch eine Badestelle, an der auch kleinere Kinder sehr schön im Wasser planschen und Ball spielen können, da es nur ganz allmählich tiefer wird.

Großer Seddiner See heißt er deshalb, weil es noch einen **Kleinen Seddiner See** gibt, der sich an der Westseite anschließt. Über beide Seen donnert der Verkehr der B2. Doch auf den Seen dürfen keine Mo-

Ca 1,5 km südlich vom Großen Seddiner See kommt ihr zu einem großen Freilichtmuseum: Im Findlingsgarten Seddiner See hat man eine Nacheiszeitlandschaft modelliert, also eine Landschaft, wie sie hier vor rund 10.000 Jahren ausgesehen hat. Eintritt frei, www.findlinge-seddin.de. Findlinge sind Gesteinsblöcke, die durch die Gletscher der Eiszeit von Skandinavien zu uns geschoben wurden.

torboote fahren, sodass Kinder und Erwachsene ohne Angst und Lärm im angenehm klaren Wasser schwimmen und rudern können.

Per pedes unterwegs

▶ Viele Ausflugsziele sind mit öffentlichen Verkehrsmitteln, zu Fuß oder per Rad gut erreichbar. In den Städten, aber auch in kleineren Orten sind Wege zu Sehenswürdigkeiten, kommunalen Einrichtungen, Schiffsanlegestellen und Bahnhöfen ausgeschildert. Rund um Potsdam, Werder, Brandenburg und Rathenow existiert ein gut ausgebautes Wanderwegnetz, wobei die Ausschilderung noch lange nicht abgeschlossen ist. In Potsdam treffen sich die beiden Europäischen Fernwanderwege E10 Ostsee – Böhmerwald – Dolomiten und E11 Nordsee – Fläming – Masuren. Schaut euch die Strecken mal auf einer Europakarte im Atlas an. Ganz schön weit!
Die vielen Seen machen eine Tour abwechslungsreich und bieten auch ungeübten Wanderern eine zusätzliche Orientierungshilfe. Umwandern lassen sich unter anderem folgende Seen: der *Griebnitzsee* als Grenzgewässer zwischen Potsdam-Babelsberg und Berlin, der *Große Seddiner See,* der *Plessower See* in Werder, der *Caputher See* und auch der *Güterfelder See* in der Nähe von Potsdam-Drewitz.

Zum Strandbad Templin

Potsdam. Start: Bhf Potsdam Pirschheide. **Bahn/Bus:**
RB22, Tram 91 bis Bhf Potsdam Pirschheide. **Infos:**
↗ Strandbad Templin.
▶ Mit ein bisschen Nervenkitzel könnt ihr auch zu Fuß das Strandbad erreichen (↗ Strandbad Templin). Ihr lasst den Bahnhof Pirschheide hinter euch, geht auf der großen Straße nach links, unter der Eisenbahn hindurch und gleich wieder links in die Straße An der Pirschheide. Gleich hinter der nächsten Eisenbahnbrücke biegt ihr links in den Uferweg ein, der euch parallel zum Bahndamm über den Templiner

 Wer im Havelland unterwegs ist, kann vom Frühsommer bis zum Herbst auf Obst im Proviantrucksack verzichten. Denn hier hat der Obstanbau eine lange Tradition. Überall wird frisches preiswertes Obst und Gemüse zum Kauf angeboten.

Starke Nerven müsst ihr haben, wenn ihr auf der Eisenbahnbrücke seid und neben euch ein Zug oder sogar zwei die Brücke überqueren! Dann vibriert sie so, dass man meinen könnte, sie stürze im nächsten Moment ein. Bis zum Ende der geschlossenen Grenzen zu Westberlin war diese Strecke die Hauptverbindung nach Ostberlin. Damals donnerten pausenlos Personenzüge, aber auch schwere Güterzüge über die Brücke. Heute verkehren hier nur noch wenige Züge. Dafür könnt ihr die super Aussicht auf den Templiner See genießen.

See führt. Hier müsst ihr die sehr steilen Stufen der langen Eisenbahnbrücke erklimmen, die für Fußgänger und Radler offen ist. Von oben seht ihr schon euer Ziel. Auf der anderen Seite stoßt ihr auf die Templiner Straße, die ihr rechts bis zum Forsthaus Templin (Gasthaus) und dem Strandbad weitergeht.

Reiten & Kutsche fahren

Der Schäferhof

Schlüterstraße 8, 14558 Bergholz-Rehbrücke.
✆ 033200/55891, Fax 55912. www.schaeferhof.net.
Bahn/Bus: RE7, MR33, Tram 91, 93 bis Potsdam-Rehbrücke, dann Bus 611, per Rad oder zu Fuß nach Bergholz.
▶ Unterricht im Reiten (75 €/Monat) und Voltigieren (44 €/Monat), Wichtelgruppen (103 €/Monat) sowie betreute Nachmittage im Pony-Club (103 €/Monat) und Reiterferien, ↗ Ferienadressen. Auf dem Hof tummeln sich auch Hunde, Katzen, Kaninchen und Schafe.

Reit- und Fahrtouristik Bernd Kohlschmidt

Schlüterstraße 1, 14558 Bergholz-Rehbrücke.
✆ 033200/86063, www.pferdehof-kohlschmidt.de.
berndkohlschmidt@aol.com. **Bahn/Bus:** RE7, MR33, Tram 91, 93 bis Potsdam-Rehbrücke, dann Bus 611, per Rad oder zu Fuß nach Bergholz.
▶ Reiten, Geländeritte, Kutschfahrten.

Pferdepension Waldhof

Nauener Chaussee 8, 14612 Falkensee. ✆ 033232/38401, Fax 38401. www.pferdepension-falkensee.de.
info@pferdepension-falkensee.de. **Bahn/Bus:** ↗ Falkensee. **Auto:** Aus Berlin-Spandau stadtauswärts Falkenseer Chaussee, durch Falkensee Richtung Nauen.
900 m nach den Bahngleisen (vor der Kurve) rechts.

▶ Reitkurse für Kinder ab 4 Jahre. Reitstunde: Kinder 14,40 €, Erw 15,40 €. Dressurplatz, Longierzirkel, Spring-platz, Reithalle. Der Hof wird in ökologi-scher Landwirtschaft betrieben. Es gibt eine Mutterkuhherde und ein Damwildgatter.

©dzt/HTS

Spaziergang mit 2 PS: Gemütliche Planwagen-fahrt

Gestüt Neuwaldeck

Stefanie Schoch-Dengs, 14715 Nennhausen-Gränin-gen. ✆ 033878/6580, Fax 65848. www.neuwaldeck. de. reiten@neuwaldeck.de. **Bahn/Bus:** ↗ Nennhausen.
▶ Gelegen in der Nähe von Rathenow. Mit dem Fahr-rad sind es 13 km durch den Wald. Fundierte Reit- und Fahrausbildung für Kinder und Erwachsene, di-verse Lehrgänge und Kurse, Kindergeburtstage, Rei-terferien, ↗ Ferienadressen. Eine Einzelstunde (60 Min) im Reiten 47 €, in der Gruppe 16,50, Kinder 14,50 €.

Erlebnisparks & Klettergärten

Der Volkspark von Potsdam

Erlebnispark, 14471 Potsdam. www.volkspark-pots-dam.de. etbf@ProPotsdam.de. Insgesamt 17 Eingänge, Haupteingang Georg-Herrmann-Allee 101, neben der Biosphäre. **Bahn/Bus:** Tram 96 bis Buga-Park. **Zeiten:** täglich 5 – 23 Uhr. **Preise:** Eintritt März – Nov 1,50 €, Dez – Feb 0,50 € für alle. Schulklassen und Kindergrup-pen (nach Voranmeldung) 12 €; Kinder bis 6 Jahre frei. Ermäßigt ganzjährig 0,50 €; Jahreskarte für Familien ab 28 €.
▶ Entstanden zur Bundesgartenschau 2001 macht der Volkspark seinem Namen alle Ehre. Hier bieten

sich Jung und Alt zahlreiche Möglichkeiten für Sport, Spaß und Spiel, aber auch für Ruhe und Entspannung. Und im Gegensatz zu vielen anderen Parks ist hier Rad fahren erlaubt. Hunde dürfen auch mit, müssen aber an der Leine geführt werden. Die Wiesen sind zum Relaxen, Ball spielen und Toben da. An ausgewählten Stellen darf gegrillt werden. Besonderer Anziehungspunkt an heißen Sommertagen ist der Wasserspielplatz mit großen Planschbecken, Flößen und Piratenbooten. Zu Spaß und sportlicher Betätigung laden Riesenrutsche und Riesenschaukeln, fantasievoll gestaltete Spielplätze, Kletterwand und Sprungterminal mit vier Trampolinen ein.

Beliebt ist der Park auch bei Joggern und Nordic Walkern, für die es spezielle Kursangebote gibt. Skater können im Rollforum mit Mini-Ramps, Halfpipes, einem 4 m hohen Funwall und vielem mehr nach Herzenslust trainieren.

Im Zirkuszelt gibt es natürlich Zirkusvorstellungen, aber auch Kinderkino und -theater.

Rappelkiste im Sportpark am EKZ Wust

An der Bundesstraße 1, 14776 Brandenburg an der Havel. ✆ 03381/890880, Fax 890881. www.rappelkiste-brb.de. info@rappelkiste-brb.de. **Bahn/Bus:** An der B1, Bus W. **Zeiten:** täglich 10 – 19 Uhr, 24. – 26. Dez, 1. Jan geschlossen. **Preise:** Tageskarte 2,50 €, Familientageskarte Mo – Fr (2 Ki und 2 Erw) 15 €, Familientageskarte (3 Ki und 2 Erw) 20 €; Tageskarte 5,50 €; Rabatte für Gruppen.

▶ Überdachter Indoor-Spielplatz für Kinder bis 12 Jahre. Abenteuer-Kletter-Labyrinth, Trampolinanlage, Hüpfburg, verschiedene Rutschen, Krabbelspielbereich für Kinder bis 3 Jahre mit Bällebad, Bobby-Cars, Rutsche, Kletterbereich, Wickelraum, Mandy's Kinderclub (Di – Do 15 – 19 Uhr) für Kinder 5 – 12 Jahre, Angebote für Gruppen, Kindergeburtstage, Gastronomiebereich.

AbenteuerPark Potsdam

Erlebnis- und Abenteuerpark, Albert-Einstein-Straße 49,
14473 Potsdam. ℘ 0331/6264783, www.abenteuer-
park.de. info@abenteuerpark.de. **Bahn/Bus:** S7, RE1
Hbf Potsdam. **Zeiten:** Mai – Mitte August täglich 9 – 19
Uhr, sonst ab 10 Uhr bis zur Dämmerung, Nov – März
nur auf Anfrage. **Preise:** 21 €; Kinder unter 15 Jahre
15 €, nur Miniparcours 10 €; 18 € für Schüler, Studenten, Auszubildende. **Infos:** Waldbistro, Terrasse.

▶ Im angeblich größten Klettergarten Deutschlands
könnt ihr zwischen 10 unterschiedlich schwierigen
Parcours auswählen. Für die ganz Kleinen (bis
120 cm Körpergröße) gibt es einen Parcours in max.
1 m Höhe, Könner und Experten bewegen sich in einer Kletterhöhe bis 12 m. Die Gesamtlänge des Seil-
gartens: 1,5 km mit 150 verschiedenen Elementen.
Höhepunkt für viele Kinder (und Erwachsene) ist die
200 m lange Seilrutsche, die auf 1 – 12 m Höhe direkt in den Bäumen installiert ist. Kletterzeit etwa 2
Stunden plus 20 Minuten Sicherheitseinweisung. Es
gibt Klassenprogramme.

Spaß im Winter

▶ Wenn endlich mal die weißen Flocken wirbeln, werden Schlitten und Skier aus der hintersten Ecke her-
vorgekramt – und los geht's. Die Frage, wohin zum
Rodeln und Skifahren, stellt sich bei den vielen Parks
und Wäldern eigentlich nicht. Beliebte **Rodelgebiete**
in Potsdam sind der Park Babelsberg und die Ravens-
berge. Skipisten werdet ihr hier jedoch vergeblich suchen. Da müsst ihr schon nach Berlin fahren. Aber
Skilanglauf ist auf jeden Fall möglich.

Lang andauernder Frost lässt die vielen Seen und
Flüsse gefrieren und dann ist es verlockend, auf den
Eisflächen **Schlittschuh** zu laufen. Aber ganz unge-
fährlich ist dieses Vergnügen nicht. Zwar informiert
die Wasserschutzpolizei unter ℘ 0331/9688420
über die Dicke der Eisflächen, aber sie erteilt keine

Faustregel: Eisflä-
chen erst betre-
ten, wenn es vorher
etwa 2 Wochen lang
strengen (min -5 °C)
Dauerfrost gegeben hat.
Deren Einhaltung garan-
tiert ein Höchstmaß an
Sicherheit.
Wenn die Temperaturen
am Tag über Null stei-
gen und die Sonne
scheint, sind die Eisflä-
chen tabu.

Freigabe zum Betreten des Eises. Sobald das Eis brüchig wird, warnt die Wasserschutzpolizei über Rundfunk, Fernsehen und Tagespresse vor dem Betreten. Beachten solltet ihr auch, dass auf größeren, für die Binnenschifffahrt bedeutenden Gewässern, wie etwa dem Templiner See, künstlich eine

© pmv, Foto: Ina Kalanpé

Mit den Eltern macht es am meisten Spaß: Eislaufen auf dem See

Fahrrinne freigehalten wird. Den Bruchstellen solltet ihr euch auf keinen Fall nähern!

Wer die künstlichen Eisbahnen den natürlichen vorzieht, konnte in den vergangenen Jahren in den Filmpark Babelsberg gehen. Ob dort in einer der Hallen aktuell eine Eisbahn installiert ist, erfahrt ihr unter www.eisbahn-babelsberg.de. Schlittschuhfans können auch die Eisbahn in ↗ Bad Belzig oder die ↗ Berliner Eisbahnen und Eisstadien aufsuchen.

UMWELT ER-FORSCHEN

Der Natur auf der Spur

Biosphäre Potsdam — Tropenwelt im Volkspark (ehemals Buga-Park)

Biosphäre Potsdam GmbH, Georg-Hermann-Allee 99, 14469 Potsdam. ☎ 0331/550740, www.biosphaere-potsdam.de. info@biosphaere-potsdam.de. Lage: im Volkspark im Norden der Stadt, 2,5 km von Park Sanssouci. **Bahn/Bus:** Tram 92 Richtung Bornstedter Feld bis Campus Fachhochschule und entlang der nach rechts abbiegenden Tramschienen 400 m Fußweg, Tram 96 Richtung Bornstedt/Kirschallee bis Volkspark. Bus 639 Richtung S/U Rathaus Spandau bis Am Pfingstberg. **Auto:** B2. **Zeiten:** rund ums Jahr Mo – Fr 9 – 18 Uhr, letzter Einlass 16.30 Uhr, Sa, So, Fei 10 – 19 Uhr, letzter Einlass 17.30 Uhr. **Preise:** 9,50 €, Fami-

lienkarte (2 Erw und bis zu 3 Ki) 28 €, Besucher über
88 Jahre frei; Kinder 5 – 13 Jahre 6,50 €; Studenten,
Schüler, Arbeitslose, Schwerbehinderte 8 €, Familien (2
Erw, 3 Kinder) 28 €, Gruppen ab 20 Pers 8 € pro Pers,
Jahreskarten. **Infos:** Barrierefrei.

▶ Hier könnt ihr auf 5500 qm die drei Welten der Biosphäre – zu Lande, zu Wasser und in der Luft – kennen lernen. Auf verschlungenen Pfaden oder auf dem
Höhenweg über den Baumwipfeln geht es durch den
tropischen Regenwald. Hier ist die Vegetation sehr
dicht, die Bäume bis zu 14 m hoch. Die Geräusch-
kulisse wirkt echt. Stündlich gibt es ein Gewitter mit
Regenschauer und Nebel. Das alles weckt bei Ina Er-
innerungen an einige Dschungel-Touren, die sie in
Ghana mit irem Mann Kofi und Eric unternommen hat
bzw. macht Lust aufs Reisen. An Forschungsstatio-
nen könnt ihr erfahren, wie Tiere Farben sehen.

In der **Unterwasserstation** könnt ihr tropische Fische
beobachten. In einem Luftschiff schwebt ihr über das
historische Potsdam und das historische Berlin.

Nach so viel Schauen, Staunen und Forschen stellen
sich sehr bald Hunger und Durst ein. Die könnt ihr im
Tropencamp (Imbiss, Kuchen, Getränke, Innen- und
Außenterrasse) oder im **Restaurant Luncheon** (nur
am Wochenende und Fei 11 – 17 Uhr: warme und
kalte Speisen, Kaffee und Kuchen) stillen.

Botanischer Garten der Universität Potsdam

Maulbeerallee 2, 14469 Potsdam. ✆ 0331/9771952,
Fax 9771951. www.botanischer-garten-potsdam.de.
botanischer-garten@uni-potsdam.de. Nahe Schloss
Sanssouci. **Bahn/Bus:** ↗ Potsdam, ab Hbf Bus 606
und 695 bis Orangerie. **Auto:** Parkplätze am Schloss
Sanssouci, dann 5 Min Fußweg. **Zeiten:** April – Sep
9.30 – 17 Uhr, Okt – März 9.30 – 16 Uhr. Freilandanlagen ganzjährig ab 8 Uhr bis Sonnenuntergang. **Preise:**
2 €; Kinder ab 6 Jahre, Schüler, Studenten, Schwerbehinderte 1 €; Schulklassen 0,50 € pro Person.

Herr von Ribbeck auf Ribbeck im Havelland,
Ein Birnbaum in seinem Garten stand,
Und kam die goldene Herbsteszeit
Und die Birnen leuchteten weit und breit,
Da stopfte, wenn's Mittag vom Turme scholl,
Der von Ribbeck sich beide Taschen voll,
Und kam in Pantinen ein Junge daher,
So rief er: »Junge, wiste 'ne Beer?«
Und kam ein Mädel, so rief er: »Lütt Dirn,
Kumm man röver, ick hebb 'ne Birn.«

*Den **Birnbaum** und den alten Herrn, die Theodor Fontane (1819 – 1898, 1. Strophe) in seinem Gedicht preist, gab es übrigens wirklich. Bei einem Nachfahren des alten Ribbeck könnt ihr Ribbeck-Birnenbalsamessig kaufen (und die Großen auch Birnenschnaps). Dort erfahrt ihr auch, ob es ein Sommerfest im Ribbeckschen Park geben wird, www.von-ribbeck.de.*

▶ In dem zur Universität Potsdam gehörenden Botanischen Garten könnt ihr an einem Tag eine Reise durch die Pflanzenwelt verschiedener Länder und Kontinente unternehmen. Die Erkundung der Freilandanlagen mit vielen unbekannten Gewächsen, aber auch bei uns heimischen Kräutern, Gewürzpflanzen, Sträuchern und Bäumen ist zwischen April und September am schönsten. Unabhängig von Jahreszeit und Wetter herrscht in den Gewächshäusern, darunter Palmen-, Kakteen-, Tropen-, Nutzpflanzen- und Orchideenhaus, das ganze Jahr über reger Besucherandrang. Ein an der Kasse erhältlicher Rallye-Fragebogen führt durch die ganze 5 ha große Anlage mit insgesamt fast 9000 Pflanzenarten. Geburtstagsfeiern und Führungen zu unterschiedlichen Themen auf Anfrage.

Ein Birnbaum und ein Kinderbauernhof

Marienhof 10, 14641 Ribbeck. ℃ 033237/88891, Fax 88893. www.marienhof-ribbeck.de. ribbeck-marienhof@t-online. **Zeiten:** ab März täglich von 10 – 18 Uhr, während des Maislabyrinthes Juli – Okt 10 – 20 Uhr.
Infos: Gruppenhäuser, Zeltlager, Fahrradverleih.

▶ An der B5 liegt das Dorf Ribbeck und in ihm das historische Herrenhaus der *Familie von Ribbeck*. Mittlerweile ist aus dem noblen Anwesen ein kulturelles und touristisches Zentrum mit Restaurant, kleinem Museum und einer Info-Stelle geworden. Dort – oder im Internet – erfahrt ihr auch, wann es in Ribbeck ein Sommerfest oder interessante Veranstaltungen gibt, www.vonribbeck.de.
Besichtigen könnt ihr die alte klassizistisch ausgestattete Kirche oder, wenn euch das nur gähnen lässt, den **Barfußpfad** und das **Maislabyrinth** des **Kinderbauernhofs Marienhof**. Also Schuhe aus und mit geschlossenen Augen versuchen, den Untergrund zu erfühlen: Sind das Steine oder Holzbohlen, ist es Sand oder Gras? Am Ende gibt es einen kalten Guss auf eure Schlammfüße und weiter geht's zu den

Tieren auf dem Marienhof. Ab Juli könnt ihr im Maislabyrinth auf Schatzsuche gehen. Das ist spannend!
Auch bei den Projekttagen, Wandertagen oder einer
Ferienfreizeit ist immer was los. Ihr schlaft auf selbst
gestopften Strohsäcken mit max. 39 anderen Kindern in einem Rundhaus. Na, das kann ja lustig werden!

HANDWERK UND GESCHICHTE

Betriebsbesichtigungen

Pumpenhaus – Moschee

Breite Straße 28, 14467 Potsdam. ✆ 0331/9694-
225, 9694-200 (Führungen), Fax 9694107. www.spsg.
de. info@spsg.de. **Bahn/Bus:** Tram 91, 94, Bus 605,
606 bis Auf dem Kiwitt oder Luisenplatz, dann in Fahrtrichtung weiterlaufen. **Zeiten:** Mai – Okt Sa, So, Fei
10 – 18 Uhr nur mit Führung. **Preise:** 2 €; Kinder
1,50 €.

▶ Das in den Jahren 1841/42 auf Wunsch Königs
Friedrich Wilhelm IV. im Stil einer islamischen Moschee mit hoch aufragendem Minarett erbaute Pumpenhaus versorgte die Fontänen im Park Sanssouci
mit Wasser aus der Havel. Im Jahre 1937 wurde die
Dampfmaschine der Berliner Firma Borsig durch
Elektropumpen ersetzt.
Anfang der 80er Jahre des 20. Jahrhunderts begann
man mit der Restaurierung der Originaldampfmaschi-
ne von 1842, der Fassade und des Minarettes. Im
September 1985 wurde die Moschee als Museum
und technisches Denkmal eröffnet. Während der Führung könnt ihr die Dampfmaschine in Aktion erleben.

**Der Schein trügt: Die Mo-
schee ist ein Pumpenhaus**

© pmv, Foto: Wolfgang Kling

POTSDAM & HAVELLAND

Filmpark Babelsberg

August-Bebel-Straße 26 – 53, 14482 Potsdam.
✆ 0331/7212-750, -755 (Information), Fax -737.
www.filmpark.de. info@filmpark.de. Eingang Großbeerenstraße. **Bahn/Bus:** RE7, MR33, Bus 601, 602, 618,
619, 690, 696 bis Bhf Medienstadt Babelsberg. Aus

Berlin S7 bis Bhf Babelsberg, dann Bus 690 bis Filmpark. **Rad:** Von Berlin mit Rad S1 bis Griebnitzsee. Ausgang zur Universität Potsdam, dann in Fahrtrichtung der S-Bahn über Uni-Gelände auf August-Bebel-Straße, links einbiegen. Über Großbeerenstraße gegenüber vom Bhf Medienstadt Babelsberg. In diese rechts einbiegen. **Zeiten:** Mitte April – Ende Okt täglich 10 – 18 Uhr, im Sep Mo geschlossen. **Preise:** 21 €; Kinder 4 – 14 Jahre 14 €; Behinderte mit dem Vermerk »B« 17 €, Schüler, Studenten, Azubis 17 €. Familienkarte an So und Fei sowie in den Schulferien in Berlin und Brandenburg (2 Erw, 4 Kinder) 60 €. Gruppenrabatt bei Voranmeldung.

▶ Beim Rundgang durch den Filmpark, für den ihr mindestens 5 – 6 Stunden einplanen solltet, lässt sich Geschichte und Gegenwart des deutschen Films hautnah erleben.

Angefangen hat alles 1911, als die Filmgesellschaft *Bioskop* die ehemalige Lagerhalle einer Kunstblumenfabrik in ein Atelier umwandelte. Schnell entstand eine richtige Filmstadt, gedreht wurden Stummfilme. Im Jahre 1921 wurde das gesamte Gebiet von der *Universum Film AG,* der legendären UFA, erworben. Es entstanden Filmklassiker wie »Metropolis« von Fritz Lang und »Der blaue Engel« mit Marlene Dietrich. Nach 1945 übernahm die neugegründete *Deutsche-Film-AG,* DEFA, die Filmstudios. In der Folgezeit wurden in der riesigen Traumfabrik, der drittgrößten nach Indien und Hollywood, 620 Fernseh- und 700 Kinofilme gedreht. Hier wurde z.B. Das Märchen »Der kleine Muck« verfilmt. Die bei kleinen Fernsehzuschauern so beliebten Abendgrußsendungen mit dem Sandmännchen entstanden und entstehen auch heute noch in den Babelsberger Filmstudios.

Seit vielen Jahren ist die Erlebniswelt Film auch der Öffentlichkeit zugänglich. Hier gibt es viel zu entdecken und zu erleben: Mittelalterstadt, Westernstraße, Kleine Farm, Filmtiershow, Spielewelt mit Flugsimulator, Dschungel-Abenteuerspielplatz, Janoschs Traumland, Gärten des Kleinen Muck, Mitmach- und

Hunger & Durst

Restaurant Paros, Rudolf-Breitscheid-Straße 66, Potsdam. ✆ 0331/7481180. www.restaurant-paros.de. Täglich 12 – 24 Uhr. In der Nähe vom Filmpark. Griechische Küche, sehr reichlich und sehr lecker.

Stunt-Shows, das 4D-Action-
kino, eine simulierte Tauch-
fahrt im Original-Filmset
»Boomer«, die Produktion
des Sandmännchens live erleben oder Schminken in der
Maske. Im Babelsberger
Filmpark ist immer etwas los:
Höhepunkte sind Kinderfeste, Sandmann-Tag, Pantoffel-
lauf mit dem Kleinen Muck,
Autogrammstunden, Zucker-
tütenfest, Stunt-Schule für
Kinder und das Weihnachts-
spektakel für Familien. Die
genauen Termine findet ihr
im Internet.

Für das leibliche Wohl der Besucher sorgt das Restaurant *Prinz Eisenherz*. Hier könnt ihr in der Original-
kulisse speisen wie König Artus und die Ritter der Ta-
felrunde.

**Damit kriegt ihr bestimmt
schulfrei: Unfall-Schminke
in Babelsberg**

Schlösser und Gärten

Schlösser im Park Sanssouci

Die Potsdamer Parklandschaft, Besucherzentrum an
der Historischen Mühle, 14469 Potsdam. ✆ 0331/
9694202, 9694200, 9694201 (Gruppenservice), Fax
9694107. www.spsg.de. besucherzentrum@spsg.de.
Bahn/Bus: RE1 stündlich ab Berlin Stadtbahn nach
Park Sanssouci. Tram 91, 94, Bus X15, 605, 606, 610,
612, 614, 631, 650, 695 bis Luisenplatz, dann Bus
606 bis Neues Palais und zum Schloss Sanssouci. Bus
605 bis Neues Palais und Schloss Charlottenhof. Bus
695, die »Schlösserlinie«, bis Schloss Sanssouci. **Auto:**
↗ Info & Verkehr Potsdam. **Zeiten:** Besucherzentrum an
der Historischen Mühle März – Okt 8.30 – 18, Nov –
Feb 8.30 – 17 Uhr, ✆ 0331/9694200. **Preise:** Park

@ Ein spezielles
Programm für
Familien lädt die jüngs-
ten Besucher zur Zeit-
reise ein. Die Kinder-
website www.schloes-
sergaerten.de nennt die
interessantesten Veran-
staltungen.

▶ Seit 1990 steht Sanssouci und das einzigartige Ensemble der Schlösser- und Gartenlandschaft Potsdams auf der Weltkulturerbeliste der UNESCO. Allein in den Park Sanssouci strömen seitdem jährlich mehr als eine Mio Besucher.

SCHLOSS SANSSOUCI

Im Jahre 1744 veranlasste König *Friedrich II.* den Bau des Schlosses Sanssouci – der Name bedeutet »ohne Sorge«. Und ganz ohne Sorgen und unbehelligt von den Nöten seines Volkes wollte der Monarch das Leben auf seinem Sommersitz genießen. Der berühmte Baukünstler *Georg Wenzeslaus von Knobelsdorff* (1699 – 1753), der das friderizianische Rokoko entwickelte, erarbeitete die Baupläne für die **Neuen Kammern,** die **Neptungrotte** und die Ruinenarchitekturen auf dem *Ruinenberg* – neue Ruinen fand man zu jener Zeit besonders romantisch, die Erwachsenen benutzten sie zum Versteckspielen vor dem jeweiligen Ehepartner. Rund um die Schlossbauten entstanden, entworfen von dem Gartenbauarchitekten *Peter Joseph Lenné* (1789 – 1866), große Parkanlagen. Die Nachfolger Friedrich II. ließen weiter bauen und so entstanden, unter Anleitung des legendären klassizistischen Architekten *Karl Friedrich Schinkel* (1781 – 1841) unter anderem die **Römischen Bäder** und das **Schloss Charlottenhof.** 1918, nach der Abdankung Kaisers *Willhelm II.,* wurde die 290 ha große Anlage verstaatlicht. Noch weitere acht Jahre dauerte es, bis die Schlösser und der Park von Sanssouci für die Öffentlichkeit zugänglich wurden.

Zwar ist Sanssouci sicherlich ein Muss für jeden Potsdam-Besucher, doch Besichtigungstouren nach dem Abhakprinzip bringen mit Kindern meist nicht viel. Deshalb sollte man Kinder auf Sanssouci vorbereiten. Dafür müsst ihr keine großen Geschichtskenner sein, sondern etwas Fantasie und Einfühlungsvermögen besitzen. Kleine Kinder lassen sich leicht motivieren, schließlich ist ihnen die Märchenwelt mit Schlössern, Königen und Prinzen sehr vertraut. Mit Jugendlichen, die gerade in der »Kein-Bock-auf-Kultur«-Phase sind, sieht es schon schwieriger aus. Deshalb bietet das Besucherzentrum spezielle Führungen für Schulklassen und Jugendgruppen an. ◀

frei zugänglich. Es kann eine Spende zur Erhaltung und Pflege der Anlage geleistet werden. **Infos:** Fahrradfahren ist nur auf bestimmten ausgeschilderten Wegen erlaubt. An den Eingängen können an Automaten Parkpläne für 2 € gekauft werden; Fotoerlaubnis 3 €.

Schloss Sanssouci, April – Okt Di – So 9 – 18 Uhr, Besichtigung mit Audioguide, 12 €, erm 8 €. Nov – März 10 – 17 Uhr. Besichtigung mit Führung oder Audioguide, 8 €, erm 5 €.

Bildergalerie, Mai – Okt Di – So 10 – 18 Uhr, 3 €, erm 2,50 €, ohne Führung.

Neue Kammern, Mai – Okt Di – So 10 – 18 Uhr, Nov – März Mi – Mo 10 – 17 Uhr, April Sa, So, Fei 10 – 18 Uhr, 4 €, erm 3 € mit Führung oder Audioguide.

Historische Windmühle, April – Okt Mo – So 10 – 18 Uhr, Nov – März Sa, So 10 – 16 Uhr, 3 €, erm 2,50 € mit Führung, 3 €, erm 2 € ohne Führung.

Chinesisches Haus, Mai – Okt Di – So 10 – 18 Uhr, 2 € ohne Führung.

Orangerieschloss mit Raffaelsaal, Mai – Okt Di – So 10 – 18 Uhr, 4 €, erm 3 €, April Sa, So, Fei 10 – 18 Uhr, nur mit Führung, Aussichtsturm 2 €.

Neues Palais, Grand Tour: April – Okt Mi – Mo 10 – 18 Uhr, Nov – März Mi – Mo 10 – 17 Uhr, Besichtigung mit Führung oder Audioguide 6 €, erm 5 €. Königswohnung: April – Okt Mi – Mo Führungen 10, 12, 14 und 16 Uhr, 5 €, erm 4 € mit Führung. Pesne-Galerie: April – Okt Sa, So, Fei 10 – 18 Uhr, 2 €, erm 1,50 € ohne Führung. Achtung: Nov 2011 – April 2012 geschlossen.

Römische Bäder, Mai – Okt Di – So 10 – 18 Uhr, 3 €, erm 2,50 €.

Schloss Charlottenhof, Ostern und Mai – Okt Di – So 10 – 18 Uhr, 4 €, erm 3 € nur mit Führung. Kombiticket mit Römische Bäder 5 €, erm 4 €.

Belvedere auf dem Klausberg (Rundtempel mit Aussichtsturm), Mai – Okt Sa, So, Fei 10 – 18 Uhr, 2 €.

Normannischer Turm Ruinenberg, Aussichtsplattform Mai – Okt Sa, So, Fei 10 – 18 Uhr, 2 €.

 Einige Angebote für Schulklassen: Von königlichen Gärten und göttlichen Streichen (Klassen 1 – 4). Von Gästen und Göttern (Klassen 1 – 6). Friedrich II. und die Aufklärung (Klassen 7 – 13). Glanz und Pracht für die Könige von Preußen (Klassen 7 – 13). Für Kitagruppen gibt es Schlossgeschichten.

77 schönste Orte rund um Berlin. Wolfgang Kling hat auch einen schönen Reiseführer mit Ausflügen zu Schlössern, Seen und Sehenswürdigkeiten geschrieben. Mit 166 Einkehrtipps. 304 Seiten, ISBN 978-3-89859-314-4, 16 €.

Ohne Sorgen: So wollte Friedrich II. leben

Wirtshaus Zur Pfaueninsel, Pfaueninsel-chaussee, Berlin. ✆ 030/8052225. www.pfaueninsel.de. Im Sommer täglich 9 – 19, im Winter Mi – So 10 – 16 Uhr. Der ursprüng-liche Marstall liegt di-rekt an der Fähre. Zwei große Biergärten, regio-nale Küche, Kaffee, Ku-chen Eis – alles richtig gut und recht preiswert.

Peter Joseph Lenné lebte 1789 – 1866 und war ein bedeu-tender Landschaftsarchi-tekt. Er prägte die Gar-tenkunst in Preußen und schuf Hunderte von An-lagen nach englischem Vorbild. Statt der abge-zirkelten Blumenbeete und Spaliere des feuda-len Barocks komponierte er zusammenhängende Rasenflächen und weit-räumige, oft von Schlän-gelwegen durchzogene Haine mit malerisch an-geordneten Baumgrup-pen. Alles sieht natürlich aus und ist doch von vielen Gärtnern so ar-rangiert.

Preußisches Arkadien: Pfaueninsel und Schloss

Nikolskoer Weg, 14109 Berlin-Zehlendorf. ✆ 030/8053041, 80586831, 0331/9694200 (Gruppenfüh-rungen), Fax 8058675-11. www.spsg.de. besucherzen-trum@spsg.de. Rundweg 1,5 Std. **Bahn/Bus:** Ab Wann-see Bhf Bus 218 bis Fähranleger. **Fähre** Nov – Feb 10 – 16, März – Okt 9 – 18, April und Sep 9 – 19, Mai – Aug 8 – 21 Uhr; Erw 3 €, ermäßigt 2,50 €, Jahreskarte 23 €. **Rad:** Bhf Wannsee, nach Wannseebrücke rechts in Am Kleinen Wannsee, vorbei am Haus der Wannsee-konferenz bis zum Wasser, links in den Uferweg einbie-gen und bis zur Fähre. **Zeiten:** Schloss April – Sep Di – So 10 – 17.30, Okt nur bis 16.30 Uhr, Nov – März ge-schlossen; Meierei Nov – Feb Sa, So, Fei 11 – 15.30, März bis 16.30 Uhr; Besichtigung jeweils nur mit Füh-rung möglich. **Preise:** Schloss 3 €, Meierei 2 €; Schloss 2,50 €, Meierei 1,50 €; Familienkarte (2 Erw, max 3 Kinder) 15 €. **Infos:** Fotoerlaubnis 3 €, nur für private Nutzung, ohne Blitz, ohne Stativ.

▶ Pfauen gibt es wirklich auf dieser Insel in der Ha-vel, aber auch Papageien, Fasane, Enten, Gänse und hin und wieder auch Wasserbüffel. Im 18. Jahrhun-dert kaufte *König Friedrich Wilhelm II.* die Insel für sei-ne damalige Geliebte, die Gräfin Lichtenau. Er ließ ein Schloss bauen, das vollständig erhalten blieb und besichtigt werden kann. Es sieht allerdings aus wie die Ruine einer mittelalterlichen Burg. Das war damals so Mode. Peter Joseph Lenné schuf den schönen Park.

Heute steht die gesamte Insel unter Naturschutz. Deshalb sind Fahrräder, Hunde, Zigarettenqualm und laute Musik verboten. Aber denkt nicht, dass ihr die ganze Zeit mucksmäuschenstill sein müsst. Auf ei-ner großen Wiese sind Spielen und Toben erlaubt. Und dann gibt es an einigen Wochenenden im Som-mer auch noch spannende Elfenführungen. Die Elfe Tana wohnt an der großen Fontäne im Park und kennt sich auf der ganzen Insel bestens aus. Die Elfe flüstert der Inselführerin ganz geheime Orte zu und diese bringt euch dann dorthin, wo etwa Königskinder und richtige Prinzessinnen spielten oder wo vor langer Zeit exotische Tiere lebten (Anmeldung ℂ 0331/9694-200, für Kinder ab 6 Jahre 6 €).

Das Schloss im Park Babelsberg

Park Babelsberg 11, 14482 Potsdam. ℂ 0331/9694-250, 6009494 (Flatowturm), Fax 9694-107. www.spsg.de. info@spsg.de. **Bahn/Bus:** Tram 94 bis Humboldtring/Nuthestraße, Bus 694 ab S-Bhf Griebnitzsee und Hbf Potsdam, Bus 316 ab S-Bhf Wannsee bis Glienicker Brücke. **Zeiten:** das Schloss ist seit 2011 für einige Jahre wegen Sanierungsmaßnahmen geschlossen! **Flatowturm:** Mai – Okt Sa, So, Fei 10 – 18 Uhr. **Preise:** 2 €. **Infos:** Fahrrad fahren ist im Park nur auf bestimmten ausgeschilderten Wegen erlaubt.

▶ Bei Touristen relativ unbekannt, aber bei Potsdamern umso beliebter, ist der Park Babelsberg. Er wurde von dem Gartenbauarchitekten Lenné begonnen und von *Fürst Pückler-Muskau* (1785 – 1871) vollendet.

Die Anlage mit Hügeln, Schluchten, Wildwiesen, Pfaden und altem Baumbestand ähnelt eher einem Wald. Als Park erkennt man ihn nur an dem guten Zustand der Hauptwege und den verstreut stehenden Gebäuden. Und was wäre ein Park in Potsdam ohne Schloss? Also gibt es auch hier eins, **Schloss Babelsberg,** mit lauter Zinnen und Türmchen – das nennt man neugotisch und Schinkel hat 1835 die Pläne dafür gemacht. Es war der Sommerwohnsitz *Wilhelms I.,* Prinz von Preußen, und seiner Gattin *Augusta,* der für ihren Stand und ihre Zeit liberal eingestellten Feindin Bismarcks. Die beste Aussicht habt ihr vom **Flatowturm,** dem Wahrzeichen des Parks.

Hunger & Durst

Kleines Schloss, Park Babelsberg 9, Potsdam. ℂ 0331/705156. www.kleinesschloss.de. April – Okt Di – Do und So, Fei 10.30 – 19, Fr, Sa 10.30, Nov – März Di und Do – Sa 10.30 Uhr bis zur Dunkelheit. Direkt am Tiefen See. Leckere Gerichte, Kaffee, Eis, Biokuchen; Kinderkarte. Sommerterrasse.

Achtung: Die Wohnräume sind vorübergehend nicht zu besichtigen, sie werden restauriert.

Rapunzels Sommerwohnsitz: Flatowturm

© pmv, Foto: Wolfgang Kling

Museen und Experimente

Filmmuseum Potsdam & (Kinder)kino

Marstall am Lustgarten (Breite Straße 1a), 14467 Potsdam. ℡ 0331/27181-0, Fax 27181-26. www.filmmuseum-potsdam.de. info@filmmuseum-potsdam.de. **Bahn/Bus:** Tram X98, 91 – 93, 96, 99 bis Alter Markt. **Zeiten:** Di 10 – 18 Uhr. **Preise:** 3,50 €; Kinder und ermäßigt 3 €; Familienkarte 18 €, Gruppen ab 10 Pers 3 €, ermäßigt 2 €/Pers (für beide Ausstellungen). **Infos:** Führung (deutsch, englisch) 1 €/Pers.

▶ Im einstigen Pferdestall des Soldatenkönigs Friedrich Wilhelm I. werden in einer Dauerausstellung Drehbücher, Fotos und Filmtechnik aus den Babelsberger Filmstudios gezeigt. Daneben gibt es wechselnde Ausstellungen und Familienausstellungen. Für Kitas und Grundschulklassen werden spezielle Workshops angeboten.

Im **Kino** sind regelmäßig Kinderfilme sowie Klassiker, auch aus der Stummfilmzeit, zu sehen. Kinderkino gibt es jeden Mi sowie am Wochenende um 16 Uhr (2,50 € pro Person).

Wunderbar kombinieren lässt sich der Museumsbesuch mit einem Aufenthalt im ↗ Filmpark Babelsberg.

Hunger & Durst

Ristorante Pizzeria Toscana, Rudolf-Breitscheid-Straße 63, Potsdam. ℡ 0331/ 7482299. Täglich 11.30 – 23.30 Uhr. In der Nähe vom Filmpark. Italienische Küche, Bambini dürfen beim Pizza backen zugucken.

Extavium – das wissenschaftliche Mitmachmuseum

Extavium Potsdam, Wetzlarer Straße 46, 14482 Potsdam-Babelsberg. ℡ 0331/8773628. Fax 7461060. www.extavium.de. kontakt@extavium.de. **Bahn/Bus:** RB, Bus 601, 690, 696 bis Bhf Medienstadt oder Tram 92, 96 bis Betriebshof VIP oder S7 bis Griebnitzsee und dann Bus 696 (Mo – Fr) oder 20 Min zu Fuß. **Zeiten:** Di – Do 8.30 – 18, Fr 8.30 – 19, Sa, So 10 – 18 Uhr; Fei und Ferien (Brandenburg) erst ab 10 Uhr. **Preise:** 7,30 €; Kinder 4 – 16 Jahre 5,80 €; 5,80 € für Rentner, ALG-II-Empfänger, Studenten, Schwerbehinderte, Familienkarte (bis zu 2 Erw, 3 Kinder) 25 €, Gruppen (nur nach Anmeldung) 4,30 €/Pers (1 Betreuer pro 10 Kinder frei). **Infos:** Zusatzangebot 30 Min betreutes Experimentieren 3 € pro Person.

▶ Das Extavium Potsdam, das ehemalige *Exploratorium,* ist kein Museum, sondern eine interaktive Mitmach-Welt für kleine Forscher. Auf etwa 1500 qm werden euch da Exponate aus Themengebieten der Physik, Biologie, Chemie und Mathematik gezeigt. In den spannenden Mitmachexperimenten entdeckt ihr viele Geheimnisse. Zum Beispiel: Wie funktioniert Schwerkraft? Wie kräftig muss man auf dem Energiefahrrad strampeln, um ein Tässchen Wasser zum Kochen zu bringen? Wie werden große bunte Bilder auf klitzekleinen Mikrochips gespeichert?

© Exploratorium

Kinder (6 – 10 Jahre) können an der Experimentier-AG (Fr 16 – 18 Uhr, Schnuppertag 10, sonst 20 €) oder an Science-Camps in den Sommerferien teilnehmen. Kita-Erzieher und Grundschullehrer lernen in Workshops zu experimentieren.

Spannend: Eis machen wie bei den Römern

Märkisches Ziegeleimuseum Glindow

Alpenstraße 44, 14542 Werder-Glindow. ✆ 03327/ 669395, 40014, Fax 669354. www.ziegeleimuseum-glindow.de. **Bahn/Bus:** ↗ Werder, dann Bus 633 bis Glindow, Alpen. Dann etwa 500 m zu Fuß. **Rad:** Von Potsdam bis Geltow ↗ Radtour. Ort durchqueren, dann Radweg über Baumgartenbrücke nach Werder. Vor der 2. Brücke (Strengbrücke) und Werderpark links in Fercher Straße und dann rechts in Am Schwielowsee. Nach Petzower Kirche hinterm Parkplatz in Waldweg, der am Glindowsee entlang über Hügel bis zum Museum führt. **Zeiten:** März – Okt Mi, Sa, So 10 – 16 Uhr. Gruppen nach Voranmeldung zu anderen Terminen. **Preise:** 4 €; Kinder 2 €; ermäßigt 3 €.

▶ Der Ortsname Glindow, der slawischen Ursprungs ist und Ton oder Lehm bedeutet, weist bereits auf

🦉 *Was bedeutet eigentlich der seltsame Name Extavium? Der leitet sich nämlich von den Anfangsbuchstaben der lateinischen Namen für die vier Elemente ab: Erde heißt lateinisch terra, Wasser heißt aqua, Luft ventus und Feuer ignis. Und die lateinische Vorsilbe ex bedeutet soviel wie »aus«.*

Vor dem Ziege-leiturm beginnt der Naturlehrpfad Glindower Alpen.

Wer den Muse-umsbesuch mit einer Schiffsfahrt koppeln will, der kann bei der ↗ Weißen Flotte Potsdam einen Tagesausflug buchen.

Ringofen deshalb, weil die Brennkammern ringförmig angeordnet sind. Das Feuer wandert von einer Kammer zur nächsten und kann 30 Jahre ununterbrochen brennen. Doch wie ist es möglich, dass ein Feuer so lange am Stück brennen kann? Lasst es euch bei der Führung genau erklären!

das Vorhandensein des Materials hin, aus dem Ziegel hergestellt werden. Dank der reichen Vorkommen von gelbem Ton und der Möglichkeit, die fertigen Ziegel auf dem Wasserweg transportieren zu können, hat die Ziegelproduktion in dieser Region eine lange Tradition. Ihren Höhepunkt erreichte sie in der zweiten Hälfte des 19. Jahrhunderts, als in den etwa 50 Ziegeleien der Region viele Millionen Ziegel hergestellt wurden. Halb Berlin soll damals aus Glindower Ziegeln erbaut worden sein.

Das Museum im Ziegeleiturm vermittelt einen anschaulichen Einblick in die Entwicklung des Ziegeleigewerbes. Aus Dokumenten erfahren die Besucher von den harten Arbeits- und Lebensbedingungen der Ziegeleiarbeiter. Die tägliche Arbeitszeit betrug im 19. Jahrhundert 12 bis 14, oft auch 16 Stunden. An einem Tag musste ein Arbeiter 5000 Ziegel streichen, also herstellen. Vom Ziegeleiturm habt ihr aus 20 m Höhe einen wunderschönen Ausblick auf den Glindowsee und die Glindower Alpen, deren heutige Form vom Tonabbau geprägt wurde. Zum Teil wurden sie aber auch künstlich geschaffen, um nach dem Rückgang der Ziegelproduktion um 1920 Besucher nach Glindow zu locken.

Bei einem Rundgang über das Werksgelände können Besucher die Ziegelherstellung live erleben. In einem denkmalgeschützten **Hoffmannschen Ringofen** aus dem Jahre 1868 werden seit 1990 wieder Ziegel und Formsteine für Restaurierungsarbeiten gebrannt.

Für den Museumsbesuch und die Führung solltet ihr mindestens anderthalb Stunden einplanen. Außerdem können sich Gruppen und Familien nach Voranmeldung im Bearbeiten von Ton üben.

Wie vor 1000 Jahren — Tagesprojekte im Slawendorf Brandenburg

Slawendorf Brandenburg an der Havel, Neuendorfer Straße 89c, 14770 Brandenburg. ✆ 03381/212466, www.slawendorf-brandenburg.de. tourismus@bas-brandenburg.de. **Bahn/Bus:** ↗ Brandenburg. **Zeiten:** Anfang Mai – Mitte Okt Do – So 13 – 17 Uhr und nach besonderer Vereinbarung für Gruppenführungen. **Preise:** 3 €; Kinder 2 €. **Infos:** Für alle Kurse ist eine Voranmeldung erforderlich unter BAS Brandenburg an der Havel, Arbeitsförderungs- und Strukturentwicklungsgesellschaft mbH, 14776 Brandenburg, ✆ 03381/250688, Fax 250685, tourismus@bas-brandenburg.de. Barrierefrei, behindertengerechtes WC.

▶ Das Slawendorf in Brandenburg stellt auf einer Fläche von fast 12.000 qm Leben, Kultur und Geschichte der Slawen im Havelland um das Jahr 1000 dar. Ihr könnt alles bloß anschauen oder aber aktiv in die Geschichte eintauchen.

Das Dorf ist ein Projekt der BAS, einer Arbeitsförderungs- und Strukturentwicklungsgesellschaft. Erste Versuche im Rahmen der experimentellen Archäologie gab es schon 2003, als die ersten Slawenbauten und die beiden Slawenschiffe ↗ »Dragomira« und »Triglav« entstanden. Ende 2006 waren 5 Wohnhütten, das Bootshaus, die Schmiede, 2 Backhäuser, 2 Eingangshütten, 2 Brunnen sowie Holzlagerhaus, Stall und Gehege und einige Handwerksstände fertig. Um die Hütten ziehen sich eine Benjeshecke, Palisaden und eine Bohlenwand.

Nach dem Bau von mehreren Übernachtungshütten sowie der slawischen Burg war die Anlage 2010 weitgehend fertiggestellt. Die Besucher des mittelalterlichen Slawendorfs können Handwerke wie Töpfern, Lehmbau, Kochen und Backen, Schmieden und Weben selbst ausprobieren und erleben, wie man in einer mittelalterlichen Siedlung zusammen wohnte.

Aktivitäten:

· Projekttag für Schüler – Geschichte zum Erleben: Ein Tag in einem Slawendorf vor 1000 Jahren. (Dauer rund 3 Stunden, 4 € pro Person, 5 € mit Essen).

· Schatzsuche auf den Brandenburger Seen: Eingekleidet in historisch nachempfundene Gewänder geht's in einem Slawenschiff – gemeinsam mit der Besatzung, Begleitern oder euren Eltern – über die schönen Brandenburger Gewässer. Auf der Suche nach dem Schatz erlebt ihr viele Überraschungen. Unterwegs gibt es ein Mittagessen am Feuer in der freien Natur (ca 3 Stunden, 190 € für die gesamte Schatzsuche).

BÜHNE, LEINWAND & AKTIONEN

Theater & Musik

Theaterschiff der Stadt-Spiel-Truppe

In der Alten Fahrt, 14467 Potsdam. ✆ 0331/2800100, www.theaterschiff-potsdam.de.

▶ Interessant für Jugendliche sind die Aufführungen auf dem Theaterschiff. Die Freie Theatertruppe Stadt-Spiel-Truppe hat 1994/95 den alten Lastkahn »Sturmvogel« zu einem Veranstaltungsort mit Theatersaal, Kino, Schiffskneipe und Disco umgebaut.

Theater Havarie

Krampnitzer Straße 2, 14469 Potsdam. Handy 01578-4504524. www.theaterhavarie.de.

▶ Hier Stücke für Jugendliche gezeigt. Es geht um Liebe und Sexualität, ums Erwachsenwerden, ums Abhauen von zu Hause.

Treffpunkt Freizeit

 Jugendkultur- und Familien- zentrum Lindenpark e.V., Stahnsdorfer Straße 76 – 78, Potsdam. ✆ 0331/747970. www.lindenpark.de.

Am Neuen Garten 64, 14469 Potsdam. ✆ 0331/505860-0, Fax -20. info@treffpunktfreizeit.de.

▶ Einige der etwa zehn Potsdamer Kinder- und Jugendfreizeitstätten wie der Treffpunkt Freizeit und der Lindenpark e.V. existieren schon so lange, dass sie bereits von den Eltern der heute 15- und 16-Jährigen besucht wurden. Angeboten wird eine breite Palette an Aktivitäten und Kursen im musikalischen, künstlerischen und sportlichen Bereich.

Puppenbühne Burattino

Udo Weber, Rosenstraße 35, 14482 Potsdam.
℡ 0331/742550, www.werkstatt-burattino.de.
▶ Für die ganz Kleinen kommt die Puppenbühne Burattino in den Kindergarten oder zur Kindergeburtstagsfeier. Sie spielt altbekannte Märchen, aber auch Stücke zum Mitmachen.

Kunsthof Glindow

Glindower Dorfstraße 40, 14542 Werder-Glindow.
Handy 01631584304. www.kunsthof-glindow.de. kunsthof-glindow@web.de. **Bahn/Bus:** ↗ Werder. **Zeiten:** das Büro hat keine regelmäßigen Öffnungszeiten.
▶ Der Kunsthof Glindow entstand 1994 als Zentrum kreativen Gestaltens auf dem Dorf und als Begegnungsstätte für Jung und Alt. Angeboten werden Kurse wie Töpfern, Keramik oder Malen für Kinder.

Caputher Musiken

Straße der Einheit 3, 14548 Schwielowsee-Caputh.
℡ 033209/20906, Fax 20907. www.caputher-musiken.de. info@caputher-musiken.de. **Bahn/Bus:** Bus 607 und RB22 von Hbf Potsdam.
▶ Von April bis Dez Konzertreihe verschiedener Stilrichtungen an verschiedenen Orten (z.B. Caputher Schloss). Kinderkonzerte im November.

Fercher Obstkistenbühne

Ingrid und Wolfgang Protze, Dorfstraße 3a, 14548 Schwielowsee-Ferch. ℡ 033209/71440, Fax 72963. www.fercherobstkistenbuehne.de. **Bahn/Bus:** ↗ Schwielowsee. **Preise:** 12 €; Kinder 8 €; 10 €.
▶ Eingeladen wird in den Hof eines alten Bauernhauses. Auf der Bühne unter einer alten Linde wird von April bis September eine Mischung aus Liedern, Geschichten, Lyrik und Kabarett gezeigt. Für Familien gibt es spezielle Veranstaltungen: Familiensommeranfangskonzert im Juni, Familienferienkonzert im Juli, Familiensommerkonzert im August.

@ In den vier Potsdamer Kinos möchte man das Programm so abwechslungsreich wie möglich halten. Natürlich werden auch die neuesten Hollywood-Streifen gezeigt, aber es gibt auch noch das gute alte Kinderkino. Besonders empfehlen möchten wir euch das Kino im ↗ Filmmuseum.
Mehr unter www.kino-potsdam.de.

FESTE & TERMINE IN POTSDAM & HAVELLAND

Januar:	1. So, **Neujahrslauf** um den Caputher See.
Februar:	Glindow und Töplitz: **Karneval.**
März/April:	Geltow und Werder: **Osterfeuer.**
	Ende April, Werder: **Baumblütenfest.**
	Potsdam: **Walpurgisnacht** auf dem Pfingstberg.
Mai:	Potsdam: gARTen, **Gartenfest** im Volkspark.
	Brandenburg/Havel: **Rolandfest.**
	Potsdam: **Flottenparade** der Weißen Flotte,
Juni:	Babelsberg: **Großes Kinderfest** im Filmpark.
	Babelsberg: **Weberfest** auf dem Weberplatz.
	Caputh: **Lindenstraßenfest.**
	Brandenburg/Havel: **Havelfest.**
	14. Havelländischer Wandertag
	✆ 03321/4035119.
Juli:	Babelsberg: **Filmparknacht** im Filmpark.
	Glindow: **Kirsch- und Ziegelfest.**
August:	Babelsberg: **Zuckertütenfest** für Schulanfänger
	im Filmpark.
	Caputh: **Fährfest.**
	Werder: **Mühlenfest.**
	Potsdam: **Schlössernacht** im Park Sanssouci; **Lich-**
	terfest auf der Freundschaftsinsel.
	Brandenburg/Havel: **Hafenfest.**
September:	Potsdam: **Töpfermarkt** im Holländischen Viertel.
	Herbstfest in der Rappelkiste; **Internationales Dra-**
	chenfest im Volkspark.
Oktober:	Teltow: **Altstadtfest.**
	Geburtstagsparty in der Rappelkiste.
November/Dezember:	Ferch, Werder und Caputh: **Weihnachtsmärkte.**
	Potsdam: **Weihnachtsmärkte** im Holländischen Vier-
	tel und auf der Brandenburger Straße.
	Bornstedt: **Nikolaus- und Weihnachtsmarkt** im Kron-
	gut.
	Brandenburg/Havel: **Weihnachtsmannparade.**
	Silvesterfete in der Rappelkiste.

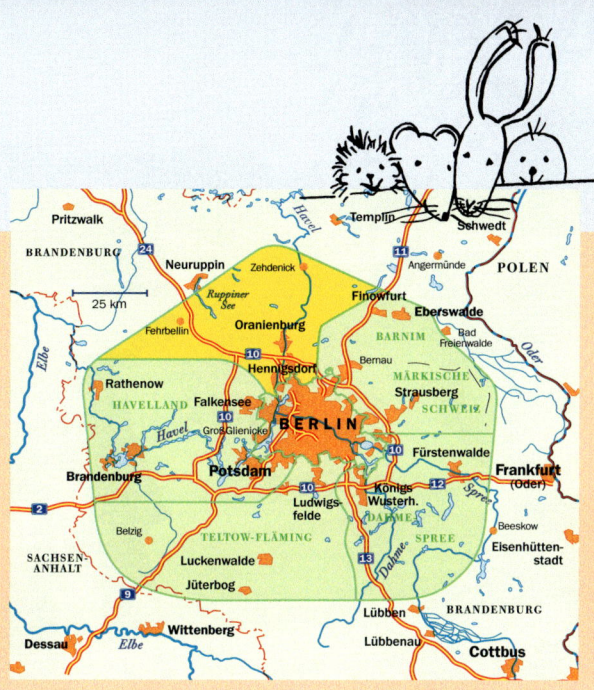

Verlässt man Berlin mit der S-Bahn in Richtung Norden, so erreicht man nach kurzer Zeit mit der S1 Oranienburg und mit der S25 Hennigsdorf. Hier und im Umland dieser beiden Städte haben wir als Familie mit Sohn Eric im Frühling und Sommer (Rad)wanderungen, Wochenendausflüge und Kurzurlaube gemacht. Dabei haben wir viel Interessantes entdeckt und erlebt. Einiges davon möchte ich euch im folgenden Kapitel vorstellen.

Schwimm- & Naturbäder

T.U.R.M. ErlebnisCity Oranienburg

André-Pican-Straße 42, 16515 Oranienburg. ℰ 03301/57381111, www.turm-or.de. kundencenter@erlebniscity.de. **Bahn/Bus:** Vom Bhf ↗ Oranienburg links über Stralsunder Straße. Unterführung André-Pican-Straße überqueren, dann rechts. **Zeiten:** Erlebnisbad Mo – So 9 – 22 Uhr. Sportbad Mo – Mi, Fr 13 – 22, Do 6.30 – 9, 13 – 22, Sa, So, Fei 9 – 22 Uhr. **Preise:** Sportbad 60 Min 3 €, jede weitere halbe Std 0,50 €. Erlebnisbad 2 Std 7 €, 4 Std 11 €. Tageskarte 15 €; Erlebnisbad Kinder unter 6 Jahre frei, 6 – 16 Jahre 2 Std 5 €, 4 Std 9 €, Tageskarte 12 €; Familienkarte (2 Erw, 1 Kind) 4 Std 28 €, jedes weitere Kind 7 €. **Infos:** Gruppentarife auf Anfrage unter ℰ 01803/162162 (9 ct/Min).

▶ Wer nur seine Bahnen ziehen will, geht ins **Sportbad.** Wer dagegen toben, springen, planschen und rutschen will, der ist im Erlebnisbad gut aufgehoben. Dort gibt es eine 80 m lange Rutsche mit Klang- und Lichteffekten, ein 400 qm großes Wellenbecken und einen Wasserfall.

Außerdem kann man in dem riesigen Gebäudekomplex zum **Bowling** und **Kegeln** gehen oder sich nach einem Grundlagenkurs an der **Kletterwand** versuchen. Außerdem gibt es eine **Tennis- und Badmintonhalle** sowie eine **Beachsporthalle**. Wer immer noch nicht genug hat, kann im **Fitness-Center** trainieren.

TIPPS FÜR WASSERRATTEN

Happy Birthday!
Geburtstagskinder können 2 Std kostenlos ins Erlebnisbad.

Da machen auch die Jungs mit: Ton kneten im Ziegeleipark

HENNIGSDORF & ORANIENBURG

Nach all der sportlichen Betätigung hat man entweder einen riesigen Hunger, den man im **Gastronomiebereich** stillen kann, oder man ist reif für einen **Saunabesuch** bzw. für eine **Massage.**

Strandbäder

Badestelle am Lehnitzsee

Oranienburg. **Bahn/Bus:** Ab ↗ T.U.R.M. ErlebnisCity geradeaus auf Heidelberger Straße, über Mannheimer Straße, dann rechts in Wörthstraße bis Bootshafen. Dort links bis zum Bootshaus & Eiscafé Dietrich.

▶ An dieser Badestelle im Oranienburger Stadtgebiet herrscht in den Sommermonaten enormer Besucherandrang. An eine ausgedehnte Liegewiese, die größtenteils in der Sonne liegt, schließt sich zum Wasserzugang hin ein sehr schmaler Sandstreifen an, der nur bedingt, wenn es nicht allzu voll ist, zum Buddeln geeignet ist. Das Wasser wird sehr langsam tiefer. Zwar wird der Badebetrieb am Wochenende beaufsichtigt, trotzdem solltet ihr kleine Kinder nie aus den Augen lassen.

Ruder- und Tretboote können beim benachbarten **Eiscafé Dietrich** geliehen werden. Dort wird auch für das leibliche Wohl der Badegäste gesorgt.

Sehr schön wandert und radelt es sich auf dem Uferweg Richtung Schleuse. Kurz hinter der offiziellen Badestelle gibt es noch eine »wilde« Badestelle, die zumindest für ein Picknick geeignet ist.

Baden am Grabowsee

Oranienburg. **Bahn/Bus:** Von Oranienburg Bhf Bus 804 nach Malz bis Grabowsee, übersetzen mit der Fähre. **Auto:** Von Schmachtenhagen Richtung Biesenthal, dann kurz vor dem Ortsende links zum Grabowsee abbiegen. Dann nochmal links, rechts geht es nach Bernöwe. **Rad:** Von Oranienburg 7 km Fernradweg entlang der B273.

Hunger & Durst

Bootshaus & Eiscafé Dietrich, Rüdeshaimer Straße 21, Oranienburg. ✆ 03301/524152. www.eiscafe-dietrich.de. Mo – Fr 14 – 20, Sa und So 11 – 20 Uhr. Imbiss (z.B. Rostbratwurst und hausgemachter Kartoffelsalat), Eis und Kuchen. Außerdem Bootshaus mit Gastliegeplätzen und Bootsverleih. Ruderboot oder Wassertreter 5 €/Std.

▶ Eine sehr schöne und auch ruhige Badestelle befindet sich am Grabowsee in Schmachtenhagen. Der mittelgroße See liegt mitten im Wald. Das Ufer ist sandig und es geht langsam ins Wasser. Hierher kommen auch Angler gern, um Karpfen und verschiedene Weißfischarten aus dem Wasser zu ziehen. Sie profitieren davon, dass viele Äste im Wasser liegen, an denen die Fische ihren Laich anhängen können. An einer Uferseite befand sich eine Lungenheilanstalt, in die nun ein internationales Kinder-Bildungsprojekt gezogen ist ↗ Internationale Akademie Kids Globe.

Ihr solltet ihr euch nicht den Besuch des ↗ Oberhavel Bauernmarktes in Schmachtenhagen entgehen lassen, der viele Attraktionen für Kinder bietet: Di – Fr 9 – 16, Sa 9 – 17, So, Fei 9.30 – 17 Uhr.

Per Boot

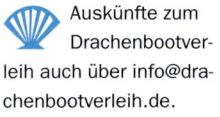

Wassersportzentrum Oranienburg

Lehnitzstraße 101, 16515 Oranienburg. ✆ 03301/539590, Fax 539591. www.wassersportzentrum-oranienburg.de. info@wassersportzentrum-oranienburg.de. **Bahn/Bus:** ↗ Oranienburg. **Preise:** Für Schulklassen Preise nach Vereinbarung.

Auskünfte zum Drachenbootverleih auch über info@drachenbootverleih.de.

▶ Ausleihe von Drachenbooten. Ein Boot bietet Platz für 18 Pers plus Trommler und Steuermann, wobei letzterer gestellt werden kann, was aus Sicherheitsgründen zu empfehlen ist. Kinder bis 14 Jahre müssen Schwimmwesten tragen, die ebenfalls vom Verleiher zur Verfügung gestellt werden. Zum Drachenbootfahren müsst ihr nicht unbedingt nach Oranienburg, sondern die Boote werden zu eurem Wunschgewässer gebracht und von dort auch wieder abgeholt. Preise je nach Aufwand ab 150 €/Tag ohne Steuermann.

Marina im Ziegeleipark Mildenberg

Ziegelei 11, 16792 Mildenberg. ✆ 03307/420504, Fax 420505. www.yachtcharter-arlt.de. info@marina-im-ziegeleipark.de. **Bahn/Bus:** RB12 bis Bhf Zehdenick, dann 10 Min mit Bus 838 (Mo – Fr 2 x am Tag, Sa, So,

© Ziegeleipark Mildenberg

Fei stündlich als Rufbus, ℰ 03307/3636, deshalb Abfahrtszeiten vorab beim Ziegeleipark erfragen) oder Mi – So mit dem Fahrgastschiff Zehdenixe ab Anlegestelle Schleusenstraße bis Mildenberg Museumspark. **Zeiten:** Juli – Aug täglich 8 – 20 Uhr.
▶ Paddelboote, führerscheinfreie und führerscheinpflichtige Motorboote.

Kein Wunder, dass es nicht vorwärts geht, wenn Muttern hinten festhält …

Marina Zehdenick

Schleusenstraße 13, 16792 Zehdenick. ℰ 03307/420802, Fax 302610. www.marina-zehdenick.de. mail@havelschloss.de. **Bahn/Bus:** RB12 bis Bhf Zehdenick, ausgeschildert. **Rad:** Fahrräder könnt ihr beim 100 m entfernten Fahrrad Riese leihen.
▶ Zwei Steganlagen mit 100 Liegeplätzen, Einkaufshalle, Spielplatz, Fahrrad- und Bootsverleih. Tretboot 3 € pro Std und 13 € pro Tag, großes Tretboot mit Rutsche 4 € pro Std und 16 € pro Tag.
Übernachtungsmöglichkeiten findet ihr gleich nebenan im Havelschloss, dessen Kellergewölbe aus dem 12. Jahrhundert stammt. Hinter den 2 m dicken Mauern befindet sich im Gewölbekeller ein Restaurant.

Per Schiff

Stern und Kreis Schifffahrt GmbH

Puschkinallee 15, 12435 Berlin-Treptow. ℰ 030/536360-0, Fax 53636099. www.sternundkreis.de. info@sternundkreis.de. **Bahn/Bus:** U6 bis Alt-Tegel. **Zeiten:** Di 12 Uhr April – Mitte Sep. **Preise:** 17 €; Kinder unter 6 Jahre (max 3) frei. Kinder unter 14 Jahre 50 %, Jugendliche bis 18 Jahre 15 %; Schüler, Studenten, Senioren, Schwerbehinderte und deren Begleiter sowie Gruppen ab 20 Pers 15% Rabatt, freie Fahrt für einen Minderjährigen (unter 18 Jahre) in Begleitung eines vollzahlenden Erwachsenen. **Infos:** Barrierefrei.

▶ Rundfahrten mit dem Motorschiff Moby Dick nach Oranienburg zum Lehnitzsee über Hennigsdorf Hafen ab/an Berlin-Tegel (Greenwichpromenade).

Reederei Grimm und Lindecke

Dietrichstraße 12a, 16356 Ahrensfelde-Blumberg. ℅ 030/28885892. Handy 0171/9933362. www.spree-havelschiffahrt.de. spreeundhavel@t-on-line.de. **Zeiten:** 1 Std Berliner Innenstadt Erw 9, Schüler und Studenten 7, Kinder (6 – 14 Jahre) 4,50 €. 3 Std Spree und Landwehrkanal Erw 16, Kinder 7 €.

▶ Dampferfahrten ab Anlegestelle Schiffbauerdamm (Friedrichstraße).

Oranien-Tours GmbH

Lehnitzstraße 11, 16515 Oranienburg. ℅ 03301/209951, Fax 209952. www.tourismus-or.de. info@tourismus-or.de. **Bahn/Bus:** ↗ Oranienburg.

▶ Auf dem Fahrgastschiff Luise ist Platz für 42 Pers. Anlegestelle in der Oranienburger Poststraße, in der Nähe des Schlosses. Rundfahrten auf dem Lehnitzsee sind ebenso möglich wie Ausflugsfahrten auf der Havel.

Fahrten mit der Zehdenixe

Havelschloss Zehdenick, Schleusenstraße 15b, 16792 Zehdenick. ℅ 03307/420802, 2877, Fax 302610. www.marina-zehdenick.de. info@fremdenverkehrsbuero-zehdenick.de. **Bahn/Bus:** RB12 bis Bhf Zehdenick, ausgeschildert. **Zeiten:** ganzjährig Do – So. **Preise:** Einfache Fahrt 8 €, mit Rückfahrt 10 €; Kinder 4 – 12 Jahre 50 % Ermäßigung. **Infos:** Gruppen ab 10 Pers vorher anmelden.

Hunger & Durst

Schlosskonditorei Woyth, Breite Straße 3, Oranienburg. ℅ 03301/524593. Di – Sa 7.30 – 18, So 13 – 18 Uhr. Süßes und weniger Süßes, nur aus eigener Herstellung.

Hunger & Durst

Restaurant im Schlossgewölbe, Schleusenstraße 13, Zehdenick. ℅ 03307/420802. www.havelschloss.de. Mi – Fr 17 – 22, Sa, So 12 – 22 Uhr. Rustikales Ambiente, Do Steaktag, Kinderteller.

▶ Dieses Oldtimerschiff, Baujahr 1925, bringt euch Mi – So von Zehdenick zum ↗ Ziegeleipark Mildenberg und weiter bis Burgwall sowie wieder zurück nach Zehdenick. Leinen los heißt es um 11 Uhr und um 15 Uhr. Die Fahrt bis zum Ziegeleipark Mildenberg dauert nur 45 Min.

Außerdem werden jeden Di Seenfahrten angeboten, die 5 bzw. 7 Std dauern, Erw 14 €, Kinder bis 14 Jahre die Hälfte.

FRISCHE LUFT & SPORT

Skaten: Vom Grabowsee nach Bernöwe (3,6 km), Hohen Neuendorf Saumsweg (1,3 km), Skateboardanlage in Birkenwerder am Blumenweg.

Radeln – oder doch wandern?

Der Fernradweg Berlin – Kopenhagen

▶ Der 630 km lange und zu einem großen Teil gut ausgebaute und markierte Radweg ist ein Gemeinschaftsprojekt der Tourismusverbände Brandenburgs, Mecklenburg-Vorpommerns und Dänemarks. Von den insgesamt 15 Etappen habe ich die ersten drei für euch getestet. Die erste Etappe führt von Hennigsdorf über 20 km nach Oranienburg. Von dort aus geht es über 34 km nach Zehdenick und dann weiter nach Dannenwalde (22 km). Weitere Informationen, unter anderem eine Broschüre und Karte, erhaltet ihr bei den Fremdenverkehrsämtern in Berlin, Potsdam und Oranienburg sowie im Internet unter www.bike-berlin-copenhagen.com.

Nach rechts geht's nach Berlin, links nach Kopenhagen: Der Fernradweg führt auch am Ziegeleipark vorbei

Per Rad oder per Pedes: Von Neulöwenberg zu den drei Waldseen

Länge: 20 km. Strecke: Neulöwenberg – Kleiner Lankesee – Papensee – Großer Lankesee – Liebenberg – Grüneberg – Neulöwenberg. **Bahn/Bus:** ↗ Neulöwenberg.

▶ Diese Tour eignet sich sowohl für Wanderer, als auch für Radwanderer. Je nach Lust und Laune könnt ihr auch Teilstrecken machen; an entsprechender Stelle werde ich darauf hinweisen.

Wenn ihr Quartier auf dem ↗ **Ferienhof Telm** bezogen habt, verlasst ihr das Grundstück durch den hinteren Ausgang und geht auf dem Nordweg vor bis zum Häsener Weg. In diese asphaltierte Straße biegt ihr links ein. An der ↗ *Straußenfarm* muss natürlich ein Zwischenstopp zum Beobachten der Riesenvögel eingelegt werden. Bitte die Tiere nicht füttern! Nach dem Friedhof nehmt ihr den rechts abzweigenden Weg. Er führt immer am Waldrand entlang und trifft auf einen breiten Weg (Kirschallee), der links in den Wald und rechts zur B167 führt. Aus dieser Richtung kommt ihr als Tagesausflügler oder wenn ihr woanders Quartier bezogen habt.

Es geht nun hinein in den dichten Nadelwald. Wir hatten bei unserer Wanderung an einem sonnigen Apriltag das Gefühl, von diesem Wald verschluckt zu werden. Ihr haltet euch immer geradeaus, bis ihr an eine Stelle kommt, wo der Wald sich etwas lichtet und rechts an einem kaputten Holzzaun ein Weg abwärts führt. Auf diesem teilweise sehr sandigen Weg gelangt ihr zum **Kleinen Lankesee.** Bis jetzt habt ihr etwa 2,5 km zurückgelegt. Nun könnt ihr am See, der links von euch liegt, entlangwandern. Eine offizielle Badestelle hat der Kleine Lankesee zwar nicht, aber dafür ein schönes Plätzchen mit Wiese und einem schmalen Sandstreifen, ideal für eine Rast.

Nun folgt ihr der Wegmarkierung (Grüner Querbalken) und gelangt zum **Papensee.** Bei der Umrundung des Sees trefft ihr auf eine Badestelle bzw. Angelmöglichkeit.

 Zum Kauf eines Kindersitzes, egal, ob neu oder gebraucht, unbedingt das Fahrrad zur »Anprobe« mitbringen, da nicht jeder Sitz auf jedes Fahrrad passt.

Organisierte Radtouren bieten an:

ADFC Hennigsdorf, Herr Warlich, Waldrandsiedlung 29, 16761 Hennigsdorf, ✆ 03302/800408.

Granseer Radlertreff, Pappelweg 1a, 16775 Gransee, ✆ 03306/28728. www.brandenburg-adfc.de

Hunger & Durst

Löwen-Menü, Neulöwenberger Straße 36, 16775 Neulöwenberg, ✆ 033094/62060. www.loewen-menue.de. Raststätte, Mittagstisch, Partyservice, Biergarten/Terrasse, Kinderspielplatz, Vogelgehege.

Nach 1 km erreicht ihr, der Ausschilderung folgend, das Nordufer des **Großen Lankesees.** Dort, wo sich der Weg teilt, könnt ihr links ohne Stopp dem Weg folgen oder auf dem rechten Uferweg bis zu einer wilden Badestelle (im Sommer) radeln oder gehen. Für uns war es der ideale Rastplatz. Der Sand lud förmlich zum Buddeln ein und im Wasser haben wir uns die vom Wandern müde gewordenen Beine gekühlt. Wenn ihr weitergeht oder -fahrt, gelangt ihr zur B167. Auf der anderen Straßenseite befindet sich die Einfahrt zum ⚐ Reitstall Luisenhof.

Nehmt ihr den linken Uferweg, umwandert oder umfahrt ihr zwei Halbinseln und kommt zum **Restaurant Seehaus,** wo sich ebenfalls eine Badestelle befindet. Auch hier gelangt ihr zur B167. Ihr seid jetzt in **Liebenberg,** das ein Schloss, umgeben von einem schönen Park, hat. Wer schon in den Gärten von Potsdam war, ahnt vielleicht, dass auch dieser Landschaftspark von *Peter Joseph Lenné* gestaltet wurde (1789 – 1866). Das Schloss selbst steht so seit 1743 und ist heute Hotel und Tagungsstätte. Im Teehaus befindet sich ein Café und auf dem Gut, das zum Schloss gehört, kann man ein Museum, eine Kunstgalerie, eine Musikscheune, einen Cottage Garden und einen Spielmöbeltischler besuchen, www.schloss-liebenberg.de.

Zurück nach Neulöwenberg könnt ihr zwar auf der B167 radeln, allerdings gibt es auf den 3 km zwischen Liebenberg und Neulöwenberg keinen Radweg. Während am Wochenende mäßiger Verkehr herrscht, ist die Straße werktags zeitweise stark befahren.

Wenn ihr mit kleinen Kindern und/oder zu Fuß unterwegs seid, empfehle ich euch die etwas längere, dafür aber viel sicherere und erholsamere Strecke über **Grüneberg.** Vom Schloss Liebenberg bringt euch ein Radweg bis nach Grüneberg. Dort biegt ihr nach der Kirche rechts ab. Ihr fahrt zuerst auf einer Kopfsteinpflasterstraße. Nach dem Ortsausgang wird daraus

Hunger & Durst

Hotel & Restaurant Liebenberg, Liebenberg. ✆ 033094/7000. www.schloss-liebenberg.de. Täglich 11.30 – 22 Uhr. Regionale Gerichte. Schöne Schlossterrasse. Das Seehaus, ebenfalls mit Restaurant und Hotel, gehört zum Schloss von Liebenberg und liegt 2 km entfernt.

eine Betonstraße. Immer geradeaus fahrend, erreicht ihr wieder die B167 in **Neulöwenberg.**

Reiten & Kutsche fahren

Ponyhof Neuholland
Nassenheider Chaussee 27, 16515 Neuholland. ✆ 033054/61029, Fax 61029. www.ponyhof-neuholland.de. service@ponyhof-neuholland.de.

▶ Wochenendprogramme für Kinder 7 – 15 Jahre, Programme für Gruppen, mehrtägige Treckingtouren mit Pferden und Kutsche für Kinder und Erwachsene. Wochenendlehrgänge für Kinder »Rund um's Pony.« Reiterferien für Kinder. Pauschalangebote. Unterbringung, VP, Reiten und Betreuung. Reitstunde 19 €/Std. Auf dem Hof gibt es über 60 Ponys. Jedes Ferienkind erhält für die Zeit des Aufenthaltes »sein« Pony. Neben den täglichen Ausritten werden auch Reiterspiele veranstaltet. Ausführliche Infos zu Landschaft und Geschichte sowie Angebot und Preisen findet ihr im Internet.

Pferdepension Schumacher
Wensickendorfer Straße 22, 16515 Oranienburg-Zehlendorf. ✆ 033053/70427, Fax 90687. Handy 0170/2162334, 0179/6644964. www.pferdepension-schumacher.de. pferdepension-schumacher@gmx.de. **Auto:** Von Oranienburg über B273 Richtung Wandlitz, bei Schmachtenhagen links.

▶ Reitunterricht, Kurse und Seminare nach der Feldenkraismethode, heilpädagogisches Reiten. Geländeritte. Einüben von »Pferdeshows« und Präsentation vor Publikum. Für Kinder ab 6 Jahre gibt es den Ponyclub. Termine und Preise erfragen.

Reiterhof Lüke
Ländlicher Reitverein Schmachtenhagen e.V., Am Dorfanger 22, 16515 Schmachtenhagen. ✆ 03301/

In der Nähe befindet sich der bekannte Oberhavel Bauernmarkt, der samstags und sonntags stündlich mit den blauweißen Zügen der Niederbarnimer Eisenbahn (Heidekraut-Bahn) von Berlin-Karow aus erreichbar ist. Vom Bauernmarkt ist es nur ein kurzer Spazierweg über den sogenannten Erlebnispfad Richtung Kirche.

803536, Fax 803536. Handy 0174/6718881. www.rfv-schmachtenhagen.de. **Preise:** Reitstunde auf Vereinspferd in Abteilung 18 €, Einzelunterricht 20 €, mit eigenem Pferd 15 €, 330 € pro Monat; Kinder und Jugendliche 15 €.

▶ Reitunterricht für Anfänger und Fortgeschrittene auf 10 Schulpferden und Ponys, Ausbildung in Dressur-, Spring- und Freizeitreiten, Voltigieren, Therapiereiten.

Reit- und Pensionsstall Remontenhof

Breite Straße 92, 16727 Velten. Handy 0162/8379634. **Bahn/Bus:** ↗ Velten.

▶ Reitunterricht, eine Reitstunde an der Longe (30 Min) Kinder bis 12 Jahre 11 €, Erw 13 €. Eine Reitstunde in der Gruppe (45 Min) Kinder 10 €, Erw 13 €. Kutschfahrt für 4 – 5 Pers 40 € für eine Std und 15 € für jede weitere Std. Kremserfahrt (max. 16 Pers) 10 € pro Person und Std.

Reitstall Luisenhof

Havelwerkstatt der Lebenshilfe Oberhavel Nord e.V., Außenstelle Liebenberg, Martin, 16775 Löwenberger Land-Liebenberg. ✆ 033094/80137, www.lebenshilfe-oberhavel-nord-ev.de. lebenshilfe-oberhavel-nord_ev@t-online.de.

▶ Kremserfahrten, Reiten auf Haflingern auf dem Reitplatz oder im Gelände, Reiterhofbesichtigung, Gruppenangebote. Kremserfahrt für max. 10 Pers 40 € pro Std. Eine Reitstunde an der Longe 4 € pro Person, auf dem Reitplatz oder im Gelände 11 € pro Person.

Tier- und Freizeitpark Eichholz

An den Waldseen 1a, 16767 Oranienburg-Germendorf. ✆ 03301/3363, Fax 3363. www.freizeitpark-germendorf.de. info@freizeitpark-germendorf.de. **Bahn/Bus:** Ab ↗ Oranienburg Bus 824 Richtung Hennigsdorf (alle 20 Min) bis Germendorf. **Zeiten:** April – Okt täglich 9 –

@ Auf der Internetseite des Tierparks begrüßt euch ein gar seltsames Tier. Schaut es euch an!

19 Uhr, Nov – März 9 – 17 Uhr. **Preise:** Tageskarte 4 €, Jahreskarte 30 €; Kinder 3 – 5 Jahre Tageskarte 1 €, Jahreskarte 5 €. Kinder 6 – 16 Jahre 1,50 bzw. 10 €; Errichtung einer Feuerstelle 3 €, Bollerwagen/Rollstuhl 2 €, Angeln 6 €, Hundebadestelle inklusive Hundetüte je Hund 1 €, Parken 0,50 €. **Infos:** Barrierefrei, Imbissangebote.

© pmv, Foto: Ina Kalampé

▸ In der 42 ha großen Anlage rund um den See haben 340 verschiedene **Tiere** eine neue Heimat gefunden. Darunter sind sowohl exotische Tiere wie Affen, Lamas, Pumas und Flamingos, als auch einheimische Tiere wie Ziegen und Schafe, die man streicheln und aus dem Futterspender füttern kann. An heißen Sommertagen haben **Badegäste** die Wahl zwischen dem Textil-, dem Fkk- und dem Hundebadestrand. Ein schöner Spielplatz mit einer Seilbahn, an der man über den See schweben kann, mit Motorrädern, Minibagger und Piratenschiff, lädt zu jeder Jahreszeit zum Spielen und Toben ein. Sollte es doch einmal schneien und der Schnee auch liegen bleiben, könnt ihr die **Winterrodelbahn** hinabsausen. Stärken könnt ihr euch entweder im Imbiss bzw. im Restaurant des **Strandhotels** oder auf dem Rastplatz beim Grillen. Die Nutzung der Feuerstelle kostet 5 €.

Ziegeleipark Mildenberg

Ziegelei 10, 16775 Mildenberg. ✆ 03307/310410, Fax 310411. www.ziegeleipark.de. info@ziegeleipark.de. **Bahn/Bus:** ↗ Zu Besuch bei den Ziegelarbeitern. **Rad:** Ab Zehdenick Radweg ausgeschildert.

▸ Auf der großen Spielwiese am Herzbergstich ist ein Picknickbereich, wo gegrillt werden darf. Man kann seinen eigenen Grill mitbringen oder einen vor Ort ausleihen.

Mit Sandförmchen spielen war gestern: Baggerfahren ist heute

Hunger & Durst

Strandhotel Germendorf, Kremmener Straße 24b, Oranienburg-Germendorf. ✆ 03301/58650. www.strandhotel-germendorf.de. Restaurant mit bürgerlicher Küche. Von der Terrasse schöner Blick auf die Seen.

UMWELT ER-FORSCHEN

Hunger & Durst

An Wochenenden und Feiertagen könnt ihr leckeren selbst gebackenen Blechkuchen aus dem eigenen Holzofen genießen.

Zuwachs: 2011 bekamen die Liebenthaler Wildpferde Zuwachs von 4 Przewalskipferd-Stuten aus dem Leipziger Zoo. Sie sollen für neuen Nachwuchs sorgen

© Zoo Leipzig

Tiere & Natur erleben

Haustierpark und Wildpferdegehege

Hof Arne Broja, Dorfstraße 38, 16559 Liebenthal. ✆ 033054/62411, Fax 62411. www.wildpferdegehege-liebenthal.de. arne-broja@wildpferdgehege-liebenthal.de. **Bahn/Bus:** Ab Oranienburg Bus 803 oder RB bis Groß Schönebeck oder Liebenwalde, von dort etwa 6 km. **Rad:** Die 2. Etappe des Radweges Berlin – Kopenhagen von Oranienburg nach Zehdenick führt über Liebenwalde. **Zeiten:** März – Okt Di – Fr 10 – 16, Sa, So, Fei 10 – 17 Uhr. **Preise:** 3,50 €; Kinder ab 3 Jahre 1,50 €; Ermäßigungsberechtigte 2,50 €.

▶ Im Haustierpark könnt ihr Ziegen, Schafe und Schweine alter Haustierrassen sehen. Diese Tierarten sind inzwischen größtenteils vom Aussterben bedroht und stehen deshalb auf der Roten Liste.

Seit 1992 werden auf einer Fläche von 25 ha Przewalski-Urwildpferde gehalten. Das ist eine Pferderasse, die ursprünglich in der Mongolei beheimatet war, aber bereits seit dem Ende der 60er Jahre des 20. Jahrhunderts ausgestorben war.

Außerdem könnt ihr die **Liebenthaler Pferdeherde** besuchen. Hierbei handelt es sich um Pferde, die ein Verhaltensforscher namens *Zutz* aus Fjordpferden zum ausgestorbenen Waldtarpan zurückzüchten wollte. Nach dem Tod des Herrn Zutz hat die Gemeinde Liebenthal die inzwischen auf 87 Tiere angewachsene Herde übernommen. Die Pferde konnten keiner Rasse eindeutig zugeordnet werden und erhielten deshalb den Namen Liebenthaler Pferde. »Entstanden« sind Pferde, die nur in der freien Natur, ohne Eingriff des Menschen, leben. Ausführlichere Informationen erhaltet ihr im Haus der hundert Pferde.

Waldschule Briesetal

Briese 13, 16547 Birkenwerder-Briese. ✆ 03303/
402262, Fax 213698. www.waldschule-briesetal.de. in-
fo@waldschule-briesetal.de. **Bahn/Bus:** S1, S8 bis Bhf
Birkenwerde oder S1 bis Bhf Borgsdorf, dann 2,5 km,
ausgeschildert. **Zeiten:** ganzjährig Mo – Fr 8 – 16 Uhr,
April – Okt So 12 – 17 Uhr. **Preise:** 1 €; Kinder ab Vorschulalter 0,50 €. **Infos:** Gruppen immer vorher anmelden.

▶ Für Gruppen und Klassen im Vorschul- und Grundschulalter gibt es die Möglichkeit, hier ganzjährig,
Mo – Fr, einen Projekttag zu verbringen. Nach der Ab-
holung vom Bahnhof geht es auf einer 2,5 km langen
Wanderung, die unter einem bestimmten Thema, beispielsweise Wasser, Spurensuche oder Vögel steht,
zur Waldschule. Dort kann je nach Witterung und Jahreszeit im Waldzimmer gebastelt oder draußen gespielt werden. Im Tierzimmer sind ausgestopfte Füchse, Biber, Bisamratten und Vögel ausgestellt. Das
hochgelegene Rausguckhaus, eine Art Baumhaus,
betet einen weiten Ausblick in den Kiefernwald. Zum
Abschluss gibt es ein Lagerfeuer oder es wird gegrillt. Das 4- bis 5-stündige Programm kostet Kinder
3 € und für Begleitpersonen 1 €.

Des Weiteren bietet die Waldschule geführte Wanderungen, Märchenabende am Lagerfeuer, Bastelnach-
mittage für Familien sowie die Ausrichtung von Kindergeburtstagsfeiern an.

Naturlehrpfad und Grüne Werkstatt

Oberförsterei Zehdenick, An der Templiner Chaussee,
16792 Zehdenick. ✆ 03307/2476, 3029838,
Fax 302300. http://forst.brandenburg.de. kathrin.
voecks@afftp.brandenburg.de. RB12 bis Bhf Zehde-
nick-Neuhof, dann nicht die Bahngleise überqueren,
sondern Bahnhofsweg bis zur Straße Altes Forsthaus,
dann links. **Zeiten:** Sprechzeit Di 7 – 17.30 Uhr.

▶ Kita-Gruppen und Schulklassen können hier nach
vorheriger Absprache erlebnisreiche Stunden verbrin-

Im März sind
alle Interessier-
ten zum Tag des Bau-
mes eingeladen;
www.sdw.de/umweltge-
denktage/tagbaum.htm

gen. Themen sind z.B. Vögel und ihre Wohnungen, Baumarten am Lehrpfad, Knospen im Winter. Möglich sind Waldführungen, Basteln mit Naturmaterialien (1,50 – 2 € pro Person), Grillen und der Besuch des Lehrpfades, der jederzeit öffentlich zugänglich ist.

Seit 2007 betreibt die Oberförsterei Zehdenick ein Schwarzwildgatter. Darin leben ein Keiler, zwei Bachen und ein Frischling – wisst ihr, von wem die Rede ist?

Wo die Störche klappern und die Biber nagen: Teichland Linum

Zu den Teichen 58, 16833 Fehrbellin-Linum. ✆ 033922/50408, Fax 50504. **Bahn/Bus:** ↗ Info & Verkehr fürs Storchendorf/Kremmen. **Auto:** A24, 10 km westlich von Kremmen an der Deutschen Alleenstraße. **Zeiten:** Mi – So und Fei ab 10 Uhr, täglich während der Kranichrast im Herbst. **Infos:** Kranichbeobachtungen: Landschaftsförderverein Oberes Rhinluch e.V., www.oberes-rhinluch.de.

▶ Auch im Norden von Berlin gibt es ein ↗ Urstromtal. Es heißt Eberswalder Urstromtal und hat eine Moorlandschaft hinterlassen. Das heißt, dass überall ein bisschen Wasser ist, jedoch oft unter der Oberfläche versteckt. Deswegen ist ein Moor auch gefährlich. Im 19. Jahrhundert hat man Entwässerungskanäle gezogen, um das Land trocken zu legen und Torf zu gewinnen. Das ist getrockneter Moorboden, den die Berliner zum Heizen verwendet haben.

Mittendrin liegt, umgeben von vielen Kanälen und Teichen, Linum. Linum ist das Ruppiner Storchendorf schlechthin. Auf bald jedem Schornstein im Dorf nisten jedes Jahr Störche und ziehen ihre Jungen auf. Im feuchten Rhinluch finden sie genug Nahrung für sich und ihren Nachwuchs. Aber nicht nur Störche könnt ihr hier erleben, sondern auch Biber und Kraniche. Jedes Jahr im Herbst lassen sich die Kraniche hier zu Tausenden zur Rast nieder.

 **Storchenfest:** 1. Wochenende im Aug. **Fischerfest:** 1. Wochenende im Sep

Fernglas nicht vergessen!

Im Teichland Linum werden Naturausflüge organisiert und Bootsfahrten mit dem Spreewaldkahn oder dem Solarboot »Åtlantis« angeboten (1,5 Std, 18 € inklusive 10 € Verzehrgutschein).

Für das leibliche Wohl der Besucher wird im Sommergarten gesorgt. Ab 11 Uhr gibt es täglich Leckeres vom Grill. Ihr könnt frischen oder geräucherten Fisch kaufen oder selbst angeln (Angelkarten vor Ort). Außerdem gibt es mehrere Gaststätten im Ort.

Fußgänger im Sonnenschein: Storchenpaar

© Annette Sievers

Zahlreiche **Wanderwege** mit 3 Aussichtskanzeln führen um die Teiche herum. Drei Wege sind besonders zu empfehlen:

1. Am Seerosenteich: An diesem Rundweg stehen Infotafeln zur Tier- und Pflanzenwelt des Teichlandes.
2. Großer Teichlandwanderweg: Führt euch in etwa 45 Min um Teiche Nummer 29 bis 35 herum und bietet den Blick auf die schilfumstandenen Teiche und ihre Vogelwelt.
3. Großer Luchwanderweg: Führt bis zur 2. Aussichtskanzel. Von dieser kann man im Herbst in der Dämmerung die Kraniche in das Teichland einfallen sehen. Auch See- und Fischadler kann man hier beobachten.

Storchenschmiede

Naturschutzbund (NABU), Nauener Straße 54, 16833 Fehrbellin-Linum. ✆ 033922/50500, Fax 50500. www.nabu-berlin.de. storchenschmiede@nabu-berlin.de. **Bahn/Bus:** Für nicht motorisierte Storchenfreunde bietet der NABU Fahrten mit dem vereinseigenen Kleinbus von Berlin für 12,50 € an, Anmeldung ✆ 030/9860837-0. **Auto:** ↗ Info & Verkehr Fehrbellin. **Zeiten:** April – Mitte Nov Di – Fr 10 – 16, Sa, So und Fei 10 – 18 Uhr sowie jederzeit nach Vereinbarung.

▶ In der Storchenschmiede des Naturschutzbundes wird Wissenswertes rund um Meister Adebar sowie zur Tier- und Pflanzenwelt des Rhinluchs präsentiert. Es werden außerdem Führungen zu den Storchennestern, Exkursionen ins Teichland und zum Kranicheinflug im Herbst (Ende Sep bis Anfang Nov) angeboten. Während der Storchensaison wird das Geschehen im Storchennest auf dem Dach direkt auf einen Monitor in der Ausstellung übertragen.

HANDWERK UND GESCHICHTE

Eine Bockwindmühle steht auf einem Gestell, sie ist also »aufgebockt«. Darauf steht der Mühlenkasten, also das Holzhaus, in dem sich die Müllereimaschinen befinden. Über eine Treppe kann man es von hinten betreten. Das ganze Haus mit allem, was drin ist, kann man um den »Hausbaum« oder Ständer drehen. Und zwar so, dass die Mühlenflügel »in den Wind stehen«, also der Wind von vorne auf die Flügel bläst und sie in Bewegung setzt.

Betriebsbesichtigungen

Bockwindmühle in Vehlefanz

Außenstelle des Kreismuseums Oranienburg, Breite Straße 44a, 16727 Velten. ✆ 03301/3863 (Kreismuseum Oranienburg), Fax 3863. www.kremmen.de. tip@kremmen.de. **Bahn/Bus:** Von Hennigsdorf RB55. **Zeiten:** Mai – Sep Mi 10 – 15, Sa, So 13 – 17 Uhr. Gruppen nach Voranmeldung auch zu anderen Terminen. **Infos:** Im Jan 2011 ging die Mühle in den Besitz der Gemeinde Oberkrämer über, Auskunft geben dort Frau Randow ✆ 03304/393226 und Frau Dreger 393235.

▶ Die aus dem Jahre 1815 stammende Mühle ist die einzige noch erhaltene **Bockwindmühle** im Kreis Oberhavel – bis 1850 gab es in der Provinz 2198 Bock- und 139 Holländerwindmühlen. Lange wurde sie als Getreidemühle genutzt. Noch bis 1965 wurde hier Schrot gemahlen. Seit 1977 ist die Mühle technisches Denkmal und seit 1991 beherbergt sie das Museum zur Geschichte der Windmühlen in der Region. Das Innere der Mühle wurde mit Detailliebe so hergerichtet, dass ihr ein anschauliches Bild vom Leben der Müllersleute erfahrt.

© BerlinBrandenburg Senat

 www.deutsche-
muehlen.de

Zu Besuch bei den Ziegeleiarbeitern: Freilichtmuseum Ziegeleipark Mildenberg

Ziegelei 10, 16792 Zehdenick-Mildenberg.
℡ 03307/310410, Fax 310411. www.ziegeleipark.de.
info@ziegeleipark.de. 12 km nördlich von Zehdenick.
Bahn/Bus: ↗ Bhf Zehdenick, dann 10 Min mit Bus 838
(Mo – Fr 2 x am Tag, Sa, So, Fei stündlich Rufbus,
℡ 03307/3636, deshalb Abfahrtszeiten vorab beim
Ziegeleipark erfragen) oder Do – So mit Fahrgastschiff
Zehdenixe ab Schleusenstraße bis Mildenberg Museumspark. **Auto:** B109 und bei Neuhof L214 über Burgwall. **Rad:** Radfernweg Berlin – Kopenhagen, Radweg ab
Bhf Zehdenick ausgeschildert. **Zeiten:** Anfang April –
Ende Okt täglich 10 – 18 Uhr, Einlass bis 17 Uhr, Führungen mit der Ziegeleibahn 11.30, 12.30, 14.30 und
16 Uhr, Dauer: 45 Min, zu Fuß 11 und 14 Uhr, Naturparktour per Bahn Mo – Fr 13, 15 Uhr, Sa, So, Fei auch
11 Uhr. **Preise:** 8 €, inkl. Fahrt und Führung mit der Ziegeleibahn; Kinder 4 – 14 Jahre 4 €; Familien 18 €, Themenführung 5 €, Naturparktour 6 €, Mehrtagesticket
inkl. Naturparktour 30 €, Kinder jeweils die Hälfte.
Infos: Zahlreiche Sonderveranstaltungen Frühjahr –
Herbst.
▶ Ende des 19. Jahrhunderts wurden beim Bau der
Eisenbahnstrecke Templin – Löwenberg nördlich von

Themenführungen: Wie ein Ziegelstein entsteht – traditionelle Produktion zur Gründerzeit, täglich 11 und 13.30 Uhr, Dauer: 80 Min. Ziegelei & Technik – Bagger, Dampfmaschine & noch mehr, täglich 13 Uhr, Dauer: 80 Min. Ziegeleibahnrundfahrt – Der Park im Überblick, täglich 10.30, 11.30, 12.30, 14.30 und 15.30 Uhr, Dauer 45 Min. Naturparktour Bahnfahrt durch die Seenlandschaft, täglich 13.45 Uhr, Dauer: 90 Min.

Nachwuchs-Bäuerin:
Traktor fahren ist toll

Hunger & Durst

Zum Alten Hafen, Ziegelei 11, Zehdenick-Mildenberg. ✆ 03307/301870. www.gasthaus-alter-hafen.de. April – Okt täglich ab 11 Uhr, Nov – März nach Bedarf. Am Radfernwegweg im Ziegeleipark, schöne Sommerterrasse direkt an der Havel, regelmäßig Veranstaltungen im Sommer. Großes Angebot an Kindergerichten.

© Annette Sievers

Zehdenick reiche Tonvorkommen gefunden. Auf dieser Grundlage begann die schwunghafte Entwicklung der Ziegelindustrie. Erst im Zuge der Wende musste schließlich eine Ziegelei nach der anderen die Produktion einstellen, die letzte wurde 1991 geschlossen.

Auf einem 40 ha großen Areal entstand der Museumspark Mildenberg. In der Eingangsausstellung und im **Ziegeleimuseum** erfährt man etwas über die Geschichte der Ziegelproduktion und die Arbeits- und Lebensbedingungen der Ziegeleiarbeiter. Zum **Technikmuseum** gehören die historischen Werkstätten, die Ziegeleibahn und die blaue Tonlorenbahn. Früher wurden mit der Ziegeleibahn die gebrannten Ziegel, Ziegelbruch und Kohle transportiert. Heute dient sie auf einem Rundkurs als Verkehrsmittel für Touristen. Die Tonlorenbahn fuhr hinaus zu den Tongruben und wurde dort mit Ton beladen, sie löste die Pferdefuhrwerke ab. Jetzt haben Besucher die Möglichkeit, mit diesem Schmalspur-Bähnchen durch die Tonstichlandschaft bis zu einem noch aktiven Tagebau im Burgwall zu fahren.

Der Museumspark dient nicht nur der Wissensvermittlung, sondern auch der aktiven **Freizeitgestaltung,** indem besonders viele Angebote für Familien und sportlich Aktive geschaffen wurden. Es gibt eine große Abenteuerspielwiese mit Riesenrutsche und Picknickbereich sowie eine Badestelle am Herzbergsteich. Kinder können mit einer Fähre, die sie selbst steuern, über den See fahren. Außerdem gibt es einen Streichelzoo. An Trockenschuppen können Kinder Ziegel per Hand herstellen. Mit dem Schienenfahrrad geht es über einen Rundkurs. Bei der Marina im Ziegeleipark können Wasserwanderer anlegen und sogar zelten. Hier können auch Boote ausgeliehen werden.

Da der Radfernweg Berlin – Kopenhagen durch die Tonstichlandschaft führt, hat man sich auf die wachsende Zahl der Radwanderer eingestellt. In der Gaststätte »Zum Alten Hafen« kann man sich nicht nur stärken, sondern es stehen auch Übernachtungsmöglichkeiten zur Verfügung.

Vom Frühjahr bis zum Herbst wird zu zahlreichen Sonderveranstaltungen eingeladen.

Museen

Museum im Knast

Heimatmuseum im historischen Stadtgefängnis Liebenwalde, Liebenwalder Heimat- und Geschichtsverein e.V., Jörn Lehmann, Marktplatz 20, 16559 Liebenwalde. ✆ 033054/80557, 80555, Fax 80570. www.museum-im-knast.de. info@liebenwalde.de. **Bahn/Bus:** ↗ Liebenwalde. **Zeiten:** Nov – April Di – Fr und So, Fei 10 – 16 Uhr, Mai – Okt täglich 10 – 16 Uhr. **Preise:** 1,50 €; Schüler und Studenten 0,50 €; in Gruppen 1 €, Stadtführungen ab 10 Pers 2 € pro Pers.

▶ Im Jahre 1878 wurde auf Beschluss des Liebenwalder Magistrats ein neues Rathaus gebaut, in dem auch das Amtsgericht untergebracht wurde. Aber wohin mit den vom Gericht Verurteilten? Also wurde hinter dem Rathaus ein Gefängnis gebaut. Seit 1999 befindet sich das Heimatmuseum in dem unter Denkmalschutz stehenden Gebäude. Dass hier früher das Gefängnis war, sieht man an den vergitterten Fenstern, an den Spionen und Luken in den Türen und an den von den Häftlingen bemalten Wänden. Heute gibt es in den 6 historischen Zellen unter anderem Ausstellungen zur Stadt- und Industriegeschichte, zur Binnenschifffahrt und zur »Heidekrautbahn«, die seit 1901 viele Berliner Ausflügler per Eisenbahn nach Liebenwalde brachte. 1997 wurde die Strecke stillgelegt.

 Beim FVV Liebenwalde gibt es den handlichen Faltplan der Stadt Liebenwalde und der umliegenden Gemeinden mit Straßenverzeichnis, sowie ein Faltblatt mit drei Wanderrouten, die max. 8 km lang sind.

Hunger & Durst

Imbissgaststätte Guter Happen, Berliner Straße 44, Liebenwalde. ✆ 033054/62794. Mo – Fr 9 – 20, Sa, So 10 – 20 Uhr. Pommes, Nudeln, Currywurst, Gulasch. Kinderportionen, wobei auch Extrawünsche erfüllt werden. Alle Gerichte, auch die für Erw, um 3 – 5 €. Außerdem Kahnfahrten auf der »Trödellinie«.

Jeden Sa ab 13 Uhr Beratung durch einen Ofensetzer. Das Ofen- und Keramikmuseum ist Ausgangspunkt der Deutschen Tonstraße, die über 40 Orte miteinander verbindet, in denen man die Tradition der Keramik- und Ziegelproduktion pflegte, www.deutsche-tonstrasse.de.

Ofen- und Keramikmuseum Velten

Wilhelmstraße 32, 16727 Velten. ℘ 03304/31760, Fax 505887. www.ofenmuseum-velten.de. info@ofen-museum-velten.de. **Bahn/Bus:** S25 bis Hennigsdorf, weiter mit RB6 Richtung Kremmen oder RE55 Richtung Neuruppin; Bus 824 von Oranienburg Bhf. **Auto:** A10 Ausfahrt Birkenwerder oder Dreieck Oranienburg Richtung Berlin-Zentrum zur A111 Ausfahrt Hennigsdorf/Velten. **Rad:** 3 km Abstecher von Fernradweg Berlin – Kopenhagen. **Zeiten:** Di – Fr 11 – 17, Sa, So 13 – 17 Uhr. Führungen Mi und jeden 1. Sa im Monat 15 Uhr oder nach Voranmeldung. **Preise:** 3 €, mit Führung 4,50 €; Schüler ab 10 Jahre und Ermäßigungsberechtigte 2,50 €, mit Führung 4 €. **Infos:** www.schmidt-lehmann.de.

▶ Wegen der reichen Tonvorkommen in der Umgebung entstanden Ofenfabriken. Um 1900 gab es 40 Fabriken, die hunderttausende Öfen für Berlin produzierten. Die *Ofenfabrik Schmidt, Lehmann & Co.* ist seit 1994 Museum. Die Ausstellung umfasst Öfen aus fünf Jahrhunderten, Kacheln, Keramik und alte Fotografien von der Produktion. Kacheln werden auch noch produziert. Unter sachkundiger Führung könnt ihr die Töpferei, die Lehmgalerie und die Töpperkantine besichtigen. Außerdem gibt es einen Keramikladen. Rund ums Jahr finden Veranstaltungen wie Sonderausstellungen und Kunsthandwerkermärkte statt.

BÜHNE, LEINWAND & AKTIONEN

Märkte & Feste

Oberhavel Bauernmarkt

Zehlendorfer Chaussee 10, 16515 Schmachtenhagen. ℘ 03301/680914, 803518, 803519, Fax 535374. www.oberhavel-bauernmarkt.de. sekretariat@oberhavel-bauernmarkt.de. **Bahn/Bus:** Bus 805 ab Oranienburg, am Wochenende direkter Zug ab Berlin-Karow. **Rad:** Ab Oranienburg immer am Lehnitzsee entlang, dann rechts

Strohballenspaß: Beim Ferienprogramm des Bauernmarkts wird euch viel geboten

auf dem gut ausgebauten Radweg der B273 7 km.

Zeiten: Mo – Fr 9 – 16, Sa 9 – 17, So 9.30 – 17 Uhr.

▶ Direktvermarkter aus Brandenburg und den umliegenden Bundesländern bieten lautstark ihre Waren an. Jeden 1. So im Monat ist Flohmarkt, jedes 3. Wochenende von Sep bis März ist **Schlachtfest**. Kindern dürfte es hier bei diversen sportlichen Wettbewerben wie Eierlauf und Stiefelweitwurf sowie Toben in der Strohburg nicht langweilig werden. Außerdem könnt ihr den Streichelzoo besuchen, auf Ponys reiten oder Karussell fahren.

Die **Eierbahn** bringt euch zur Schaumolkerei, zur Schaufleischerei und zu den Ställen.

Für Klassen und Kita-Gruppen gibt es spezielle Angebote. Das Schulprojekt für Schüler der Klassen 1 – 6 steht unter dem Motto: Erzähl mir was aus deiner Heimat. Kita-Gruppen sind zum Ponytag eingeladen. Rund ums Jahr gibt es jede Menge Veranstaltungen für Groß und Klein.

BüffKetessen auf dem Bauernmarkt: Gutes Essen bis zum Platzen für 5 € /Person.

FESTE & FESTE TERMINE

Februar:	Hennigsdorf, Velten, Leegebruch, Eden: **Fasching.**
März/April:	Liebenthal: **Frühlingsfest** im Wildpferdgehege.
	Schmachtenhagen: **Osterfest** auf dem Oberhavel Bauernmarkt.
	Mildenberg: **Ostereier suchen** auf der Spielwiese im Ziegeleipark.
	Liebenwalde: **Osterfeuer.**
	Velten: **Walpurgisnacht** im Ofen- und Keramikmuseum.
Mai/Juni:	Liebenwalde: **Museumsfest** im Heimatmuseum.
	Mildenberg: **Märkisches Dampfspektakel; Kindertagsfete; Ziegeleiparknacht** im Ziegeleipark.
	Zehdenick: **Hafenfest; Dockfest.**
	Schmachtenhagen: **Pfingsten** auf dem Bauernmarkt.
	Oranienburg: **Stadtfest.**
Juli:	Velten: **Museumsfest,** Ofen- und Keramikmuseum
	Gransee: **Historisches Stadtfest,**
August:	Oranienburg: **Schlossfest.**
	Liebenwalde: **Drachenbootrennen**
	Hennigsdorf: **Festmeile** in der Innenstadt.
September:	Kremmen: **Erntedankfest.**
	Mildenberg: **Bauernmarkt und Windmühlenfest** auf dem Dorfanger.
	Vehlefanz: **Bockwindmühlenfest.**
Oktober:	Gransee: **Herbst- und Trödelmarkt.**
	Schmachtenhagen: **Oberhavel Bauernmarkt.**
	Hohen Neuendorf: **Kartoffelfest,** Märchenhaus.
	Eden: **Halloween.**
	Oranienburg: **Beachparty & Halloween** im T.U.R.M.
November/Dezember:	Liebenwalde: **Weihnachtsmarkt mit Kinderweihnachtsspiel und -rätsel** auf dem Marktplatz.
	Oranienburg: **Schloss-Weihnachtsmarkt.**
	Leegebruch, Zehdenick, Velten und Gransee: **Weihnachtsmarkt.**
	Schmachtenhagen: **Silvesterparty** auf dem Oberhavel Bauernmarkt.

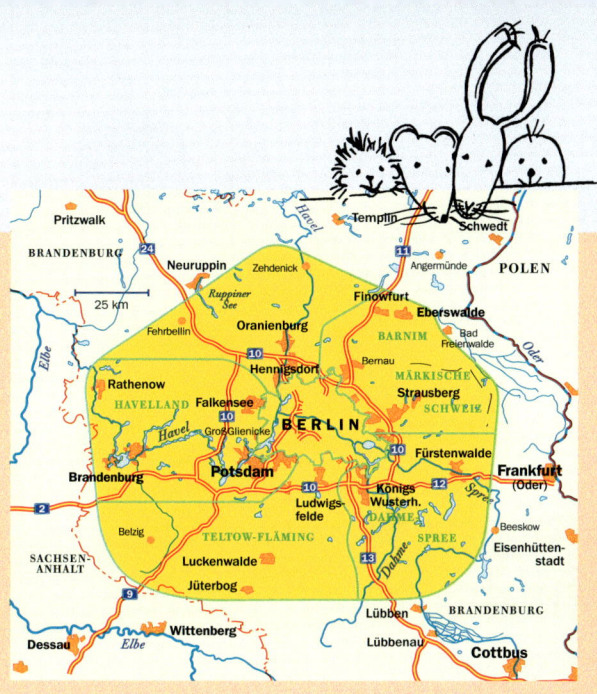

Wer sich aktuell über örtliche Veranstaltungen oder die Region informieren will oder eine Unterkunft sucht, schaut am besten beim Fremdenverkehrsamt oder Verkehrsbüro des betreffenden Ortes vorbei.

Die nachfolgenden Ortsbeschreibungen enthalten die Adressen dieser Infostellen sowie Anfahrtsbeschreibungen. Sie sind in der Reihenfolge der geografischen Griffmarken sortiert.

GUT INFORMIERT IST HALB GEWONNEN

Touristeninformationen und Anreise-Infos zu den Orten

Berlin Tourismus Marketing GmbH

Am Karlsbad 11, 10785 Berlin-Tiergarten. ✆ 030/250025, 264748-0 (Geschäftsstelle), Fax 25002424. www.berlin-tourist-information.de. information@btm.de. **Zeiten:** Infostelle im südlichen Torhaus des Brandenburger Tors täglich 9.30 – 20 Uhr; im Erdgeschoss des Alexa Shopping Centers Mo – Sa 10 – 20 Uhr; im Neuen Kanzler Eck, Ku'damm 21, Passage, Mo – Sa 10 – 20, So 10 – 18 Uhr; im Hbf, Ebene 0, Eingang Europaplatz täglich 8 – 22 Uhr; am Flughafen Schönefeld, Terminal A, Haupthalle Erdgeschoss rechts, täglich 7 – 22 Uhr. April – Okt gelten erweiterte Öffnungszeiten. **Preise:** SchauLust 19 €; Schüler, Studenten 9,50 €. @Ki-Margi-Sachtext Initiale:@ Vorab kann man unter www.visitberlin.de Infomaterialien zu Berlin allgemein, 20 Jahre Mauerfall, Kinder und Familien, Berlin exklusiv... zu einem Kostenbeitrag von 3 € bestellen oder das 7-Tage-Programm »Berlin to go« downloaden. Außerdem gibt es dort weitere, günstige Pauschalangebote der Berlin Tourismus Marketing GmbH.

Tourismus-Marketing Brandenburg GmbH

Am Neuen Markt 1, 14467 Potsdam. ✆ 0331/2004747, Fax 2987328. www.potsdam-tourismus.de. tourismus-service@potsdam.de. **Bahn/Bus:** ✈ Potsdam.

Beim Plausch mit dem Volk: »Soldaten« vor dem Jagdschloss von Königs Wusterhausen

@ Viele Fremdenverkehrsvereine und Touristinformationen sind im Internet vertreten. Unter www.reiseland-brandenburg.de lohnt es sich meiner Erfahrung nach immer, vorbeizuschauen und gezielt nach Informationen zu suchen.

Obwohl alle Anschriften, Telefon- und Faxnummern sowie Internetadressen vor Erscheinen des Buches überprüft wurden, können kurzfristig Änderungen auftreten.

▶ Bei Fremdenverkehrsvereinen und Touristinformationen können sich Ausflügler und Urlauber vor Reiseantritt Informationsmaterial wie Gastgeberverzeichnis, Veranstaltungskalender und vieles mehr zuschicken lassen. Der Service ist manchmal kostenlos, meistens jedoch wird ein Entgeld erhoben, zumindest für Porto. Wollt ihr euch vor Ort informieren, solltet ihr euch vorher nach den aktuellen Öffnungszeiten erkundigen. In den Informationsbüros findet ihr ein umfangreiches Angebot an Stadtplänen, Rad- und Wanderkarten.

Außerdem sind Fremdenverkehrsvereine und Touristinformationen behilflich bei der Buchung von Ferienunterkünften, der Organisation und Betreuung von Gruppenreisen, der Vermittlung von Stadtführungen sowie Theater- und Konzertbesuchen.

Weitere Infoquellen

Brandenburgische Landeszentrale für politische Bildung, Heinrich-Mann-Allee 107, 14437 Potsdam. ✆ 0331/866-3541, Fax 866-3544. www.politische-bildung-brandenburg.de. info@blzpb.brandenburg.de. **Bahn/Bus:** /Hbf Potsdam. **Rad:** Europaradweg R1, F1 Rund um die Potsdamer Havelseen. **Zeiten:** Mo – Mi 9 – 18, Do und Fr 9 – 15 Uhr. **Infos:** Landeszentrale für politische Bildungsarbeit Berlin, An der Urania 4 – 10, 10787 Berlin, ✆ 90162552.

▶ Die **Landeszentrale für politische Bildung** bietet Einzelpersonen und Gruppen neben Literatur zu Geschichte, Wirtschaft und Kultur quer durch Europa und die Welt auch Infomaterial und Landkarten zum Bundesland Brandenburg an.

Zahlreiche Kommunen, beispielsweise die Berliner Stadtbezirke, haben **Bürgerbüros** eingerichtet. Hier findet ihr eine breite Palette an Informationen.

In vielen öffentlichen **Bibliotheken** Brandenburgs und Berlins befinden sich im Eingangsbereich Infostände mit Schwerpunkt Kultur, Aus- und Weiterbildung, Gesundheit und Suchtprävention.

Barnim & Märkische Schweiz

NEUHARDENBERG: Neuhardenberger Land-Tourismus e.V., Karl-Marx-Allee 23, 15320 Neuhardenberg. ℂ 033476/60477, Fax 60478. www.amt-neuharden-berg.de. info@neuhardenberg-information.de. **Bahn/Bus:** Bus 884 Bad-Freienwalde – Wriezen – Neutrebbin – Neuhardenberg; S5 bis Strausberg-Nord, dann Mo – Fr Bus 937; NE26 stündlich von Berlin-Lichtenberg nach Müncheberg, dann während der Sommersaison mit Ausflugsbus (2-Stunden-Takt). **Auto:** A10 Abfahrt 4 Hellersdorf, über B1/5 Richtung Herzfelde, Müncheberg, ab Müncheberg auf der B1 bis Jahnsfelde, dort links. **Rad:** Märkische Landpartie Seelow – Fürstenwalde, Tour 5b, 59 km, www.maerkische-landpartie. de; mehrere markierte Rad- und Wanderwege. **Zeiten:** April – Okt Mo – Fr 10.30 – 16 Uhr, Sa, So und Fei 11 – 16 Uhr, Nov – März Mo – Fr 10.30 – 16 Uhr.

Verein Langes Haus Altfriedland e.V., Fischerstraße 21, 15320 Neuhardenberg-Altfriedland. ℂ 033476/50957, Fax 50998. www.altfriedland.de. dr.kain@alt-friedland.de. **Bahn/Bus:** Von ↗ Strausberg Bus 936 und 937 oder von Wriezen Bus 880. **Auto:** A10 Abfahrt 4 Hellersdorf, über B1/5 Richtung Herzfelde, ab Müncheberg auf der B1 bis Jahnsfelde, dort links.

ALTLANDSBERG: Stadtinformationsbüro Altlandsberg, Am Strausberger Tor 1, 15345 Altlandsberg. ℂ 033438/64572, Fax 64723. www.altlands-berg.de. redaktionsteam@altlandsberg.de. **Bahn/Bus:** Ab Berlin S5 bis Hoppegarten, dann Bus 944. **Auto:** A10 Ausfahrt 10 Marzahn. **Zeiten:** Mo – Fr 10 – 12 und 12.30 – 16.30 Uhr, Mai – Sep auch Sa 9.30 – 13.30 Uhr.

MÜNCHEBERG: Tourist-Information Müncheberg, Ernst-ThälmannStraße 101, 15374 Müncheberg. ℂ 033432/70931, Fax 73819. www.stadt-muenche-berg.de. rathaus@stadt-muencheberg.de. **Bahn/Bus:** Ab Berlin-Lichtenberg NEB5385. **Zeiten:** Mo, Di, Do, Fr 10 – 16 Uhr, Mi 10 – 14 Uhr.

77 schönste Orte rund um Berlin. Ausflüge zu Schlössern, Seen und Sehenswürdigkeiten. Mit 166 Einkehrtipps. Wolfgang Kling. 304 Seiten, Paperback, 132 Farbfotos, 9 Übersichtskarten, 12 Seiten Kartenatlas, Verkehrslinienplan, Lesezeichen. ISBN 978-3-89859-314-4, 16 €.

BUCKOW: Kultur- und Tourismusamt Märkische Schweiz, Zum Alten Warmbad, Sebastian-Kneipp-Weg 1, 15377 Buckow. ✆ 033433/57500, Fax 57719. www.maerkischeschweiz.eu. tourist-info@amt-maerkische-schweiz.de. Im ehemaligen Warmbad am Parkeingang. **Bahn/Bus:** Von Berlin Hbf S5 Richtung Strausberg bis Lichtenberg, von dort mit der Oderlandbahn NE26 bis Müncheberg, dann Bus 928 nach Buckow (www.busmol.de). Mai – Okt Sa, So und Fei mit Buckower Kleinbahn Müncheberg – Waldsieversdorf – Buckow. **Auto:** Von Berlin Frankfurter Chaussee (B1/5) stadtauswärts bis links Berliner Straße/L233 Richtung Hennickendorf, rechts K6418, Schildern folgen oder über Müncheberg und Waldsieversdorf. **Rad:** Europaradweg R1 von Erkner und Strausberg nach Kostrzyn nad Odr. **Zeiten:** ganzjährig Mo – Fr 9 – 12.30 und 13 – 17 Uhr, April – Okt Sa, So 10 – 17 Uhr, Nov – März Sa, So 10 – 14 Uhr. **Infos:** Zimmervermittlung, Tagesprogramme, Karten und viele Tipps. Hier erfährt man auch die Lage der örtlichen Kneippschen Wassertretstellen.

WALDSIEVERSDORF: Touristinformationszentrum Waldsieversdorf, Dahmsdorfer Straße 18, 15377 Waldsieversdorf. ✆ 033433/720, Fax 720. www.waldsieversdorf.de. info@waldsieversdorf.info. **Bahn/Bus:** NE26 bis Müncheberg, dann Bus 928. Mai – Okt Sa, So, Fei mit der Buckower Kleinbahn Müncheberg – Waldsieversdorf – Buckow. **Zeiten:** Di 9 – 15, Do 9 – 14 Uhr.

EBERSWALDE: Tourist-Information Stadt Eberswalde, Steinstraße 3, 16225 Eberswalde. ✆ 03334/64520, Fax 64521. www.eberswalde.de. tourist-info@eberswalde.de. **Bahn/Bus:** Von Berlin Hbf RE3. **Zeiten:** Di – Fr 10 – 13 und 14 – 17 Uhr, Sa 10 – 13, So 13 – 17 Uhr.

Wirtschafts- und Tourismusentwicklungsgesellschaft mbH, Alfred-Nobel-Straße 1, 16225 Eberswalde. ✆ 03334/59100, Fax 59222. www.barnimerland.de.

tourismus-wito@barnim.de. **Bahn/Bus:** Von Berlin Hbf RE3.

SCHORFHEIDE: Tourist-Information Groß Schönebeck, Schlossstraße 6, 16244 Schorfheide-Groß Schönebeck. ℰ 033 393/65777, Fax 664886. www.gemeinde-schorfheide.barnim.de. touristinfo-gs@ gemeinde-schorfheide.de. In der Remise des Jagdschlosses. **Bahn/Bus:** NE27 Heidekrautbahn ab Berlin-Karow über Basdorf nach Groß Schönebeck, alle 2 Std. **Auto:** Von Berlin B109 oder A11 bis Ausfahrt Finowfurt, weiter über B167 Richtung Liebenwalde bis Zerpenschleuse, dann B109. **Zeiten:** Mo – So 10 – 16 Uhr (ganzjährig). **Infos:** Infos über Rad- und Wanderwege, Reitmöglichkeiten, Kutsch- und Kremserfahrten, Wassertourismus, Unterkünfte. Zweigstelle Touristinformation Eichhorst am Werbellinkanal, ℰ 03335/330934.

Auf dem Gelände des Jagdschlosses befindet sich die Waldschule Jägerhaus mit der Hirsch-Erlebniswelt und vielen Angeboten zum Thema Wald, Wasser und Wild. Das Jagdschloss selbst beherbergt das Schorfheide-Museum.

BERNAU: Touristeninformation Bernau, Bürgermeisterstraße 4, 16321 Bernau. ℰ 03338/761919, Fax 761970. www.bernau-bei-berlin.de. touristInformation@bernau-bei-berlin.de. **Bahn/Bus:** Ab Berlin Hbf RE3, OE60, ab Berlin, Friedrichstraße S2. **Zeiten:** April – Sep Mo – Fr 9 – 18 Uhr, Sa 9 – 13 Uhr, Okt – März Mo, Mi, Fr 9 – 17 Uhr, Di und Do 9 – 18 Uhr.

STRAUSBERG: Stadt- und Tourist-Information Strausberg, August-Bebel-Straße 1 (Lustgarten), 16344 Strausberg. ℰ 03341/311066, Fax 314635. www.stadt-strausberg.de. info@stadt-strausberg.de. **Bahn/Bus:** S5 oder NE26 bis Bhf Strausberg. Nicht verwechseln mit Bhf Strausberg Stadt oder Nord. **Auto:** B1/5. **Rad:** Bb Bhf Strausberg 4 Rundtouren 9 – 36 km ausgeschildert, Grenzenlos Natur erFahren Frankfurt/Oder – Buckow – Strausberg 120 km, Infos und geführte Touren über Touristinformation. **Zeiten:**

 Bieten die Touristeninformationen geführte Stadtrundgänge an, so ist dies unter ↗ Handwerk & Geschichte aufgeführt.

Mo – Fr 9 – 17, Sa 10 – 16, So, Fei 10 – 16 Uhr;
Okt – April Sa nur bis 15 Uhr und So geschlossen.
**WANDLITZ: Tourismusverein Naturpark Barnim e.V.
und Tourist-Information Wandlitz,** Bahnhofsplatz 2,
16348 Wandlitz. ✆ 033397/67277, Fax 67279.
www.tourismusverein-naturpark-barnim.de. wand-
litz@barnim- tourismus.de. Im Bahnhof Wandlitzsee.
Bahn/Bus: Ab Berlin-Karow mit der NE 27 bis Bhf
Wandlitzsee. **Auto:** Von Berlin 28 km über B109;
A114 Ausfahrt 1 Dreieck Pankow auf A10 Richtung
Hamburg, Ausfahrt 34 Mühlenbeck Richtung Wensi-
ckendorf L21, Zühlsdorfer Allee; von A11 Ausfahrt
14 Wandlitz B273 Basdorf/Oranienburg. **Rad:** 10
ausgeschilderte Radtouren um 30 km sowie 10 The-
mentouren im Barnimer Land bis 132 km, Karten-
sets bei Touristinformation erhältlich. **Zeiten:** Mo –
Do 9 – 18, Fr 9 – 16 Uhr, Mitte Mai – Mitte Sep Sa
10 – 14, Mitte Juni – Aug So 10 – 14 Uhr.
**AHRENSFELDE: Tourist-Information Safari Lodge Blum-
berg,** für den Regionalpark Barnimer Feldmark, Regio
Natour GmbH, Am Bahnhof 1, 16356 Ahrensfelde-
Blumberg. ✆ 033394/56222, Fax 56223. www.re-
gio-natour.de. mail@regio-natour.de. **Bahn/Bus:** OE
ab Berlin Hbf. **Zeiten:** Di – Fr 9 – 18 Uhr, Sa, So nach
Wetterlage, Okt – März Di – Fr 10 – 16 Uhr.
BIESENTHAL: Tourismusverein Naturpark Barnim e.V.,
Am Markt 1, 16359 Biesenthal. ✆ 03337/490718,
Fax 490718. www.barnim-tourismus.de, www.biesen-
thal.de. biesenthal@barnim-tourismus.de. **Bahn/
Bus:** S2, ab Berlin RE3 bis Bernau, dann OE60.
Zeiten: Di 9 – 12 und 14 – 18 Uhr, Fr 9 – 16 Uhr,
Juni – Sep auch Sa, So 10 – 14 Uhr.

Dahme & Spree

Touristinformation Dahme/Mark, Hauptstraße 48 –
49, 15936 Dahme/Mark. ✆ 035451/98120, Fax
98144. www.dahme.de. touristinfo@dahme.de.
Zeiten: Mo – Fr 10 – 12 und 13 – 17 Uhr, Mai – Okt
auch Sa 10 – 14, So 14 – 17 Uhr.

BAD SAAROW: Gästeinformation, Bahnhofsplatz 4, 15526 Bad Saarow. ℘ 033631/438380, Fax 438389. www.bad-saarow.de. info@scharmuetzel-see.de. **Bahn/Bus:** RE1 bis Fürstenwalde, dann RB35 bis Bad Saarow. **Auto:** Ab Berlin A113, Ausfahrt 11 Schönefelder Kreuz Richtung Frankfurt/O. auf A10 bis Ausfahrt 1 Dreieck Spreeau, A12 Richtung Warschau, Ausfahrt 4 Fürstenwalde-West, L35 Richtung Bad Saarow. **Rad:** Spreeradweg, Oder-Spree-Tour. **Zeiten:** April – Okt Mo – Fr 9 – 17 Uhr, Sa, So, Fei 9 – 16 Uhr; Nov – März Mo – Fr 9 – 16 Uhr, Sa, So, Fei 10 – 15 Uhr.

ERKNER: Stadt Erkner – Tourismusinformation, Friedrichstraße/Ecke Beustraße, 15537 Erkner. ℘ 03362/740318, Fax 889906. www.erkner.de. tourismus@erkner.de. **Bahn/Bus:** Ab Berlin S3, RE1 bis Erkner. **Auto:** A10 Ausfahrt 6 Richtung Fangschleusenstraße/L38 Richtung Berlin-Köpenick/Erkner. **Rad:** Europaradweg R1, Spreeradweg, Oder-Spree-Tour. **Zeiten:** Mo, Do, Fr 10 – 16, Di 10 – 18, Mi 11 – 16 und Sa 9.30 – 15 Uhr.

Rund um Erkner existiert ein gut ausgebautes Netz an Radwegen, sodass man als Radfahrer schnell vorankommt. Wer beim Fahren Natur genießen möchte, benutzt die ausgeschilderten Waldwege.

GRÜNHEIDE: Touristeninformation, Frau Noack, Am Marktplatz 7, 15537 Grünheide. ℘ 03362/585584, Fax 700497. www.gemeinde-gruenheide-mark.de. info@gemeinde-gruenheide.de. **Bahn/Bus:** Von Berlin Hbf S3 oder RE bis Erkner, dann Bus 429 Richtung Herzfelde oder Bus 436 Richtung Fürstenwalde.

KÖNIGS WUSTERHAUSEN: Tourismusverband Dahme-Seen e.V., Bahnhofsvorplatz 5, 15711 Königs Wusterhausen. ℘ 03375/ 252019, -25, Fax -28. www.dahme-seen.de. info@dahme-seen.de. **Bahn/Bus:** Ab Berlin S46, RB14, OE36, RE2. **Auto:** A10 Ausfahrt 10 Königs Wusterhausen/Niederlehme, A12 Ausfahrt Friedersdorf, aus Süden A13 Ausfahrt 2 Richtung Chausseestraße/L40. **Rad:** Dahme-Rad-

Wusstet ihr, dass Philadelphia gar nicht in den USA, sondern an der Spree liegt?

weg von Berlin-Köpenick, Hofjagdweg nach Lübben 68 km, vor Ort ab Bhf ausgeschilderte Rundwege von etwa 30 km Länge, Schenkenland-Rundfahrt 56 km. **Zeiten:** Mo – Fr 6.30 – 18 Uhr, Sa 9 – 13 Uhr, April – Sep auch So 9 – 13 Uhr.

Zahlreiche Pauschalangebote. Erlebniswochenenden für Familien und Schulklassen bietet das ✈ Kindererholungsdorf Frauensee an. In den Sommerferien könnt ihr Abenteuerferien machen oder an einem Zirkusferienlager teilnehmen.

BESTENSEE: Tourist-Information im Gemeindeamt Bestensee, Eichbornstraße 4 – 5, 15741 Bestensee. ✆ 033763/99823, Fax 63489. www.bestensee.de. buergerbuero@bestensee.de. **Bahn/Bus:** Ab Berlin Hbf RB14. **Zeiten:** Mo, Mi, Do 9 – 12 und 13 – 15 Uhr, Di 9 – 12 und 13 – 18 Uhr, Fr 9 – 13 Uhr.

GROSS KÖRIS: Schenkenland-Tourist e.V., Jutta Spigalski, Berliner Straße/Lindenstraße 23, 15746 Groß Köris. ✆ 033766/21814, www.schenkenland-tourist.de. schenkenland-tourist@gmx.de. **Bahn/Bus:** Ab Berlin Hbf RB14.

MÄRKISCH BUCHHOLZ: FVV Tor zum Spreewald e.V., Birkenstraße 7, 15748 Märkisch Buchholz. ✆ 033765/80520, Fax 80620. www.maerkischbuchholz.de. info@foerderverein-regionale-entwicklung.de. **Bahn/Bus:** Ab ✈ Königs Wusterhausen mit Bus 725. **Zeiten:** Mo, Di 8.30 – 9.30, Mi 8.30 – 11 und 15 – 17, Do 8.30 – 11 und 16.30 – 18, Fr 8.30 – 11 und 15 – 17, Sa 8.30 – 11 Uhr.

HEIDESEE: Besucher- und Informationszentrum des Naturparks Dahme-Heidesee, Dorfstraße 8, 15754 Heidesee-Prieros. ✆ 033768/969-0, Fax 96910. www.prieros.de. monika.jung@lugv.brandenburg.de. **Bahn/ Bus:** Ab Königs Wusterhausen Bus 724.

TEUPITZ: Stadt Teupitz, Markt 9 (Rathaus), 15755 Teupitz. ✆ 033766/689-17, Fax 689-54. www.teupitz.de. amt-schenkenlaendchen@t-online.de. 40 km südlich von Berlin. **Bahn/Bus:** Von Berlin Ost-Bhf RE2, RB14, 36 bis Groß Köris, dann Bus 727. **Auto:**

Infos zu weiteren Rundum-Sorglos-Paketen erhaltet ihr beim Tourismusverband Dahme-Seen e.V. Hier findet ihr eine große Auswahl an Karten. So zum Beispiel: Routenplaner Radtourismus, Routenplaner Wassertourismus, Routenplaner für Wanderer, jeweils 3,50 €.

Wanderkarte Dahme-Seengebiet (1:25.000) für 5 €.

A13 Richtung Dresden, Abfahrt 5a Teupitz. **Rad:** Schenkenland-Rundfahrt. **Zeiten:** Mo, Di, Do, Fr 8 – 12, Di und Do auch 14 – 18 Uhr. **Infos:** Im Gebäude B, Eingang Glastür.

STORKOW (MARK): Tourist-Information, Schlossstraße 6 (in der Burg), 15859 Storkow (Mark). ✆ 033678/ 73108, Fax 73229. www.storkow.de. tourismus@ storkow.de. **Bahn/Bus:** Ab Berlin-Schöneweide mit ODEG 36 (Ostdeutsche Eisenbahn) direkt bis zum historischen Bhf Storkow oder mit der RE1 bis Fürstenwalde, dann Bus 435. **Auto:** A12 in Richtung Frankfurt (Oder), Ausfahrt 3 Storkow L23. **Rad:** Oder-Spree-Tour. **Zeiten:** Mo – So 10 – 17 Uhr.

WENDISCH RIETZ: FVV Scharmützelsee, Kleine Promenade 1, 15864 Wendisch Rietz. ✆ 033679/64840, Fax 648417. www.scharmuetzelsee.de. tourismus@scharmuetzelsee.de. **Bahn/Bus:** Ab ↗ Königs Wusterhausen mit der OE. **Auto:** A12 in Richtung Frankfurt (Oder), Ausfahrt 3 Storkow L23, von dort B246. **Rad:** Oder-Spree-Tour. **Zeiten:** April – Okt Mo – Fr 9 – 12.30 und 13 – 17 Uhr, Sa, So, Fei 9 – 16 Uhr, Nov – März Mo – Fr 10 – 12.30 und 13 – 16 Uhr.

Teltow-Fläming

Tourismusverband Fläming e.V., Traugott Heinemann-Grüder, Küstergasse 4, 14547 Beelitz. ✆ 033204/ 628762, -63, Fax -61. www.reiseregion-flaeming.de. info@reiseregion-flaeming.de. **Bahn/Bus:** ↗ Info & Verkehr Beelitz. **Zeiten:** Mo – Fr 8.30 – 18 Uhr.

TELTOW: Touristinformation & Stadtmarketing Teltow, Potsdamer Straße 57, 14513 Teltow. ✆ 03328/ 316458, Fax 316485. www.teltow-erleben.de. info@ti-stadtmarketing.de. **Bahn/Bus:** RE4 Richtung Ludwigsfelde ab Berlin Hbf, S25 ab Berlin Potsdamer Platz oder Bus X1 ab Potsdam Hbf. **Zeiten:** Mo – Fr 10 – 18 Uhr.

BEELITZ: Stadtinformation Beelitz, Manfred Fließ, Alte Posthalterei, Museum Beelitz, 14547 Beelitz. ✆ 033204/39155, Fax 39194. www.beelitz.de.

Die Spargellieb-haber zieht es besonders am 1. Juniwochenende zum traditionellen **Spargelfest** nach Beelitz.

Schauschälen auf dem Markt: Beelitz ist für seinen guten Spargel bekannt

fliess@beelitz.de. **Bahn/Bus:** Ab Berlin Hbf stündlich RE bis Wannsee, weiter mit Märkischen Regionalbahn MR bis Beelitz-Stadt, www.maerkische-regiobahn.de. **Auto:** A115 oder B101 zur A10, Ausfahrt 4, B2 Richtung Wittenberg/Beelitz. **Rad:** F5 Beelitz – Rieben – Beelitz, Havelland-Radweg. **Infos:** Post: Stadtverwaltung, Berliner Str. 202, 14547 Beelitz.

BAD BELZIG: Tourist-Information Bad Belzig, Marktplatz 1, 14806 Bad Belzig. ✆ 033841/3879910, Fax 3879999. www.bad.belzig.com. info@bad.belzig.com. **Bahn/ Bus:** Ab Berlin Hbf stündlich RE7, fast stündlich RE ab Dessau. **Auto:** A2 Berlin – Hannover Ausfahrt 78 Brandenburg/Belzig, A9 Berlin – Leipzig) Ausfahrt 5 Niemegk/Belzig und jeweils auf B102 bis Bad Belzig. **Rad:** Am Europaradweg R1 Berlin – Dessau, Tour Brandenburg, Radroute Historische Stadtkerne Route 4. **Zeiten:** Mo – Fr 9 – 18, Sa, So und Fei 10 – 15 Uhr.

Der Naturpark Hoher Fläming ist auch am Wochenende ohne Auto erreichbar: **Naturparkbus 592** Bad Belzig – Raben (Naturparkzentrum Hoher Fläming) – Rädigke (Taubenhaus) April – Mitte Dez Sa, So, Fei 10.15 Uhr ab Bhf Bad Belzig, zurück 16.25 Uhr ab Rädigke, 16.30 Uhr ab Raben. Der 7-Sitzer kann nach Voranmeldung auch gegen einen größeren Bus ausgewechselt werden; Omnibus Glaser, ✆ 033848/60255.

RABENSTEIN: Naturparkzentrum, Brennereiweg 45, 14823 Rabenstein-Raben. ✆ 033848/60004, Fax 60360. www.flaeming.net. info@flaeming.net. **Bahn/Bus:** Von ↗ Bad Belzig Bus 591 bis Kiepzig, weiter mit Bus 592. April – Mitte Dez verkehrt Sa, So, Fei auch der Naturparkbus zwischen ↗ Bad Belzig und dem Naturparkzentrum. **Auto:** A9 Berlin – Nürnberg, Ausfahrt 6 Klein Marzehns, L84 Richtung Rabenstein/Wiesenburg. **Rad:** R1,Tour Brandenburg. **Zeiten:** täglich 9 – 17 Uhr.

FVV Niemegker Land e.V., Zur Burg 49, 14823 Rabenstein-Raben. ✆ 0338848/60029, Fax 60999.

www.niemegker-land.de. info@niemegker-land.de.
Bahn/Bus: ↗ Rabenstein. **Zeiten:** täglich 10 – 18
Uhr.

WIESENBURG: **FVV Hoher Fläming e.V.**, Schlossstraße
1b, 14827 Wiesenburg. ✆ 033849/30980, Fax
30980. www.flaeming-burgen.de. fremdenverkehrs-
verein@wiesenburgmark.de. **Bahn/Bus:** Ab Berlin
RE7 über Bad Belzig nach Wiesenburg; Regionalbus-
linien unter www.vgbelzig.de. **Auto:** A2 Berlin – Magdeburg bis Ausfahrt Ziesar, A9 Berlin – Leipzig bis
Ausfahrt Niemegk. **Rad:** ↗ Bad Belzig. **Zeiten:** Mo –
Fr 10 – 17 und Sa, So, Fei 10 – 18 Uhr.

JÜTERBOG: **Stadtinformation Jüterbog**, Mönchenkirch-
platz 4, 14913 Jüterbog. ✆ 03372/463113, Fax
463450. www.jueterbog.de. stadtinformation@jue-
terbog.de. Im Mönchenkloster. **Bahn/Bus:** RE5
stündlich ab Berlin Hbf nach Jüterbog, MR33. **Auto:**
B101, B115. **Rad:** Tour Brandenburg, Historische
Stadtkerne Route 4. **Zeiten:** Di, Mi 10 – 17, Do 10 –
18, Fr 10 – 13 und Sa 10 – 17 Uhr.

NIEDERGÖRSDORF: **Touristinformation Niedergörsdorf**,
Kastanienallee 21, 14913 Niedergörsdorf-Altes Lager. ✆ 033741/80906, Fax 80904. www.nieder-
goersdorf.de. info@ niedergoersdorf.de. **Bahn/Bus:**
Von Berlin Hbf RE5.

LUCKENWALDE: **Tourist- und Stadtinformation Luckenwalde**, Markt 11, 14943 Luckenwalde. ✆ 03371/
672500, Fax -10. www.luckenwalde.de. presse@lu-
ckenwalde.de. **Bahn/Bus:** Ab Hbf Berlin stündlich
RE4, RE5. **Auto:** B101. **Rad:** Tour Brandenburg, Radroute Historische Stadtkerne Route 4, Abstecher
vom Fläming-Skate. **Zeiten:** Di, Mi, Fr 10 – 17, Do
10 – 18 Uhr, Mai – Okt Sa, So 11 – 17, sonst Sa, So
13 – 17 Uhr.

LUDWIGSFELDE: **Stadt- und Touristinformation Ludwigsfelde**, Am Bahnhof 1, 14974 Ludwigsfelde.
✆ 03378/804620, www.ludwigsfelde.de. pressestel-
le@svludwigsfelde.brandenburg.de. **Bahn/Bus:** Von
Berlin RE4, RE5.

GROSSBEEREN: Tourismusbüro Großbeeren, Am Rathaus 2, 14979 Großbeeren. ☎ 033701/328861, Fax 328877. www.grossbeeren.de. tourismusbuero@grossbeeren.de. **Bahn/Bus:** Von Berlin RE25. **Zeiten:** Di 13 – 16, Do 13 – 18, Fr 9 – 12, Sa 10 – 13 Uhr (nur April – Okt).

RANGSDORF: Touristinformation Rangsdorf, Seebadallee 1B, 15834 Rangsdorf. ☎ 033708/379019, Fax 920997. www.rangsdorf.de. info@tourismusrangsdorf.de. **Bahn/Bus:** RE3, RE7 bis Rangsdorf. **Auto:** A10 Abfahrt Rangsdorf. **Zeiten:** Di 13 – 16.30, Do, Fr und Sa 9 – 13 Uhr.

BARUTH/MARK: FVV Baruther Urstromtal e.V., Ernst-Thälmann-Platz 4, 15837 Baruth/Mark. ☎ 033704/972-37, Fax 972-99. www.stadt-baruth-mark.de. info@stadt-baruth-mark.de. **Bahn/Bus:** Von Berlin Hbf RE3 bis Klasdorf oder Baruth; von Klasdorf 3 km Wanderweg nach Glashütte. **Auto:** A113 und A13 bis Ausfahrt Baruth/Glashütte, A113 und B96 bis Abzweig Klasdorf/Glashütte. **Rad:** Fläming-Skate 5 Baruth – Glashütte.

MELLENSEE: Karl-Fiedler-Straße 8, 15838 Am Mellensee-Sperenberg. ☎ 033703/95913, Fax 77039. www.ammellensee.de. info@ammellensee.de. **Bahn/Bus:** Ab ↗ Zossen mit Bus 706, 771.

Potsdam & Havelland

Tourismusverband Havelland e.V., Marco Brückner, Theodor-Fontane-Straße 10, 14641 Nauen-Ribbeck. ☎ 033237/859037, Fax 859040. www.havellandtourismus.de. info@havelland-tourismus.de. Lage: Im Schloss Ribbeck, 10 km westlich von Nauen. **Bahn/Bus:** RE, RB über Spandau, RE4 von Berlin bis Nauen, dann Havelbus 661 oder 669 bis Ribbeck. **Auto:** A10 Ausfahrt 28 Falkensee, L201 nach Brieselang bis Nauen, B5 bis Ribbeck. **Rad:** Havelland-Radweg, Otto-Lilienthal-Radweg.

POTSDAM: Potsdam Tourismus Service, Am Neuen Markt 1, 14467 Potsdam. ☎ 0331/2755820, Fax

2755829. www.potsdamtourismus.de. tourismus-service@ potsdam.de. Kabinetthaus. **Bahn/Bus:** Ab Berlin RB20, RB22, S1.

WERDER: Tourismusbüro Werder (Havel), Kirchstraße 6/7, 14542 Werder (Havel)-Glindow. ✆ 03327/783374, 43110, Fax 783322. www.werder-havel.de. tourismus@werder-havel.de. **Bahn/Bus:** Ab Berlin etwa halbstündlich RE1. **Auto:** Von Berlin Alexanderplatz 53 km B5 und A10, von Potsdam 12 km B1. **Rad:** Europaradweg R1, Havelradweg, Otto-Lilienthal-Radweg. **Zeiten:** April – Sep Mo, Mi, Do – Fr 9 – 16, Di bis 18 Uhr, Sa, So 13 – 17 Uhr, im Winter Mo, Mi, Do 9 – 16, Di 9 – 18 und Fr 9 – 12 Uhr.

CAPUTH: Schwielowsee-Tourismus e.V., Straße der Einheit 3, 14548 Caputh-Schwielowsee. ✆ 033209/70899, Fax 70898. www.schwielowsee-tourismus.de. info@schwielowsee-tourismus.de. **Bahn/Bus:** RB 22 von Hbf Potsdam, April – Okt von Hbf Potsdam auch mit Havelbus 607, in den Sommermonaten verkehren Fahrgastschiffe vom Hafen Potsdam aus. **Zeiten:** April – Okt Mo – Fr 10 – 16 und Sa 10 – 14 Uhr, Nov – März Mo – Fr 11 – 15 Uhr.

FALKENSEE: Tourist-Information Falkensee, Am Gutspark 1, 14612 Falkensee. ✆ 03322/243852, Fax 243852. www.falkensee.net. rathaus@falkensee.net. **Bahn/Bus:** RE2, 5, 6, RB10 bis Falkensee.

BRANDENBURG: Stadtmarketing- und Tourismusgesellschaft Brandenburg/Havel, Neustädtischer Markt 3, 14776 Brandenburg a.d. Havel. ✆ 03381/796360, Fax 7963629. www.stg-brandenburg.de. info@stg-brandenburg.de. **Bahn/Bus:** Von Berlin und Potsdam mit RE1 (halbstündlich) und RB51. **Auto:** Ab Berlin A115 und A10, von A2 Ausfahrt 78 Brandenburg B102 Richtung Belzig und Brandenburg; an der B1, die sich auf alten Handelswegen von West nach Ost quer durch Deutschland zieht. **Rad:** Havelradweg, Tour Brandenburg (Lehnin – Havelberg 152 km), Otto-Lilienthal-Radweg. **Zeiten:** Mai – Sep Mo – Sa 9 – 20, So, Fei 10 – 15; Okt – April Mo – Sa 9 – 20 Uhr.

77 schönste Orte rund um Berlin. Ausflüge zu Schlössern, Seen und Sehenswürdigkeiten. Mit 166 Einkehrtipps. Wolfgang Kling. 304 Seiten, 132 Farbfotos, 9 Übersichtskarten, 12 Seiten Kartenatlas, Verkehrslinienplan, Lesezeichen. ISDN 978-3-89859-314-4, 16 Euro €.

Henningsdorf & Oranienburg

ORANIENBURG: Tourist-Information Oranienburg, Bernauer Straße 52, 16515 Oranienburg. ✆ 03301/704833, Fax 704834. www.tourismus-or.de. info@tourismus-or.de. **Bahn/Bus:** RE5, RB12, RB20, von Berlin S1 bis Oranienburg, S7 bis Lichtenberg und weiter mit PEG (Prignitzer Eisenbahngesellschaft). **Auto:** B96, A10 Richtung Hamburg, Ausfahrt Oranienburg-Zentrum. **Rad:** Seen-Kultur-Radweg, Havelradweg, Löwenberger Landradweg Oranienburg – Lindow, von Bhf Gransee ausgeschildert 30 km. **Zeiten:** Mai – Sep Mo – Fr 9 – 18 Uhr, Sa 10 – 13 Uhr, Okt – April Mo – Fr 9 – 17 Uhr.

LIEBENWALDE: Tourismusinformation FVV Schorfheide/Schnelle Havel, Marktplatz 20, 16559 Liebenwalde. ✆ 033054/80510, Fax 80570. www.liebenwalde. de. tourismus@liebenwalde.de. **Bahn/Bus:** Von ↗ Oranienburg Bus 803 oder 805.

VELTEN: Tourismusinformation Velten, Breite Straße 16, 16727 Velten. ✆ 03304/253861, Fax 253862. www.velten.de. stadtinfo@velten.de. **Bahn/Bus:** Von ↗ Oranienburg Bus 824. **Zeiten:** Mo, Di 12 – 18, Do 10 – 18 Uhr.

HENNIGSDORF: Stadtinformation Hennigsdorf, Rathausplatz 1, 16761 Hennigsdorf. ✆ 03302/87732-0, 272247, Fax 877732-9. www.hennigsdorf.de. stadtinformation@ hennigsdorf.de. **Bahn/ Bus:** Von ↗ Oranienburg und ↗ Potsdam RB20, von Berlin S25, aus Norden RB55. **Auto:** A111 Ausfahrt 2b Stolpe auf L171 bzw. von Süden Ausfahrt 3 Schulzendorfer Straße, Ruppiner Chaussee; A10 Berliner Ring Ausfahrt 30 zur L17, Ausfahrt 31 auf A111. **Rad:** Fernradweg Berlin – Kopenhagen, Seen-Kultur-Radweg, Königswege Bad Wünnenberg – Fürstenberg – Dalheim. **Zeiten:** Mo – Do 9 – 17, Fr 9 – 13 Uhr.

KREMMEN: Tourismusinformation des TV Region Kremmen, Scheunenweg 49, 16765 Kremmen. ✆ 033055/21161, Fax 21160. www.kremmen.de.

tip@kremmen.de. **Bahn/Bus:** RE6, RB55 von ↗ Hennigsdorf, Mo – Fr Bus 756 weiter nach Linum (15 Min), Hakenberg (20 Min), Fehrbellin (30 Min), Neuruppin (45 Min). **Auto:** A10 Ausfahrt 25 Kremmen, B273, links auf L19 Sommerfeld/Kremmen. **Rad:** Rhinluch-Radweg, Seen-Kultur-Radweg. **Zeiten:** März – Dez Mo – Fr 10 – 16, Sa, So 10 – 18 Uhr, Jan, Feb Mo – Fr 10 – 16 Uhr.

Mit Bahn & Bus

VBB-Infocenter, VBB Verkehrsgemeinschaft Berlin-Brandenburg GmbH, Hardenbergplatz 2, 10623 Berlin-Charlottenburg. ✆ 030/25414141, Fax 25414145. www.vbbonline.de. info@vbbonline.de. **Bahn/Bus:** RE1, RE2, RE7, RE14, S3, 5, 7, 9, 75, U2, 9 Zoologischer Garten. **Zeiten:** Mo – Fr 8 – 20, Sa, So 9 – 18 Uhr.

▶ Zur Verkehrsgemeinschaft Berlin-Brandenburg (VBB) haben sich 44 regionale Verkehrsunternehmen zusammengeschlossen. Der VBB-Tarif gilt damit nicht nur für Berlin und das unmittelbare Umland, sondern für Berlin und ganz Brandenburg. Es gibt drei Tarifbereiche:

A: Innenstadt Berlin.

B. erstreckt sich bis zur Stadtgrenze.

C: umfasst einen 15 km breiten Gürtel rund um Berlin.

Zusätzlich haben die kreisfreien Städte Potsdam und Brandenburg auch drei Tarifbereiche (ABC). Fahrausweise können für zwei benachbarte Tarifbereiche (AB, BC), für die drei Tarifbereiche ABC und für ABC plus einen oder zwei Landkreise gelöst werden. Die folgende Übersicht versucht etwas System in das Tarifsystem zu bringen.

Freie Fahrt haben **Kinder** bis zum vollendeten 6. Lebensjahr (auf Fähren bis 3 Kinder), Begleiter von Schwerbehinderten, Rollstühle, Kinderwagen und Gepäck oder Hund. Preise im einzelnen siehe nächste Seite:

ALLGEMEINE VERKEHRS-INFORMA-TIONEN

Fahrradmitnahme ist in der Regional- und S-Bahn sowie auf Fähren ganztägig, in der U-Bahn Mo – Fr 9 – 14 und ab 17.30 Uhr sowie Sa, So ganztägig erlaubt. Bei U- und S-Bahn darf mit dem Fahrrad nicht in den 1. Wagen eingestiegen werden. Für die Mitnahme muss ein Fahrschein zum ermäßigten Tarif (Berlin AB 1,50, Berlin BC 1,70, Berlin ABC 2, VBB Gesamtnetz 2,80 €; Tageskarte: Berlin AB 4,40, Berlin BC 4,60, Berlin ABC 4,80, VBB Gesamtnetz 5 €) gelöst werden. Nur Inhaber der Welcome Card können ein Fahrrad anstelle von Gepäck oder eines Hundes kostenlos mitnehmen.

Kurzstrecke: 1,30 €, ermäßigt 1 €.

Langstrecke: AB 2,10 €, ermäßigt 1,40 €, BC 2,50 €, ermäßigt 1,70 €. Umsteigen in derselben Richtung möglich.

Gesamtstrecke: ABC 2,80 €, ermäßigt 2 €, Umsteigen und Fahrtunterbrechung in derselben Richtung möglich.

Tageskarte: AB 6,10 €, ermäßigt 4,40 €, BC 6,30 €, ermäßigt 4,60 €, ABC 6,50 €, ermäßigt 4,80 €. Gilt nach Entwertung bis 3 Uhr früh des Folgetages.

Gruppentageskarte: AB 15,90 €, BC 15,40 €, ABC 16,10 €. Gilt für bis zu fünf Personen.

Gruppentageskarte für Schüler: AB 2,60 €, ABC 3 €.

Brandenburg-Berlin-Ticket: 26 € (im Internet und Automat), 28 € (am Schalter).

Brandenburg-Berlin-Ticket Nacht: 19 € (im Internet und Automat), 21 € (am Schalter).

7-Tage-Karte: AB 26,20 €, BC 27 €, ABC 30,30 €, ABC plus ein Landkreis 38,70 €, ABC plus 2 Landkreise 47,80 €. Gültigkeit endet nach Entwertung am 7. Kalendertag um 24 Uhr.

Citytourcard 48 Stunden: AB 15,50 €, ABC 17,50 €. Hat nach der Entwertung 48 Stunden Gültigkeit, gilt für einen Erwachsenen und bis zu drei Kinder (6 – 14 Jahre).

Umweltkarte: AB 72 €, BC 73 €, ABC 88,50 €, ABC plus ein Landkreis 117,20 €, ABC plus zwei Landkreise 144,70 € pro Monat, übertragbar, kostenlose Mitnahme eines Erwachsenen und bis zu drei Kindern (6 – 13 Jahre) an Wochentagen nach 20 Uhr und an Sa, So, Fei ganztägig.

Schülerticket/Ausbildungsticket: AB (Berlin) 26 € (Schüler), 16 € (Geschwister), 52 € (Azubis), BC 55 €, ABC 66,50 €, ABC plus ein Landkreis 86,10 €, ABC plus zwei Landkreise 106,50 €. Nicht übertragbar, Berliner Schüler mit Vorlage des Schülerausweises, Brandenburger Schüler unter Vorlage einer Schulbescheinigung. Azubis: Vorlage des Ausbildungsvertrages.

Infos zu Fahrplänen und Tarifen

▶ ... erhaltet ihr entweder beim Verkehrsverbund Berlin-Brandenburg, Hardenbergplatz 2, 10623 Berlin, ✆ 25414141 oder bei den jeweiligen Verkehrsunternehmen:

Berliner Verkehrsbetriebe (BVG), Potsdamer Straße 188, 10783 Berlin, ✆ 19449, Fax 25649256, www.bvg.de.

S-Bahn Berlin GmbH, Invalidenstraße 19, 10115 Berlin, ✆ 29473333, Fax 29473831, www.s-bahn-berlin.de. Bauinfo Tag und Nacht 29712971.

Deutsche Bahn AG, Regionalbereich Berlin/Brandenburg, Babelsberger Straße 18, 14473 Potsdam, ✆ 0331/2356881, -82, Fax -89, www.bahn.de. Zentrale Zug- und Tarifauskunft (kostenlos) 0800/7507090, persönliche Auskunft und Buchung (gebührenpflichtig) 11861.

Verkehrsbetrieb Potsdam GmbH, Fritz-Zubeil-Straße 96, 14482 Potsdam, ✆ 0331/66140, www.swp-potsdam.de.

Havelbus Verkehrsgesellschaft mbH Potsdam, Johannsenstraße 12 – 17, 14482 Potsdam, ✆ 0331/7491300, www.havelbus. de.

Schöneicher-Rüdersdorfer-Straßenbahn-GmbH, Dorfstraße 15, 15566 Schöneiche, ✆ 65486833, Fax 65486844, www.srs-tram.de.

Busverkehr Märkisch Oderland GmbH, Ernst-Thälmann-Straße 71, 15344 Strausberg, ✆ 03341/478310, Fax 478311, www.busmol.de.

Barnimer Busgesellschaft mbH, Poratzstraße 68, 16225 Eberswalde, ✆ 03334/235003, Fax 22204, www.bbg-eberswalde.de

Woltersdorfer Straßenbahn GmbH, Vogelsdorfer Straße 1, 15569 Woltersdorf, ✆ 03362/881230, Fax 881244, www.woltersdorfer-strassenbahn.de.

Dahme-Spreewald GmbH, Geschäftsleitung und Niederlassung Luckau, Nissanstraße 7, 15926 Luckau, ✆ 03544/5001-0, Fax 5001-15, www.rvs-lds.de.

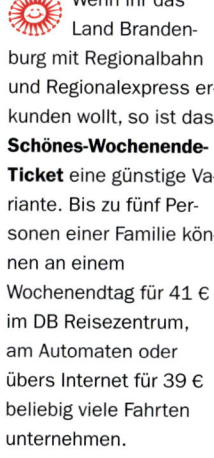 Wenn ihr das Land Brandenburg mit Regionalbahn und Regionalexpress erkunden wollt, so ist das **Schönes-Wochenende-Ticket** eine günstige Variante. Bis zu fünf Personen einer Familie können an einem Wochenendtag für 41 € im DB Reisezentrum, am Automaten oder übers Internet für 39 € beliebig viele Fahrten unternehmen.

Verkehrsgesellschaft Bad Belzig mbH, Brücker Landstraße 22, 14806 Bad Belzig, ✆ 033841/99101, Fax 99100, www.vgbelzig.de.

Verkehrsgesellschaft Teltow-Fläming, Forststraße 16, 14943 Luckenwalde, ✆ 03371/62810, Fax 628123, www.vtf-online.de.

Verkehrsbetriebe Brandenburg GmbH, Upstallstraße 16, 14772 Brandenburg, ✆ 03381/5340, Fax 534101, www.vbbr.de.

Oberhavel Verkehrsgesellschaft mbH, Annahofer Straße 1a, 16767 Germendorf, ✆ 03301/699211, Fax 699222, www.ovg-online.de.

Havelländische Verkehrsgesellschaft mbH, Grünauer Weg 2, 14712 Rathenow, ✆ 03385/53540, Fax 535455, www.hvg-rathenow.de.

Rat und Tat rund ums Rad

Allgemeiner Deutscher Fahrrad-Club (ADFC), Brunnenstraße 28, 10119 Berlin-Mitte. ✆ 030/4484724, Fax 44340520. www.adfc-berlin.de. kontakt@adfc-berlin.de. **Bahn/Bus:** U8 bis Rosentaler Platz oder Bernauer Straße, Tram 8, 50 bis Brunnenstraße/Invalidenstraße. **Zeiten:** Mo – Fr 12 – 20, Sa 10 – 16 Uhr.

▶ Hilfe bei Pannen findet ihr in den **Fahrradläden,** die in der Regel über eine eigene Werkstatt verfügen. Kleinere Reparaturen werden oft sofort ausgeführt oder es wird dazu angeleitet. Bei größeren Problemen müsst ihr das Fahrrad der Werkstatt anvertrauen. Eine Reparatur kann dann in den Sommermonaten auch schon mal zehn Tage dauern.

Hilfe zur Selbsthilfe bieten der ADFC sowie **Freizeitstätten** und **pädagogisch betreute Abenteuerspielplätze,** die über eine Fahrradreparaturwerkstatt verfügen. Hier können Kinder und Jugendliche unter fachmännischer Anleitung lernen, wie ein Schlauch geflickt oder die Lichtanlage repariert wird.

Neue Wege gehen die **Berliner Jugendverkehrsschulen.** Davon gibt es weit über 20 in Berlin. Im Internet sind sie unter www.berlin.de/polizei/verkehr/jugend-verkehrsschulen zu finden. Hier stelle ich euch stellvertretend die Steglitzer Jugendverkehrsschule, Albrechtstraße 42, 12167 Berlin, ✆ 79745130, vor. Auf der 2400 qm großen Anlage können Kinder bis 14 Jahre sicheres Verhalten im Straßenverkehr üben. Fahrräder und Kettcars stehen kostenlos zur Verfügung. Außerdem gibt es eine Fahrradselbsthilfewerkstatt. Aber auch die Erwachsenen sollen im Straßen-

FAHRRAD-CHECK

❑ Sind die Bremsgummis stark abgefahren? Auswechseln! Bremsgummis der Cantilever-Bremse vorn: Felge minimal berühren, hinten: 1 – 2 mm Luft zur Felge.

❑ Lässt sich der Bowdenzug leichtgängig ziehen?

❑ Ist der Draht verletzt?

❑ Oder verlaufen die Schaltzüge geknickt?

❑ Ist die Nabenschaltung genau eingestellt?

❑ Lassen sich alle Gänge problemlos schalten?

❑ Kette: Sind alle Glieder gelenkig (mit Pfeifenputzer oder Zahnbürste säubern) und gut geschmiert?

❑ Bei sandigem Boden Kette besser wachsen, sonst gibt es Schmirgelpaste, die sich überall festsetzt.

❑ Stimmt die Kettenlänge oder hängt sie durch?

❑ Hat das Laufrad einen Seiten- oder Höhenschlag?

❑ Ist noch genügend Profil auf den Reifen?

❑ Zeigen sich schon Risse in der Reifenflanke oder auf der Lauffläche?

❑ Ist die Speichenspannung gleichmäßig? Lasst euch in der Fahrradwerkstatt zeigen, wie Speichen richtig gespannt werden!

❑ Ist das Felgenband ausreichend stark, den Schlauch vor Verletzungen zu schützen?

❑ Funktionieren Front- und Rücklicht?

❑ Sind Speichen-, Pedal-, Rück- und Frontreflektoren (Pflicht) vorhanden?

❑ Sind Lenker und Sattel optimal eingestellt?

(alle Tipps mit herzlichem Dank aus *Outdoor*, ISBN 978-3-89859-506-3, pmv Peter Meyer Verlag)

verkehr nicht aus der Übung kommen und ihr Wissen auffrischen. Angeboten werden Seminare und Technikkurse. Für die ganze Familie werden Radtouren von etwa 25 km Länge veranstaltet.

Fahrradverleih und -läden in Berlin

▶ Die Entscheidung »rent a bike« oder das eigene Fahrrad mitzunehmen, muss jeder für sich selbst treffen. Bei Familien und Gruppen spielt der finanzielle Aspekt sicherlich eine Rolle, zumal man für die Fahrradmitnahme innerhalb des VBB einen Einzelfahrschein oder eine Fahrradtageskarte für 5 € lösen muss. Außerdem ist die Frage zu klären, ob die Räder zum Ausgangspunkt der Tour in öffentlichen Verkehrsmitteln transportiert werden können. Überzeugte Biker verlassen sich nur auf ihr eigenes Rad, dessen Tücken und Macken sie in- und auswendig kennen.

Fahrräder mieten könnt ihr in manchen Fahrradläden, bei Verleihstationen, an Bahnhöfen, bei speziellen Projekten sowie bei ↗ Ferienunterkünften. Wenn ihr eine größere Anzahl Räder mieten wollt, erkundigt euch vorab telefonisch, ob ausreichend Drahtesel vorhanden sind, und fragt nach günstigen Tarifen für Gruppen. Einige Fahrradläden und Verleihstationen vermieten neben Rädern auch Rikschas, Tandems, Anhänger und Zubehör. Viele Verleiher fordern die Vorlage eines gültigen Personalausweises oder Reisepasses und/oder die Hinterlegung einer Kaution.

Pedalpower, Station in Lichtenberg: Pfarrstraße 115, 10317 Berlin, ℰ 030/55153270. Mo – Fr 10 – 18.30, Sa 10 – 13 Uhr. Nähe Nöldnerplatz (S 5, 7, 75). www.pedalpower.de. Station in Kreuzberg: Großbeerenstraße 53, 10965 Berlin, ℰ 030/78991939. Mo – Fr 10 – 18.30, Sa 11 – 14 Uhr. Cityrad und Trekkingrad 10 €/Tag und 50 €/Woche, Kinderrad 7 bzw. 32 €, Kinderanhänger/Trailer 10 € bzw. 42 €, Tandem 25 bzw. 99 €. Kaution 50 €, für

Tandem 150 €. Außerdem Packtaschen, Lastenanhänger, Berliner Lastenrad.

Faltrad-Direktor Christoph Beck, Goethestraße 79, 10623 Berlin. ☎ 030/318060-10, Fax 318060-20. Handy 0173/1982813. www.faltrad-direktor.de. Di, Do und Fr 16.16 – 19.19, Mi 11.11 – 13.13, 16.16 – 19.19 Uhr, Sa 11.11 – 13.13 Uhr sowie jederzeit nach telefonischer Vereinbarung. Spezialist für alles Faltbare: Räder, Dreiräder, Liegeräder, Tandems, Roller, Anhänger. Vermietung und Verkauf, ausführliche Beratung, Werkstatt.

Fahrrad Konzepte am Kurfürstendamm, Jörg Mehlem, Rankestraße 3, 10789 Berlin. ☎ 030/ 88624547, Fax 88625145. www.radkom.de, info@ radkom.de. Mo – Fr 10 – 19, Sa 10 – 16 Uhr. Fahrradvermietung: Modell radkom »allround« (Stahlrad mit 7-Gang-Nabenschaltung) 12 €/Tag, 30 €/3 Tage und 60 €/Woche. Mountainbike 15 €/Tag, 40 € für drei Tage, 65 €/Woche. Außerdem Verkauf sowie geführte Touren für Einzelpersonen und Gruppen.

fahrradstation Berlin: Mo – Fr 10 – 19 Uhr, Sa 10 – 15, einige bis 16 Uhr. Info- und Reservierungshotline ☎ 0180/510800 (12 Cent/Minute). www.fahrradstation.de. info@fahrradstation.de. ☎ 030/28384848. Über 700 Räder verschiedener Modelle, Conferencebike, Berliner Mauer Touren und Touren ins Umland. Verkauf und Verleih von Rädern.

fahrradstation Kreuzberg: Bergmannstraße 9, 10961 Berlin. ☎ 030/2151566.

fahrradstation Auguststraße: Auguststraße 29a, 10119 Berlin (Mitte). ☎ 030/22508070.

fahrradstation Bahnhof Friedrichstraße: Friedrichstraße 95, Eingang Dorotheenstraße 30. 10117 Berlin (Mitte). ☎ 030/28384848.

fahrradstation Leipziger: Trek Pro Shop, Leipziger Straße 56, 10117 Berlin (Mitte). ☎ 030/ 66649180.

fahrradstation Charlottenburg, Goethestraße 46 (an der Wilmersdorfer Straße), 10625 Berlin. ☎ 030/ 93952757.

fahrradstation Prenzlauer Berg, Kollwitzstraße 77, 10435 Berlin, ✆ 030/93958130.

Call a Bike der Deutschen Bahn AG

Berlin-Mitte. ✆ 07000/5225522 (ab 6 Cent/Minute), www.callabike.de. info@callabike.de. **Preise:** 8 Cent/Minute, 15 €/Tag, 60 €/Woche. Rabatt mit BahnCard, JahresCard, VBB-Abo der DB AG oder einem Abo der S-Bahn Berlin sowie bei längerer Verleihdauer.

▶ Damit ihr die silberfarbig lackierten Bahn-Räder nutzen könnt, ist eine einmalige Anmeldung notwendig – direkt am Terminal, auf der Website oder telefonisch unter ✆ 07000/5225522 (ab 6 Cent/Minute). Die Leihräder stehen mittlerweile nicht mehr verteilt in der ganzen Stadt, sondern an (zunächst) 85 Stationen in Berlin Mitte und Friedrichshain. Weitere Bezirke sollen folgen.

Fahr Rad in Barnim & Märkische Schweiz

Fahrrad- & Kajaktouren und -verleih, Maik Gesche, Karl-Marx-Allee 39, 15320 Neuhardenberg. ✆ 03346/854279, Fax 854279. Handy 0162/7229044. www.kajak-gesche.de. info@kajak-gesche.de. **Bahn/Bus:** ↗ Neuhardenberg. **Zeiten:** April – Sep täglich 9 – 12 und 13 – 19 Uhr. Fahrrad mit Gangschaltung, Vollfederung und Alurahmen 5,50 €/halber Tag und 7 €/Tag, Konferenzrad Fun Mobil für 6 Erw und 2 Kinder 2 €/Pers/Stunde. Außerdem geführte Kanu- und Fahrradtouren sowie Kanu- und Kajakverleih.

Fahrradhaus Richter, Wriezener Straße 10, 15344 Strausberg. ✆ 03341/216223, www.fahrradhaus-richter.de. info@fahrradhaus-richter.de. **Bahn/Bus:** ↗ Strausberg. **Zeiten:** Mo – Fr 9 – 18, Sa 9 – 12 Uhr. Im Verleih sind Tourenräder für Damen und Herren, Kinderräder, Rennräder. Außerdem Verkauf, Beratung, Reparatur.

Ristorante Castello Angelo, Wriezener Straße 59, 15377 Buckow. ✆ 033433/57513, Fax 57921.

www.castello-angelo.de. info@castello-angelo.de.
Bahn/Bus: ↗ Buckow. **Zeiten:** täglich 12 – 22 Uhr.
6 €/Rad plus 100 € Pfand.

Landhaus Ihlow, Ihlower Ringstraße 7, 15377 Oberbarnim-Ihlow. ✆ 033437/89944, Fax 89945. Handy
0174/6049529. www.landhaus-ihlow.de. info@land-
haus-ihlow.de. **Zeiten:** täglich 7 – 12 und 14 – 17
Uhr, Voranmeldung notwendig.
10 € pro Rad und Tag. Wander-Radtouren, Kajaktouren.

Kanu- und Fahrradverleih White Wolf, Heinitzstraße 11,
15562 Rüdersdorf. ✆ 033638/80902, Fax 80914.
Handy 0173/3233194. www.white-wolf-outdoor.de.
ingo-kossmann@t-online.de. **Bahn/Bus:** Ab S-Bhf
Friedrichshagen Tram 88 bis Rüdersdorf. **Zeiten:** Sa,
So 9 – 18 Uhr und nach Vereinbarung.
10 Fahrräder sowie Kinderfahrräder. Erw 3 €/
Stunde, 7,50 €/Tag und 20 € für 3 Tage, Kinder
2,50 €, 4,80 € bzw. 10 €. Kaution 20 €, Fahrradhelm und Tasche 2 €. Außerdem Infos und Karten.

Fahr.Rad Kattanek + Escher GbR, Eisenbahnstraße
87, 16225 Eberswalde. ✆ 03334/289850, Fax
289850. Handy 0173/7367891. www.fahrpunkt-
rad.de. **Bahn/Bus:** ↗ Eberswalde.
Tourenräder von Kettler und Diamant, 8 € pro Tag
und Rad. Geführte Touren.

Campingplatz Triangel Tour, Dorfstraße 31, 16248 Niederfinow. ✆ 033362/70437, Fax 70437. Handy
0172/3806858. www.triangeltour.de. info@triangel-
tour.de. **Bahn/Bus:** OE60 bis Niederfinow.
26er- und 28er-Räder, 9 €/Tag und 14 €/2 Tage,
20er- und 24er-Räder, 5 €/Tag und 9 €/2 Tage.
Gruppen ab 10 Pers 10 % Rabatt. Auch geführte
Fahrradtouren im Programm.

Zweiradhof Biesenthal, Grünstraße 26, 16359 Biesenthal. ✆ 03337/40260, **Bahn/Bus:** ↗ Biesenthal.
Zeiten: Mo, Di, Do, Fr 10 – 18, Mi 10 – 15, Sa 9 –
12 Uhr.
Verleih, Verkauf, Beratung, Reparaturen.

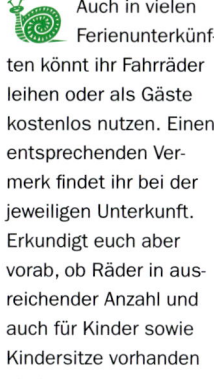
Auch in vielen Ferienunterkünf-
ten könnt ihr Fahrräder leihen oder als Gäste kostenlos nutzen. Einen entsprechenden Ver-merk findet ihr bei der jeweiligen Unterkunft. Erkundigt euch aber vorab, ob Räder in aus-reichender Anzahl und auch für Kinder sowie Kindersitze vorhanden sind.

Fahr Rad in Dahme & Spree

Organisierte Radtouren, Tourismusverband Seenland Oder-Spree e.V., Ulmenstraße 15, 15526 Bad Saarow. ✆ 033631/868100, Fax 868102. www.seenland-os.de. info@seenland-os.de. **Bahn/Bus:** Ab Berlin Stadtbahn RE1 bis Fürstenwalde, dann RB35 bis Bad Saarow. **Zeiten:** Mo – Fr 9 – 17 Uhr.

Der Oder-Spree-Seengebiet Tourismusverband e.V. bietet 6- bis 9-tägige organisierte Radtouren an, zum Beispiel Mehrtagestouren auf dem Oder-Neiße-Radweg (480 km), auf dem Spreeradweg (390 km), auf der Märkischen Schlössertour (180 km), auf dem Theodor-Fontane-Radweg (220 km) oder auf der Oder-Spree-Tour (250 km). Bei allen Tourist-Informationen der Region könnt ihr Radwanderkarten bekommen, kostenlos ist die Broschüre »Radfahren im Seenland Oder-Spree«, die topografische Freizeitkarte Scharmützelsee/Storkower Umgebung im Maßstab 1:25.000 kostet 5 €.

FahrRad Scheffler, Golmer Straße 6b, 15526 Bad Saarow. ✆ 033631/58800, www.fahrrad-scheffler.com. quad_scheffler@yahoo.de. Bahnhofsnähe. **Bahn/Bus:** ↗ Bad Saarow. **Zeiten:** Mo – Fr 9 – 12, 13 – 18 Uhr, Sa 10 – 13 Uhr, in der Saison auch So, Fei 10 – 13 Uhr. **Preise:** 8 €/Tag. **Infos:** Rückgabe der Räder unabhängig der Öffnungszeiten möglich.

Helmpflicht: Rad fahren macht Spaß und ein Helm macht es sicherer

© pmv, Foto: Kirsten Wagner

70 Räder für Damen, Herren und Kinder, Kindersitze, Kinderanhänger zum Mittreten, Tandem, Behindertenfahrrad, Bring- und Abholdienst.

Rike, Reinhard Kelle, Friedrichstraße 60, 15537 Erkner. ✆ 03362/24303, **Bahn/Bus:** ↗ Erkner.
Verkauf von Fahrrädern, Ersatzteilen, Reparatur und Verleih.

Fahrräder & Werkzeuge, Gebrüder Wurster, Schleusenstraße 62, 15569 Woltersdorf. ✆ 03362/58620, Fax 502752. www.gebrueder-wurster.de. info@gebrueder-wurster.de. **Bahn/Bus:** Von Berlin RE5.
Verkauf und Beratung, Service rund ums Rad, Verleih von Tourenrädern, MTB, Kinderrädern und -sitzen.

Auto & Fahrrad Wenzel, Bahnhofstraße 18, 15711 Königs Wusterhausen. ✆ 03375/290724, Fax 290724. **Bahn/Bus:** ↗ Königs Wusterhausen.
Fahrradverleih, Kinderräder, Helme.

Verkauf und Verleih Frosch, Dorfstraße 16, 15711 Königs Wusterhausen-Niederlehme. ✆ 03375/503686, **Bahn/Bus:** ↗ Königs Wusterhausen.
Damenräder, MTB und 24er-Kinderräder, Räder mit Kindersitzen.

Fahrradgeschäft Blum, Bahnhofstraße 83, 15732 Eichwalde. ✆ 030/6755633.
Verkauf und Verleih. Tourenräder mit Dreigangschaltung für 4 € pro Tag. Ab 5 Räder vorherige Anmeldung erforderlich.

Jugendbildungszentrum Blossin e.V., Waldweg 10, 15754 Heidesee-Blossin. ✆ 033767/75140, Fax 75100. www.blossin.de. info@blossin.de. **Bahn/Bus:** ↗ Heidesee.
Kinder- und Jugendräder mit Gangschaltung ab 1,50 €/Std, 7,50 – 8 €/Tag. Außerdem Inliner mit Sicherheitsausrüstung ab 3,30 €/Std, 16 €/Tag.

Ferienpark Scharmützelsee, Ausleihe, Hauptstraße 56, 15864 Wendisch Rietz. ✆ 033679/6060, Fax 60660. Handy 0174/3955943. www.ferienpark-scharmuetzelsee.de. info@ferienpark-scharmuetzel-

see.de. **Bahn/Bus:** ↗ Wendisch Rietz. **Zeiten:** Mai –
Okt täglich 9 – 12 und 13 – 17 Uhr, Juli und Aug bis
18 Uhr oder nach Vereinbarung.
Fahrräder Damen und Herren, Kinderräder ab
6 €/Tag, Kindersitze. Marina. Ferienhäuser.

Fahr Rad in Teltow-Fläming

Arbeitslosenverband Deutschland, Landesverband
Brandenburg e.V., Arbeitslosen-Service, Einrichtung
Bad Belzig, Weitzgrunder Straße 4, 14806 Bad Belzig. ℰ 033841/34532, **Bahn/Bus:** ↗ Bad Belzig.
Zeiten: Mo – Fr 8 – 16 Uhr und nach Vereinbarung.
Neben Fahrradverleih (etwa 30 Räder, mit Ein-
kaufskorb und/oder Kindersitz sowie Kinderräder)
auch Reparatur sowie Organisation von Fahrrad-
erlebnistouren.

Fahrradhaus Ahlert, Berliner Straße 21, 14806 Bad
Belzig. ℰ 033841/38690, Fax 38689. www.fahrrad-
haus-ahlert.de. **Bahn/Bus:** ↗ Bad Belzig. **Zeiten:**
Mo – Fr 9 – 13, 14 – 18 Uhr, Sa 9 – 12 Uhr.
Verleih, Verkauf, Reparatur.

Fahrradverleih im Naturparkzentrum Hoher Fläming,
Brennereiweg 45, 14823 Rabenstein-Raben.
ℰ 033848/60004, Fax 60360. www.flaeming.net.
info@flaeming.net. **Bahn/Bus:** ↗ Rabenstein.
Zeiten: täglich 9 – 17 Uhr.
30 Damen-, Herren-, Kinderräder mit und ohne
Gangschaltung, 5 €/Tag/Rad, ab 3 Tage 4 €, Grup-
penpreis ab 4 Pers 4 €/Tag/Rad. Elektromobile
25 €/Tag, (therapeutische) Tandems 12 €/Tag.
Kindersitze, Luftpumpen, Pannensets, Schlösser,
Karten, Tourentipps, geführte Radtouren.

Fahrrad Zygar, Weinberge 150, 14913 Jüterbog.
ℰ 03372/402711, Fax 407611. **Bahn/Bus:** ↗ Jüter-
bog. **Zeiten:** Mo – Sa 9 – 19 Uhr, So n.Vb.
Räder mit 3 und 7 Gängen sowie MTB, Hol- und
Bringservice. Tandems. Kindertransportanhänger.

Fahrradservice Haase, Holzstraße 7, 14943 Luckenwalde. ℰ 03371/611310, Fax 611310. **Bahn/Bus:**

↗ Luckenwalde. **Zeiten:** Mo – Fr 9 – 18, Sa 9 – 12 Uhr.

Im Angebot sind Räder mit und ohne Gangschaltung sowie MTB und Rennräder.

Zweiräder & Motorgeräte Krause, Kienitzer Straße 99, 15834 Rangsdorf. ✆ 033708/73904, Fax 73905. www.krause-rangsdorf.de. info@krause-rangsdorf.de. **Bahn/Bus:** ↗ Rangsdorf. **Zeiten:** Mo – Fr 9 – 18, Sa 9 – 13 Uhr.

Fahrrad- und Anhängerverleih.

Fahr Rad in Potsdam & Havelland

Fahrradstationen in den Bahnhöfen Potsdam Hauptbahnhof und Griebnitzsee, Rudolf-Breitscheid-Straße 201, 14482 Potsdam. ✆ 0331/7480057, Fax 748819. www.potsdam-per-pedales.de. mail@pedales.de. **Bahn/Bus:** ↗ Potsdam. **Zeiten:** Griebnitzsee April – Oktober täglich 9 – 18.30 und Sa, So 9 – 19 Uhr, außerhalb der Saison Mo – Fr 9 – 18.30 Uhr. Hbf Potsdam April Sa, So, Fei und Mai – Ende Sep täglich 9.30 – 19 Uhr. **Preise:** 26er- und 28er Damen- und Herrenräder mit 3-Gangschaltung und Damenräder mit 7-Gangschaltung 10,50 €, ermäßigt 8,50 €/Tag, 55 €/Woche, ermäßigt 40 €. 28er Trekkingräder mit 21-Gangschaltung 12,50 €, ermäßigt 10,50 €/Tag, 65 €/Woche, ermäßigt 50 €. Tandems 21 €/Tag. 20er und 24er Kinderfahrräder 7,50 €/Tag, Kindersitze 5,50 €/Tag. **Infos:** Ermäßigung bei Teilnahme an einer geführten Tour.

Mehr als 190 Leihräder sowie Zubehör. Tourenvorschläge und geführte Radtouren, Lieferservice für Potsdamer Hotels und Pensionen. Rückgabe der Räder an einer anderen Station möglich. Kartenmaterial gratis, Lunchpakete und Getränke.

Sorat Hotel Brandenburg, Altstädtischer Markt 1, 14770 Brandenburg. ✆ 03381/5970, Fax 597444. **Bahn/Bus:** ↗ Brandenburg. **Zeiten:** täglich geöffnet. Fahrrad 9,50 €/Tag, Picknickkorb mit Decke 15 €/Pers.

Fahrradverleih im Naturschutzzentrum Krugpark, Wilhelmsdorfer Landstraße, 14776 Brandenburg. ✆ 03381/663135, Fax 663356. www.krugpark-brandenburg.de. **Bahn/Bus:** ↗ Brandenburg. **Zeiten:** April – Sep Mo – Fr 8 – 16, Sa, So 10 – 17 Uhr. Fahrräder mit und ohne Gangschaltung sowie Kinderräder ab 3 €/Tag, Kindersitz 2 €/Tag.

Fahrradvermietung Altes Straßenbahndepot, Bauhofstraße 2 – 4, 14776 Brandenburg. ✆ 03381/794649, www.bas-brandenburg.de. tourismus@bas-brandenburg.de. **Bahn/Bus:** ↗ Brandenburg. **Zeiten:** Mai – Okt täglich 8 – 18 Uhr. Fahrrad 1,50 €/Std und 6 €/Tag. Kindersitze und -räder nach vorheriger Absprache. Außerdem Station am Wasserwanderrastplatz. ↗ Bootsverleih, ↗ Slawenschiff Dragomira, ↗ Slawendorf.

Fahr Rad in Hennigsdorf & Oranienburg

Fahrradstation Frohnau, Welfenallee 6, 13465 Berlin-Frohnau. ✆ 030/40501661, **Bahn/Bus:** S1 bis S-Bhf Frohnau, dann 3 Min zu Fuß. Damen-, Herren- und Kinderräder sowie Kindersitze. 7 € pro Rad und Tag. Ab 5 Pers bitte vorher anmelden.

Museumsscheune – Natur- und Tourismusinformation, Scheunenweg 49, 16766 Kremmen. ✆ 033055/71500, Fax 71501. www.kremmen.de. museumsscheune@amt-kremmen.de. **Bahn/Bus:** ↗ Kremmen. **Zeiten:** Di – So 10 – 16 Uhr. Damen-, Herren- und Kinderräderverleih.

Fahrrad Riese, Dammhaststraße 50, 16792 Zehdenick. ✆ 03307/310032, **Bahn/Bus:** ↗ Zehdenick. Räder mit 3-, 5- und 7-Gangschaltung, auf Wunsch mit Kindersitz, Kinderräder, MTB, Rad ab 5 € pro Tag, Rabatte für mehrere Räder und/oder mehrere Tage. Voranmeldung in der Saison empfehlenswert und bei Gruppen ab 10 Pers ganzjährig notwendig.

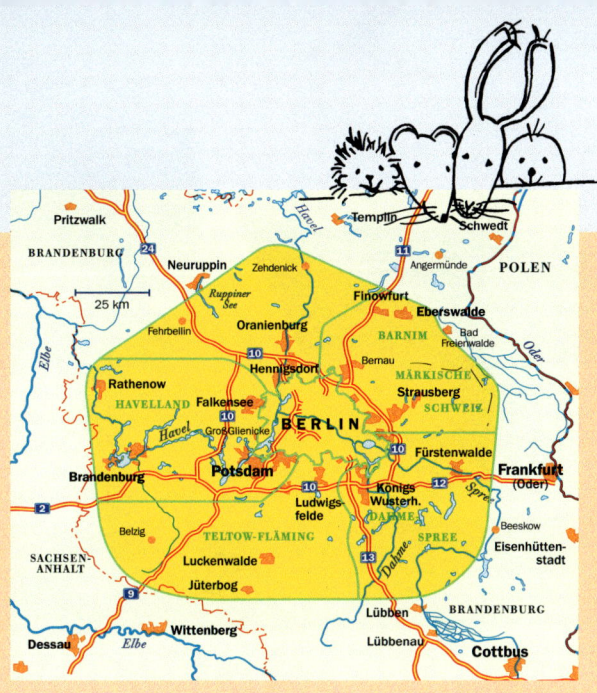

Ferienunterkünfte – ob in Hotels, Pensionen, Privatzimmern, Ferienwohnungen, Ferienhäusern oder auf Bauernhöfen und Campingplätzen – gibt es in Berlin und Brandenburg in großer Zahl und in jeder Preisklasse. Ich habe die Unterkünfte nach folgenden Kriterien ausgewählt:

1. Familien mit Kindern sind wirklich willkommen. Es gibt direkt in der Unterkunft oder in deren unmittelbarer Nähe interessante Freizeitangebote.
2. Gerade Familien mit Kindern bevorzugen preiswerte Unterkünfte. Wichtig sind daher Kinderermäßigung und eventuell Kochmöglichkeiten.
3. Die Unterkünfte sind mit öffentlichen Verkehrsmitteln erreichbar.

Die Anzahl der Ferienunterkünfte variiert von Region zu Region. Die Reihenfolge der aufgeführten Unterkünfte stellt keine Rangordnung dar, sondern ist nach Postleitzahlen sortiert. Bei einigen Adressen findet ihr als Orientierungshilfe in Klammern gesetzt die nächstgrößere Stadt. Die Preise sind entweder für eine Person oder die gesamte Ferienunterkunft pro Übernachtung angegeben.

Familienhotels & -ferienstätten

Ferienpark Scharmützelsee, Strandstraße 10, 15864 Wendisch Rietz. ℘ 033679/6060, Fax 60660. www.ferienpark-scharmuetzelsee.de. info@ferienpark-scharmuetzelsee.de. **Bahn/Bus:** ↗ Wendisch Rietz.

FeWo für 6 Pers, ab 115 €/Tag im Sommer, FeHa über 2 Etagen für 6 Pers ab 125 €, Strom und Wasser nach Verbrauch, Bettwäsche 7,50 €, Handtücher 5 €, Endreinigung ab 35 €. Direkt am Scharmützelsee: Fahrrad- und Bootsverleih, Segeln, Baden, Angeln.

Feriendorf Am Weinberg, Weinbergstraße 32 – 34, 14947 Nuthe-Urstromtal-Dobbrikow. ℘ 033732/40844, 40843, Fax 40960. www.weinbergferien.de.

FAMILIEN-FREUND-LICHE UNTER-KÜNFTE

AFM – für Familienzuschüsse anerkannte Unterkünfte
bf – behindertenfreundlich
DZ – Doppelzimmer
EZ – Einzelzimmer
FH – Ferienhaus
FeWo – Ferienwohnung
HP – Halbpension
JH – Jugendherberge
Kk – kleinkindgerecht
MBZ – Mehrbettzimmer
Ü – Übernachtung
ÜF – Ü mit Frühstück (jeweils pro Person)
VP – Vollpension

Keine Angst vor großen Tieren: Pferdstreicheln

FERIENADRESSEN

info@weinbergferien.de. **Bahn/Bus:** ↗ Nuthetal-Urstromtal. **Zeiten:** ganzjährig.

15 FeHa für 2, 4 bzw. 5 Pers ab 46 €/Tag und Skaterhütten für 4 Pers ab 60 €/Tag. Am See mit Boots- und Fahrradverleih, Lagerfeuerplatz, Fuß- und Volleyballplatz, Tischtennisplatten, separatem Freizeitraum.

☀ **Tipp: Jugendferienwerk des Landessportbundes Brandenburg e.V.,** Schopenhauerstraße 34, 14467 Potsdam. ✆ 0331/964534, Fax 9719834. www.sportjugend-bb.de. jugendferienwerk@lsb-brandenburg.de.

Reiseveranstalter für betreute Kinder- und Jugendreisen, Sport-Camps, Abenteuer-Camps, Kanufahrten, Reiterferien.

Ferien auf dem Bauernhof

▶ Auf einem richtigen Bauernhof mit Tieren und Äckern zu wohnen, ist für viele Kinder ein aufregendes Erlebnis. Mit Tieren spielen, beim Füttern zuschauen oder sogar ein wenig bei der Feldarbeit helfen, bringt zusätzlichen Spaß. Oft gehören zu den Höfen große Wiesen, wo Kinder viel Platz zum Spielen haben. Die Höfe bieten entweder Übernachtungen in Gästezimmern mit Frühstück oder Ferienwohnungen.

BARNIM & MÄRKISCHE SCHWEIZ

Ewaldhof, Familie Ewald, Ruhlsdorfer Straße 14, 15345 Strausberg-Ruhlsdorf. ✆ 03341/22727, Fax 309776. www.ewaldhof.de. info@ewaldhof.de.
Bahn/Bus: S5 bis Strausberg Nord, dann per Rad über Klosterdorf, Hohenstein nach Ruhlsdorf.

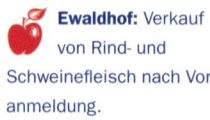

Ewaldhof: Verkauf von Rind- und Schweinefleisch nach Voranmeldung.

3 DZ, 2 Apartments für max 5 Pers, Aufbettungen möglich. ÜF Kinder 20 €, Erw 25 €, HP, VP möglich. Nahe des Naturparks Märkische Schweiz, seit 1992 Mitglied des Bioland-Verbandes, DLG-Gütezeichen. Pferde, Schweine, Kühe, Hühner, Enten, Kaninchen, Katzen und Hunde. Mitarbeit auf

dem Hof möglich. Nach Absprache können Haustiere, außer Hunde, mitgebracht werden. Liegewiese, Tischtennis, Grillplatz, Kinderzimmer, Kutschfahrten, Kinderreiten, Hoffeste. Auch Reiterferien für Ferienkinder und Gruppen.

Sigrid Weißbach, Buckower Weg 4, 15377 Buckow-Seifertsche Mühle. ✆ 033433/57149, **Bahn/Bus:** ↗ Buckow.
2 FeWo für je 4 Pers, 2 Pers 25 €/Tag, jeder weitere Erw 6 € und jedes weitere Kind 3 €, Endreinigung 10 €, 3 € während der Heizperiode. Im Wald. Kaninchen, Enten, Hühner.

Ferienhof Munzinger, Mühlenweg 1, 15377 Märkische Höhe-Reichenberg. ✆ 06232/71886, Fax 71886. Handy 0171/7549624. www.ju-mu.de. kaete.roos@gmx.de. **Bahn/Bus:** S5 und Bus 966.
2 FeHa, 100 bzw. 110 qm für jeweils 6 – 7 Pers, 2 Pers 50 €, jeder weitere Erw 18 €, jedes weitere Kind 12 € inkl. Endreinigung und Bettwäsche. Bäuerliches Anwesen mit Pferden, Straußen und Schafen. Pferde und Haustiere können mitgebracht werden. Sandkasten, Schaukel, Grillplatz, Fahrräder.

Biohof-Ihlow (auch Gärtnerhof), Marion Rothschild, Lars Spangenberg Ihlower Ring 14, 15377 Oberbarnim-Ihlow. ✆ 033 437/89789, www.biohof-ihlow.de. ma-

Bioland Birkscher Geflügelhof, Diedersdorf 59, 15306 Falkenhagen (Mark)-Georgenthal. ✆ 03346/83851, Fax 844281. siegmarbik@web.de. Direkt an der B1. Ganzjährig Mo – Fr 8 – 16.30 Uhr. Eier, Geflügel, Fleisch- und Wurstwaren.

Biohof-Ihlow: Hofladen und Hofcafé März – Okt Sa, So, Fei 10 – 19 Uhr, Nov – Feb So 10 – 17 Uhr.

FERIENADRESSEN

Hofgemeinschaft Apfeltraum, Hauptstraße 43, 15374 Müncheberg. ✆ 033432/89844. www.abokiste-apfeltraum.de. Hofladen Fr 15 – 18 Uhr, Sa 9.30 – 12 Uhr. Biohof, Lieferservice und Hofladen. Gemüse, Getreide, Kartoffeln, Kräuter, Milchprodukte, Rindfleisch, Wurst, Honig. Hofbesichtigung und Mitarbeit nach Voranmeldung.

Märkischer Anglerhof, Oliver Hüber, Motzener Straße 1A, 15741 Bestensee-Pätz. ✆ 033763/63158. www.maerkischer-anglerhof.de. Mo – Mi 9 – 19, Do und Fr 9 – 20, Sa 9 – 16 Uhr.

rion.rothschild@biohof-ihlow.de. **Bahn/Bus:** nächste Bhf Strausberg Stadt, Wriezen und Müncheberg.
Ökohof mit traditioneller Pferdebewirtschaftung – Bioland, Hofladen und Hofcafé (Sa, So 10 – 19 Uhr). Im Café gibt es immer selbst gebackenen Kuchen, Kaffee, Eis, Salate, Suppen und Sattelschweingerichte. Idyllischer Garten am Teich neben dem Gehege der hofeigenen Sattelschweine. Der Biohof hat 2 FeWo im ehemaligen Pferdestall, 50 bzw. 70 qm, für 4 – 6 Pers, 2 Pers 50 – 57 €/Tag, jede weitere Pers 12 €, Kinderermäßigung. Beliebt sind die Kutschfahrten mit den Kaltblutpferden und die Fahrkurse mit diesen Pferden im Gespann. Klavierunterricht für Kinder und Erwachsene erteilt Frau Marion Rothschild. Im Dorf Ihlow könnt ihr einen Holzkünstler, die Brotmanufaktur und mit den Erwachsenen ein erstaunlich gut sortiertes Antiquariat, eine Galerie sowie eine Garten- und Landschaftberatung besuchen.

Landgut Kruge, Anton Zimmer, Tramper Damm 7, 16259 Kruge. ✆ 033451/60437, Fax 60439. www.landgut-kruge.de. landgut-kruge@t-online.de.
4 FeWo in restauriertem Gutsensemble aus dem 17. Jahrhundert. 1 – 2 Pers 42 €, 2 – 5 Pers 54 €/Tag. Babybett bei Bedarf, Grillplatz, Spielplatz, Fahrradverleih. Anbau von Getreide, Gemüse, Kartoffeln, Erdbeeren. Verkauf an Feriengäste (im Winter und Herbst auch Schweinefleisch). Tiere auf dem Hof: Schweine, Hühner, ein Esel, ein Schäferhund und zwei Katzen.

DAHME & SPREE

Bauernhof Grabowski, Dorfstraße 4, 15526 Bad Saarow-Pieskow. ✆ 033631/3340, Fax 648061. Handy 0173/2342287. www.ferienhof-grabowski.de. landurlaub@ferienhof-grabowski.de. **Bahn/Bus:** ↗ Bad Saarow.
FeHa: Terrasse, Grillplatz, Tischtennis, Spielgeräte, Streichelzoo und Nutztiere, Fahrräder und Boot.

Pension Erbhof, Familie Eggert, Thomas-Müntzer-Straße 7, 15749 Brusendorf. ℂ 033764/20354, Fax 20362. www.erbhof-pension.de.

EZ mit Frühstück 32 €, DZ mit Frühstück 46 €, FeWo für 2 – 5 Pers ohne Frühstück 62 €. Tischtennisplatte, Spielplatz sowie Hühner, Katzen, Hund, Bulle und Pferd Stine.

Kinderbauernhof Gussow, Feldweg 2, 15754 Gussow. ℂ 033763/63481, Fax 66484. www.kinderbauernhof-gussow.de. fliegende.kuh@gmx.de.

Ferienlager für Kinder von 8 bis 12 Jahre, 9 Tage ab 185 €. Infos und Buchung über Dubrower Agrargesellschaft mbH, Gussower Straße13, 15741 Gräbendorf, ℂ 033763/63481, Fax 66484.

Pension & Gaststätte Ingrid, Bäuerlicher Familienbetrieb Wienigk, Dorfstraße 37, 15936 Ihlow-Rietdorf. ℂ 035451/501, Fax 501. Handy 0171/14 54 594. www.pension-ingrid-wienigk.de.

Ganzjährig 7 FeWo für je bis zu 5 Pers, 25 €/Pers ab 3. Ü, Kinder bis 7 Jahre 5 €, Endreinigung entfällt. In der Nähe der Dahme, Swimmingpool, Sauna, Spielplatz, See in der Nähe, Besuch des separat gelegenen Bauernhofes.

TELTOW-FLÄMING

Ferienbauernhof Holunder-Hof, Dorfstraße 3, 14806 Bad Belzig-Kuhlowitz. ℂ 033841/31118, Fax 30118. www.holunder-hof-kuhlowitz.de. holunder-hof.kuhlowitz@t-online.de. 4 FeWo für jeweils 4 Pers, ab 60 €/Tag/FeWo, Endreinigung extra.

Hof mit Pferden, Hund, Katzen, Kaninchen und Hühnern. Garten, Grillplatz, Fahrräder, Reiten, Kutschfahrten, Sandkasten und Planschbecken.

Bauernhofpension Klinkenmühle, Klinkenmühle 1, 14947 Nuthe Urstromtal-Gottsdorf. ℂ 033732/40269, Fax 50994. www.klinkenmuehle.de. info@klinkenmuehle.de.

ÜF 28 – 48 €, Kinder bis 3 Jahre frei, bis 7 Jahre 50 %. VP und HP möglich. Kinderbett, Kinderbade-

 Hofgemeinschaft Marienhöhe, Marienhöhe 3, 15526 Bad Saarow. ℂ 033631/2605. www.milch-undkaesestrasse.de. hof-marienhoehe@t-online.de. Di 15 – 18, Fr 10 – 18 Uhr, Sa 9 – 12 Uhr. Marktstand in Berlin: Kreuzberg, Chamissoplatz, Sa 8 – 14 Uhr. Fleisch, Wurst, Obst, Gemüse, Getreide, Milchprodukte, Honig, Brot – alles aus eigener Produktion. Andere Produkte wie Marmeladen und Getränke werden zugekauft.

 **Obst- und Gemüsehof Teltower Rübchen,** Axel Szilleweit, Ruhlsdorfer Straße 74, 14513 Teltow. ℂ 03328/474843. www.teltower-ruebchen.de. Täglich 9 – 19 Uhr. Gemüse, Obst, zuckerfreie Säfte, Blumen, Weihnachtsgestecke. Und natürlich das wohlschmeckende Wurzelgemüse – die berühmten Teltower Rübchen. Hofführung nach Voranmeldung.

FERIENADRESSEN

Gut Schmerwitz, Schmerwitz Nr. 8, 14827 Wiesenburg. ℡ 033849/9080. www.gut-schmerwitz.de. info@gut-schmerwitz.de. Mo – Fr 10 – 17 Uhr, nach Absprache auch Sa. Milchprodukte, Fleisch und Wurst, Eier, Honig, Obst, Gemüse, Kartoffeln, Brot, Säfte.

Biolandhof Kroll, Gerhard Kroll, Kirschallee 60, 14469 Potsdam. ℡ 0331/ 501932. Mai/Juni – Okt nach telefonischer Absprache. Obst, Apfelsaft, Fleisch (Geflügel, Kaninchen).

wanne, Hochstuhl und Spielzeug vorhanden. Hof in Seenähe mit Pferden, Kühen, Katzen. Ökologische Landwirtschaft. Entdeckungstouren im Wald.

Bauerngut Tielicke, Dorfstraße 16, 14974 Ludwigsfelde-Gröben. ℡ 03378/512316, Fax 510641. Handy 0171/6806826. www.bauerngut-thielicke.de. info@bauerngut-thielicke.de.

2 FeWo, je 100 qm, ganzjährig, für max 5 Pers, in einem restaurierten 300 Jahre alten Bauernhaus, 65 – 130 €/Tag.

POTSDAM & HAVELLAND

Pension Derwitzer Hof, Derwitzer Dorfstraße 35, 14542 Werder-Derwitz. ℡ 033207/51404, Fax 30723. Handy 0172/5840061. www.derwitzer-hof.de. Derwitzer-Hof@t-online.de. **Bahn/Bus:** ↗ Werder.

4 DZ, Ü 22,50, ÜF 25 €/Pers, Kinder- und Zustellbetten, Garten, Fahrradverleih. Anbau von Getreide, Kartoffeln, Kirschen und Erdbeeren. Aufzucht von Gänsen und Fasanen.

Käthe-Hof, Bio-Bauernhof, Rathenower Straße 7, 14715 Nennhausen-Gräningen. ℡ 033878/60269, www.bauernhof-kaethe.de. kontakt@bauernhof-kaethe.de.

2 FeWo für je 3 Pers, ab 36 €/Tag. Reichhaltiges Bauernfrühstück 4 €. In der Nähe von Rathenow, Hof mit Kühen, Schweinen, Schafen, Hühnern, Pony, Hund und Katzen, Mitarbeit möglich. Fitnessraum, Terrasse, Spielplatz, Planschbecken, Tischtennis, Fahrradverleih, Kutschfahrten.

HENNIGSDORF & ORANIENBURG

Landpension und Bauernhof, M. & R. Koch, Dorfstraße 55, 16775 Großmutz. ℡ 033084/60737. **Infos:** Bauernhofcafé Fr 15 – 22, Sa, So 10 – 22 Uhr.

Hof mit Kühen, Ponys, Schafen, Schweinen, afrikanischen Zwergziegen, Kaninchen und Hofhund Dicky. 2 FeWo, ÜF ab 16 €/Pers, Kinderermäßigung.

Fahrradverleih, Grillplatz, Tischtennis. Reitmöglichkeit.

Ferienhof Telm, Zum Halbmond 6, 16775 Neulöwenberg. ✆ 033094/50475.

▶ FeWo für 4 Pers, ab 45 €/Tag, Kinder ermäßigt. Kinderbett und Hochstuhl. Terrassen mit Gartenmöbeln. Am Waldrand, Streichelzoo, Spielplatz, Grillplatz, Fahrräder (mit Kindersitz).

Reiterhöfe und Reiterferien

▶ Bei Ferien auf dem Reiterhof können Kinder reiten lernen oder bloß ihr Hobby pflegen. Sie verbringen die Ferien ohne Eltern und leben in der Regel in Vollpension. Die Reitlehrer sollten pädagogisches Geschick und wirklich Zeit für die Kinder haben. Die Gruppen sollten klein, die Pferde frisch sein. Die Kinder sollten vormittags und nachmittags je eine Stunde theoretischen und praktischen Unterricht bekommen. Reiterferien dauern zumeist 1 Woche, manchmal werden Schnuppertage angeboten.

@ Unter www.pferd-aktuell.de informiert die Deutsche Reiterliche Vereinigung e.V./FN über alles rund um Reitsportvereine.

BARNIM & MÄRKISCHE SCHWEIZ

Camargue-Pferde-Hof c/o BB Brandenburger Obst GmbH, Dorfstraße 37, 15345 Altlandsberg-Wesendahl. ✆ 03341/314041, Fax 4987749. www.bb-obst.com. info@bb-obst.com. **Bahn/Bus:** ↗ Altlandsberg.
EZ 25, DZ 42, MBZ 60 €, Aufbettung 8 €/Pers, HP, VP möglich. Wanderritte für Anfänger und Fortgeschrittene, Kurse rund ums Pferd, Reiterferien für Kinder ab 10 Jahre 260 €/Woche, Reiterferien-Wochenende für Kinder ab 8 Jahre 90 €. Tischtennis, Grillplatz, **Bistro Pferdeschenke.** ↗ Einkaufen beim Erzeuger, Randspalte.

Galgenberghof Müncheberg. Landwirtschaftsbetrieb, Eberswalder Straße 158a, 15374 Müncheberg. Handy 0174/3928029. www.galgenberghof.de. galgenberghof@freenet.de. **Bahn/Bus:** ↗ Müncheberg.

🦉 *Camargue-Pferde gehören einer alten Rasse aus dem Süden Frankreichs an. Sie sind starke, max 1,50 m hohe Tiere mit weißem Fell.*

🍎 **Camargue-Pferde-Hof:** Mitte Juni – Juli täglich 9 – 20 Uhr. Selbstpflücken von Erdbeeren und Kirschen sowie Verkauf ab Feld. Sa, So Kuchen und Kaffee, Getränke und Bratwürste in der Laube.

Bioland Birkscher Geflügelhof, Diedersdorf 59, 15306 Falkenhagen (Mark)-Georgenthal. ✆ 03346/83851, Fax 844281. siegmarbik@web.de. Direkt an der B1. Ganzjährig Mo – Fr 8 – 16.30 Uhr. Eier, Geflügel, Fleisch- und Wurstwaren.

Melchhof, Alte Dorfstraße 20, 16230 Melchow. ✆ 03337/3900. www.melchhof.de. info@melchhof.de. Hofladen Fr 14 – 18 Uhr und nach Vereinbarung. Obst, Gemüse, Blumen, Säfte, Rind- und Lammfleisch auf Vorbestellung.

Klassenfahrten, Schnupperwochenenden, Reiterferien 1 Woche mit VP 280 €, DZ 34, EZ 25 €, Familienzimmer (2 Erw und bis zu 3 Kinder) 50 €.

Reiterhof und Gaststätte Helenenau, 16321 Börnicke-Helenenau. ✆ 03338/3313, Fax 759850. www.helenenau.de. info@helenenau.de.

Ü 21 €/Pers. Eine Woche Reiterferien für Kinder Ü mit VP, eine Reit- oder Longenstunde/Tag, Freizeitgestaltung je nach Saison 225 – 275 €. Prüfung zum Kleinen und Großen Hufeisen (Anmeldung jeweils 10 €), Reitstunde 13 €; Kinder 10 €. Großflächige Anlage mit Reithalle, Reitwegen, Springplatz und Dressurplätzen.

Brigitte Berendt, Dorfstraße 22, 16341 Panketal-Schwanebeck. ✆ 030/9495603, Handy 0173/2346860. www.brigittes-reiterhof.de. brigittesreiterhof@gmx.de.

Reiterferien für Kinder inkl. 2 Reitstunden täglich 40 €/Tag. Außerdem Katzen, Hunde, Kaninchen und Ziegen auf dem Hof.

Martin Hinze, Kirchstraße 12, 16348 Wandlitz. ✆ 033-397/21269, Fax 67498. Handy 0172/ 9339895. www.reiterhof-am-wandlitzsee.de. hinze@wandlitz.info. **Bahn/Bus:** ↗ Wandlitz.

FeWo für 4 Pers 45, EZ 15, DZ 30 €, Reiterferien für Kinder ab 210 €/Woche, Klassenfahrten. Direkt am Wandlitzsee: Baden, Grillen, Lagerfeuer, Spielplatz, Ponyreiten, Streichelzoo.

DAHME & SPREE

Kinderbauernhof Erkner, Wiesenweg 5, 15537 Erkner. ✆ 03362/946936, Fax 504168. www.kinderbauernhof-erkner.de. info@kinderbauernhof-erkner.de.

Übernachtung für Klassen und Familien mit Kindern im Heuhotel oder in Ferienunterkünften in unmittelbarer Nähe. Reitkurse in den Frühjahrs-, Sommer- und Herbstferien.

Pferdehof Weiher, Heide Weiher, Rudolf-Mosse-Weg 1, 15711 Schenkendorf. ✆ 03375/901291, Fax

035474/2152. www.pferdehof-weiher.de. info@pfer-
dehof-weiher.de.
Reiterferien für Mädchen 7 – 16 Jahre 25 €/Tag.
Anfänger und Fortgeschrittene. Reithallen, Strei-
cheltiere, Tischtennis, Volley- und Basketball,
Kremserfahrt. Ü mit VP in MBZ für eine Ferienwo-
che je nach Jahreszeit 235 – 255 €. Schnupper-
angebote gibt es für 90 €. Preisnachlass für Geschwister und Freundinnen.

 Auf dem Pferde-
hof Weiher gibt
es Reitunterricht für An-
fänger und Fortgeschrit-
tene jeden Alters, Reit-
stunde (45 Min) ab
14 €, Kutsch- und Krem-
serfahrten.

Eichenhof Reitsport und Gastronomie GmbH Löpten,
Eichenweg 34, 15757 Groß Köris-Löpten. ✆ 033-
766/20444, Fax 21666. www.eichenhof-loepten.de.
eichenhof-loepten@t-online.de. **Bahn/Bus:** ↗ Groß
Köris.
DZ 62 €, Familienzimmer ab 79 €. Kinderermäßigung, Grillplatz und Radverleih, kleiner Streichelzoo. Eine Woche Reiterferien mit VP (2 Reitstunden täglich) 285 €. Reitstunden 1 Std (45 Min)
25 €, geführter Ausritt 20 € pro Std, Kutschfahrt
(bis 8 Pers) 40 € pro Std, Kremserfahrt (bis 24
Pers) 6 € pro Person und Stunde.

Gasthaus und Pension Simke mit Reiterhof, Kirchstraße 5, 15848 Rietz-Neuendorf-Herzberg. ✆ 033677/
5742, Fax 626949.
EZ 35 €, DZ 62 €, Kinderermäßigung, HP, VP möglich. Geeignet für Gruppen, Familien und Radwanderer. Fahrradverleih, Tischtennis, Billard, Kutschfahrten, Reiten. Ländliche Atmosphäre, viele
Tiere.

 In der Nähe der
Pension Simke
liegt das **Gut Hirschaue**
mit über 100 Dam- und
Rothirschen sowie Wild-
schweinen.

TELTOW-FLÄMING:
Pferdehof Peters, Im Winkel 22, 14806 Baitz. ✆ 033
841/33874, Fax 45609. www.reitstall-peters.de.
reitstall-peters@t-online.de.
DZ 30, FeWo 40 € plus 20 € Endreinigung, Aufbettung 5 €, Kinder unter 4 Jahre frei, Frühstück
5 €/Pers. Reiterferien für Kinder (7 – 17 Jahre)
45 €/Tag inkl. Ü mit VP, zweimal Reiten sowie Freizeitprogramm.

Das Glück dieser Erde liegt auf dem Rücken der Pferde: Stimmt's?

Fläminghof Wernicke, Wenddoche 2, 14806 Belzig. ℰ 033846/40040, Fax 40039. **Bahn/Bus:** ↗ Belzig.

Reitstall, Hotel, Restaurant. ÜF im DZ 52 €, Kinder bis 4 Jahre frei, HP, VP möglich. Eine Woche Reiterferien für Kinder (6 Ü im MBZ, VP, zweimal Reiten täglich sowie Freizeitprogramm) ab 275 €. Spielplatz, Fahrradverleih. Reiten und Kremserfahrten.

Reitpension Fläming, Weitzgrund Nr. 11, 14806 Weitzgrund. ℰ 033841/32549.

Mitten im Wald. ÜF im DZ ab 20 €. Reiten, auch an der Longe, Kutsch- und Kremserfahrten.

Pferdehof Nitschke, Hans-Joachim Nitschke, Dorfstraße 13, 14822 Niederwerbig-Jeserig. ℰ 033843/40104, www.pferdehof-nitschke.de. pferdehof-nitschke@t-online.de.

Eine Woche Reiterferien für max 10 Kinder (6 Ü mit VP, 2x Reiten täglich) 240 €. Swimmingpool, Spielplatz und Badeteich im Ort.

Hotel-Gestüt Falkenhof, Zum Reiterhof 1, 14823 Niemegk-Neuendorf. ℰ 033843/6450, Fax 64514. hotel-gestuet-falkenberg@t-online.de.

Insgesamt 52 DZ, Eltern-Kind-Zimmer, ÜF im EZ 57, DZ 80 €. Haustiere erlaubt, Fahrradverleih. Reiten und Kutschfahrten.

POTSDAM & HAVELLAND

Reitstall am Caputher See GmbH, Im Gewerbepark 24, 14548 Schwielowsee-Caputh. ℰ 033209/Handy 0172/7831415, 0173/6492753. www.reitstall-caputh.de. jeanette.gebhardt@freenet.de.

Schnupperstunde 25 €, Reitunterricht in der Gruppe (45 Min) 70 €/Monat.

🍎 **Florahof,** Familie Schüler, Florastraße 12, 14469 Potsdam. ℰ 0331/501695. www.florahof.de. sflorahof@aol.com. Sa 8 – 16 Uhr. Obst, Gemüse aus biologisch-dynamischem Anbau. Rindfleisch. Marktstände in Berlin.

Der Schäferhof, Schlüterstraße 8, 14558 Bergholz-Rehbrücke. ℡ 033200/55891, Fax 55912. www.schae-
ferhof.net.
Sehr schöne Anlage mit Stallgebäuden und zwei
Reithallen. Eine Woche Reiterferien für Kinder ab
4 Jahre ab 298 €, Wochenende 119 €. Besondere
Angebote für Schulklassen und Kindergärten.

Gestüt Neuwaldeck, Stefanie Schoch-Dengs, 14715
Nennhausen-Gräningen. ℡ 033878/6580, Fax
65848. www.neuwaldeck.de. reiten@neuwaldeck.de.
Familienurlaub, Gruppenfahrten und Reiterferien
für Kinder ab 8 Jahre. Freizeitangebote: Beachvol-
ley- und Fußball, Billard, Kegeln, Lagerfeuer, Nacht-
wanderung, Reiten.

HENNIGSDORF & ORANIENBURG

Ponyhof Neuholland, Nassenheider Chaussee 27,
16515 Neuholland. ℡ 033054/61029, Fax 61029.
www.ponyhof-neuholland.de. service@ponyhof-neu-
holland.de.
DZ ab 40 €, FeWo 100 €/Tag. Pauschalangebote.
Gruppenangebot: VP plus 1 Reitstunde 30 €/
Pers./Tag. Reiterferien für Kinder mit VP, Reiten und
Betreuung. Wochenendprogramme für Kinder 7 –
16 Jahre. Auf dem Hof gibt es über 60 Ponys. Jedes Ferienkind erhält für die Zeit des Aufenthaltes
»sein« Pony. Neben den täglichen Ausritten werden
auch Reiterspiele veranstaltet. Ausführliche Infos
zu Landschaft und Geschichte sowie Angebot und
Preisen findet ihr im Internet.

Märkische Quarter Horse Ranch, Pappelweg 8c,
16775 Falkenthal. ℡ 033088/50910, Fax 50911.
www.westernreiten.tv. info@westernreiten.tv.
Trainings- und Ausbildungsstall, Meisterbetrieb für
Pferdezucht und -haltung. Wochenendkurse und
Urlaubsangebote. Reiterferien für Kinder ab 12
Jahre. Eine Woche im Blockhaus ab 98 €/2 Pers,
3. und 4. Pers je 15 €. Reitstunden (45 Min) 29 €,
für Pensionsgäste 17 €.

Obsthof Lehnst,
Goethestraße 12,
14542 Werder-Elisabeth-
höhe. ℡ 03327/40778.
www.lehnst.brandenburg-
halle.com. April – Okt.
Verkostung und Verkauf
von Obstweinen.

**Landwirtschafts-
betrieb Karl-Heinz
Wacker,** Pappelhof 2,
16775 Löwenberger
Land-Grüneberg.
℡ 033094/80781,
Handy 0174/4349783.
Mitglied der Erzeugerge-
meinschaft »Biopark« öko-
logischer Landbau.
Fleisch- und Wurstwaren
vom Rind.

**Bauernhof Scheil –
Landwirtschafts-
betrieb,** Manuela Scheil,
Hauptstraße 72, 16775
Löwenberger Land-Te-
schendorf. ℡ 033094/
51491. bauernhof-
scheil@t-online. Eier,
Honig und Kartoffeln
ganzjährig. Saisonal Frei-
landgemüse, wie Spargel,
Gurken, Tomaten sowie
Kräuter. Hofladen täglich
9 – 19 Uhr (auch Obst-
und Gemüsekonserven).

Jugendherbergen

Geschäftsstelle des Deutschen Jugendherbergs-werkes Berlin-Brandenburg e.V., Schulstraße 9, 14482 Potsdam. ✆ 0331/58130, Fax 5813444. www.djh-berlin-brandenburg.de. info@jugendherberge.de. **Infos:** DJH-Service-Team Kluckstraße 3, 10785 Berlin, ✆ 030/2649520 Fax 030/26495210.

▶ Die meisten Jugendherbergen und Jugendgäste-häuser sind in Trägerschaft des Landesverbandes des Deutschen Jugendherbergswerkes. Um in JH übernachten zu können, braucht man eine gültige Mitgliedskarte, die man vor Ort erwerben kann. Sie kostet für »Junioren« bis 26 Jahre 12,50 € im Jahr. Ab 27 Jahre gibt es die »27+«- oder Familienkarte für 21 €. Eine Familienkarte berechtigt Eltern, eigene und befreundete Kinder mitzubringen, diese brauchen keinen eigenen Ausweis.

Familien mit min einem minderjährigen Kind zahlen nur den Juniorpreis, Kinder bis 3 Jahre sind frei, bis 6 Jahre oft ermäßigt.

In JH können in Deutschland mit Ausnahme von Bayern auch Senioren, also auch ältere Familienmitglieder (sogar Opa und Oma) übernachten.

BERLIN

Jugendherberge Berlin International, Kluckstraße 3, 10785 Berlin. ✆ 030/747687910, Fax -11. www.jgh-berlin.de. info@jgh-berlin.de. **Preise:** bis 26 Jahre 23, ab 27 Jahre 27 €, Familienkinder 3 – 5 Jahre 11,50 €, Familienkinder ab 6 Jahre 23 €.

JH Berlin-Ernst- Reuter, Hermsdorfer Damm 48 – 50, 13467 Berlin-Hermsdorf. ✆ 030/4041610, Fax 4045972. www.jh-ernst-reuter.de. jh-ernst-reuter@jugendherberge.de. **Bahn/Bus:** U6 bis Alt-Tegel, weiter Bus 125 bis Jugendherberge. **Auto:** A111 bis Hermsdorfer Damm, dann der Beschilderung nach Hermsdorf folgen. Nach ca. 1,5 km ist die Jugendherberge rechter Hand. **Zeiten:** Büro durchgehend geöffnet. **Preise:** Ü/F ab 18 €, Ü/HP ab 22,50 €, Ü/VP ab 26,50 €, Bettwäsche im Preis enthalten, Mehrpreis für Gäste ab 27+ pro Ü 4 €, Mittag-Abendessen, Lunchpaket 6 €.

JH Münchehofe, Straße der Jugend 2, 15374 Müncheberg OT Münchehofe. ✆ 033433/8734, Fax 73154.
www.muenchehof.djh-berlin-brandenburg.de. jh-mu-
enchehofe@jugendherberge.de. **Preise:** ÜF ab 16 €,
Ü HP ab 20,50 €, Ü VP ab 22,50 €.

JH Buckow, Berliner Straße 36, 15377 Buckow.
✆ 033433/286, Fax 56274. www.djh-berlin-branden-
burg.de. jh-buckow@jugendherberge.de. **Bahn/Bus:**
↗ Buckow. **Preise:** ÜF ab 16 €, Ü HP ab 20,50 €,
Ü VP ab 22,50 €.

JH Wandlitz, Prenzlauer Chaussee 146, 16348 Wandlitz. ✆ 033397/22109, Fax 62735. www.djh-berlin-
brandenburg.de. jh-wandlitz@jugendherberge.de.
Bahn/Bus: ↗ Wandlitz. **Preise:** ÜF ab 20 €, Ü HP
24,50 €, Ü VP ab 26,10 €.

JH Liepnitzsee, Wandlitzer Straße 6, 16359 Wandlitz-
Lanke-Ützdorf. ✆ 033397/21659, Fax 62750.
www.djh-berlin-brandenburg.de. jh-liepnitzsee@ju-
gendherberge.de. **Preise:** ÜF ab 16 €, Ü HP ab
20,50 €, Ü VP ab 22,50 €.

Dahme & Spree

JH Bad Saarow, Dorfstraße 20, 15526 Bad Saarow.
✆ 033631/2664, Fax 59023. www.djh-berlin-bran-
denburg.de. jh-bad-saarow@jugendherberge.de.
Bahn/Bus: ↗ Bad Saarow. **Preise:** ÜF ab 16 €, Ü HP
ab 20,50 €, Ü VP ab 22,50 €.

JH Köriser See, Am Klein-Köriser-See 5, 15746 Groß
Köris-Klein Köris. ✆ 033766/62730, Fax 62734.
www.djh-berlin-brandenburg.de. jh-koeriser-see@
jugendherberge.de. **Bahn/Bus:** Mit dem Bus von Königs Wusterhausen (Ringverkehr KW – Pätz – Eggs-
dorf – Bestensee – KW) bis zur Haltestelle Klein Kö-
ris/Schmiede. Von dort 200 m zu Fuß. **Auto:** A13,
Ausfahrt Groß Köris. **Preise:** ÜF ab 15 €, Ü HP ab
19,50 €, Ü VP ab 24 €.

JH Köthener See, Dorfstraße 20, 15748 Märkisch
Buchholz-Köthen. ✆ 033765/80555, Fax 84870.

 **Ökodorf Brodowin
GmbH & Co. Ver-
triebs KG,** Heike Wähner,
Dorfstraße 89, 16230
Chorin-Brodowin.
✆ 033362/246, Fax
71193. www.brodo-
win.de. verwaltung@bro-
dowin.de. April – Okt Mo –
Sa 9 – 18 Uhr, So 10 – 18
Uhr, Nov – März Di – Fr
10 – 18, Sa – Mo 10 –
16, sowie Online-Shop. In
den Sommerferien finden
Sa um 10.30 Uhr einstün-
dige Betriebsführungen
statt, sonst nach Voran-
meldung, Susanne Poinke
unter betriebsfuehrung@
brodowin.de. Gemüse,
Obst, Milchprodukte aus
hofeigener Meierei, Brot,
Fleisch, Eier, Müsli, Honig,
Säfte. Außerdem Gemü-
se-Kisten im Abo.

www.djh-berlin-brandenburg.de. jh-koethener-see@jugendherberge.de. **Preise:** ÜF ab 16 €, Ü HP ab 20,50 €, Ü VP ab 22,50 €.

TELTOW-FLÄMING

Herberge Burg Rabenstein, 14823 Raben. ✆ 033-848/60221, Fax 60230. www.burgrabenstein.de. herberge@burgrabenstein.de. **Preise:** ÜF 20 € ohne Bettwäsche, Bettwäsche 5 €, Burgführung 3 €; Kinder bis 12 Jahre ÜF 14 €, VP 20 €, Jugendliche bis 16 Jahre ÜF 15 €, VP 21 €, Jugendliche bis 18 Jahre ÜF 16 €, VP 22 €. **Infos:** ↗ Burg Rabenstein.

POTSDAM & HAVELLAND

Werder-Frucht Schlemmergarten, Plötziner Straße 31, 14542 Werder-Glindow. ✆ 03327/468214, Fax 468261. Obst, Gemüse, Säfte, Weine.

JH Potsdam – Haus der Jugend, Schulstraße 9, 14482 Potsdam. ✆ 0331/5813100. www.djh-berlin-brandenburg.de. jh-potsdam@jugendherberge.de. **Preise:** ÜF ab 23 €, Ü HP ab 29,50 €, Ü VP ab 34 €.

JH Milow, Friedensstraße 21, 14715 Milow. ✆ 03386/280361, Fax 280369. www.djh-berlin-brandenburg.de. jh-milow@jugendherberge.de. **Preise:** ÜF ab 16 €, Ü HP ab 20,50 €, Ü VP ab 22,50 €.

HENNIGSDORF & ORANIENBURG

Jh Sachsenhausen, Internationale Jugendbegegnungsstätte, Bernauer Straße 162, 16515 Oranienburg. ✆ 03301/203396, Fax 203732. www.jh-sachsenhausen.de. jh-sachsenhausen@jugendherberge.de. **Bahn/Bus:** ↗ Oranienburg. **Preise:** Übernachtung ab 20 €, Selbstversorgung möglich, HP 25 €, VP 27 €. **Infos:** Nur für Gruppen.

Jugend- und Gruppenunterkünfte

Tourismus Marketing Brandenburg GmbH, 14467 Potsdam. ✆ 0331/2004747, www.jugendreisen-brandenburg.de. tmb@reiseland-brandenburg.de.

▶ Gruppenunterkünfte und eine ausführliche Beschreibung mancher hier aufgeführten Unterkünfte enthält die Broschüre »Kinder- und Jugendreisen im Land Brandenburg«, herausgegeben vom Ministerium für Bildung, Jugend und Sport des Landes Brandenburg (✆ 0331/8660) und der TMB Tourismus Marketing Brandenburg GmbH.

Berlin

Welcome berlin tours GmbH, Neue Bahnhofstraße 9 – 10, 10245 Berlin. ✆ 030/443393-0, Fax -36. www.superklassenfahrten.de. berlin@welcometours.com. Klassen- und Gruppenfahrten nach Berlin und Brandenburg.

berliner klub Tourist GmbH, Niederbarnimstraße 23, 10247 Berlin. ✆ 030/2911524, Fax 2915507. www.jungesreisen.de. info@jungesreisen.de. **Zeiten:** Mo – Fr 10 – 18 Uhr. Kinder- und Jugendreisen, Klassenfahrten und Freizeitreisen.

Nordlicht Tour & Kanu GmbH, Stargarder Straße 58, 10437 Berlin. ✆ 030/69401306, Fax 69401308. www.nordlicht-kanu.de. info@nordlicht-kanu.de. Klassen- und Jugendgruppenfahrten mit dem Kanu in Brandenburg und auf der Mecklenburgischen Seenplatte, Übernachtung im Zelt- oder Hütten-Camp.

Jugendgästehaus Lehrter Straße, Lehrter Straße 68, 10557 Berlin-Tiergarten. ✆ 030/398350-0, Fax 398350-222. www.jgh-hauptbahnhof. **Preise:** ÜF Erw ab 25,50 €, Kinder im Zimmer der Eltern frei, F Erw 6,50 €, F Kinder 4,50 €. Christliche Jugendherberge nahe Hauptbahnhof.

Jugendhotel Vier Jahreszeiten, Bundesallee 31a, 10717 Berlin-Wilmersdorf. ✆ 030/8732014, Fax 8738223. www.vierjahreszeiten-berlin.de. **Preise:** ÜF ab 17 €/Pers, HP möglich.

Jugendgästehaus des CVJM Berlin, Einemstraße 10, 10787 Berlin-Schöneberg. ✆ 030/26491088, Fax 26491090. www.cvjm-hotel.de. info@cvjm-jugend-gaestehaus.de. **Preise:** EZ ab 35,90 €, DZ 55,80 €.

Landesverband der Schullandheime Brandenburg e.V., Weg zum Hölzernen See 1, Heidesee-Gräbendorf. ✆ 033758/63239. www.brandenburg.schullandheim.de. Auskunft über Schullandheime.

 Lebenshilfe für geistig Behinderte Oberhavel Nord e.V., Havelwerkstatt, Darrgang 2a, 16792 Zehdenick. ✆ 03307/4701-0, Fax 4701-15. www.lebenshilfe-oberhavel-nord-ev.de. lebenshilfe-oberhavel-nord_ev@t-online.de. Mo – Do 8 – 15, Fr 8 – 14 Uhr, im Mai auch Sa 8 – 12 Uhr. Verkauf aus Eigenprodukten: Gemüse aus ökologischem Anbau, Blumenpflanzen.

Jugendhotel Berlincity, Crellestraße 22, 10827 Berlin-Schöneberg. ✆ 030/78702130, Fax 78702132. www.jugendhotel-berlin.de. **Preise:** EZ 38 – 52 €, DZ 60 – 77 €.

Jugendgästehaus der Deutschen Schreber-Jugend, Franz-Künstler-Straße 10, 10969 Berlin-Kreuzberg. ✆ 030/6151007, Fax 61401150. **Preise:** ÜF 26 €, Kinder 4 – 11 Jahre 11,50 €.

Jugendgästehaus Lichterfelde, Osdorfer Straße 121, 12207 Berlin-Steglitz. ✆ 030/71391734, Fax -51. www.ju-li.de. **Preise:** EZ ab 24, DZ ab 34 €.

Jugendhotel Berlin der Sportjugend Berlin, Kaiserdamm 3, 14057 Berlin-Charlottenburg. ✆ 030/3221011, Fax 3221012. **Preise:** ÜF EZ ab 32,30, DZ ab 29,10, 3er-Zimmer ab 23,90 €.

Jugendgästehaus St.-Michaels-Heim, Bismarckallee 23, 14193 Berlin-Wilmersdorf. ✆ 030/89688-160, Fax 89688185. **Preise:** EZ 18 – 21 €, MBZ 25 €/Pers.

BARNIM & MÄRKISCHE SCHWEIZ

Drei Eichen – Besucherzentrum für Natur- und Umwelterziehung, Königstraße 62, 15377 Buckow. ✆ 033 433/201, Fax 6815. www.dreichen.de. info@dreichen.de. **Bahn/Bus:** ↗ Buckow. **Preise:** Ü in Haupthaus oder Tipidorf 16 €/Pers, HP 26,50 €/Pers. Ü im eigenen Zelt 8,50 €.

Im Wald, ca. 3 km Entfernung vom Ort entfernt, Gepäckabholung vom Bahnhof möglich. Ökologische Lebensweise, Solarenergie. Außerdem Zeltplatz mit 10 Stellplätzen.

Gästehäuser, Dahmsdorfer Straße 47, 15377 Waldsieversdorf. ✆ 033433/57590, Fax 57877. www.gh-waldsieversdorf.de. info@gh-waldsieversdorf.de. **Bahn/Bus:** ↗ Waldsieversdorf. **Auto:** B1/B5, dann B168. **Preise:** Je ÜVP Erw ab 28 €, Ki 6 – 13 Jahre 22 €, Kinder 3 – 6 Jahre 20 €.

Geeignet für Kinder jeder Altersgruppe, Jugendliche und Familien. Ein Betreuer für Gruppen ab 25

Pers frei. Am Großen Däbersee, Grillplatz, Tischtennis, Spielplatz, Spielzimmer mit Spielsachen, Räumlichkeiten für Veranstaltungen.

Europäische Jugenderholungs- und Begegnungsstätte, Joachimsthaler Straße 20, 16247 Joachimsthal. ✆ 033363/6296, Fax 6271. www.ejb-werbellinsee. de. contact@ejb-werbellinsee.de. **Bahn/Bus:** Ab Eberswalde Bus 915 oder ab Joachimsthal Bus 911 (nur an Schultagen). **Auto:** A11 Ausfahrt 11 Werbellin Richtung Altenhof. An der Landstraße zwischen Altenhof und Joachimsthal. **Preise:** Ü mit VP im MBZ ab 24 €/Pers.

1100 Betten in 5 Gästehäusern, 7 Jugendherbergshäusern und 6 Sommerhäusern. Freizeithaus für Spiel, Spaß und Kreativität, PC- und Internetclub, Disco, Kino, Videothek, Seecamp mit Grill-, Lagerfeuerplatz, Kaminraum, Natursauna, Beachvolley-, Fuß- und Basketballplätze, Tischtennis, Badestrand mit Abenteuerspielplatz, Boots- und Radverleih und vieles mehr.

Jugendbildungsstätte Kurt Löwenstein, Freienwalder Chaussee 8 – 10, 16356 Hirschfelde-Werftpfuhl. ✆ 033398/899911, Fax 899913. www.kurt-loewenstein.de. info@kurt-loewenstein.de. **Bahn/Bus:** Ab Berlin-Lichtenberg OE25 bis Werneuchen (40 Min), von dort Busverbindung nach Werftpfuhl. **Preise:** ÜF im DZ 26 €/Pers, im MBZ 16 €/Pers. HP-Zuschlag von 4 – 5 €, VP möglich; Sondertarife für Gruppen.

Geeignet für Kindergruppen ab 6 Jahre, Jugendliche, Familien sowie Tagungen und Seminare. Spielplatz, Bolzplatz, Kletterwand, Disco, Grillplatz, Veranstaltungs- und Seminarräume, Internet.

DAHME & SPREE

Heimbildungsstätte der Caritas Bad Saarow, Karl-Marx-Damm 59, 15526 Bad Saarow. ✆ 033631/499811, Fax 499828. www.heimbildungsstaette.de. info@heimbildungsstaette.de. **Bahn/Bus:** ↗ Bad Saarow.

Obstbau Zaspel, Helenenauer Weg 2, 16356 Ahrensfelde-Blumberg-Elisenau. ✆ 03338/750667, www.Obstbau-Zaspel.de. apfel-zaspel@t-online.de. Täglich Juni – Okt 9 – 19 Uhr. Obst, Gemüse, Kartoffeln, Honig, Eier, Spargel.

Seminare, Projekte und Veranstaltungen für Gruppen und Einzelpersonen. Ü für 100 Pers in EZ, DZ. HP, VP möglich. Sauna, Spielplatz, Bootsverleih, Basketball, Billard, Tischtennis.

KIEZ Frauensee, Weg zum Frauensee 1, 15741 Heidesee-Gräbendorf. ℰ 033758/98910, Fax 98920. www.frauensee.de. info@frauensee.de. **Bahn/Bus:** ↗ Heidesee.

Familien: Ü mit VP im Gästehaus, Bettenhaus oder Bungalow 17 – 20 €/Pers. Kinder bis 2 Jahre Verpflegung frei, Kinder 2 – 6 Jahre 3 € weniger. Zirkusferien oder Abenteuerferien ab 143 €/Woche. Kitas: 3-Tagesreise ab 31,50 €. Klassenfahrt: 5 Tage ab 68 €. Badestrände, Tischtennis, Volleyball, Fußball, Rad- und Bootsverleih, Disco, Kindertierpark, Ponyreiten.

Jugendbildungszentrum Blossin e.V., Waldweg 10, 15754 Heidesee-Blossin. ℰ 033767/750, Fax 75100. www.blossin.de. info@blossin.de. **Bahn/Bus:** ↗ Heidesee.

ÜF in FeWo, ZBZ, DBZ und im Jugenddorf, 10 – 25 €/Pers. HP, VP möglich. Ermäßigung für Kinder und Gruppen. Tischtennis, Boots- und Fahrradverleih, Sauna, Grillplatz, Wassergrundstück, Angeln, Inline-Skating, Snake-Board, Streetballanlagen, Beachvolleyball, Hobbyräume, Fitness- und Gymnastikräume, Disco und Jugendtreff.

KIEZ Hölzerner See, Weg zum Hölzernen See 1, 15754 Heidesee-Gräbendorf. ℰ 033763/63239, 20524, Fax 63258. www.hoelzerner-see.de. info@hoelzerner-see.de. **Bahn/Bus:** ↗ Heidesee.

Ü mit VP je nach Unterkunft und Saison 19 – 24,50 €. 3-Tagesreisen für Kitagruppen ab 49 €, Klassenfahrt (5 Tage) ab 95 €, Ferienlager für Kinder von 6 – 14 Jahre. Badestrand, Spiel-, Volleyball-, Sportplatz, Tischtennishalle, Hobbybude.

Feriensiedlung Neuendorf und Reiterhof, Dorfstraße 6, 15755 Teupitz/Neuendorf. ℰ 033766/42177, Fax 42176. www.fs-ndorf.de. fsndorf@aol.com. **Bahn/**

Bus: Ab Königs Wusterhausen Bus 726 bis direkt vor die Tür. **Auto:** ↗ Teupitz.

Geeignet für Klassen (100 €/Woche), Gruppen und Familien, Reiterferien für Kinder ab 8 für 240 €/Woche. FeWo (46 €) und Blockhütten (62 €). Baden im Swimmingpool oder im Teupitzer See, Tischtennis, Radverleih (7,50 €/Tag), Streichelzoo, Ponyreiten, Reitunterricht (18 €/Stunde) und Kremserfahrten (70 €/Stunde).

Evangelische Jugendbildungs- und -begegnungsstätte Hirschluch, 15859 Storkow. ✆ 033678/69511, Fax 69599. www.hirschluch.de. hirschluch@jusev.de. Insgesamt 176 Betten in Gästehäusern, Ü mit VP im DZ oder MBZ ab 12,20 €. Außerdem gibt es 10 EZ und 1 Selbstversorgungshaus. Spielplatz, Grillplatz, Tischtennis, Sportgeräte, Seminarräume.

TELTOW-FLÄMING

Ferienpark Hohenspringe, Jürgen Krüger, Hohenspringe 10, 14806 Bad Belzig-Werbig. ✆ 033847/90811, Fax 90279. www.ffp-hohenspringe.de. ffp-hohenspringe@t-online.de. **Bahn/Bus:** Nächster Bahnhof in Bad Belzig, 15 km. **Auto:** A9 Abfahrt Niemegk über Bad Belzig.

Bungalowsiedlung auf einem 8 ha großen Waldstück mit hauseigenem Freibad und Café. Unterkunft und Versorgung für bis zu 100 Gäste, Fahrrad- und Sportgeräteverleih, Camping und Gruppenprogramme. Familienbungalows für 2 – 4 Personen ab 42 €/Tag, Unterkünfte für Kinder- und Jugendgruppen ab 13 €/Ü, Übernachtung mit Vollpension ab 23,50 € sowie Zelten/Camping ab 11,50 €/Ü.

Tagungshaus Baitz – Kinderherberge e.V., Baitzer Bahnhofstraße 1, 14822 Brück, OT Baitz. ✆ 033-841/33899, Fax 33900. www.tagungshaus-baitz.de. Ü mit VP 18 – 22 €/Pers. Sauna, Spielwiese, Bach, Fuß- und Volleyball, Tischtennis, Lagerfeuer, Streichelzoo, Reiten und Traktorfahren.

Hunger & Durst

Restaurant in der Feriensiedlung Neuendorf, Dorfstraße 6, Teupitz-Neuendorf. ✆ 033766/42177. www.fs-n-dorf.de. Täglich ab 12 Uhr. Zwergenkarte. Rundum Freizeitmöglichkeiten: Kinderpool, Spielplatz, Fahrrad- und Spieleverleih u.a.

Herberge Haus Hoher Golm, Liessener Dorfstraße 15b, 14913 Liessen. ✆ 033745/50310, Fax 70922. Handy 0179/3144646. www.haus-hoher-golm.de. info@haus-hoher-golm.de.

Geeignet für Kinder bis 12 Jahre und Familien. 30 Betten in DZ und MBZ. ÜF 13,50 – 14,50 €/Pers, Kinderermäßigung und Gruppenangebote, HP 4 € Aufschlag, VP möglich. Am ⬈ Flaeming-Skate gelegen, Fahrradverleih, Liegewiese, Grillplatz, Kräutergarten, Bibliothek, Veranstaltungsraum. Für Kindergruppen kann der Aufenthalt unter einem thematischen Schwerpunkt, wie »Das Leben im Mittelalter«, stehen.

Freizeit & Erholung Haus am Wurzelberg, Unter den Eichen 16, 15383 Zesch am See. ✆ 033704/65442, Fax 65442. www.haus-am-wurzelberg.de. info@haus-am-wurzelberg.de.

Insgesamt 80 Betten (DZ, MBZ) im Haus und in Bungalows. ÜVP in der Gruppe Erw 28 €, Jugendliche 14 – 17 Jahre 22 €, Kinder 7 – 13 Jahre 20 €, Kinder 3 – 6 Jahre 18 €. Sportplatz, Sportgeräte, Tischtennis, Grillplatz, Disco, Seminarraum, Badestelle in unmittelbarer Nähe.

Familien- und Freizeithotel Gutshaus Petkus, Merzdorfer Straße 36, 15837 Baruth/Mark-Petkus. ✆ 033745/70870, Fax 70871. www.skatehotel.de. mail@ skatehotel.de. Direkt an der Flaeming-Skate. **Bahn/ Bus:** Von Berlin Hbf RE3. **Auto:** B115 zwischen Baruth/Mark und Jüterbog.

ÜF 24,50 – 39 €. Kinder bis 6 Jahre frei und bis einschließlich 17 Jahre 19 €, Familien (2 Erw, 4 Kinder) 85 €. HP, VP möglich. Spezielle Angebote für Gruppen und Klassen. Direkt am ⬈ Flaeming Skate mit Skate- und Fahrradverleih, Grillplatz, Beachvolleyball, Sportplatz und -halle, Kegelbahn, Dart, Tischtennis, Spielesammlung, Kreativangebote, großes Kinderspielzimmer.

Kinder-, Jugend- und Familienhotel Alte Schule, Hüttenweg 12, 15837 Glashütte. Museumsdorf,

✆ & Fax 033704/ 65442. www.kiju-reisen.de. post@kiju-reisen.de.

MBZ in einer umgebauten Schule aus dem 19. Jahrhundert und in einem neu gebauten Haus. 2 Ü VP 81 €, 4 Ü VP 138 € jeweils mit Bettwäsche und Nutzung von Spiel- und Sportmöglichkeiten. Mitten im Museumsdorf Glashütte, Freibad, Sportplatz, Tischtennis, Grillplatz, Disco.

POTSDAM & HAVELLAND

Inselparadies Petzow, Grelle 12 – 15, 14542 Werder-Petzow. ✆ 03327/42742, Fax 42742. www.insel-paradies-petzow.de. auskunft@inselparadies.de. **Bahn/Bus:** ↗ Werder.
Geeignet für Gruppen (Kinder ab 6 Jahre und Jugendliche). 450 Betten in DZ und MBZ, Ferienlager 1 Woche 179 €. Radverleih, Badestrand, Bootsverleih, Spielplatz, Tischtennis, Sportplatz, Kindercafé und Shop.

Ferienlager Neue Scheune, Ferien- und Freizeitcenter e.V., 14548 Schwielowsee-Ferch. ✆ 033209/72592, Fax 20147. www.camping-ferch.de. **Zeiten:** April – Okt.
Bungalows für 2 – 4 Pers 31 – 52 €/Nacht. HP, VP möglich, Kinder- und Zustellbetten. Liegewiese, Tiere.

Kinder-, Jugend- und Bildungsstätte Bollmannsruh, Bollmannsruh 13, 14778 Päwesin-Bollmannsruh. ✆ 033838/30830, Fax 308319. www.kjb-bollmanns-ruh.de. info@kiez-bollmannsruh.de.
Geeignet für Kinder und Jugendliche und Familien. 220 Betten in MBZ und Bungalows. Schulklassen: Ü mit HP 20 €/Pers. Kitagruppen: Ü mit HP 16 €/Pers. Familien: Bungalow für 4 Pers 55 €, Fe-Wo für 2 Pers 40 €, FeHa für 4 Pers 70 €. Am Beetzsee mit eigenem Badestrand und Anlegestelle, Fuß-, Volley- und Basketball, Tischtennis, Grillplatz, Dampfer- und Bootsfahrten, Seminarräume, Café Fritze und Palast-Kiosk.

 Glindower Erzeugermarkt an der B1 mit Biergarten am See, Chausseestraße 62 – 63, 14542 Werder-Glindow. ✆ 03327/79608. Mo – Sa 9 – 18, So 10 – 17 Uhr. März – Okt bis 24 Uhr Biergarten. Obst, Gemüse, Obstweine, Blumen, Brot aus dem Reisigbackofen. Kremserfahrten nach Voranmeldung, Fahrradverleih.

 Obsthof Wels, Dr.-Külz-Straße 26, 14542 Werder-Glindow. ✆ 03327/43010, www.obstmucker.de. webmaster@obstmucker.de. Do, Fr 13 – 17, Sa 8 – 12 Uhr. Ab-Hof-Verkauf und Selbstpflücken, Obst und Gemüse, Marktstände in Werder und Berlin-Spandau.

Oberhavel Bauern-markt, Zehlendorfer Chaussee 10, 16515 Oranienburg. ✆ 03301/680914. www.oberhavel-bauernmarkt.de. Mo – Fr 9 – 16, Sa 9 – 17, So 9.30 – 17 Uhr. 1. So im Monat Flohmarkt, Sep – März jedes 3. Wochen-ende Schlachtfest.

Achtung! Manchmal ist die angegebene Adresse nicht die des Platzes, sondern des Inhabers!

Jugendhotel, M.-Hirschfeld-Straße 38, 16565 Lehnitz. ✆ 03301/3789, Fax 701553.

Mitten im Wald und direkt am Lehnitzsee. ÜF in Partybungalows, Bettenhäusern oder Bungalows ab 20 €/Pers. HP, VP ab 20 Pers, Kinderermäßigung, Kegelbahn, Volleyball, Tischtennis, Poolbillard.

Campingplätze

Campingwirtschaft im Land Brandenburg e.V., Brückenstraße 15, 16244 Schorfheide-Finowfurt. ✆ 03335/326717, Fax 4519064. www.campingland-brandenburg.de. vcb@camping-bb.de. **Bahn/Bus:** ↗ Schorfheide-Finowfurt.

▶ Camping ist besonders bei Stadtkindern sehr beliebt. Endlich gibt es genug Platz zum Spielen, alles ist lockerer: Das Kind kann anziehen, was es will, essen, wie und wo es will und schlafen gehen, wann es will.

Der Verband der Campingwirtschaft im Land Brandenburg e.V. und die örtlichen Fremdenverkehrsämter halten Adresslisten mit Infos über Kapazität, Ausstattung und Preise bereit. Die meisten Campingplätze befinden sich in traditionellen Urlaubsgebieten wie dem Dahme-Seengebiet und dem Havelland.

Unterschiede gibt es in Größe und Ausstattung: Einige haben begrenzte Stellflächen für Wohnwagen, andere verfügen über behindertengerechte Sanitäranlagen. Hunde sind meist erlaubt.

Kosten für Strom, Dusche, Waschmaschine und Trockner müsst ihr noch zusätzlich einplanen.

Auf manchen Plätzen stehen Bungalows zu familienfreundlichen Preisen zur Verfügung. Für alle ist die große Palette an Freizeitaktivitäten und Spielmöglichkeiten für Kinder charakteristisch.

BERLIN

DCC-Camping am Krossinsee, Wernsdorfer Straße 38, 12527 Berlin-Schmöckwitz. ✆ 030/6758687.
Kinder (3 – 16 Jahre) 2,50 €, Erw 5,10 €, Standplatz 8,50 €, Hund 1,80 €.

City-Camping Hettler und Lange, Gartenfelder Straße 1, 13599 Berlin-Spandau. ✆ 030/33503633, -34, Fax -35. www.hettler-lange.de. spandau@city-camping-berlin.de.
Kinder (3 – 14 Jahre) 2,50 €, Erw 5 €, Zelt ab 3,50 €, Caravan 5,50 €, Wohnmobil 5 bzw. 6 €.

DCC-Campingplatz Berlin-Gatow, Kladower Damm 213 – 217, 14089 Berlin-Gatow. ✆ 030/3654340, Fax 36808492.
Kinder 3 – 16 Jahre 2,50 €, Erw 6,50 €, Standplatz 8,60 €, Hund 1,80 €.

DCC-Campingplatz Berlin-Kladow, Krampnitzer Weg 111 – 117, 14089 Berlin-Kladow. ✆ 030/3652797, Fax 3651245.
Kinder (6 – 14 Jahre) 2,50 €, Erw 6,50 €, Standplatz 8,50 €, Hund 1,80 €.

Campingplatz Breitehorn, Breitehornweg 40, 14089 Berlin-Spandau. ✆ 030/3653408, Fax 3653408.
Kinder 6 – 16 Jahre 2,50 €, Erw 5 €, Zelt 5,50 €, Caravan, Wohnmobil 8,50 €.

BARNIM & MÄRKISCHE SCHWEIZ

Campingpark Großer Klobichsee, 15374 Müncheberg-Münchehofe. ✆ 033432/8765, Fax 72266. www.campingpark-muenchehofe.de. kenny.seyfarth@gmx.de. **Bahn/Bus:** ↗ Müncheberg.
95 Dauerstellplätze und 40 Gästestellplätze für Zelte, Wohnwagen und Wohnmobile. Kinder 6 – 16 Jahre 2 €, Erw 4 €, Hund 4 €, Zelt bis 4 Pers 5 €, Zelt ab 7 Pers 6 €, Wohnwagen oder -mobil 6,50 €, Pkw 2,50 €, Motorrad 2 €, Strom 2 €. Anreise in der Saison bis 20 Uhr.

Wohnmobil- und Campingplatz, Am Festplatz/Weg zum Krummen Pfuhl 19, 15377 Waldsieversdorf.

FERIENADRESSEN

✆ 033433/57505, Handy 0176/24240892. aus-kunft@ferienpark-daebersee.de. **Bahn/Bus:** ↗ Wald-sieversdorf. **Zeiten:** April – Okt.

Stellplätze für Zelte und Wohnmobile. Preise auf Anfrage.

Campingplatz Triangel Tour, Dorfstraße 31, 16248 Nie-derfinow. ✆ 033362/70437, Handy 0172/3806858. www.triangeltour.de. info@triangel-tour.de. **Bahn/Bus:** OE60 bis Niederfinow.

Natur- und Freizeitgarten an der Stecherschleuse, April – Okt 35 Stellplätze. Erw 5 €, Kinder bis 14 Jahre 3,50 €, Pkw 1,60 €, Zelt ab 2,50 €, Caravan und Wohnmobil 5,50 €, Hund 1,50 €. Rabatt ab 7 Nächte. Tipis und Campinghütten ab 26 € (2 Pers), Lager- und Kochfeuer, Kanu- und Fahrradverleih, Tourenberatung und -organisation, Pauschalange-bote.

Naturcampingplatz Parsteiner See, Seestraße 1, 16248 Parstein. ✆ 033365/362, Fax 34806. www.parsteiner-see-camping.de. cp-see@t-online.de. **Zeiten:** April – Okt. **Infos:** Außerhalb der Saison ✆ und Fax 404.

340 Stellplätze, davon 60 für Touristen. Direkt am See, Spielplatz, Tischtennis, Fahrrad- und Boots-verleih.

Country Camping Tiefensee, Schmiedeweg 1, 16356 Werneuchen-Tiefensee. ✆ 033398/90514, Fax 86736. www.country-camping.de. info@country-cam-ping.de. **Zeiten:** ganzjährig.

Sehr schön am Südwesthang des Gamensees ge-legen. 300 Stellplätze, davon 50 für Touristen. Erw 5,50 €, Kinder (2 – 14 Jahre) 4 €, Stellplatz ab 7,50 €, Zelt ab 6 €, Rabatt ab 3 Wochen. Außer-dem 9 Bungalows (je nach Typ und Anzahl der Pers 40 – 65 €/Tag), Strand, Fahrrad- und Bootsverleih, Spielplatz, Grillplatz, Sauna, Whirlpool, Tischten-nis, Angeln.

Campingplatz am Liepnitzsee, Am Liepnitzsee 8a, 16359 Lanke. ✆ 033397/73397, Fax 671201.

Ganzjährig 150 Stellplätze, davon 50 für Touristen. Erw 4,60 €, Kinder bis 15 Jahre 3,40 €, Zelt ab 5 €, Pkw 2 €, Caravan oder Wohnmobil 6,70 €, Hund 2,60 €. Strand, Grillplatz, Tischtennis, Spielplatz, Volleyball, Sauna. Gaststätte. Radverleih.

DAHME & SPREE

Herberge & Campingplatz Kagel, Weg zur Erholung, 15345 Kagel-Finkenstein. ☎ 033434/70266, 70539, Fax 71220. www.herberge-und-campingplatz-kagel.de. info@herberge-und-campingplatz-kagel.de.
Ganzjährig 300 Stellplätze. Kinder bis 14 Jahre 3,50 €, Erw 4,50 €, Zelt ab 4,50 €, Wohnwagen 7,50 €, Wohnmobil 8,50 €, Pkw 3 €, Motorrad 2 €. Herberge (150 Betten, Ü mit VP), Bootsverleih, Baden, Einkaufsmöglichkeiten, Gastronomie, Bushaltestelle. Spiel- und Sportplatz.

Campingplatz Jägerbude, 15537 Erkner. ☎ 03362/888084, Fax 888094. **Bahn/Bus:** ↗ Erkner.
Ganzjährig. 120 Stellplätze für Caravan und 50 für Zelte. Haustiere erlaubt, Bootsverleih. Wasserwanderstützpunkt, ideal für Wasserwanderer und Radfahrer – liegt direkt am Europaradweg R1 und am Spreeradweg. Spielplatz. Internet. Barrierefrei. Bustransfer möglich. Preisbeispiel: 2 Erw, 2 Kinder, Auto, Strom 18,50 €.

Ferienpark & Camping GmbH, Ernst-Thälmann-Straße 12a, 15537 Grünheide/Mark. ☎ 03362/6120, Fax 885575. Handy 0172/9032520. www.camping-gruenheide.de. campingplatz-gruenheide@t-online.de.
Direkt am Peetzsee. **Bahn/Bus:** ↗ Grünheide.
Zeiten: April – Okt.
300 Stellplätze. Kinder bis 15 Jahre 2 €, Erw 5 €, Zelt 3 oder 4 €, Wohnwagen 5 €, Wohnmobil 5 €, Pkw 1,50 €, Motorrad 1 €. Vermietung von Wohnwagen. Imbiss, Boots- und Fahrradverleih, Sauna, Haustiere erlaubt.

Campingplatz Hölzerner See, Weg zum Hölzernen Weg 2, 15741 Heidesee-Gräbendorf.

✆ 033763/65002, Fax 65333. **Bahn/Bus:** ↗ Heidesee. **Zeiten:** ganzjährig.

Insgesamt 400 Stellplätze, davon 80 für Touristen, für Zelte, Wohnwagen und Caravan. Bootsverleih, Tischtennis, Billard, Kegeln.

Campingplatz Schmöldesee, Am Schmöldesee, 15752 Heidesee-Prieros. ✆ 033768/50402, **Bahn/Bus:** ↗ Heidesee. **Zeiten:** April – Okt.

200 Stellplätze für Zelte und Wohnwagen. Haustiere nicht erwünscht.

Campingplatz am Lankensee (D 69), Am Lankensee 24, 15758 Zernsdorf. ✆ 03375/295062, 293643.

200 Stellplätze für Zelte, Wohnwagen und Caravan. Spielplatz, Badestrand und Bootsstege. Bootsliegeplätze für Wasserwanderer.

TELTOW-FLÄMING

Camping Hoher Fläming, Bergstraße, 14823 Rädigke. ✆ 033848/60021, 60910, Fax 60021. www.raedigke.de. campingplatz.hoherflaeming@gmx.de.

Mitte April – Mitte Okt 40 Stellplätze, davon 25 für Touristen, Vermietung von 2 Bungalows. Am Wald, Sauna, Tischtennis, Spielplatz, Imbiss, Restaurant, Einkaufsmöglichkeit.

Walana Campingplatz Dobbrikow am Glienicksee, Am Glienicksee, 14947 Nuthe-Urstromtal-Dobbrikow. ✆ 033732/40327, Fax 40105. **Bahn/Bus:** ↗ Nuthetal-Urstromtal. **Zeiten:** April – Okt.

120 Stellplätze für Zelte, Wohnmobile und Caravan, davon 20 für Touristen. Außerdem Vermietung von Bungalows für 4 Pers und Skater-Hütten für 2 Pers ab 20 €. Im Wald am See, Grillplatz, Spielplatz, Fahrradverleih, Tischtennis, Reiten, Einkaufsmöglichkeit, Imbiss, Restaurant.

Ferienidylle Körbaer Teich, Hauptstraße 48/49, 15936 Dahme/Mark. ✆ 035451/575, www.dahme.de. camping.koerba@gmx.de. **Zeiten:** Mitte April – Sep.

50 Stellplätze für Zelte und 30 für Caravan. Strand, Spielplatz, Gastronomie.

Campingpark Sanssouci-Gaisberg, An der Pirschheide/ Am Templiner See 41, 14471 Potsdam. ✆ 0331/ 9510988, Fax 9510988. www.camping-potsdam.de. info@recra.de. **Infos:** ✆ & Fax 03327/55680 (außerhalb der Saison).

Kinder (2 – 15 Jahre) 3 €, Erw 10,95 €, Stellplatz 11,20 €, Pkw, Hund 4 €. Rabatt ab 7. Nacht, ab 2. Nacht 2. Kind frei. Strand, Spielplatz, Boots- und Fahrradverleih, Marktstände mit regionalen Produkten, kostenloser Bustransfer zur Tram, organisierte Fahrradtouren.

Campingplatz Glindowsee, Jahnufer 41, 14542 Werder-Glindow. ✆ 03327/42177, Fax 730431. www.hogab.de. info@hogab.de. **Bahn/Bus:** ↗ Werder. **Zeiten:** April – Okt.

130 Stellplätze von April bis Okt. Erw 5,50, Kinder (6 – 14 Jahre) 2,50 €, Zelt 4 – 5,50 €, Wohnwagen oder -mobil 6 €. Liegewiese, Strand, Boots- und Fahrradverleih, Spielplatz.

Ferienpark und Campingplatz Riegelspitze, Fercher Straße 4 – 9, 14542 Werder-Petzow. ✆ 03327/ 42397, Fax 741725. www.campingplatz-riegelspitze.de. info@campingplatz-riegelspitze.de. **Bahn/ Bus:** ↗ Werder. **Zeiten:** April – Okt.

Kinder 3 – 10 Jahre 2,50 € und 11 – 14 Jahre 3,50 €, Erw 6,50 €, Zelte ab 5 €, Wohnwagen und Wohnmobil ab 6 €, Pkw 2 €, Hund 2,50 €. Bootsliegeplätze ab 3,50 €. Auch Vermietung von FeHa für 5 Pers. Liegewiese, Fahrradverleih, Strand, Spielplatz, Gaststätte, Einkaufsmöglichkeiten.

Campingplatz Neue Scheune, 14548 Schwielowsee-Ferch. ✆ 033209/70957, Fax 70958. www.camping-ferch.de. mail@camping-ferch.de. **Zeiten:** April – Okt.

120 Stellplätze, davon 20 für Touristen, Erw 3,20 €, Kinder bis 14 Jahre 1,60 €, Zelte ab 5 €, Wohnwagen 6,50 €, Hund 1,10 €. Boots- und Fahrradverleih, Tischtennis, Spielplatz, Grillplatz.

 **Christine Berger GmbH & Co KG,** Fercher Straße 60, 14542 Werder-Petzow. ✆ 03327/46910. www.sandokan.de. Täglich 10 – 18 Uhr. Obst und Gemüse, Sanddornspezialitäten, Weine, Liköre, Marmeladen, Gelees, Säfte, Wurst und Käse, Kaffee- und Tee-Spezialitäten, Hanfkleidung. **Restaurant Orangerie** mit schöner Sommerterrasse, Seeblick.

 Obsthof Lindicke, Am Plessower Eck 1, 14542 Werder-Plötzin. ✆ 03327/45624. www.obsthof-lindicke.de. Fr ab 13 Uhr, Sa, So ab 9 Uhr, in der Saison täglich. 1. So im Nov Hoffest. Obst, Gemüse, Säfte, Marmeladen. Hofladen: Kartoffeln, Gemüse, Blumen, Fleisch- und Wurstwaren, Eier. Außerdem Ökomärkte und Marktstände in Berlin.

FERIENADRESSEN

Spargelhof Klaistow, Buschmann & Winkelmann GbR, Glindower Straße 28, 14547 Klaistow. ✆ 033206/61070. www.buschmann-winkelmann.de. Ganzjährig ab 8 Uhr. Jeden So Hoffest. Spargel, Erd- und Heidelbeeren (könnt ihr auch selbst pflücken), Spargelküche, Scheunenrestaurant, Holzofenbäckerei, Eisdiele, Waldcafé und Landfleischerei. Nicht nur für Kinder: Streichelzoo und riesiges Hüpfkissen.

Schwielowsee Camping, Dorfstraße 50, 14548 Schwielowsee-Ferch. ✆ 033209/70295, Fax 70764. www.schwielowsee-camping.de. **Zeiten:** April – Sep.

Kinder 4 – 14 Jahre 2,30 €, Erw 4,50 €, Zelt ab 3,50 €, Wohnwagen und Wohnmobil 7 €, Pkw, Moped, Motorrad 1,70 €, Haustier 2 €. Neben dem Strandbad Ferch, Spielplatz, Tischtennis, Boots- und Fahrradverleih, Volley- und Basketball.

Campingplatz Icanos am Großen Seddiner See, 14554 Seddin. ✆ 033205/62967. www.campingplatz-icanos.de. post@icanos.de. **Zeiten:** April – Okt.

Kinder bis 14 Jahre 2,20 €, Erw 4,50 €, Zelt ab 2,50 €, Wohnwagen und Wohnmobil 6 €, Pkw 2 €, Hund 2 €. Direkt am See mit Strand.

Seecamp Malge, Malge 3, 14776 Brandenburg. ✆ 03381/663134, Fax 795135. www.seecamp-malge.net. seecamp-malge@t-online.de. **Bahn/Bus:** ↗ Brandenburg. **Zeiten:** April – Okt.

300 Stellplätze, davon 80 für Touristen. Außerdem 20 Stellplätze für Wohnmobile. Kinder 4 – 14 Jahre 2,50 €, ab 3. Kind frei, Erw 5,20 €, Zelt ab 3 €, Wohnwagen und Wohnmobil ab 5,50 €, Pkw 2 €, Hund 2 €. April – Mitte Okt 6 FeHa für 4 Pers (ohne Dusche) ab 59 €/Tag/1. Nacht, ab 31 €/ab 2. Nacht. Bettwäsche 6 €/Person. Im Wald am Breitlingsee mit Strand, Bootssteg, Boots- und Fahrradverleih, Spielplatz, Terrasse, Liegewiese, Shop, Gaststätte. Moderne Sanitäranlagen, Babybad, Waschmaschinen und Trockner.

HENNIGSDORF & ORANIENBURG

Campingplatz Zühlsdorfer Mühle, Helmut Evers, Mühlenstraße 10, 16515 Zühlsdorf. ✆ 033397/61237, Fax 61237. www.camping-zuehlsdorf.de. camping-zuehld.muehle@web.de.

Naturcampingplatz, ganzjährig geöffnet, am Bach im Briesetal mit 100 Stellplätzen, davon 20 Touristenstellplätze. Spielplatz, Grillplatz.

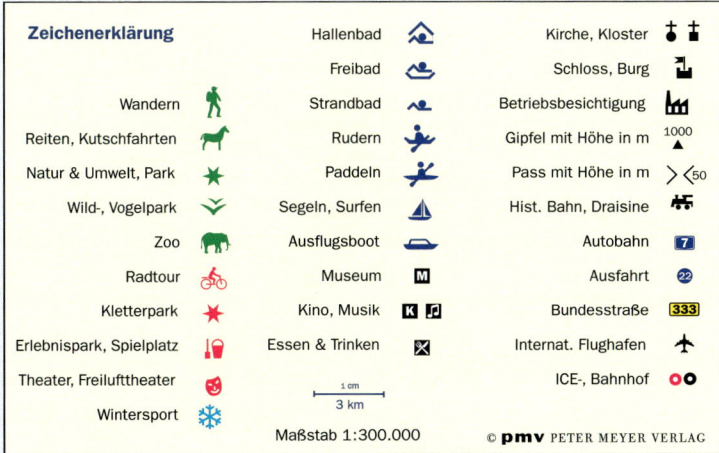

Zeichenerklärung

Wandern	Hallenbad	Kirche, Kloster
Reiten, Kutschfahrten	Freibad	Schloss, Burg
Natur & Umwelt, Park	Strandbad	Betriebsbesichtigung
Wild-, Vogelpark	Rudern	Gipfel mit Höhe in m
Zoo	Paddeln	Pass mit Höhe in m
Radtour	Segeln, Surfen	Hist. Bahn, Draisine
Kletterpark	Ausflugsboot	Autobahn
Erlebnispark, Spielplatz	Museum	Ausfahrt
Theater, Freilufttheater	Kino, Musik	Bundesstraße
Wintersport	Essen & Trinken	Internat. Flughafen
		ICE-, Bahnhof

Maßstab 1:300.000

© pmv PETER MEYER VERLAG

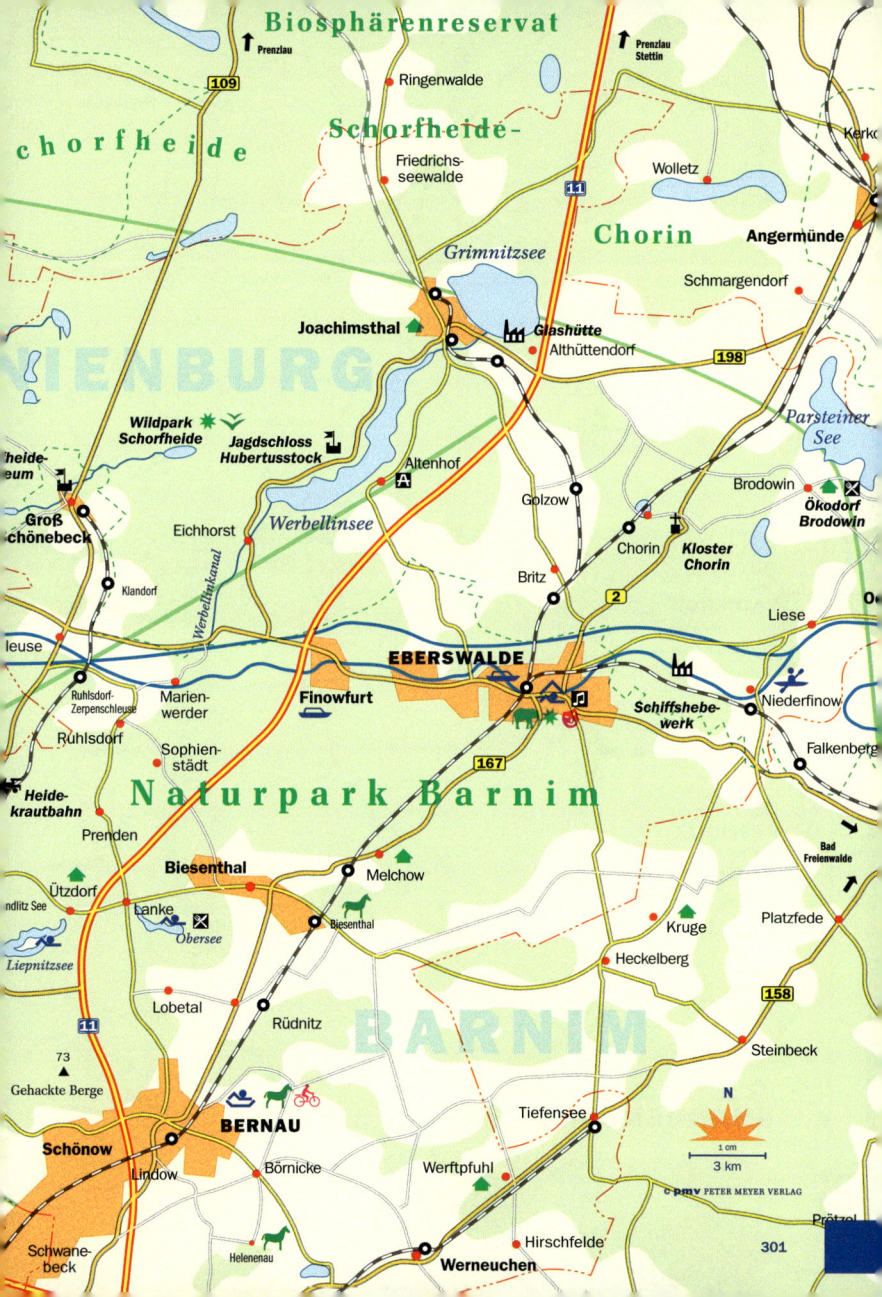

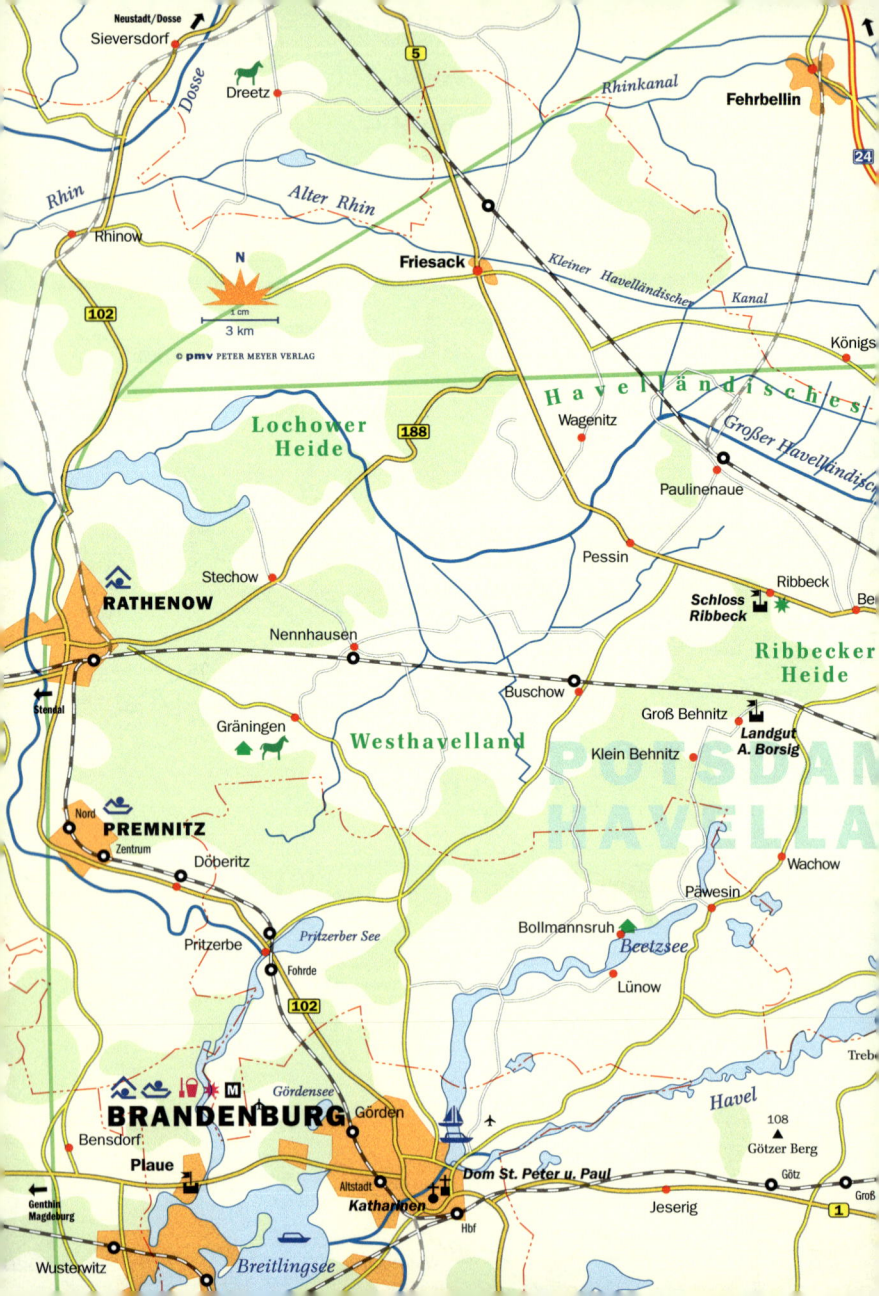

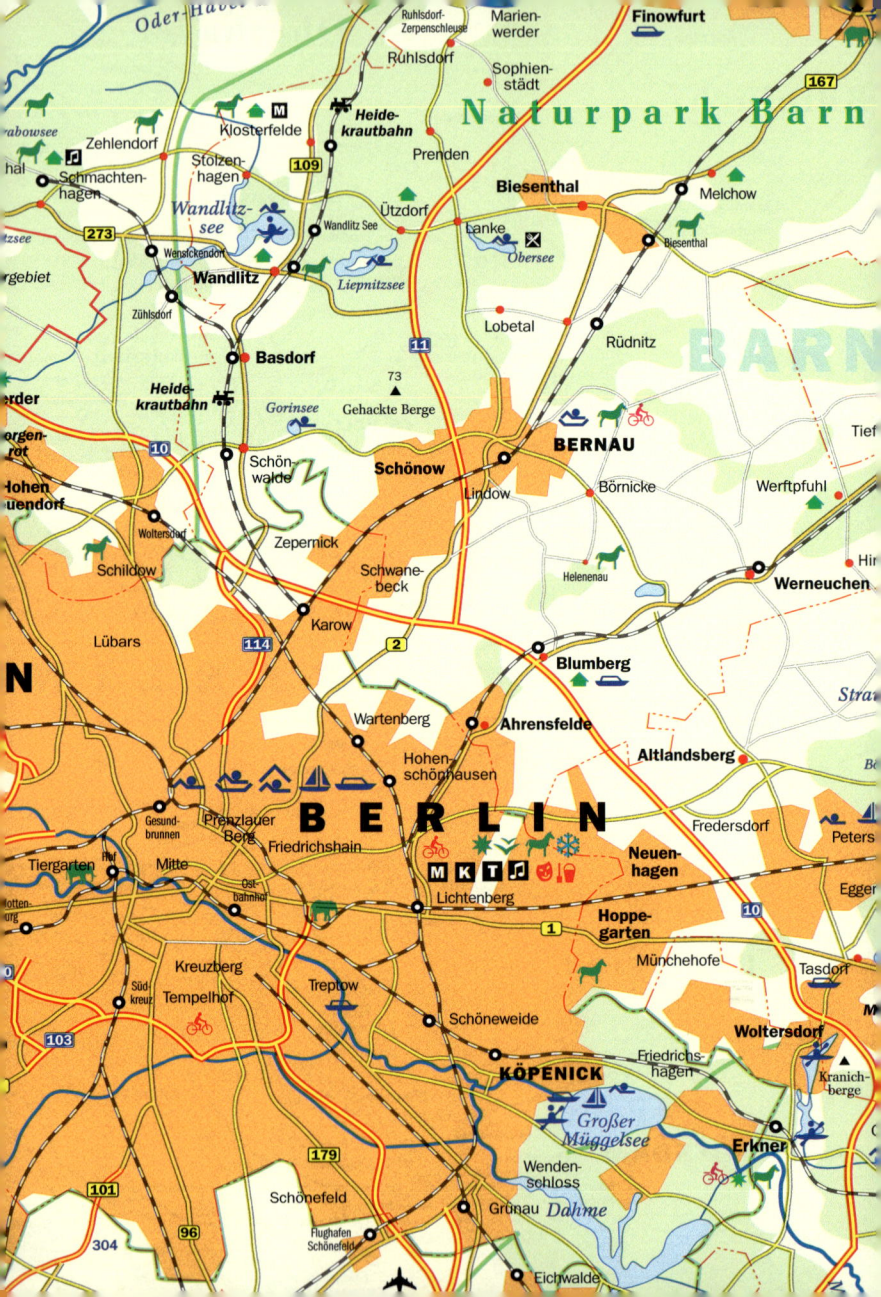

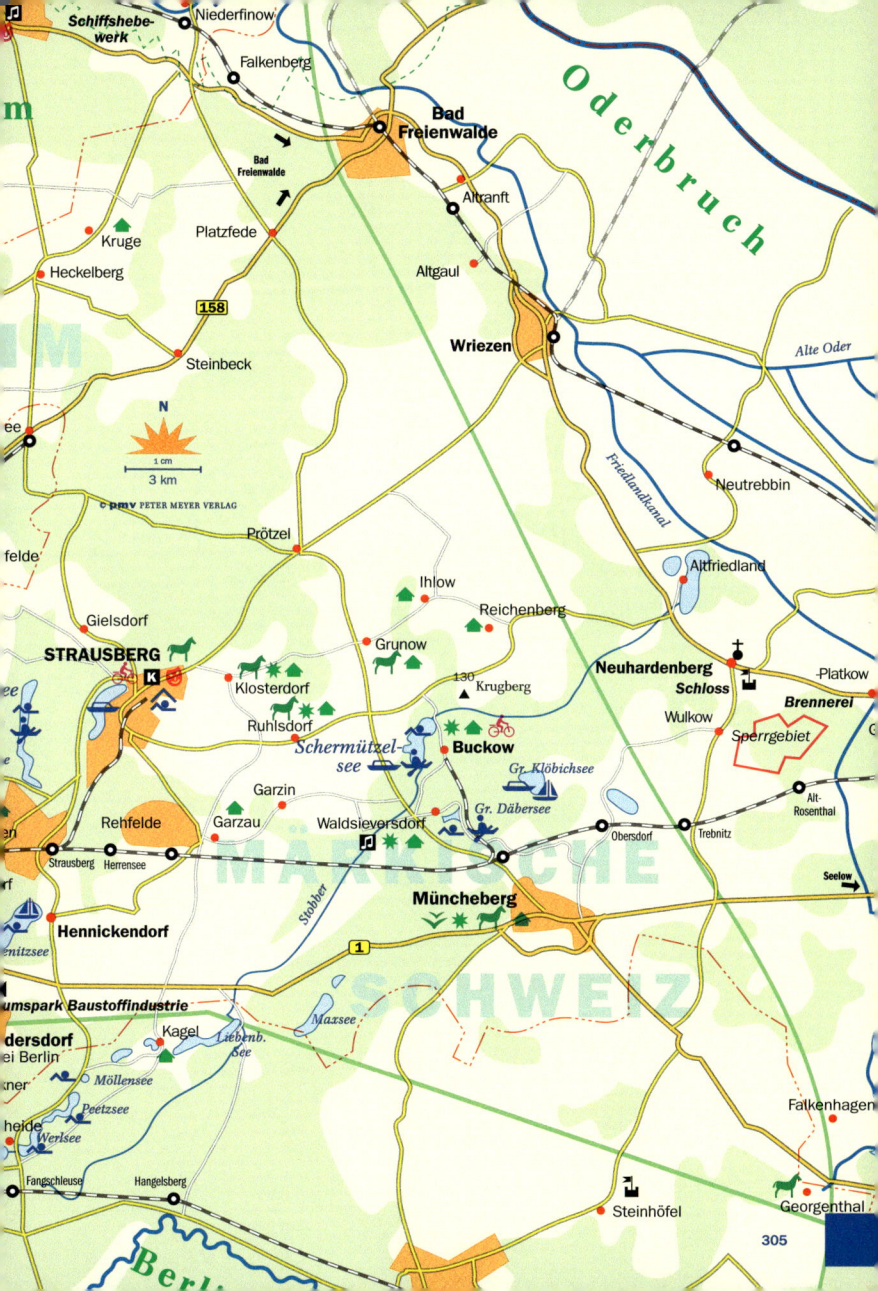

Schiffshebe-werk
Niederfinow
Falkenberg

Oderbruch

Bad Freienwalde

Bad Freienwalde

Altranft

Kruge
Platzfede
Heckelberg
Altgaul

158

Wriezen

Alte Oder

Steinbeck

N

1 cm
3 km

© pmv PETER MEYER VERLAG

Neutrebbin

Prötzel

felde

Ihlow

Altfriedland

Reichenberg

Gielsdorf

Friedlandkanal

Grunow

STRAUSBERG

Neuhardenberg
Schloss

Platkow

Klosterdorf

130
Krugberg

Brennerei

Ruhlsdorf

Wulkow

Schermützel-see

Buckow

Sperrgebiet

Garzin

Gr. Klöbichsee

Rehfelde

Garzau

Waldsieversdorf

Gr. Däbersee

Obersdorf

Alt-Rosenthal

Trebnitz

Strausberg   Herrensee

MÄRKISCHE

Seelow

Stobber

Müncheberg

Hennickendorf

1

SCHWEIZ

nitzsee

umspark Baustoffindustrie

Maxsee

dersdorf
ei Berlin

Kagel

Liebenb. See

kner

Möllensee

Falkenhagen

Peetzsee

heide

Werlsee

Fangschleuse   Hangelsberg

Steinhöfel

Georgenthal

Berlin

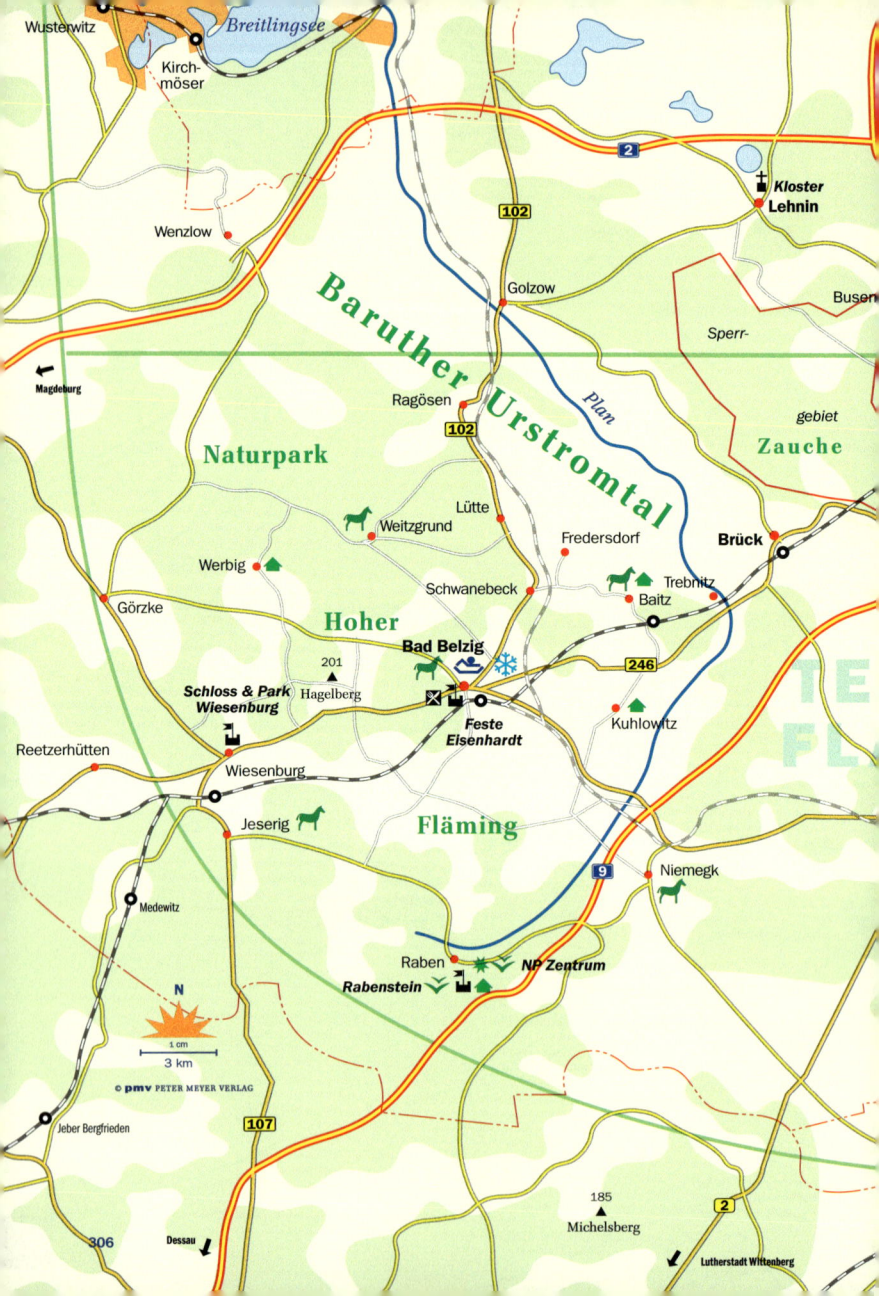

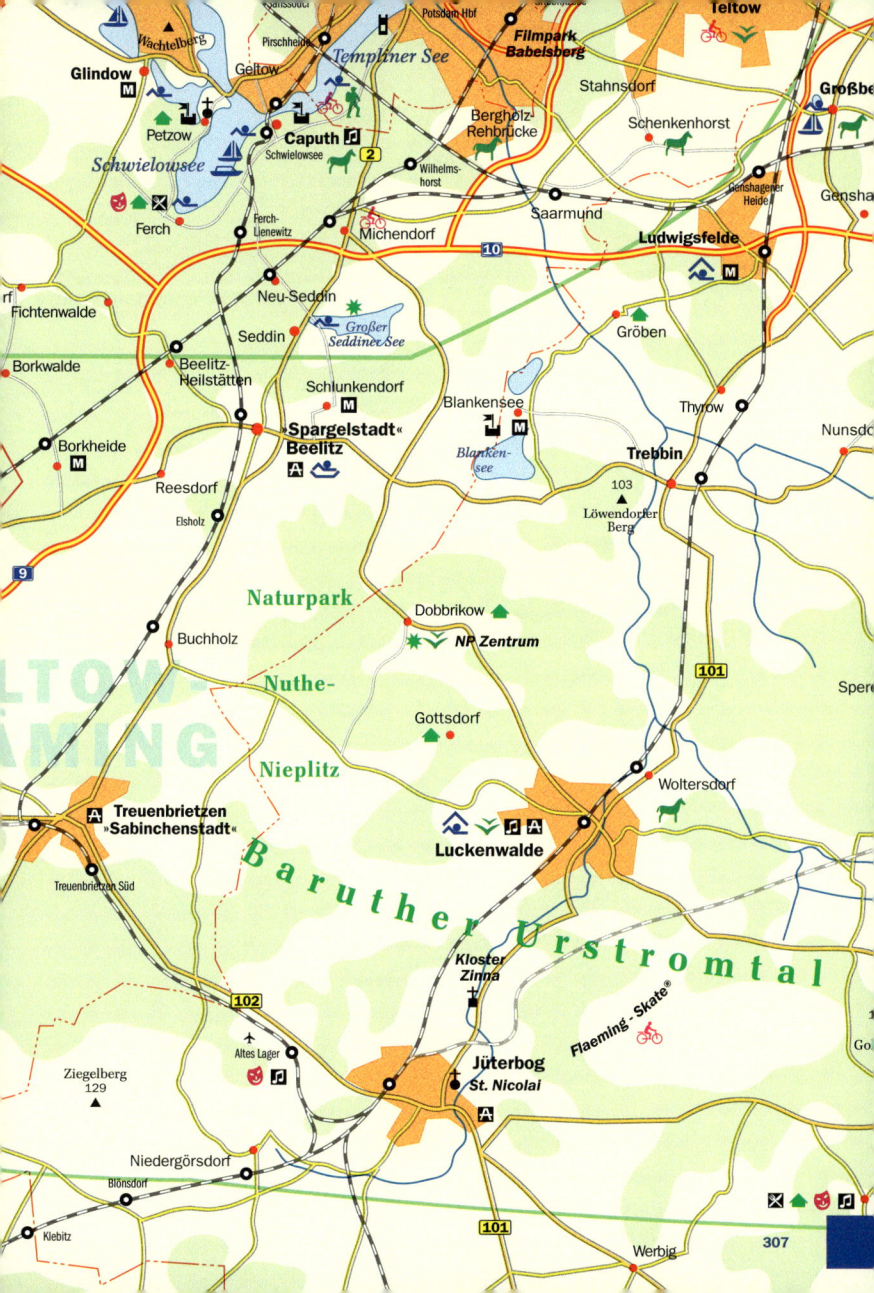

Teltow

Potsdam-Hbf
Filmpark
Babelsberg
Großbe

Glindow
Ⓜ
Wachtelberg
Pirschheide
Templiner See
Geltow
Stahnsdorf
Großbe
🐎

Petzow
Caputh
Bergholz-
Rehbrücke
Schenkenhorst
Schwielowsee
Schwielowsee
2
Gensha
Wilhelms-
horst
Genshagener
Heide

Ferch
Ferch-
Lienewitz
Michendorf
Saarmund
Ludwigsfelde
Ⓜ

rf
Fichtenwalde
Neu-Seddin
10
Gröben

Borkwalde
Seddin
Großer
Seddiner See
Thyrow

Beelitz-
Heilstätten
Schlunkendorf
Ⓜ
Blankensee
Nunsdo

Borkheide
Ⓜ
»Spargelstadt«
Beelitz
Ⓐ
Blanken-
see
Ⓜ
Trebbin
103
Löwendorfer
Berg

Reesdorf

9
Elsholz

Buchholz
Naturpark
Dobbrikow
NP Zentrum
101

Nuthe-
Sper

Nieplitz
Gottsdorf

Treuenbrietzen
Ⓐ
»Sabinchenstadt«
Woltersdorf
🐎

Treuenbrietzen Süd
Luckenwalde
Ⓐ

B a r u t h e r   U r s t r o m t a l

102
Kloster
Zinna
Flaeming - Skate®
Go

Ziegelberg
129
Altes Lager
Jüterbog
St. Nicolai
Ⓐ

Niedergörsdorf
Blönsdorf

Klebitz
101
Werbig
307

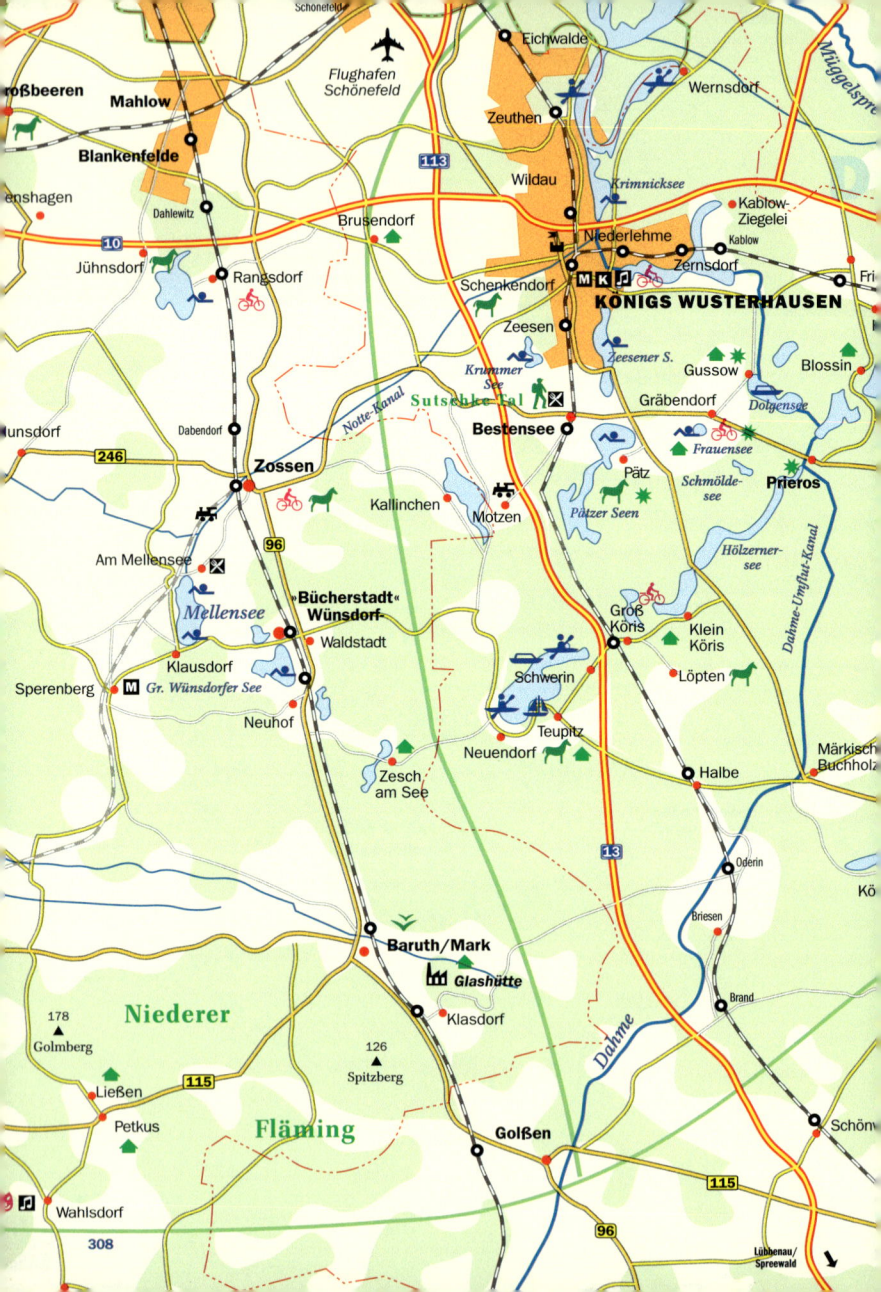

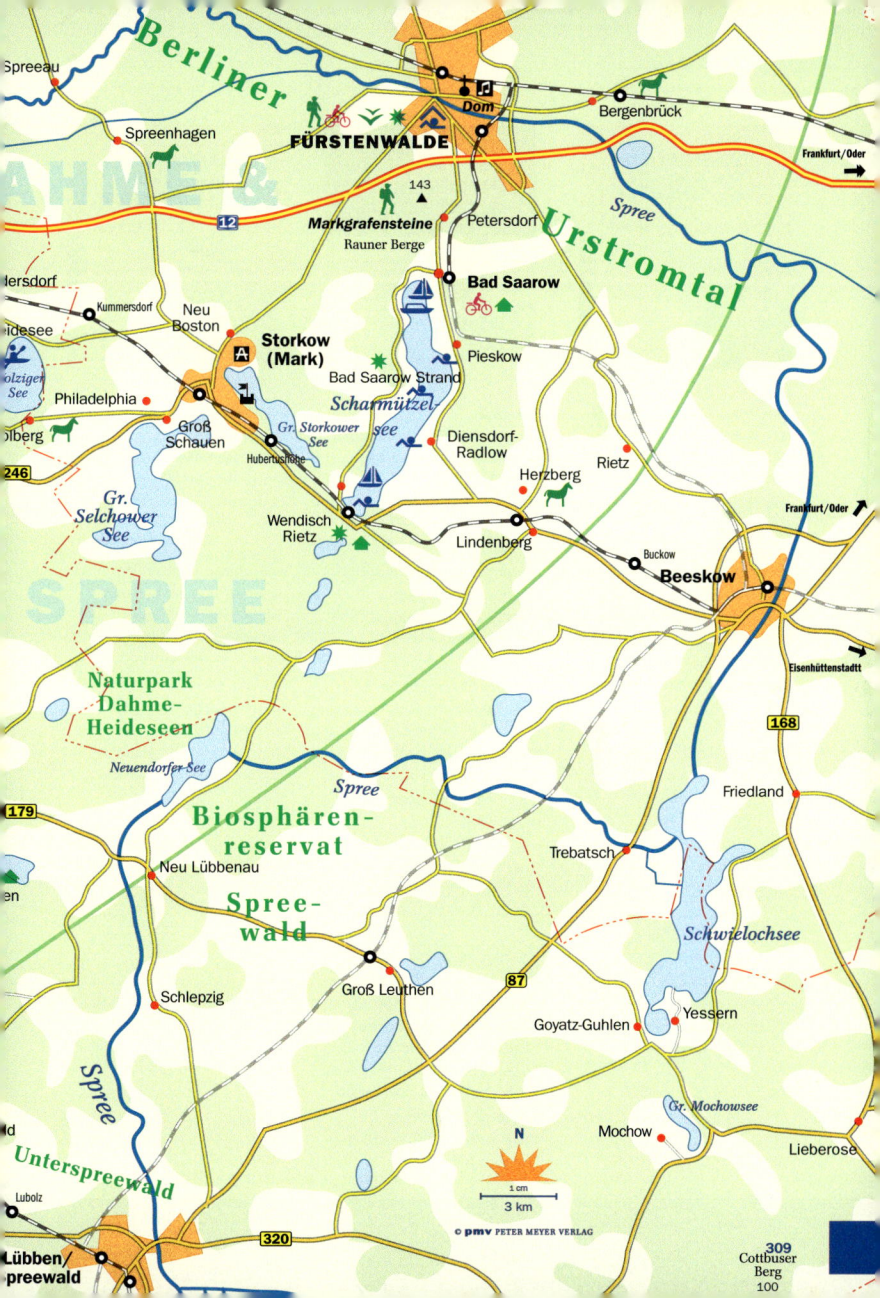

FRANKFURT RHEIN-MAIN MIT KINDERN
400 preiswerte und spannende Aktivitäten für draußen und drinnen
Eberhard Schmitt-Burk

»Frankfurt Rhein-Main mit Kindern« nennt nicht nur alle Spielparks und Grillplätze in und rund um Frankfurt, sondern auch Tipps für Wasserratten, Museumsmäuse, Zirkusflöhe und Pedalritter.

»Wahnsinn! In ›Frankfurt/Rhein-Main mit Kindern‹ von Eberhard Schmitt-Burk finden sich so viele tolle Tipps für Ausflüge wieder, dass man gar nicht weiß, wann man die alle machen soll.« Lilliput

ISBN 978-3-89859-434-9
3. aktualis. Auflage
304 Seiten, 16 Euro [D]

Die pmv-Reihe »... mit Kindern« wurde bereits mehrfach ausgezeichnet, allein 3 x mit dem ITB BuchAward der weltgrößten Tourismusmesse Berlin.
Über 20 Regionen lieferbar!

GHANA
Praktisches Reisehandbuch für die »Goldküste« Westafrikas
Jojo Cobbinah

Der erste und einzige deutschsprachige Reiseführer zu Ghana! Mit Humor präsentiert der ghanaische Autor sein Heimatland. Gründliche Landeskunde und umfassende praktische Infos zu Reisevorbereitung, Anreise, Unterkunft, Essen & Trinken, Verkehrsmitteln und Aktivitäten: stets aktuell. – Von der UNESCO als vorbildlich empfohlen!

»Der vorliegende Reiseführer ist, berlinisch gesagt, eine Wucht.« Bernd K., Leser

11. aktualisierte und erweiterte Auflage, 576 Seiten Paperback, 151 Fotos, 30 Zeichnungen und Stiche, 47 Stadtpläne, thematische und Lagekarten, Postkarte gratis, Sach-, Personen-, Ortsregister; ganz in Farbe.
ISBN 978-3-89859-155-3
34 Euro [D]

HANNOVER & REGION MIT KINDERN
400 spannende Ausflüge und Aktivitäten im Herzen Niedersachsens
Kirsten Wagner

Was können Familien in Hannover und der Region unternehmen? Welche Radeltouren machen Kindern Spaß, wo kann der Nachwuchs paddeln lernen, wo die Familie schwimmen gehen? Antworten auf diese 400 noch ungestellte Fragen gibt dieser konkurrenzlose Freizeitführer.

»Wer in Hannover noch Langeweile hat, braucht diesen Freizeitführer! Denn für die ganze Familie gibt es viel Abenteuerliches zu entdecken und zu erleben!« www.reisegezwitscher.de

ISBN 978-3-89859-418-9
304 Seiten, 16 Euro [D]

Weitere Titel und aktuelle Informationen im Internet unter www.pmv-Verlag.de. Jetzt »Lesen & Ausfliegen« abonnieren!

77 SCHÖNSTE ORTE RUND UM BERLIN

Ausflüge zu Schlössern, Seen und Sehenswürdigkeiten. Mit 166 Einkehrtipps

Wolfgang Kling

Zu den 77 schönsten Orten rund um Berlin: Raus aus der Stadt und rein in die Natur! Jedes Ziel ist mit der Bahn erreichbar. Bei allen Ausflügen gibt es zudem tolle Einkehrmöglichkeiten. Vom Schloss Rheinsberg im Norden bis Lübbenau im Süden ist für jeden der passende Ausflug dabei. Zum radeln, wandern, einkehren. Mit Beschreibung, Einkehrtipps und farbigen Karten.

ISBN 978-3-89859-314-4
304 Seiten, 16 Euro [D]

Alle unsere Bücher und Prospekte drucken wir ausschließlich in Deutschland und auf zertifizierten Papier aus nachhaltiger Forstwirtschaft sowie klimaneutral.

BERCHTESGADENER LAND & CHIEMGAU MIT KINDERN

Über 400 spannende Aktivitäten zwischen Rosenheim und Salzburg

Katja Faby, Antje Kindler-Koch

Wochenend- und Ferienspaß für die ganze Familie im Berchtesgadener Land und im Chiemgau mit kinderfreundlichen Beschreibungen, Adressen, Anfahrten, Öffnungszeiten und Preisen.

ISBN 978-3-89859-427-1
272 Seiten, 16 Euro

»Voll gestopft mit Informationen, für die Eltern mehr als dankbar sein werden.« DIE ZEIT

BODENSEE MIT KINDERN

400 x Abenteuer und Erlebnis rund um den ganzen See

Wolfgang Taschner, Michael Reimer

978-3-89859-428-8
272 Seiten, 16 Euro [D]

66 SCHÖNSTE AUSSICHTEN HESSEN

Burgen, Türme, Berge – Wandern, Radeln, Einkehren

Alexander Kraft

ISBN 978-3-89859-319-9
256 Seiten, 16 Euro [D]

WEITWANDERN HESSEN

Die 10 schönsten Streckenwanderungen. Mit Einkehr, Unterkunft & Bahntransfer

Michael Schnelle
ISBN 978-3-89859-306-9
256 Seiten, 16 Euro [D]

 pmv PETER MEYER VERLAG

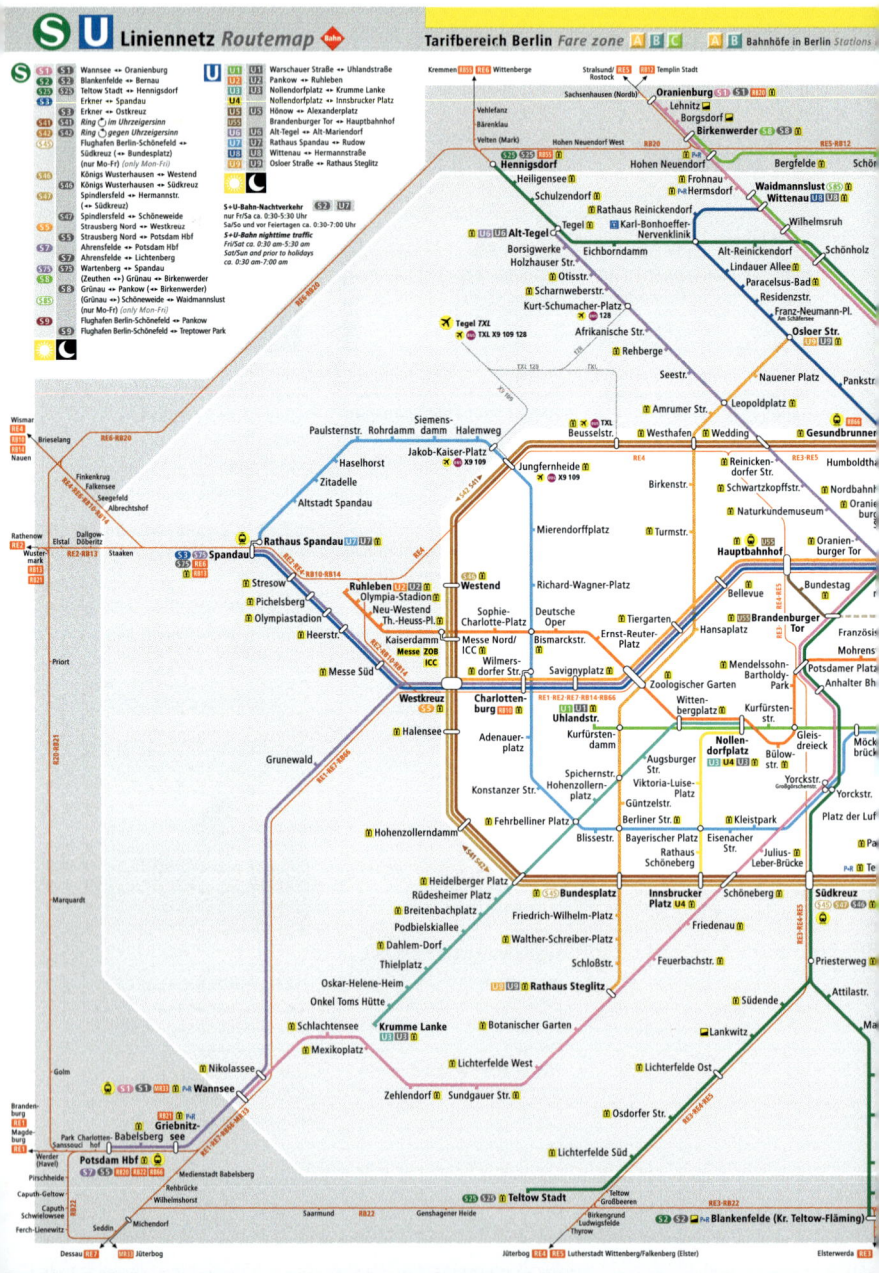

Register

Orte, Sehenswürdigkeiten,
Stichworte, Personen und Gaststätten

Hunger & Durst

Alla Fontana   101
Am Sutschke-Tal   147
Biohof-Ihlow   273
Bistro Pferdeschenke   277
Café am Markt   121
Café am See   37
Café im Volksbad   100
Café Lenné   62
Café Milchschaum   70
Café V   14
Camargue-Pferde-Hof   277
Campingplatz Tonsee   133
Castello del Lago   188
Der Roggenhonig   290
Der Turm   154
Domäne Dahlem,   79
Dorsch   140
Eiscafé Dietrich   218
Eiscafé Melba   107
Esskultur   84
Ewaldhof   272
Fischerhütte Schlachtensee   27
   Mellensee   162
Forsthaus Templin   186

Gasthaus am Gorinsee   103
Gasthaus am Werlsee   132
Gasthaus Havel   184
Gasthof See-Idyll   134
Glindower Erzeugermarkt   291
Guter Happen   235
Hasenschänke   36
Hotel Stern am Stienitzsee   100
Jagdgaststätte Elsthal   168
Kellings Schifferstube   136
Klabautermann   148
Kleines Schloss   207
Kräuterküche   120
Landgasthaus Helenenau   110
Landhotel am Obersee   102
Liebenberg   224
Löcknitz-Bistro   143
Löwen-Menü   223
Märkische Schweiz   104
Maulbeerbaum   150
Oberhavel Bauernmarkt,   292
Ökodorf Brodowin   283
Orangerie   297
Park-Café am See   139

Paros   202
Pizzeria Toscana   208
Restaurant Schlossgewölbe   220
Restaurant Feriensiedlung Neuendorf   149
Schänke der Familienfarm Lübars   289
Schänke im Bauernmuseum Blankensee   176
Schilfhaus   141
Schlosskonditorei Woyth   221
Schokoladen-Restaurant   70
See-Café   166
Seecamp Malge   298
Seehaus   224
Seeschloss   102, 109
Spargelhof Klaistow   298
Spitzmühle   109
Strandhotel Germendorf   227
Taverna del Porto   189
Waldkater   114
Weißer Schwan   164
Zille-Stuben   155
Zum Alten Lager   178
Zur Pfaueninsel   206
Zum Alten Hafen   234

IMPRESSUM

Wir freuen uns über
Korrekturen
und Anregungen:

pmv Peter Meyer Verlag
Schopenhauerstraße 11
60316 Frankfurt a.M.
info@PeterMeyerVerlag.de

Weitere »… mit Kindern«
Freizeit- und Reiseführer:
www.PeterMeyerVerlag.de

Unsere Inhalte werden ständig gepflegt, aktualisiert und
erweitert. Für die Richtigkeit der Angaben übernimmt der Verlag
jedoch keine Haftung. | © 2007, 2009, 2012
Umschlag- und Reihenkonzept, insbesondere die Kombination
von Griffmarken und Schlagwort-System auf dem Umschlag, sowie
Text, Gliederung und Layout, Karten, Tabellen, Piktogramme
und Illustrationen sind urheberrechtlich geschützt. | Abdruck und
Einspeisung in elektronische Medien, auch auszugsweise, nur mit
Genehmigung des Verlags | **Druck & Bindung:** AZ Druck und
Datentechnik GmbH, Berlin, www.az-druck.de | **Umschlaggestaltung:**
pmv, Agentur 42, Mainz, www.agentur42.de, Annette Sievers |
Fotos: Wenn nicht anders angegeben, alle Rechte beim Verlag, siehe
Nachweis beim jeweiligen Bild. Wir danken allen Unterstützern. |
Karten: pmv, Lizenzen auf Anfrage | **Lektorat & Layout:** Annette
Sievers | **Bezug:** über Prolit, Fernwald-Annerod, oder über den Verlag,
vertrieb@PeterMeyerVerlag.de, ✆ 069/40562570

ISBN 978-3-89859-436-3
Printed in Germany with love.
Klimaneutral und auf umweltfreundlich
hergestelltem FSC®-Papier gedruckt.